KINDER ohne Bindung

Deprivation, Adoption und Psychotherapie

Herausgegeben von
Karl Heinz Brisch und
Theodor Hellbrügge

Klett-Cotta

Die Herstellung dieses Buches erfolgte mit freundlicher Unterstützung der Theodor-Hellbrügge-Stiftung München (www.theodor-hellbruegge-stiftung.de).

Klett-Cotta
www.klett-cotta.de

Printed in Germany
Schutzumschlag: Heffedesign, Rodgau
Gesetzt aus der Minion von Kösel, Krugzell
Auf säure- und holzfreiem Werkdruckpapier gedruckt und gebunden von fgb – freiburger graphische betriebe
ISBN 978-3-608-94182-1

Zweite Auflage, 2007

Bibliographische Information der Deutschen Nationalbibliothek
Die Deutsche Bibliothek verzeichnet diese Publikation in der Deutschen Nationalbibliographie; detaillierte bibliographische Daten sind im Internet über ›http://dnb.d-nb.de‹ abrufbar

Inhalt

Vorwort

Durch die Untersuchungen von René Spitz zum Hospitalismus wurde erstmals bekannt, welche extremen Auswirkungen frühe emotionale Deprivationserfahrungen auf die körperliche, psychische und soziale Entwicklung eines Kindes haben. Kinder brauchen für ihre gesunde Entwicklung sowohl eine ausreichende Ernährung als auch Bindungspersonen, die für ihre emotionalen Bedürfnisse verfügbar sind. Viele Eltern fühlen sich heute aber überfordert und hilflos, die gesunde emotionale Entwicklung ihrer Kinder ausreichend zu unterstützen. Auf dem Hintergrund der Bindungstheorie von John Bowlby konnten die Bindungsforschung sowie Tierstudien nachweisen, daß eine Vernachlässigung der frühen emotionalen Bedürfnisse eines Säuglings großen Streß bedeutet. Dies spiegelt sich auch in einer langfristigen Erhöhung der Ausschüttung von Streßhormonen wider, die eine Schädigung in der Hirnreifung zur Folge haben kann. Auch der körperliche Wachstumsprozeß kann stagnieren, und bereits erworbene motorische, kognitive und psychische Fähigkeiten können wieder verlorengehen. Solche Prozesse sind Ursachen für die Entwicklung von schweren psychopathologischen Auffälligkeiten, die wir auch als *Bindungsstörungen* diagnostizieren.

Wenn die Fähigkeiten der Eltern zur Förderung der emotionalen Entwicklung ihres Kindes nicht ausreichen oder sich ihr Handeln bzw. Unterlassen schädigend auswirkt, wird oft eine Fremdbetreuung des Kindes in einer Pflege- oder Adoptivfamilie erwogen. Ziel einer solchen Fremdbetreuung ist es, die negativen Folgen der Deprivation durch neue Beziehungserfahrungen mit den Pflege- oder Adoptiveltern zu mildern oder sogar rückgängig zu machen. Auf Pflege- oder Adoptiveltern lastet aber oft ein großer Druck, wenn sie sich einerseits auf die Bindungserwartungen des Pflege- oder Adoptivkindes einlassen müssen, sich andererseits aber auch mit juristischen Fragen, Forderungen nach Besuchskontakten und Umgangsrecht der leiblichen Eltern mit »ihrem« Kind oder mit Planungen für eine Rückführung des Pflegekindes in die Ursprungsfamilie auseinandersetzen müssen.

Bahnbrechende Erkenntnisse zur Frage der psychischen Widerstandsfähigkeit (Resilienz) nach frühen Deprivationserfahrungen und der Möglichkeiten von körperlicher, kognitiver und psychischer Regeneration oder sogar von Heilungsprozessen durch Adoption verdanken wir den jahrelangen Untersuchungen von Prof. Sir Michael Rutter aus London. Während verschiedener Phasen als Kliniker und Forscher hat er einen großen Teil seines enormen Lebenswerkes diesen Fragestellungen gewidmet; in seiner Forschung hat er mittels Längsschnittstudien Ergebnisse gewonnen und publiziert, die für alle Berufsgruppen im Pflege- und Adoptionswesen eine enorme Bereicherung darstellen, weil sie erstmals viele offene Fragen beantworten können. In den vergangenen Jahren haben seine Nachuntersuchungen von Kindern aus rumänischen Waisenhäusern, die von englischen Familien adoptiert worden waren, erneut die wissenschaftliche Diskussion um die Resilienz des kindlichen Gehirns entscheidend angeregt; auf einer soliden Datenbasis aufbauend, wurden so äußerst wichtige Erkenntnisse gewonnen, die Ausgangspunkt für weitere Forschungen auf dem Gebiet der frühen Deprivation von Kindern sind und Fragen zu Möglichkeiten der Entwicklung durch Adoption beantworten. Zu Ehren von Prof. Sir Michael Rutter wurde – von der Internationalen Akademie für Entwicklungs-Rehabilitation und der Theodor-Hellbrügge-Stiftung – am 29. und 30. Oktober 2004 an der Kinderklinik und Poliklinik im Dr. von Haunerschen Kinderspital der Ludwig-Maximilians-Universität München ein internationaler Kongreß mit dem Titel *Kinder ohne Bindung: Deprivation, Adoption und Psychotherapie (Children without Attachment: Deprivation, Adoption and Psychotherapy)* durchgeführt. Im Rahmen dieses Kongresses wurde Herrn Prof. Sir Michael Rutter als Zeichen der Würdigung für sein außergewöhnliches wissenschaftliches Lebenswerk der »Arnold-Lucius-Gesell«-Preis der Theodor-Hellbrügge-Stiftung verliehen.

Die überaus große Resonanz der Konferenz ermutigte die Veranstalter, die Beiträge mit der Herausgabe dieses Buches einer größeren Leserschaft zugänglich zu machen.

Wir danken allen Autorinnen und Autoren, daß sie ihre Beiträge für die Publikation zur Verfügung gestellt haben. Unser herzlicher Dank gilt Frau Roswitha Schmid, die mit großem Engagement und Zuverlässigkeit die englischsprachigen Beiträge übersetzt hat. Dank der hervorragenden Arbeit von Herrn Thomas Reichert und der Unterstützung von Herrn Prof. Burkhard Schneeweiß konnten die Beiträge rasch editiert werden. Dr. Heinz Beyer vom Verlag Klett-Cotta sei herzlich gedankt, daß er sich mit großem Engagement für die Herausgabe dieses Buches beim Verlag eingesetzt und für eine rasche Herstellung gesorgt hat.

Ein besonderer Dank gilt der Theodor-Hellbrügge-Stiftung München, mit deren großzügiger finanzieller Unterstützung sowohl die Konferenz als auch die Entstehung dieses Buches realisiert werden konnten.

Wir hoffen, daß dieses Buch allen, die in der Betreuung von Pflege- und Adoptivkindern Sorge tragen – wie etwa Pädagogen, Psychologen, Sozialarbeiter, Heilpädagogen, Sprachtherapeuten, Krankengymnasten, Kinderärzte, Juristen, Kinder- und Jugendpsychiater und Psychotherapeuten sowie Eltern –, zahlreiche Anregungen gibt, die für die tägliche Arbeit fruchtbar aufgegriffen werden können.

Karl Heinz Brisch und Theodor Hellbrügge

Einleitung

Das vorliegende Buch faßt verschiedene Beiträge zusammen, die das Thema aus unterschiedlichen Perspektiven bearbeiten; es werden sowohl Ergebnisse aus der Tierforschung und der Grundlagenforschung dargestellt sowie anhand von Fallbeispielen die psychotherapeutische Arbeit mit Pflege- oder Adoptivkindern und ihren Eltern veranschaulicht. Abschließend werden juristische Fragestellungen diskutiert.

Der Beitrag von Theodor Hellbrügge gibt einen historischen Überblick über die Anfänge der Deprivationsforschung und eine Einführung in die vielfältigen Symptome des Hospitalismus. Dabei würdigt er sowohl die Pionierarbeiten von René Spitz als auch die des Pädiaters Meinhard von Pfaundler. Er berichtet über Ergebnisse von eigenen Untersuchungen zum Deprivationssyndrom sowie von Längsschnittstudien zur kindlichen Entwicklung und zeichnet den Entstehungsweg der Entwicklungs-Rehabilitation nach, wie sie heute in der Sozialpädiatrie verankert ist.

In den Aufsätzen von Stephen Suomi und Kim Bard wird über neue Befunde aus der Tierforschung mit Primaten berichtet. Suomi zeigt anhand seiner Studien, wie sich bei Rhesusaffen das Verhaltensrepertoire aus einem Wechselspiel zwischen Umwelt und Genetik entwickelt. Bard hat ein Interventionsprogramm verwirklicht, das Schimpansenmüttern, die von Menschen aufgezogen werden, hilft, intuitive Fähigkeiten zur Pflege ihres Nachwuchses und zum Aufbau von Bindungsverhalten wieder zu erlernen. Auf der Grundlage der Berichte zur Primatenforschung stellt Mechthild Papoušek umfassend dar, wie sich aus den elterlichen intuitiven Verhaltensbereitschaften die Fähigkeit des Säuglings zur Intersubjektivität entwickelt und welche Konsequenzen sich hieraus für den Aufbau von psychischen Strukturen des Säuglings ergeben.

In einem zentralen Beitrag stellt Sir Michael Rutter die Ergebnisse aus seiner Längsschnittstudie dar, in der Kinder aus den rumänischen Waisenhäusern nach ihrer Adoption in englische Familien immer wieder nachuntersucht wurden. Die hieraus gewonnenen Daten über die körperliche, kognitive und psychische Entwicklung dieser Kinder ermöglichen es ihm, den Zusammenhang zwischen Zeitpunkt und Dauer der Deprivation und ihren schädlichen Einflüssen auf die kindliche Entwicklung zu diskutieren. Auf dieser Basis erörtert er einige Fragen über die möglichen Wirkungen von frühen Deprivationserfahrungen und leitet Hypothesen über mögliche kausale Zusammenhänge zwischen Deprivation, Hirnreifung und psychopathologischen Auffälligkeiten der Kinder ab. Dieser Beitrag wird ergänzt durch die Forschungsergebnisse von Dana Johnson über die schädigenden Auswirkungen von Deprivationserfahrungen auf das Körperwachstum und die möglichen positiven Veränderungen in der körperlichen Entwicklung von Adoptivkindern durch neue, emotional tragende Erfahrungen mit Adoptiveltern.

In der ehemaligen Tschechoslowakei wurde eine große Zahl von Säuglingen zur Pflege in Kinderheimen abgegeben, wo sie unter deprivatorischen Bedingungen aufwuchsen. Durch die Längsschnittstudien von Zdeněk Matějček und Jaróslav Šturma konnten wichtige Hinweise auf solche Faktoren gewonnen werden, die es den Kindern trotz der schwierigen und traumatischen Startbedingungen ermöglichten, eine psychische Widerstandsfähigkeit (Resilienz) aufzubauen, und die manche von ihnen vor einer psychisch auffälligen Entwicklung schützen.

Welche differentialdiagnostischen Schwierigkeiten entstehen, wenn man ein Kind mit den Symptomen einer schwerwiegenden Deprivationserfahrung diagnostizieren soll, verdeutlicht der Beitrag von Miri Keren. Anhand eines kasuistischen Beispiels schildert sie sehr anschaulich die nur langsam positiven psychischen Veränderungen eines deprivierten Heimkindes in der Zeit nach seiner Adoption. Die Therapie beruhte auf einem multidimensionalen Behandlungsansatz. Die verschiedenen Diagnosen, die sich unter der Therapie ändern, werden von Keren immer wieder zur Diskussion gestellt.

Therapeutische Hilfestellungen für Pflege- und Adoptivkinder sowie ihre Eltern werden von vielen Seiten immer wieder für notwendig gehalten. Es besteht aber eine große Unsicherheit, wie diese Hilfen genau auszusehen haben und welche Ansätze erfolgversprechend sein könnten. Mit diesen Fragen und den Möglichkeiten sowie Grenzen der psychosozialen und psychotherapeutischen Hilfe beschäftigt sich der Beitrag von Angie Hart. Hier kommt besonders zur Geltung, daß Angie Hart selbst sowohl Adoptivmutter als auch Therapeutin ist. Sie schildert anhand von mehreren eindrucksvollen Fallbeispielen kreative Zugänge zu psychisch sehr belasteten Adoptivkindern. Verschiedenste therapeutische Zugänge zu den traumatisierten Jugendlichen und die Möglichkeit der Einbeziehung von Adoptiveltern sowie von leiblichen Eltern in die Therapie werden von ihr kritisch diskutiert.

Nach einer kurzen Einführung zur Entstehung von Bindungssicherheit und der Bedeutung von traumatischen Erfahrungen für die Entwicklung von Bindungsstörungen diskutiert Karl Heinz Brisch in seinem Beitrag, wie eine bindungsdynamische Sichtweise im Pflege- und Adoptionswesen auf Fragen wie Besuchskontakt, begleiteter Umgang, Rückführung und Psychotherapie angewandt werden kann. Dabei ist es ihm ein Anliegen, sowohl die Risiken als auch die Chancen der Betreuung eines bindungsgestörten Kindes durch Pflege- oder Adoptiveltern zu diskutieren und dies anhand eines Fallbeispiels zu erläutern.

Da richterliche Entscheidungen und sich verändernde Rechtsauffassungen das Kindeswohl erheblich bestimmen können, befaßt sich der abschließende Beitrag des Juristen Ludwig Salgo mit den gesetzlichen Einflüssen auf die Entwicklung von Pflege- und Adoptivkindern sowie von Kindern, die in den Rechtsstreit der Eltern involviert sind. An einzelnen Gerichtsurteilen diskutiert er exemplarisch, wie Entscheidungen gegen das Kindeswohl getroffen wurden und welche Auswirkungen diese für die psychische Situation des einzelnen Kindes haben können. Dabei nimmt er eine sehr bindungsorientierte Position ein, die dem Wohl des Kindes eine übergeordnete Rolle im Rechtsstreit zuschreibt.

Alle Beiträge zeigen somit auf unterschiedlichste Weise, wie sich unser Wissen aus der Tierforschung, der Grundlagenforschung sowie aus den verschiedenen Längsschnittstudien zur Beantwortung der Frage nach den Ursachen des Deprivationssyndroms und seinen Folgen anwenden läßt. Die klinischen Beiträge zur Problematik der Diagnosestellung und Therapie machen Mut, daß positive Entwicklungen auch bei Kindern mit schwerwiegenden Deprivationserfahrungen und Bindungsstörungen möglich sind, wenn diese Kinder neue »sichere« Bindungserfahrungen etwa mit Pflege- oder Adoptiveltern machen können.

THEODOR HELLBRÜGGE

Vom Deprivationssyndrom zur Entwicklungs-Rehabilitation

Das Deprivationssyndrom – Beispiele

Vor mehr als einem halben Jahrhundert – im Frühjahr 1947 – wurden mir in der Mütterberatung in München-Thalkirchen mehrere Kinder vorgestellt, die schon vom Anblick her auffällig waren. Sie waren ihrem Alter entsprechend groß, hatten blonde Haare, blaue Augen und waren bei der ärztlichen Untersuchung völlig gesund. Sie hatten ein normales Gewicht, einen normalen Kopfumfang, normalen Blutdruck und Puls und keine Anämie. Trotzdem stellten sie sich in einem erbärmlichen Entwicklungszustand dar, wie ich ihn bis dahin noch nicht erlebt hatte. Sie konnten mit zwei Jahren noch nicht sprechen, hatten keinen Blickkontakt und schrien vor Angst, wenn man sich ihnen näherte. Vor allem fiel ihr leerer Gesichtsausdruck auf, der einen eher traurigen, völlig teilnahmslosen Eindruck machte. Sie nahmen untereinander keinen Kontakt auf, so daß jedes Kind isoliert war. Wenn sie dennoch Kontakt aufnahmen, geschah dies in Form von Aggressionen.

Diese Kinder waren, wie man damals glaubte, optimal »erbbiologisch gezüchtet« und in der SS-Organisation ›Lebensborn‹ in staatlich besonders geförderten Heimen großgezogen worden. Sie sollten später einmal, frei von familiärer Bindung, die NS-Führerelite für Europa darstellen.

Dieses Krankheitsbild wurde mir erneut vor Augen geführt, als René Spitz nach dem Kriege nach München kam und am Max-Planck-Institut für Psychiatrie in München seine Filme über Kinder aus südamerikanischen Waisenhäusern vorführte. Das Krankheitsbild des Deprivationssyndroms wurde weiterhin in Bowlbys Publikation über *Verlust, Trauer und Depression* (Bowlby, 1983) beschrieben, ebenso in den Untersuchungen von Dorothee Burlingham und Anna Freud (1949) bei Kriegskindern, die sich gegen die Evakuierung aufgebäumt hatten und lieber bei ihren Müttern bleiben wollten, obwohl sie während der Bombardierungen etwa von London unter äußerst ungünstigen Bedingungen in Luftschutzbunkern leben mußten.

Die schwere Pathologie des Deprivationssyndroms (Hellbrügge, 1966b) läßt sich besonders an Beispielen erklären, die auch mit Hilfe von Filmen dokumentiert worden waren. Hier sei der Film *Monique* von Jeannette Aubry vom *Centre International de l'Enfance* in Paris erwähnt, aber auch Marie Meierhofers Film *Frustration im frühen Kindesalter* (Meierhofer-Insitut Zürich, 1974). Letzterer Film zeigt die sehr guten Lebensbedingungen des gehobenen Schweizer Milieus, während der Film aus dem *Centre International de l'Enfance* mehr ärmlichere Lebensverhältnisse dokumentiert. Trotz der unterschiedlichen sozialen Bedingungen sind die Deprivationssymptome und die Entwicklungsfolgen für die Kinder vergleichbar schwerwiegend.

Literatur zu diesem Krankheitsbild gab es eigentlich wenig. Lediglich Meinhard von Pfaundler (1915), der Begründer der Münchener Pädiatrischen Schule, hat in seinem Kapitel über »Die Physiologie des Neugeborenen« in Döderleins *Handbuch der Geburtshilfe* aus dem Jahre 1915 (Bd. 1) das Krankheitsbild des Hospitalismus in seinem Verlauf beschrieben:

»*1. Phase: Unruhe.* Säuglinge, die in das Spital eingeliefert werden, verhalten sich hier am Anfang so, wie es die Physiologie ihrer Entwicklungsperiode oder die Pathologie des betreffenden Leidens annehmen läßt. Geht dieses mit Beschwerden einher, so sind die Kinder unruhig, erfordert es Karenz oder Einschränkung der Nahrung, so sieht man sie gleich Hungernden sich benehmen.

Treten fremde Menschen an ihr Lager und manipulieren sie an ihnen, wie es die ärztlichen Untersuchungen erfordern, so werden sie ängstlich oder unwillig etc. In einer großen Zahl von Fällen gelingt es, der Störung Herr zu werden, und man erwartet nun, daß eine Rekonvaleszenz eintrete und die Kinder nach überstandener Krankheit wieder aufblühen.«

»*2. Phase: Resignation.* Doch darauf wartet man oft vergebens. Die Säuglinge werden zwar ruhiger, doch nicht aus besserem Behagen, sondern weil sie die Fruchtlosigkeit ihrer Äußerungen erkannt und angefangen haben, auf äußere Einflüsse aller Art weniger zu reagieren. Man findet diese Kinder öfters wach als schlafend.

Tritt man an das Bett heran, so wenden sich die Augen wohl noch dem Beschauer zu, doch weder mit dem latenten Lächeln des gesunden noch mit der ängstlichen oder schmerzhaft gespannten Miene des kranken Kindes, sondern mit einem indifferenten, resignierten, wie in Ernst und Trauer erstarrten Blick. Rumpf und Glieder liegen ziemlich regungslos auf der Unterlage. Auch wenn man das Kind aufdeckt oder entkleidet, gewahrt man keine lebhaften und kraftvollen Bewegungen der Glieder, sondern träge und unsichere.«

»3. *Phase: Verfall*. Man steht einem körperlichen Verfall gegenüber, der sich in außergewöhnlicher und stabiler Blässe, Schlaffheit und Welkheit der Haut und des Unterhautfettes, in Elastizitätsverlust bei scheinbar oft vermehrtem Muskeltonus ausdrückt. Dieser Verfall ist nicht etwa als Zeichen eines chronischen dyspeptischen Zustandes, eines Milch- oder Mehlnährschadens oder einer Organaffektion bestimmter Art anzusehen. Man erkennt ihn oft, bevor die Gewichtskurve ihn anzeigt.

Von diesem Stadium an macht sich die schwerste Form des Hospitalismus bemerkbar, nämlich die völlige Widerstandslosigkeit gegen infektiöse Schäden. Das Kind erkrankt dann an irgendwelchen enteralen oder parenteralen Infekten und deren Mischformen wie Enteritiden, Kolitiden, Cystopyelitiden, grippösen Bronchopneumonien, Pyodermien. Unter solchen Diagnosen verbirgt sich der wahre Hergang der Sache in Publikationen, statistischen Jahresberichten und dergleichen.

In dem Zustand des Hospitalismus steht der Körper außerhalb aller in alter und neuer Zeit aufgestellten Gesetze für das Verhalten seiner Funktionen; ein Gesetz allein behält seine Gültigkeit in der tiefgreifenden Deroute, das Gesetz des unaufhaltsamen Verfalls.«

Diagnose des Deprivationssyndroms – Sozialentwicklung, Entwicklung zur Selbständigkeit, Kontaktfähigkeit und Sprache

Um dieses Krankheitsbild zu diagnostizieren, war es notwendig, neben den klassischen Bereichen der Medizin, nämlich Anatomie und Physiologie, eine neue Diagnostik einzuführen, welche das Verhalten des Säuglings analysiert. Dabei war es mir wichtig, die klassischen Bereiche der Entwicklungspsychologie zu verlassen, weil deren Ergebnisse letztlich auf Mittelwerte und Streubereiche hinausgingen, d.h. ein Kind eher schlechter oder besser einstuften. Mir kam es darauf an, das Verhalten im Säuglingsalter so festzuhalten, daß möglichst viele Kinder rechtzeitig einer spezifischen Therapie oder einer weiteren notwendigen Diagnostik zugeführt wurden.

In der Münchener Pädiatrischen Längsschnittstudie, die vor allem von meinen Mitarbeitern H. Schirm, K. Sadowsky und T. Faus-Keßler (1986) unter Mitarbeit von W. Hawel, M. Zörner, H.-J. Lange und K. Ulm durchgeführt wurde, haben wir über 1600 Neugeborene aus zwei Münchener Frauenkliniken mehrere Jahre lang immer wieder in Abständen untersucht und insgesamt 400 bis 800 Beobachtungen durchgeführt bzw. Meßwerte pro Untersuchung und Kind erhoben. Daraus entstand ein System der Früherkennung von Verhaltensweisen als Basis für die Entwicklungs-Rehabilitation.

Entwicklungs-Rehabilitation ist – das sei hier ausdrücklich vermerkt – ein Kunstbegriff, mit dem ich versuchte, die eigentliche Besonderheit des Kindesalters, nämlich seine Entwicklung – also Wachstum und Differenzierung –, mit den 100 Jahre alten Prinzipien der Rehabilitation in Verbindung zu bringen. Aus dieser Studie entstand die *Münchener Funktionelle Entwicklungsdiagnostik* (Hellbrügge et al., 1978) als Basisdiagnostik, zunächst nur für das 1. Lebensjahr und etwas später auch für das 2. und 3. Lebensjahr. Mit Hilfe des Bayerischen Fernsehens entstanden 17 Längsschnittfilme, bei denen fünf Kinder über zwei Jahre lang in ihren wichtigen Verhaltensweisen, nämlich Krabbeln, Sitzen, Laufen, Greifen, Perzeption, Sprechen, Sprachverständnis und Sozialentwicklung sowie Selbständigkeitsentwicklung, beobachtet wurden.

Systematische Untersuchungen mit Hilfe dieser Diagnostik, wie sie gemeinsam mit Pechstein und einer Reihe von Doktoranden in Säuglingsheimen in und um München durchgeführt wurden, zeigten schließlich, daß vor allem die Sprach- und Sozialentwicklung durch den Mangel an einer konstanten Hauptbezugsperson zurückblieb. Pechstein hat dies in seiner Publikation *Umweltabhängigkeit der frühkindlichen zentralnervösen Entwicklung* 1974 näher beschrieben.

Das wesentliche Ergebnis dieser und weiterer Untersuchungen zeigt sich am Beispiel der Diagramme in der *Münchener Funktionellen Entwicklungsdiagnostik* (Hellbrügge et al., 1999). Am meisten waren die Sozialentwicklung und die Entwicklung zur Selbständigkeit und Kontaktfähigkeit betroffen. Daneben blieb die Sprache deutlich zurück. Dies veranlaßte uns, als neue Basis der Therapie die Eltern zur Früherkennung von Entwicklungsrückständen systematisch einzusetzen. Parallel zur Sendereihe *Die ersten 365 Tage im Leben eines Kindes – Die Entwicklung des Säuglings* wurde unter dem gleichen Titel ein Buch für Eltern herausgegeben (Hellbrügge et al., 1973), das international eine Anerkennung erfuhr, wie wir uns das kaum vorstellen konnten. Bis heute sind über 30 fremdsprachige Ausgaben erschienen, z. B. in Sprachen wie Assamese, Tamil oder Malaialam, von denen ich vorher nie etwas gehört hatte.

Die verschiedensprachigen Ausgaben dieses Elternhandbuchs führten dazu, daß auf der ganzen Welt nach dem von mir in München begründeten Vorbild Kinderzentren eingerichtet und die Fortbildung im Rahmen der Kinderheilkunde und Kinderpsychologie verbessert wurde. Die Eltern gingen mit ihren Kindern zu den Kinderärzten und verlangten Aufklärung über den Entwicklungsrückstand ihrer Kinder. Die Ärzte konnten jedoch wenig zu den Entwicklungsverzögerungen sagen, denn – um es überspitzt zu formulieren – Sprachverzögerungen lassen sich im Röntgenbild nicht nachweisen. Mit den klassischen Methoden der Medizin, die Anatomie und Physiologie zur Grundlage haben, ließen sich Entwicklung und Sprache, die zurückgeblieben waren oder Abnormitäten aufwiesen, nicht erkennen. Auf der anderen Seite wurde dieser Grundgedanke zur Basis eines neuen Weges der Kinderheilkunde, bei dem etwa Kinderärzte, Kinderpsychologen, Heil- und Sonderpädagogen, Krankengymnasten, Physiotherapeuten auf das engste zusammenarbeiten, um den betreffenden Säuglingen entsprechend den Ergebnissen der vorausgegangenen Basisdiagnostik zu helfen und mit Beteiligung der Eltern einen individuellen Förder- und Therapieplan für jedes einzelne Kind zu entwickeln. Auf der Basis unseres Konzepts entstanden in Deutschland über 120 Kinderzentren, die allerdings meistens eher neurologisch ausgerichtet sind und weniger die Sozial- und Sprachentwicklung berücksichtigen.

Möglichkeiten der Interaktionsdiagnostik

Das Konzept der Entwicklungs-Rehabilitation erfuhr eine unglaubliche Bereicherung, als das Ehepaar Professores Hanus und Mechthild Papoušek im Kinderzentrum München ihre videogestützte Interaktionsdiagnostik einführten. Hier wurde zum ersten Mal das Sozialverhalten zwischen jungem Säugling und Eltern objektiviert und die Untersuchung durch eine Mikroanalyse so verfeinert, daß auch geringe Abweichungen von der Norm ermittelt werden konnten. Mir scheint hierbei das Phänomen besonders erwähnenswert, das im Rahmen der *Mannheimer Risikokinderstudie* (vgl. Laucht, 2003) entdeckt wurde, die Indikatoren und Risikomodelle für die Entstehung und den Verlauf psychischer Störungen in einer Längsschnittuntersuchung analysierte. Neben organischen Risiken – wie leichten und schweren prä- und perinatalen Komplikationen – wurden auch Kinder mit psychosozialen Belastungen – wie ungünstigen familiären Lebensverhältnissen in leichter und schwerer Ausprägung – näher untersucht. Mir erscheint es als Alarmsignal, wenn rein zahlenmäßig bei Kindern von postpartal depressiven Müttern Interaktionsstörungen in einer Häufigkeit festzustellen waren, die erschreckend ist. Laucht (2003, S. 61 u. 63) schreibt:

»Eine zahlenmäßig beachtliche Risikogruppe stellen Kinder postpartal depressiver Mütter dar (10 bis 15 % aller Frauen nach der Geburt eines Kindes). In Übereinstimmung mit der Literatur demonstrieren die Ergebnisse der Mannheimer Risikokinderstudie, daß eine depressive Verstimmung der Mutter in der frühen Entwicklungsperiode ihres Kindes mit mehreren negativen Folgen für die kindliche Entwicklung verbunden ist (Murray & Cooper, 1997). So erreichten [nach Murray und Cooper, T. H.] die 22 Kinder, deren Mutter postpartal als depressiv eingeschätzt wurde, ein kognitives Leistungsniveau, das im Grundschulalter 10 IQ-Punkte unterhalb dem einer Kontrollgruppe von Kindern psychisch unauffälliger und psychosozial unbelasteter Mütter lag. Besonders ausgeprägt zeigten sich die Folgen der mütterlichen Depression in Beeinträchtigungen der *sozial-emotionalen* Entwicklung. Kinder depressiver Mütter wiesen zu allen Erhebungszeitpunkten eine deutlich höhere Rate psychischer Auffälligkeiten auf, die im Alter von 8 Jahren um mehr als das Dreifache gegenüber der Vergleichsgruppe erhöht war [...]. Vor allem externale (d. h. hyperaktive, oppositionelle und aggressive) Auffälligkeiten kamen dabei vermehrt vor.«

Die Ergebnisse dieser Studie sind insofern bahnbrechend, als sie darauf hinweisen, daß hier zwei unterschiedliche medizinische Disziplinen zusammenarbeiten müßten, die normalerweise nur im morphologischen Bereich zusammenarbeiten: Den Geburtshelfer interessiert nach der Geburt eines Kindes eher das in postpartaler Rückbildung befindliche genitale System der Frau. Der Kinderarzt wiederum interessiert sich für somatische, weniger für psychosoziale Phänomene. So bleiben die betroffenen Kinder meistens unbeachtet.

Ein Hauptsymptom dieser kindlichen Pathologie scheint indessen Schreien zu sein. Als Frau Professor Papoušek im Kinderzentrum München ihre Schreibaby-Sprechstunde einrichtete, hatte keiner geahnt, daß diese von so vielen Menschen besucht werden würde. Ich persönlich halte die Interaktionsdiagnostik als Basis für das Erkennen von Interaktionsstörungen für so bedeutsam, daß ich sicher bin, daß in Zukunft jede Kinderklinik, die dem neuesten Stand der Erkenntnisse entsprechend ausgerüstet ist, nicht nur eine Röntgenabteilung, sondern auch eine Abteilung für Interaktionsdiagnostik haben wird. Die Diagnostik ist nicht nur für die Schreibaby-Sprechstunde bedeutsam, sondern für alle Regulationsstörungen, nicht zuletzt auch für die frühe Sprachanbahnung, die ja in erster Linie eine Leistung ist, die aufgrund einer entsprechenden Förderung des Kindes durch die Mutter gelingt.

Die videogestützte Interaktionsdiagnostik gab auch Hinweise auf das Entstehen unserer Sprache und damit auch von Sprachrückständen bei Säuglingen mit Deprivationssyndrom. So konnte mit der *Münchener Funktionellen Entwicklungsdiagnostik* aufgedeckt werden, daß die präverbale Sprachentwicklung bei hörgeschädigten Kindern im Alter von sechs bis acht Monaten stagniert und somit bereits sehr früh das Verstummen des Säuglings einsetzt. Demzufolge muß man davon ausgehen, daß jede Diagnostik und Therapie einer Hörstörung nach dieser Zeit zu spät kommt. Welche Folgen ein solches Versäumnis für die Sprachentwicklung hat, wurde anhand neurophysiologischer Untersuchungen aus dem Forschungsteam von A. Rainer Klinke am Physiologischen Institut in Frankfurt am Main offenbar. Die Ergebnisse zeigen, daß die für die Sprachentwicklung notwendigen neurologischen Zellen absterben, wenn sie nicht in der frühen Säuglingszeit kontinuierlich aktiviert werden.

Mit der durch die Interaktionsdiagnostik gegebenen Chance der Erkennung von Sprachrückständen hat sich die Situation hörgestörter und gehörloser Kinder verbessert. Während weltweit in der Regel noch zwei Jahre vergehen, ehe die Hörstörung endgültig diagnostiziert ist und Maßnahmen der sogenannten Frühförderung durch die Sonderpädagogen einsetzen können, ermöglicht die Frühdiagnostik bereits eine Sprachanbahnung in den ersten Lebenswochen und -monaten. Der junge Säugling lernt über Sehen, Fühlen, Hören, Schmecken, sogar Greifen, mit seiner Mutter zu kommunizieren. Die Interaktionsdiagnostik zeigt, wie auch Nuancen mimischer Veränderungen im Gesicht der Mutter von ihm nachgeahmt werden, so daß er »Muttersprache« mit allen Sinnen lernt.

Einbeziehung der Eltern in die Entwicklungs-Rehabilitation

Welche Bedeutung diese frühe Sprachanbahnung in den ersten Lebenswochen hat, zeigt überzeugend die normale Sprachentwicklung von gehörlosen Jugendlichen, die in der frühen Kindheit von ihrer Mutter so gefördert wurden, daß sie ihre Muttersprache normal erlernen konnten. Sie studieren inzwischen erfolgreich Medizin oder Pädagogik. Für alle Berufe, einschließlich der Hörgeschädigtenpädagogik, entsteht dadurch die Forderung, sich stärker mit Säuglingen zu beschäftigen und die Sprachentwicklung über Mütter bzw. Eltern bereits in den ersten Lebenswochen zu aktivieren.

Es gibt Skeptiker, die meinen, daß Mütter bzw. Eltern zu sehr betroffen sind, wenn sie erfahren, daß ihr Kind nicht richtig hört. Ich denke, daß Mutterliebe keine »Nebenwirkungen« kennt und daß die Sprachentwicklung des Kindes – die letztlich für die geistige Leistungsfähigkeit und damit die Basis jeglicher Kultur sorgt – als eines der kompliziertesten und differenziertesten Phänomene stärkster Beachtung bedarf. Die angeborene Faszination für das menschliche Gesicht und die Fähigkeit des Babys, auch die geringste mimische Veränderung im Gesicht der Mutter zu imitieren, läßt es als notwendig erscheinen, bei den betroffenen Kindern das Interaktionsverhalten zwischen Mutter und Säugling über videogestützte Mikroanalysen verstärkt zu untersuchen und zu fördern. Dabei kommt dem Stillen – über sämtliche Vorzüge hinaus – eine Schlüsselfunktion für die Entwicklung des Interaktionsverhaltens und der Sprache zu. Der Säugling erlebt seine Mutter mit allen Sinnen und kann während des Stillens überhaupt nirgends anders hinschauen als in deren Gesicht.

Dies ist das Besondere an der Entwicklungs-Rehabilitation: die Plastizität des Gehirns, also die große Anpassungsfähigkeit des jungen Säuglings zu nutzen, damit Kinder mit angeborenen oder früh erworbenen Störungen oder Schäden durch eine gezielte Frühbehandlung vor dem Schicksal des lebenslangen Behindertseins bewahrt werden. Die Erkenntnisse aus der frühen Sprachanbahnung hörgeschädigter Kinder zwingen auch zum Nachdenken über die kulturelle Leistung der Mütter. Durch die Vermittlung von »Mutter-Sprache« geben sie in einzigartiger Weise unsere Kultur weiter, eine kulturelle Leistung, die aus kinderärztlicher Sicht zumindest die gleiche Bedeutung hat wie spätere kulturelle Leistungen von Schule oder Universität.

Der auffällige Rückstand der Sozialentwicklung bei allen Säuglingen mit Bindungsstörungen hatte – als neue therapeutische Grundlage – zur Konsequenz, verstärkt die Eltern einzubeziehen. In der Regel kennt niemand ein Kind besser bzw. kann es besser einschätzen als seine Eltern. Das gilt sowohl für das Erkennen von Entwicklungsrückständen als auch für die Therapie. Eine Sprachtherapie einmal wöchentlich bei einer Logopädin ist wenig sinnvoll, wenn nicht die kontinuierliche Sprachanbahnung über die Mutter als Grundlage erfolgt. Diese Tatsache und die Aufregung, die manche Eltern verspüren, wenn sie mit ihrem Kind in eine Institution, auch eine Kinderklinik, kommen, veranlaßte uns, *einen längeren Zeitraum* für die Diagnostik und vor allem für die Therapie vorzusehen: Bei einem stationären Aufenthalt üben *die Eltern selbst* die von den Fachleuten vorgegebenen therapeutischen Details so lange, bis sie sicher sind, daß sie die Therapie zu Hause gut durchführen können. Im Krankenhaus kann die Durchführung über längere Zeit angeleitet werden, bis sich die Eltern kompetent fühlen.

So ist das Herzstück des Kinderzentrums München, obwohl dies in den amtlichen Verlautbarungen kaum vorgesehen ist, die Eltern-Kind-Station, bei der die Eltern in Ruhe über zwei Tage, zwei Wochen oder gar über zwei Monate mit ihrem Kind neue Verhaltensweisen, Krankengymnastik oder Beschäftigungstherapie entsprechend der aus der Montessori-Pädagogik herausgefilterten multisensorischen Heilpädagogik so lange üben, bis sie sicher sind, die notwendigen

Fördermaßnahmen bei ihrem Kind zu Hause intensiv und ganz individuell auf ihr Kind abgestimmt durchführen zu können. Dabei spielt das Imitatitonslernen eine außerordentlich große Rolle.

Vor allem der Fall eines Kindes, das aus ärztlicher und medizinischer Sicht völlig normal war, brachte mich auf die Idee, eine umfassende frühe Hilfe über die Eltern zu versuchen. Das Kind hatte seine ersten Lebenswochen und -monate in verschiedenen Tagesstätten und Heimen verbracht, und zwar immer in Gruppen Gleichaltriger, so wie es auch bis heute in der Schule noch üblich ist, daß in einer Klasse jeweils gleichaltrige, gleichbegabte oder gleichgestörte Kinder unterrichtet werden. Dieses Kind war bei der Geburt in ein Heim gegeben worden und hatte inzwischen fünfmal das Heim gewechselt. Als es 15 Monaten alt war, hatte es folgenden Entwicklungsstand: Es hatte ein Laufalter von 13 Monaten, ein Greifalter von elf Monaten, ein Perzeptionsalter von acht Monaten, aber ein Sprechalter von nur sechs Monaten und ein Sozialalter von nur vier Monaten. Bei diesem Kind wurde deutlich, daß völlig gesunde Kinder durch Kollektivpflege vor allem in ihrer Sprach- und Sozialentwicklung geschädigt werden.

Daraus zog ich die Schlußfolgerung: Wenn schon ein gesundes Kind allein durch die Kollektivpflege so stark in seiner Sprach- und seiner Sozialentwicklung (Entwicklung zur Selbständigkeit und zur Kontaktfähigkeit) zurückbleibt, was muß dann aus geschädigten Kindern werden, die aufgrund ihrer Behinderung in eigens hierfür geschaffenen Institutionen aufwachsen? Umgekehrt: Welche Chancen mußten sich bieten, wenn wir diese Tatsache entsprechend interpretierten und die Frühtherapie von geschädigten Säuglingen systematisch in die Hände der Eltern legten (vgl. Hellbrügge, 1999)?

Diese Gedanken führten zur Praxis der *Entwicklungs-Rehabilitation*. Es ist diagnostisch möglich, bei Kindern frühzeitig grobmotorische, feinmotorische Störungen und Wahrnehmungsstörungen, vor allem auch Rückstände der Sprache und der Sozialentwicklung zu erkennen und die Kinder dann über Entwicklungs-Rehabilitation zu fördern. Das Konzept bildete die Basis zur Eingliederung eines wie auch immer gestörten oder behinderten Kindes in die Familie, und zwar unter Einbeziehung der Eltern als Therapeuten. Es gab auch neue Anstöße zur Gründung eines Kindergartens, in dem mehrfach und verschiedenartig behinderte Kinder mit nichtbehinderten Kindern gemeinsam erzogen wurden. Die Initiative hierzu wurde durch einen Montessori-Kindergarten angeregt, den ich als Mitglied des Ausschusses *Vorschulische Erziehung* des vormaligen *Deutschen Bildungsrates* vor Jahrzehnten erlebte.

Die Montessori-Pädagogik beschäftigt sich weltweit nur mit nichtbehinderten Kindern. Ich erkannte aber auf Anhieb, daß in diesem System bis dahin nicht erkannte und deshalb nicht genutzte Chancen einer Hilfe für mehrfach und verschiedenartig behinderte Kinder liegen. Diese Pädagogik ist zudem kindzentriert, d. h. jedes Kind lernt individuell, das eine schnell, das andere langsam. Eine solche kindzentrierte Lernform ermöglicht es, verschiedenartig behinderte, auch geistig behinderte und hochintelligente Kinder gemeinsam zu unterrichten. Das bevorzugte Ziel unseres »Schulversuchs« in München war die Förderung der Sozialentwicklung, der Entwicklung zur Selbständigkeit und zur Kontaktfähigkeit.

Die »Münchener Funktionelle Entwicklungsdiagnostik« als Basis für eine frühzeitige Rehabilitation

Die *Münchener Funktionelle Entwicklungsdiagnostik* war von vornherein nicht als psychologischer Test oder zur Einordnung des Kindes in ein Entwicklungsschema geplant. Es wurde vermieden, einen Entwicklungsquotienten oder Intelligenzquotienten zu ermitteln, weil dadurch das Kind ja in ein Schema gepreßt wird, in dem es entweder besser oder schlechter abschneidet als der Mittelwert. Statt dessen sollte unsere Diagnostik die Basis für eine frühzeitige Rehabilitation bilden:

- *Bei Rückständen in der Grobmotorik,* also im Krabbeln, Sitzen oder Laufen, führt sie zu einer erweiterten Diagnostik und in der Regel zu einer entsprechenden Krankengymnastik. Die *Münchener Funktionelle Entwicklungsdiagnostik* deckt nur Entwicklungsrückstände, keine Entwicklungsstörungen auf. Zur Diagnostik von pathologischer Motorik hat sich z. B. die kinesiologische Diagnostik nach Vojta (Überprüfung durch Lagereaktionen) sehr bewährt. Sie stellt die Basis für eine entsprechende Frühtherapie durch die Eltern dar. Die Bobath-Therapie beruht auf einer weniger exakten Frühdiagnostik. Beide Behandlungen haben ihre Indikation, auf die hier aber nicht eingegangen werden soll.
- *Bei Rückständen in der Perzeption und der Feinmotorik* veranlaßt sie Programme der Ergotherapie oder – wozu wir weiterhin die Basis legten – zu einer Entwicklungstherapie, die ihre Grundlage in dem Konzept der »Physiologischen Erziehung der Idioten« von Éduard Séguin hat (aus der die Montessori-Pädagogik hervorgegangen ist). Eine solche Entwicklungstherapie wird – ebenso wie die heilpädagogischen Programme – bei gemeinsamer Erziehung mehrfach und verschiedenartig behinderter Kinder in Kindergarten und Schule in speziellen

heilpädagogischen Lehrgängen durch die Internationale Akademie für Entwicklungs-Rehabilitation in München vermittelt. Gleiche Lehrgänge finden auch an der Pädagogischen Akademie Liepaja und der Universität Riga (beides Lettland), an der Universität Vilnius (Litauen), an der Akademie für Ärztliche Fortbildung in St. Petersburg (Rußland), der Karls-Universität Prag, an der Pädagogischen Akademie Krakau (Polen), außerdem an der Universität Brest (Weißrußland) und der Universität Kasan (Tatarstan) sowie an der Universität Oldenburg und natürlich auch an der Universität München statt. (Nähere Auskunft erteilt die *Internationale Akademie für Entwicklungs-Rehabilitation* im Kinderzentrum München, Heiglhofstraße 63/II.)

- *Rückstände im Sprechen oder im Sprachverständnis* bedürfen einer weiteren Diagnostik und einer Sprachanbahnung über die Mutter, vor allem in der frühen Kindheit. In solchen Fällen hat sich die videogestützte Mikroanalyse des Interaktionsverhaltens zwischen Mutter und Kind einen hervorragenden Platz gesichert. Mechthild Papoušek hat in ihrem Buch *Vom ersten Schrei zum ersten Wort. Über Anfänge der Sprachentwicklung in der vorsprachlichen Kommunikation* (1994) Näheres dazu erläutert. Ihre Forschungen deckten auf, daß bereits der Säugling eine bis dahin nicht bekannte Kompetenz aufweist, die Umwelt mit allen Sinnen wahrzunehmen, selbstwirksam zu begreifen und auf diese einzuwirken, so daß seine Erfahrungen im interaktiven Austausch mit der sozialen Umwelt integriert werden.
- Der Säugling als *The Scientist in the Crib* (dt.: *Forschergeist in Windeln*), so der Titel eines Buchs der amerikanischen Frühentwicklungsforscher Gopnik, Meltzoff und Kuhl, teilt sich in seinem gesamten Verhalten der sozialen Umwelt mit und holt sich von ihr eine spezifische Unterstützung, auf die er bei der Bewältigung aller bevorstehenden Entwicklungsaufgaben angewiesen ist (H. Papoušek, 1999; M. Papoušek, 2001). Der Kompetenz des Säuglings steht die universelle, intuitive Kompetenz der Eltern gegenüber. Nach Papoušek können wir davon ausgehen, daß sich jede Mutter auf ihre eigene Kompetenz verlassen kann. Das befreit von Unsicherheit ebenso wie von der verwirrenden Vielfalt der Elternratgeber: Die klinische Erfahrung mit über 1500 Säuglingen und Kleinkindern und ihren Eltern hat nach M. Papoušek (2001) bisher gezeigt, daß jede Mutter mit mütterlichen Kompetenzen ausgestattet ist, auch wenn es auf den ersten Blick nicht den Anschein hat, und daß jede Mutter ein biologisch verwurzeltes Bedürfnis hat, eine gute, kompetente Mutter zu sein. Die Kompetenzen können durch Verunsicherung, Ängste oder Depression gehemmt, durch intensive Af-

fekte oder vordergründige Egoismen überlagert, durch mangelnde Bemutterung oder unbewältigte Traumatisierungen in der eigenen Kindheit der Mutter zeitweilig unzugänglich sein, und dennoch kann man auf die genuine Motivation und die Fähigkeit der Mutter aufbauen. Die positiven Interaktionen zwischen Mutter und Kind sind vor allem bei der frühen Sprachanbahnung von einzigartiger Bedeutung.

- *Rückstände in der Sozialentwicklung* machen psychologische oder psychotherapeutische Interventionen erforderlich, vor allem in der Familie, später auch im Kindergarten und in der Schule. Da sich die Sozialentwicklung bei Kollektiverziehung als besonders anfällig erwiesen hatte, ergab sich daraus die konkrete Schlußfolgerung, jegliche therapeutische Hilfe letztlich in das Elternhaus zu verlegen, d.h. in die Hand der Eltern zu legen. Das hatte für Kindergarten und Schule aber auch die Konsequenz, das Kollektiv der altersgleichen und gleich starken oder gleich schwachen (Sonderschule) Klassen aufzulösen und den Schulunterricht in familienähnlichen Gruppen mit verschiedenartigen Kindern stattfinden zu lassen. Letztlich waren die Sozialentwicklung und deren Rückstände bei der Kollektiverziehung der Grund dafür, der mich veranlaßte, einen Kindergarten und eine Schule mit gemeinsamer Erziehung behinderter und nichtbehinderter Kinder zu gründen (Hellbrügge, 1977).

An dieser Stelle ist vielleicht ein Hinweis auf Erhebungen sinnvoll, die wir gemeinsam mit Rosemarie Brendel bei 69 Jugendlichen im Alter von 17 bis 23 Jahren – bei ehemaligen »Lebensborn«-Kindern – durchgeführt haben (vgl. Hellbrügge, 1966a, S. 391); es wurden katamnestische Erhebungen und eingehende psychologische und tiefenpsychologische Untersuchungen angewandt. Aus den Krankengeschichten und den Fürsorgeberichten ging ebenso wie aus den biographischen Anamnesen hervor, daß ein großer Teil in den ersten Lebenswochen und -monaten ausgezeichnet gediehen war, solange die Säuglinge von ihren Müttern betreut wurden. Nach wenigen Wochen und Monaten hatten die Mütter die Kinder abgegeben, und es kam bei den Säuglingen trotz ihrer ausgesuchten Herkunft und trotz aller pflegerischen Bemühungen zu einem mehr oder minder ausgeprägten Deprivationssyndrom. Diese Kinder wurden später in Heimen, bei Pflegeeltern und Adoptiveltern aufgezogen.

Im Adoleszentenalter zeigte sich bei den Betroffenen gegenüber einer gleichaltrigen Vergleichsgruppe eine Häufung von neurotischer Verwahrlosung wie etwa Streunen, Wegbleiben von Schule und Arbeit, von Eigentumsdelikten, sexueller Verwahrlosung, krimineller Gefährdung. Die Heimkinder lagen im Adoleszentenalter in ihrem Intelligenzniveau niedriger und hatten Störungen im Leistungsbereich.

Umfassende Entwicklungs-Rehabilitation und Heilpädagogik statt Sonderpädagogik

Das Konzept der Entwicklungs-Rehabilitation bedingt eine umfassende Hilfe durch Kinderärzte, Kinderpsychologen, Heil- und Sonderpädagogen sowie Therapeuten. Für jedes Kind wird unterschiedlich, je nach seinen Fähigkeiten, ein umfassendes Programm zusammengestellt, das von den Eltern zu Hause durchgeführt wird. Da einige Eltern Schwierigkeiten haben, die Übungen ambulant in wenigen Stunden zu erlernen, entstand die erwähnte neue klinische Abteilung, in der weniger das betroffene Kind von Spezialisten behandelt wird, als vielmehr Eltern in Ruhe unter Anleitung die Behandlung für ihr Kind erlernen, um diese dann zu Hause alleine durchführen zu können.

Entwicklungs-Rehabilitation bedeutet aber auch, daß das nichtbehinderte Kind im Kindergarten und später in der Schule lernt, dem behinderten Kind zu helfen. So gründete ich den ersten Montessori-Kindergarten der Welt, in dem mehrfach und verschiedenartig behinderte Kinder mit nichtbehinderten Kindern gemeinsam erzogen werden (vgl. Hellbrügge, 1977, 1978). Diese Gründung wurde zum Vorbild für ein Umdenken in der Sonderpädagogik, im Sinne einer integrierten Schule.

Im *Deutschen Bildungsrat* erlebte ich vor Jahrzehnten als Kinderarzt, daß jede Auffälligkeit beim Kind zu einer neuen sonderpädagogischen Schulform führte und – noch schlimmer – zu einer spezifischen Unterteilung der Sonderpädagogik in Körperbehinderten-, Geistigbehinderten-, Hörgeschädigten-, Gehörlosen-, Verhaltensauffälligen- etc. Pädagogik. Diese Differenzierung hat in der Pädagogik nicht selten zur Folge, daß das Kind nicht mehr als Ganzes gesehen wird, sondern mehr seine Behinderung im Vordergrund steht. Eine ähnliche Situation finden wir übrigens auch in der Medizin vor, mit meistens leidvollen Erfahrungen für den Patienten. Auch meine eigene Disziplin, die Kinderheilkunde, hat leider solche Untergliederungen in Neuropädiatrie, Kardiopädiatrie, in eine hämatologische, nephrologische und in andere Sparten getroffen. Eine Mutter, die eine Kinderklinik betritt, erschrickt vor den vielen Fachabteilungen und kommt sich mit ihrem Kind weitgehend verloren vor.

Die beschriebene Prägung der Wahrnehmung des Kindes durch die Begriffe ist auch der Grund, warum ich für die Sonderpädagogik wieder den Begriff »Heilpädagogik« eingeführt wissen möchte. *Sonderpädagogik* steht für ein Absondern, *Heilpädagogik* steht dafür, daß das Kind auch mit seinen Schwächen Anerkennung findet und als solches angenommen wird.

Gemeinsame Erziehung nichtbehinderter und unterschiedlich behinderter Kinder

Den Begriff »Integration«, wie er in der Pädagogik üblich geworden ist, möchte ich abweisen. *Integration* bedeutet, daß das schwache Kind an den Maßstäben des starken Kindes gemessen wird und sich diesem Niveau anpassen muß. Die gemeinsame Erziehung behinderter und nichtbehinderter Kinder hingegen bringt Vorteile für das behinderte *und* das nichtbehinderte Kind. Hierbei werden alte pädagogische Grundsätze wieder lebendig: »Docendi discimus« war eine der bedeutendsten pädagogischen Erkenntnisse der Römer: Wer etwas erklärt, lernt besser. Indem das starke Kind dem schwachen beim gemeinsamen Unterricht etwas erklärt, wird es selbst in seinem Lernprozeß gestärkt.

Daß Kinder von Kindern lieber lernen als von Erwachsenen, hat uns Pestalozzi gelehrt. So wird verständlich, daß die gemeinsame Erziehung behinderter und nichtbehinderter Kinder, wie gesagt, nicht nur für das behinderte Kind, sondern auch für das nichtbehinderte von Vorteil ist. Unsere Kinder in der Grundschule waren – wie die wissenschaftliche Begleitforschung zu unserem Schulversuch ergab – in allen wesentlichen Bereichen den »Parallelkindern« in den Normalschulen überlegen. Sie hatten auch niemals Schwierigkeiten, nach vier Jahren auf das Gymnasium und somit in ein völlig anderes Schulsystem mit Noten und Klassenunterricht zu wechseln, weil sie gelernt hatten, selbständig zu arbeiten und mit Schülern und Lehrern höflich umzugehen.

Für eine Klassengruppe hat sich an unserer Grundschule eine Zahl von 25 Kindern bewährt, von denen etwa sechs unterschiedlich behindert sein sollen. Nur so ist es möglich, daß das geistig behinderte Kind z.B. den Rollstuhl des körperbehinderten Kindes schiebt. Und nur so ist es möglich, daß das körperbehinderte Kind dem geistig behinderten Kind Fähigkeiten in der Mathematik beibringt. Von jeder Behinderungsart sollte aber nur ein Kind die gleiche Klasse besuchen.

Diese Erfahrungen und die zugrundeliegenden Forschungsergebnisse aus der

Entwicklungs-Rehabilitation können auch heute noch die Diagnostik von Kindern mit den Symptomen eines schweren Deprivationssyndroms leiten und für die Behandlung dieser Kinder fruchtbare Anregungen geben.

Literatur

Aubry, J. *Monique*. Film des *Centre International de L' Enfance*, Paris.

Bowlby, J. (1983): *Verlust, Trauer und Depression*. Frankfurt a.M. (Fischer Taschenbuch Verlag).

Brisch, K. H. und T. Hellbrügge (Hrsg.) (2003): *Bindung und Trauma. Risiken und Schutzfaktoren für die Entwicklung von Kindern*. Stuttgart (Klett-Cotta).

Burlingham, D. und A. Freud (1949): *Kriegskinder*. London (Imago).

Gopnik, A., A. N. Meltzoff und P. K. Kuhl (2000): *Forschergeist in Windeln. Wie Ihr Kind die Welt begreift*. Kreuzlingen (Hugendubel) (Tb.: München, Piper 2003).

Hellbrügge, T. (1966a): *Handbuch der Kinderheilkunde*. Band: *Soziale Pädiatrie*. Berlin/Heidelberg/New York (Springer).

Hellbrügge, T. (1966b): Zur Problematik der Säuglings- und Kleinkinderfürsorge in Anstalten, Hospitalismus und Deprivation. In: Hellbrügge (1966a), S. 386–404.

Hellbrügge, T., J. Hermann und J. H. von Wimpffen (1973): *Die ersten 365 Tage im Leben eines Kindes*. München (Knaur).

Hellbrügge, T. (1977): *Unser Montessori-Modell*. München (Kindler).

Hellbrügge, T. (Hrsg.) (1978): *Die Montessori-Pädagogik und das behinderte Kind*. München (Kindler).

Hellbrügge, T. (Hrsg.) (1981): *Klinische Sozialpädiatrie. Ein Lehrbuch der Entwicklungs-Rehabilitation im Kindesalter*. Berlin u.a. (Springer).

Hellbrügge, T., F. Lajosi, D. Menara, R. Schamberger und T. Rautenstrauch (1978): *Münchner funktionelle Entwicklungsdiagnostik*. München, Wien, Baltimore (Urban & Schwarzenberg).

Hellbrügge, T. et al. (1999): *Münchener Funktionelle Entwicklungsdiagnostik, 1. Lebensjahr*. (Fortschritte der Sozialpädiatrie,. Bd. 4) (6., unveränderte Aufl.) Lübeck (Hansisches Verlagskontor).

Hellbrügge, T., J. Ehrengut-Lange, J. Rutenfranz und K. Stehr (2003): Circadian periodicity of physiological functions in different stages of infancy and childhood. *Neuro-Endocrinology Letters*, Bd. 24, Suppl. 1, S. 66–73.

Laucht, M. (2003): Vulnerabilität und Resilienz in der Entwicklung von Kindern. Ergebnisse der Mannheimer Längsschnittstudie. In: Brisch & Hellbrügge (2003), S. 53–71.

Das Leben in und mit der normal hörenden Umwelt – Utopie oder eine echte Möglichkeit? Kongressbericht (2003): 5. Auditory-Verbal Kongress, Planegg (LKHD e.V., Lautsprachlich Kommunizierende Hörgeschädigte Deutschland).

Meierhofer, M. (1974): *Frustration im frühen Kindesalter. Dokumentarfilm über die Entwicklung von Säuglingen und Kleinkindern in Heimen.* VHS-PAL, ca. 40 Min., stumm, mit Untertiteln, deutsch und englisch. Meierhofer-Institut, Zürich.

Murray, L. und P. J. Cooper (Hrsg.) (1997): *Postpartum depression and child development.* New York (Guilford Press).

Papoušek, M. (1994): *Vom ersten Schrei zum ersten Wort. Anfänge der Sprachentwicklung in der vorsprachlichen Kommunikation.* Bern (Huber).

Papoušek, H. (1999): Intuitive parenting. In: Fitzgerald, H. E. und J. D. Osofsky (Hrsg.): *Handbook of infant mental health.* New York (Wiley), S. 301–321.

Papoušek, M. (2001): Intuitive elterliche Kompetenzen: Eine Ressource in der präventiven Eltern-Säuglings-Beratung und -Psychotherapie. *Frühe Kindheit,* 4, 4–10.

Papoušek, M. M. Schieche und H. Wurmser (Hrsg.) (2004) *Regulationsstörungen der frühen Kindheit. Frühe Risiken und Hilfen im Entwicklungskontext der Eltern-Kind-Beziehungen.* Bern (Huber).

Pechstein, J. (1974): *Umweltabhängigkeit der frühkindlichen zentralnervösen Entwicklung.* Stuttgart (Thieme).

Pfaundler, M. von (1915): Die Physiologie des Neugeborenen. In: Döderlein, A.: *Handbuch der Geburtshilfe.* Bd. 1. Wiesbaden (Bergmann), S. 725–743.

Schirm, H., K. Sadowsky und T. Faus-Keßler (1986): *Münchener Pädiatrische Längsschnittstudie – Früherkennung neuromotorischer Entwicklungsstörungen im Vorschulalter.* Stuttgart/New York (Gustav Fischer).

STEPHEN J. SUOMI

Die wechselseitige Beeinflussung zwischen genetischen und Umweltfaktoren formt individuelle Differenzen der Verhaltensentwicklung bei Primaten

Einleitung

Dieser Aufsatz beschreibt ein Forschungsprogramm zur Untersuchung der individuellen Differenzen in der Verhaltensentwicklung von Rhesusaffen, und zwar solcher, die in natürlicher Umgebung, wie auch solcher, die in Gefangenschaft aufwachsen. Der Beitrag konzentriert sich auf eine Untergruppe von Affen, die spontan exzessive und sozial unangemessene Aggressionen und andere Muster impulsiven Verhaltens zeigen, darüber hinaus in der gesamten Ontogenese chronische Defizite im Serotoninstoffwechsel haben. Die Forschung zeigt, daß sowohl die genetischen als auch die Umweltfaktoren die Entwicklung dieser das Verhalten betreffenden und biologischen Neigungen deutlich beeinflussen können. Was vielleicht noch wichtiger ist: Die genetischen und die Umweltfaktoren können bei der Prägung dieser Entwicklung tatsächlich interagieren.

Verhaltensforscher behaupten seit langem, daß die soziale Aggression wichtigen Anpassungsfunktionen dient, die weitgehend im Verlauf der Evolutionsgeschichte der Säugetiere entwickelt wurden (Lorenz, 1963). Für das Überleben des einzelnen und den Erhalt einer sozialen Gruppe in aufeinanderfolgenden Generationen scheint es entscheidend zu sein, aggressiv angreifen und verteidigen zu können, um sich selbst, die Familie und Freunde vor Raubtieren und Konkurrenten zu schützen. Eine übermäßige und/oder unangemessene Aggression durch irgendein Lebewesen kann jedoch gerade das soziale Geflecht zerstören, das die Gruppe zusammenhält. Daher muß der Ausdruck der Aggression reguliert werden, d.h. die einzelnen Gruppenmitglieder müssen lernen, welche sozialen Reize eine aggressive Reaktion verdienen und welche nicht. Bei denjenigen sozialen Reizen, die eine aggressive Antwort erfordern, müssen die Gruppenmitglieder lernen, in welchem Ausmaß und für wie lange aggressives Verhalten hilfreich ist, wenn die Gruppe ihren Zusammenhalt auf Dauer erhalten soll. Zu erlernen, wie und wann man ein aggressives Aufeinandertreffen vermeidet und wann und wie es zu beenden ist, falls es dazu kam, kann von größter Bedeutung sein (Suomi, 2000).

Die Entwicklung der Regulationsfähigkeit von Aggression scheint bei Rhesusaffen und anderen hochentwickelten Primaten, die hinsichtlich der Verwandtschaftsbeziehungen und sozialen Hierarchien in gut definierten Gemeinschaften leben, besonders wichtig zu sein. Rhesusaffen leben in ihrer natürlichen Umgebung typischerweise in großen, markanten sozialen Gruppen (»Horden« genannt), die aus mehreren von Weibchen angeführten Sippen bestehen, wovon jede drei oder mehr Generationen umfaßt, sowie aus zahlreichen zugewanderten erwachsenen Männchen. Dieses Muster der sozialen Organisation ergibt sich aus der Tatsache, daß weibliche Rhesusaffen ihr ganzes Leben lang in ihrer Ursprungshorde bleiben, wogegen praktisch alle männlichen Rhesusaffen etwa zur Zeit der Pubertät ihre Ursprungshorde verlassen – gewöhnlich im vierten oder fünften Lebensjahr – und sich dann anderen Horden anschließen (Lindburg, 1971). Die Horden sind auch durch vielfältige soziale Machtbeziehungen gekennzeichnet, einschließlich deutlicher Hierarchien sowohl zwischen als auch innerhalb von Sippen, ebenso durch eine Hierarchie unter den zugewanderten erwachsenen Männchen. Bei diesen Männchen scheint der relative Status weitgehend von der Fähigkeit abhängig zu sein, sich Koalitionen anzuschließen und sie aufrechtzuerhalten, besonders mit hochrangigen Weibchen (Berard, 1989). In der Tat hängt der Machtstatus des einzelnen Rhesusaffen innerhalb seiner Horde nicht so sehr davon ab, wie groß und stark er ist, sondern eher davon, wer seine Familie und seine Freunde sind. Letzteres steht in engem Zusammenhang mit der Entwicklung komplexer sozialer Fähigkeiten während der Ontogenese.

Die Babys von Rhesusaffen verbringen praktisch ihren gesamten ersten Lebensmonat in körperlichem Kontakt zu ihrer leiblichen Mutter. Während dieser Zeit bilden sie eine starke und andauernde spezifische Bindung zu ihr aus. In ihrem zweiten Lebensmonat beginnen sie ihre unmittelbare körperliche und soziale Umgebung zu erforschen und benutzen dabei ihre Mutter als »sichere Basis«, welche diese Exploration unterstützt (Suomi, 1995). Sie beginnen, auch mit anderen Mitgliedern der Horde zu interagieren, vor allem mit Gleichaltrigen. In den folgenden Monaten nehmen die Spielinteraktionen mit Gleichaltrigen sowohl an Häufigkeit als auch an Kompexität stark zu und bleiben bis in die Pubertät auf hohem Niveau bestehen.

Aggressive Verhaltensweisen tauchen im Repertoire des jungen Affen ungefähr zum ersten Mal im Alter von 6 Monaten auf, typischerweise in Zusammenhang mit Spielen und Raufen (Symonds, 1978). Scheinbares Beißen, An-den-Haaren-Ziehen, Ringen und andere Formen von Körperkontakt sind Hauptbestandteile des Raufens unter Gleichaltrigen; sie werden bei den Männchen in der zweiten Hälfte des ersten Lebensjahrs immer häufiger und werden tatsächlich zur wichtigsten Form des Spielverhaltens in den Jugendjahren. Obwohl bei diesen Raufereien alle grundlegenden Formen des körperlichen aggressiven »Austauschs«, wie er auch unter Erwachsenen vorkommt, zu beobachten sind, ist die Intensität solcher Interaktionen normalerweise ganz kontrolliert und eskaliert selten bis zu dem Punkt, daß jemand körperlich verletzt wird. Falls es dazu kommt, wird die Spielattacke fast immer sofort beendet, durch Eingreifen von Erwachsenen oder durch das Zurückweichen eines oder mehrerer Beteiligter selbst. Die Bedeutung dieser Spielattacken unter Gleichaltrigen für die Aggressionsregulation wird klar, wenn man bedenkt, daß Rhesusaffenbabys, die in künstlicher Umgebung aufwuchsen, wo ihnen ein regelmäßiger Kontakt mit Gleichaltrigen in ihren ersten Lebensmonaten verwehrt wurde, in ihrem späteren Leben unausweichlich exzessive und sozial unangemessene Aggressionen zeigen (Suomi & Harlow, 1978).

Die beginnende Pubertät ist mit größeren Umstellungen im Leben von Männchen und Weibchen verbunden und umfaßt nicht nur größere hormonelle Veränderungen, deutliche Wachstumsschübe und andere körperliche Veränderungen, sondern auch größere *soziale* Veränderungen für beide Geschlechter. Männchen erfahren die dramatischsten sozialen Brüche. Wenn sie ihr Heim verlassen, brechen sie alle ihre sozialen Kontakte ab, nicht nur mit ihrer Mutter und anderen Verwandten, sondern auch mit allen anderen Mitgliedern ihrer von Geburt an bestehenden sozialen Gruppe. Praktisch alle dieser heranwachsenden Männchen schließen sich rein männlichen »Gangs« an, und nach einer Zeit von einigen Monaten bis zu einem Jahr versuchen die meisten, sich einer anderen Horde anzuschließen, die gewöhnlich nur aus Individuen besteht, die den Männchen, die zuwandern, unbekannt sind (Berard, 1989). Der Vorgang des Auswanderns aus der ursprünglichen Horde ist für die heranwachsenden Männchen außerordentlich gefährlich. Die Sterblichkeitsrate kann von dem Zeitpunkt an, zu dem sie die Ursprungshorde verlassen, und bis zur erfolgreichen Integration in eine andere Horde bis zu 50% betragen, je nach den örtlichen Gegebenheiten (siehe Dittus, 1979). Feldstudien aus jüngerer Zeit haben eine auffallende Veränderung sowohl im Zeitpunkt der Emigration als auch in den Basisstrategien, denen diese Männchen in dem Versuch folgen, sich anderen schon bestehenden sozialen Gruppen anzuschließen, festgestellt und beschrieben.

Heranwachsende Weibchen verlassen dagegen niemals die Sippe ihrer Mutter oder ihre ursprünglichen Horde. Ihre Pubertät ist statt dessen mit zunehmenden sozialen Tätigkeiten in bezug auf die Verwandtschaft mütterlicherseits verbunden, besonders wenn diese jungen Weibchen selbst Junge haben. Die Geburt eines Babys (besonders durch eine Erstgebärende) bringt die Mitglieder der Sippe körperlich und sozial oft näher zusammen und bietet wie zufällig einen Puffer gegen Bedrohungen von außen und gegen Streß sowohl für die Mutter als auch für das Neugeborene. Diese Bande der Weibchen zu Familie und Horde werden während des ganzen Erwachsenenlebens durch eine angemessene Aggressionsregulation unterstützt. Umgekehrt können die Bande gefährdet werden, sofern diese Form der Emotionsregulation schiefläuft (Suomi, 1998).

Individuelle Differenzen in der Aggressionsregulation

Obwohl die oben skizzierte grundlegende Entwicklungsabfolge für die meisten Rhesusaffen, die in Wildnis und Gefangenschaft aufwachsen, charakteristisch ist, gibt es doch bedeutende Unterschiede bei den einzelnen Tieren hinsichtlich Zeitpunkt und relativer Leichtigkeit, mit der sie größere Entwicklungsübergänge schaffen, und auch darin, wie sie die täglichen Herausforderungen und Belastungen bewältigen, die eine unvermeidliche Folge des komplexen sozialen Gruppenlebens sind. Im besonderen haben meine Kollegen und ich eine Untergruppe von Tieren gefunden – die ca. 5–10% der Population ausmacht –, die anscheinend Probleme mit der Regulation ihres aggressiven Verhaltens hat.

Diese Affen scheinen ungewöhnlich impulsiv, unsensibel und übermäßig aggressiv in ihren Interaktionen mit anderen Hordenmitgliedern zu sein. Impulsive junge Affen, besonders Männchen, sind oft unfähig, ihre Reaktion auf Aufforderungen Gleichaltriger zu Raufen und Spiel zu mäßigen. Häufig wachsen sich anfänglich gutmütige spielerische Attacken zu richtigen Kämpfen aus, bei denen die Haut verletzt wird (Higley et al., 1992). Es überrascht nicht, daß die meisten dieser Männchen von Gleichaltrigen beim Spielen und Raufen gemieden werden. Als Folge davon werden sie innerhalb ihrer eigenen sozialen Gruppe zunehmend isoliert. Außerdem scheinen sie nicht willens (oder unfähig) zu sein, den bei Rhesusaffen im sozialen Machtgefüge geltenden Regeln zu folgen. So kann es etwa vorkommen, daß sie ein dominantes erwachsenes Männchen direkt herausfordern, ein törichtes Unterfangen, das zu ernsthaften Verletzungen führen kann, besonders wenn das jugendliche Männchen nicht zurückweicht oder kein unterwürfiges Verhalten zeigt, sobald die Niederlage offensichtlich wird. Impulsive jugendliche Männchen zeigen auch eine Neigung zu gefährlichen Sprüngen von Baumwipfel zu Baumwipfel, manchmal mit schmerzhaften Folgen (Mehlman et al., 1994).

Wir haben herausgefunden, daß übermäßig impulsive, aggressive Affen – Männchen wie Weibchen – durchweg Defizite beim zentralen Serotoninstoffwechsel aufweisen, was sich in chronisch niedrigen Konzentrationen an 5-Hydroxyindolessigsäure (5-HIES), einem Abbauprodukt von Serotonin, im zerebrospinalen Liquor widerspiegelt.[1] Laborversuche haben ergeben, daß diese Defizite in den ersten Lebenswochen auftreten und bei diesen Tieren während der ganzen Entwicklung fortbestehen, obwohl die 5-HIES-Konzentrationen im Liquor zerebrospinalis allgemein mit fortschreitendem Alter bei allen Affen zurückgehen. Des weiteren zeigen Tiere mit chronischen Defiziten beim Serotoninstoffwechsel wahrscheinlich auch eine relativ geringe Fähigkeit zur Zustandsregulierung und geringe visuelle Orientierungsfähigkeiten in der frühen Kindheit (Champoux et al., 1994), mangelhafte Leistungen bei Aufgaben mit verzögerter Belohnung in der Kindheit (Bennett et al., 1999) und Schlafstörungen (Zajicek et al., 1997) als Erwachsene. Übermäßig impulsive und aggressive Heranwachsende und junge Erwachsene tendieren auch dazu, exzessive Mengen an Alkohol zu sich zu nehmen, wenn sie über einen Zeitraum von mehreren Wochen täglich im Experiment eine »happy hour« haben können (Higley et al., 1991). Schließlich haben wir gezeigt, daß individuelle Differenzen in der 5-HIES-Konzentration bei Affen ähnlichen Alters und mit vergleichbarer Aufzuchtsgeschichte in hohem Maße vererbt werden (Higley et al., 1993).

Aus prospektiven Längsschnitt-Feldstudien wissen wir jetzt, daß die Langzeitprognose für aggressive junge Rhesusaffen mit niedrigen 5-HIES-Konzentrationen im zerebrospinalen Liquor, die in der Wildnis aufwachsen, nicht sehr vielversprechend ist. Geächtet von ihren Gleichaltrigen und häufig von Erwachsenen beider Geschlechter attackiert, werden die meisten dieser jungen Männchen vor dem Alter von 3 Jahren aus ihrer Ursprungshorde vertrieben, lange vor dem Beginn der Pubertät (Mehlman et al., 1995). Im allgemeinen fehlen ihnen die sozialen Fähigkeiten, um sich einer anderen Horde anzuschließen. Sie scheinen nicht einmal in der Lage zu sein, bei rein männlichen Gangs Anschluß zu finden. Folglich werden die meisten Männchen zu Einzelgängern, und fast alle sterben oder werden innerhalb eines Jahres getötet, lange bevor sie die Geschlechtsreife erlangen (Higley et al., 1996).

Nachdem entdeckt war, daß die individuellen Differenzen bei den 5-HIES-Konzentrationen im zerebrospinalen Liquor stark erblich zu sein scheinen und darüber hinaus die meisten männlichen Rhesusaffen mit ungewöhnlich niedrigen 5-HIES-Konzentrationen im zerebrospinalen Liquor vor der Pubertät eingehen, stellte sich die Frage, wie es möglich war, daß 5–10% der in der Wildnis lebenden Rhesusaffen offenbar chronisch niedrige 5-HIES-Konzentrationen im Liquor zerebrospinalis behielten. Drei mögliche Erklärungen sind schnell gefunden. Eine könnte sein, daß die wenigen Männchen mit niedrigen 5-HIES-Konzentrationen im zerebrospinalen Liquor, die bis zum Erwachsensein überleben, unverhältnismäßig viele Nachkommen zeugen. Neuere Feldstudien legen nahe, daß diese Hypothese höchst unwahrscheinlich ist. Tatsächlich werden die überlebenden Männchen mit niedrigen 5-HIES-Konzentrationen im zerebrospinalen Liquor von den meisten Weibchen aktiv gemieden. Bei den seltenen Gelegenheiten, in denen Paarungsverhalten mit einem Weibchen wirklich vorkommt, neigen diese Männchen dazu, die Weibchen in der Kopulationsfolge weniger oft zu besteigen (Rhesusaffen besteigen in Serie). Sie ejakulieren im Vergleich zu anderen Männchen der Population weniger vor Ende der Kopulationsfolge (Mehlman et al., 1997), und die Wahrscheinlichkeit der Befruchtung der Weibchen ist, wenn die Männchen denn ejakulieren, geringer.

Eine zweite, vielleicht plausiblere Erklärung ist, daß die Tendenz zur Entwicklung eines chronisch niedrigen zentralen Serotoninstoffwechsels sowie die übermäßige impulsive Aggressivität hauptsächlich durch das weibliche und nicht durch das männliche Genom an die nächste Generation der Rhesusaffen weitergegeben werden. Junge Rhesusaffenweibchen mit niedrigen 5-HIES-Konzentrationen sind in der Tat impulsiv, aggressiv und allgemein sozial inkompetent (Westergaard et al., 2003). Anders als die Männchen werden sie aber nicht aus der ursprünglichen Horde ausgestoßen, sondern bleiben für den Rest ihres Lebens in ihren Sippen. Des weiteren zeigen sie ein relativ normales Fortpflanzungsverhalten, bekommen Nachwuchs und ziehen ihn auch auf. Dieser Nachwuchs hat daher sicher ein genetisches Risiko für niedrige 5-HIES-Konzentrationen im zerebrospinalen Liquor und könnte selbst wieder geringe Impulskontrolle und übermäßige Aggressivität entwickeln.

Belege für einen dritten möglichen Mechanismus der generationsübergreifenden Übertragung von Defiziten bei der Serotoninfunktion und damit verbundenen Verhaltensstörungen stammen aus neueren Studien des mütterlichen Verhaltens bei Rhesusaffengruppen in Gefangenschaft. Wir fanden heraus, daß Weibchen mit chronisch niedrigen 5-HIES-Konzentrationen im Liquor zerebrospinalis dazu neigen, deutliche Auffälligkeiten in ihrem mütterlichen Verhalten zu zeigen, was oft dazu führt, daß sie unsichere und/oder desorganisierte Bindungen zu ihren Babys entwickeln. Andere, neuere Daten lassen darauf schließen, daß sich bei Babys, die am wenigsten sichere Bindungen zu ihren Müttern entwickeln, auch am wahrscheinlichsten Defizite in der Serotoninfunktion zeigen (Suomi, 1999). So könnte die nicht ausreichende mütterliche Fürsorge eine mögliche Ursache für die generationsübergreifende Übertragung der Neigung zu chronisch niedrigen 5-HIES-Konzentrationen im zerebrospinalen Liquor und damit verbundenen Verhaltensauffälligkeiten sein. Aber auch andere Arten der sozialen Stimulation, die der Nachwuchs während seiner Entwicklung erleben mag, könnten sich hierauf auswirken. Dieser Ansicht nach kann das Verhalten der Mutter gegenüber ihrem Nachwuchs für die generationsübergreifende Übertragung dieser Phänomene relevanter sein als ihre Gene. Natürlich schließen sich diese beiden möglichen Wege nicht unbedingt gegenseitig aus (Suomi & Levine, 1998).

Auswirkungen einer frühen Aufzucht unter Gleichaltrigen

Obwohl die Ergebnisse aus den obenerwähnten Feld- und Laborstudien darauf schließen lassen, daß Unterschiede bei den 5-HIES-Konzentrationen im zerebrospinalen Liquor und in der Fähigkeit oder Unfähigkeit zur Regulation der impulsiven aggressiven Verhaltensweisen bei Rhesusaffen dazu tendieren, von der Kindheit bis zum Erwachsensein ziemlich stabil zu sein, und zumindest teilweise erblich sind, bedeutet das nicht, daß sie notwendigerweise bei der Geburt festgelegt und gegen nachfolgende Umwelteinflüsse immun sind. Ganz im Gegenteil verdichten sich die Hinweise aus unseren eigenen Studien und denen verschiedener anderer Labors, wonach Muster der Verhaltensentwicklung, die neuroendokrine Ansprechbarkeit, Neurotransmitterstoffwechsel und sogar Gehirnstruktur und -funktion durch bestimmte frühe soziale Erfahrungen wesentlich verändert werden können, besonders aber durch jene Erfahrungen, die im Zusammenhang mit frühen Bindungsbeziehungen gemacht werden.

Die eindrucksvollsten Belege für solche Erfahrungseinflüsse stammen aus Studien mit Rhesusaffenkindern, die statt bei ihren Müttern unter Gleichaltrigen aufgezogen wurden. In diesen Studien wurden die Kinder nach der Geburt auf Dauer von ihren leiblichen Müttern getrennt und im ersten Lebensmonat von Menschen in einer Art »Kinderkrippe« für Neugeborene aufgezogen. Danach blieben sie sechs Monate lang mit gleichaltrigen, ebenso aufgezogenen Affen zusammen. Später zogen sie in größere soziale Gruppen um, in denen sich sowohl zusammen mit Gleichaltrigen als auch von Müttern aufgezogene Affen befanden. Während der ersten Monate bauten die unter Gleichaltrigen aufgezogenen Affenkinder bereitwillig starke soziale Bindungen untereinander auf, so wie die von Müttern aufgezogenen Kinder Bindungen zu ihren Müttern entwickeln (Harlow, 1969). Da aber Gleichaltrige – verglichen mit typischen Affenmüttern und ihren Babys – nicht annähernd so gut in der Lage sind, einander eine »sichere Basis« für die Exploration zu geben, sind die von diesen mit Gleichaltrigen aufgezogenen Kindern entwickelten Bindungsbeziehungen fast immer von »ängstlicher« Qualität. Folglich zeigen die unter Gleichaltrigen aufgewachsenen Affen ein etwas eingeschränktes frühes Explorationsverhalten, obgleich ihre körperliche und motorische Entwicklung vollkommen normal ist. Sie zögern, sich neuen Objekten zu nähern, und sind beim Zusammentreffen mit unbekannten Gleichaltrigen eher scheu (Suomi, 1999).

Sogar wenn unter Gleichaltrigen aufgewachsene Affenkinder mit ihren gleichaltrigen Käfiggenossen in gewohnter Umgebung interagieren, sind ihre Repertoires an sozialen Spielen gewöhnlich geringer entwickelt, und zwar in Häufigkeit und Komplexität. Eine Erklärung für ihr relativ spärliches Spielen besteht darin, daß ihre gleichaltrigen Partner ihnen sowohl als Bindungsfiguren wie auch als Spielgefährten dienen müssen, eine Doppelrolle, die weder Mütter noch von Müttern aufgezogene Gleichaltrige erfüllen müssen. Ein weiteres Hindernis für die Entwicklung anspruchsvollerer Spielrepertoires bei unter Gleichaltrigen aufgewachsenen Affen ist, daß alle für ihre frühen Spielaktivitäten Partner mit einbeziehen, die im Grunde genauso inkompetent wie sie selber sind. Vielleicht fallen die unter Gleichaltrigen aufgewachsenen Affenkinder deshalb typischerweise in der entsprechenden Machthierarchie der Gruppe auf die unterste Ebene zurück, wenn sie später mit gleichaltrigen Affen untergebracht sind, die von ihren Müttern aufgezogen wurden (Higley et al., 1996c).

Die frühe Aufzucht unter Gleichaltrigen hat eine weitere langfristige Folge für die Entwicklung von Rhesusaffen: Sie macht sie impulsiver und aggressiver. Unter Gleichaltrigen aufgewachsene Männchen zeigen anfänglich übertrieben aggressive Tendenzen beim jugendlichen Spiel. Wenn sie in die Pubertät kommen, übersteigen Häufigkeit und Schwere der bei ihnen auftretenden aggressiven Episoden stets jene von solchen Gruppen, die von Müttern aufgezogen wurden. Die unter Gleichaltrigen aufgewachsenen Weibchen neigen dazu, andere in ihrer sozialen

Gruppe weniger häufig und kürzer zu pflegen (und werden von ihnen weniger häufig gepflegt) als ihre Gefährtinnen, die von Müttern aufgezogen wurden. Wie oben für die Männchen erwähnt, bleiben auch sie gewöhnlich auf der unteren Hierarchiestufe (Higley et al., 1996a). Die Unterschiede zwischen unter Gleichaltrigen und von Müttern aufgezogenen Affen hinsichtlich Aggression, Pflege und sozialer Dominanz bleiben auch in der Zeit vor und während der Pubertät bestehen (Higley et al., 1996c). Unter Gleichaltrigen aufgezogene Affen zeigen auch gleichbleibend niedrigere 5-HIES-Konzentrationen im zerebrospinalen Liquor als ihre von Müttern aufgezogenen Gefährten. Diese Gruppenunterschiede bei den 5-HIES-Konzentrationen sind weit vor dem Alter von 6 Monaten festzustellen und bleiben zumindest während der ganzen Jugendzeit und im frühen Erwachsenenalter bestehen (Higley & Suomi, 1996). Außerdem konsumieren unter Gleichaltrigen aufgezogene Affen als Gruppe größere Mengen von Alkohol unter vergleichbaren »Ad libitum«-Bedingungen als ihre von Müttern aufgezogenen Kameraden (Higley et al., 1991). Damit zeigen unter Gleichaltrigen aufgewachsene Affen dieselben allgemeinen Tendenzen, die übermäßig impulsive und aggressive, von Müttern aufgezogene Rhesusaffen charakterisieren, nicht nur hinsichtlich des Verhaltens, sondern auch im Hinblick auf die verminderte Serotoninfunktion.

Interaktionen zwischen genetischen Faktoren und Umwelteinflüssen

Die bisher zusammengefaßten Studien zeigen deutlich, daß bei Affen sowohl genetische als auch frühe Erfahrungsfaktoren das charakteristische Muster der verhaltensbiologischen Ansprechbarkeit auf Reize beeinflussen können. Wirken diese Faktoren unabhängig voneinander, oder interagieren sie auf irgendeine Weise und prägen so individuelle Entwicklungsverläufe? Neuere Forschungen haben in bezug auf genetische und Umweltfaktoren mehrere bedeutsame Interaktionen zwischen einer Allel-Variation im Serotonintransporter-Gen (5-HTT)[2] und frühen sozialen Erfahrungen bei der Prägung von Entwicklungsverläufen von Rhesusaffen entdeckt. Dieses Gen zeigt eine Längenvariation in seiner Promotorregion, die sowohl beim Menschen als auch beim Rhesusaffen zu einer Allel-Variation in der 5-HTT-Expression führt (Lesch et al., 1997). Ein heterozygotes »kurzes« Allel (LS) übermittelt eine geringe Übertragungswirksamkeit auf den 5-HTT-Promotor, relativ zum homozygoten »langen« Allel (LL), und vergrößert die Möglichkeit, daß eine niedrige 5-HTT-Expression zu verminderter Serotoninfunktion führen kann (Heils et al., 1996).

Verschiedene Studien haben jetzt gezeigt, daß sich die Folgen des kurzen Allels bei unter Gleichaltrigen aufgezogenen Affen dramatisch von den Folgen bei von Müttern aufgezogenen Affen unterscheiden. Bennett et al. (2002) fanden etwa heraus, daß sich die 5-HIES-Konzentrationen im zerebrospinalen Liquor bei von Müttern aufgezogenen Tieren nicht unterschieden und es nicht von Bedeutung war, ob sie Träger des langen oder des kurzen 5-HTT-Allels waren. Bei unter Gleichaltrigen aufgezogenen Affen zeigten dagegen diejenigen Tiere mit dem kurzen Allel bedeutend niedrigere 5-HIES-Konzentrationen im zerebrospinalen Liquor als jene mit dem langen Allel.

Eine Analyse der Empfindlichkeit in der Streßregulation, gemessen an den Hormonkonzentrationen in der Regulationsachse zwischen Hypophyse, Hypothalamus und Nebennierenrinde, zeigte bei jugendlichen Affen, die von Müttern bzw. unter Gleichaltrigen aufgezogen worden waren, nach einer kurzzeitigen sozialen Trennung ein paralleles Interaktionsmuster von genetischen und Umwelteinflüssen: Unter Gleichaltrigen aufgewachsene Tiere mit dem kurzen Allel zeigten – relativ zu unter Gleichaltrigen aufgewachsenen Tieren mit dem langen Allel sowie zu Tieren, die von Müttern aufgezogen worden waren und das lange oder das kurze Allel trugen – übermäßige Anstiege in der Plasmakonzentration für das adrenocorticotrope Hormon (ACTH) (Barr et al., 2004a).

Ein ähnliches Muster war für aggressives Verhalten erkennbar: Die unter Gleichaltrigen aufgewachsenen Affen mit dem kurzen Allel zeigten ausgeprägte Aggressionen, wogegen die Werte bei von Müttern aufgezogenen Affen mit dem kurzen Allel niedrig waren. Sie waren mit den Werten der von Müttern aufgezogenen Tiere und mit denen der unter Gleichaltrigen aufgewachsenen Affen mit dem langen Allel vergleichbar (Barr et al., 2003).

Champoux und Mitarbeiter (2002) untersuchten den Zusammenhang zwischen früher Aufzuchtsgeschichte und den Polymorphismen beim Serotonintransportergen durch Messen der neurobiologischen Entwicklung der Neugeborenen im ersten Lebensmonat. Sie stellten fest, daß Säuglinge mit dem kurzen Allel, die, gleich nach der Geburt der Mutter weggenommen, unter Laborbedingungen von Menschen aufgezogen worden waren, bedeutende Defizite in Aufmerksamkeit, Aktivität und motorischer Reife aufwiesen, verglichen mit auf gleiche Weise aufgezogenen Säuglingen mit dem langen Allel. Im Gegensatz dazu zeigten sowohl Säuglinge mit dem kurzen als auch solche mit dem langen Allel, die von kompetenten Müttern aufgezogen wurden, bei diesen Messungen normale Werte.

Eine noch deutlichere Interaktion zwischen genetischen und Umwelteinflüssen enthüllte die Analyse des Alkoholkonsums: Während unter Gleichaltrigen aufgewachsene Affen mit dem kurzen Allel mehr Alkohol konsumierten als solche mit dem langen Allel, galt das Gegenteil für solche, die von Müttern aufgezogen wurden: Die Tiere mit dem kurzen Allel konsumierten in der Tat weniger Alkohol als diejenigen, die Träger des langen Allels waren (Barr et al., 2004b). Mit anderen Worten: Das kurze Allel schien einen Risikofaktor für übermäßigen Alkoholkonsum bei den unter Gleichaltrigen aufgezogenen Affen darzustellen, jedoch einen Schutzfaktor bei denen, die von Müttern aufgezogen wurden.

Aufgrund dieser Ergebnisse kann man annehmen, daß der Besitz des langen Allels des 5-HTT-Gens bei Affen mit negativer früher Aufzuchtsgeschichte zu einer Psychopathologie führen kann. Weiterhin könnten diese Ergebnisse aber auch auf Affen anwendbar sein, die mit ihren Müttern eine sichere frühe Bindungsbeziehung entwickelt haben. Die Implikationen dieser neueren Ergebnisse können im Hinblick auf eine generationsübergreifende Weitergabe dieser verhaltensbiologischen Eigenschaften erheblich sein, und zwar in dem Sinne, daß der Bindungsstil und die damit verbundenen Bindungsverhaltensweisen einer Affenmutter üblicherweise von ihren Töchtern »kopiert« werden, wenn sie aufwachsen und selbst Mütter werden (Suomi, 1999). Es könnte sein, daß sichere mütterliche Bindungsverhaltensweisen sich wie ein »Puffer« im Sinne eines Schutzfakors auswirken.

Wenn ein Säugling in der nächsten Generation mit dem Risikofaktor eines kurzen Allels für den 5-HTT-Polymorphismus zur Welt kommt, dann könnte die Tatsache, daß seine Mutter eine sichere Bindungsbeziehung zu ihrer eigenen Mutter hatte, die Basis dafür sein, daß die offenbar anpassungsfähigen Konsequenzen an die nächste Generation auf nicht-genetische Weise weitergegeben werden. Auf diese Weise könnte es sein, daß die Risiken eines kurzen Allels, das potentiell mit psychopathologischen Verhaltensweisen verbunden ist, phänotypisch im Verhalten der Jungtiere nicht mehr in Erscheinung treten. Wenn andererseits kontextuelle Faktoren – wie Änderungen in der Hierarchie, Instabilität innerhalb der Horde oder Änderungen in der Verfügbarkeit von Nahrung – die Fürsorge einer jungen Mutter für ihre Kinder so verändern sollten, daß diese »Pufferfunktion« für das genetische Risiko gefährdet ist, dann könnte man erwarten, daß alle Kinder mit dem kurzen Allel für den 5-HTT-Polymorphismus einige – wenn nicht sogar alle – der oben beschriebenen Verhaltensauffälligkeiten entwickeln.

Zusammenfassung

Dieser Beitrag beschrieb Forschungsansätze mit dem Schwerpunkt auf einer Untergruppe von Rhesusaffen, die spontan übermäßige und sozial unangemessene aggressive Verhaltensstörungen sowie andere Muster impulsiven Verhaltens zeigten. Darüber hinaus war bei ihnen während der gesamten Ontogenese ein chronisches Defizit im Serotoninstoffwechsel feststellbar. Sowohl genetische als auch Umweltfaktoren können die Entwicklung dieser das Verhalten betreffenden und biologischen Neigungen deutlich beeinflussen, sie können in der Tat bei dieser Entwicklung auch interagieren.

In einem Beispiel ging es um Interaktionen zwischen verschiedenen Polymorphien des 5-HTT-Gens und frühen Erfahrungen während des Aufwachsens. Rhesusaffen mit dem kurzen Allel zeigten bedeutende Defizite in den frühen neurobiologischen Funktionen und im Serotoninstoffwechsel, extreme Aggressivität und eine gesteigerte hormonelle Streßreaktion im Hypothalamus-Hypophysen-System (HPA-Achse). Weiterhin konsumierten Affen mit dem kurzen Allel in übermäßiger Weise Alkohol, jedoch nur solche, die unter Gleichaltrigen aufgewachsen waren. Affen mit dem kurzen Allel, die von kompetenten Müttern aufgezogen wurden, zeigten solche Defizite in ihrem Verhalten oder biologische Defizite nicht. Zudem können solche Erfahrungen einen nicht genetischen Mechanismus für die Übermittlung dieser Muster an nachfolgende Affengenerationen darstellen, da Rhesusaffenmütter dazu neigen, dieselbe Art früher Bindungsbeziehungen, die sie selbst mit ihren Müttern erfahren haben, auch mit ihren Kindern zu entwickeln.

Dank

Die in diesem Bericht zusammengefaßte Forschung wurde durch Fördermittel der Division of Intramural Research, des National Institute of Child Health & Human Development, der National Institutes of Health unterstützt. Weitere Förderung kam von DIR, NIAAA, NIH.

Anmerkungen

[1] 5-HIES = 5-Hydroxyindolessigsäure, ein Abbauprodukt von Serotonin; englisch: 5-HIAA = 5-hydroxyindoleacetic acid.

[2] Serotonintransporter-Gen: 5-HTT für: 5-Hydroxytryptamin-Transporter. 5-Hydroxytryptamin (5-HT) = Serotonin.

Literatur

Barr, C. S., T. K. Newman, M. L. Becker, C. C. Parker, M. Champoux, K. P. Lesch, D. Goldman, S. J. Suomi und J. D. Higley (2003): The utility of the non-human primate model for studying gene by environment interactions in behavioral research. *Genes Brain and Behavior*, 2, 336–340.

Barr, C. S., T. K. Newman, S. G. Lindell, M. Champoux, K. P. Lesch, S. J. Suomi, D. Goldman und J. D. Higley (2004a): Interaction between serotonin transporter gene variation and rearing condition in alcohol preference and consumption in female primates. *Archives of General Psychiatry*, 61, 1146–1152.

Barr, C. S., T. K. Newman, C. Shannon, C. C. Parker, R. L. Dvoskin, M. L. Becker, M. Schwandt, M. Champoux, K. P. Lesch, D. Goldman, S. J. Suomi und J. D. Higley (2004b): Rearing condition and 5-HTTLPR interact to influence LHPA-axis response to stress in infant macaques. *Biological Psychiatry*, 55, 733–738.

Bennett, A. J., T. Tsai, W. D. Hopkins, C. S. Lindell, P. J. Pierre, M. Champoux und S. E. Shoaf (1999): Early social rearing environment influences acquisition of a computerized joystick task in rhesus monkeys (Macaca mulatta). *American Journal of Primatology*, 49, 33–34.

Bennett, A. J., K. P. Lesch, A. Heils, J. D. Long, J. G. Lorenz, S. E. Shoaf et al. (2002): Early experience and serotonin transporter gene variation interact to influence primate CNS function. *Molecular Psychiatry*, 7 (1), 118–122.

Berard, J. (1989): Male life histories. *Puerto Rico Health Sciences Journal*, 8, 47–58.

Champoux, M., S. J. Suomi und M. L. Schneider (1994): Temperamental differences between captive Indian and Chinese-Indian hybrid rhesus macaque infants. *Laboratory Animal Science and Technology*, 44, 351–357.

Champoux, M., A. Bennett, C. Shannon, J. D. Higley, K. P. Lesch und S. J. Suomi (2002): Serotonin transporter gene polymorphism, differential early rearing, and behavior in rhesus monkey neonates. *Molecular Psychiatry*, 7, 1058–1063.

Dittus, W. P. J. (1979): The evolution of behaviours regulating density and age-specific sex ratios in a primate population. *Behavioral & Brain Sciences*, 69, 265–302.

Harlow, H. F. (1969): Age-mate or peer affectional system. In: Lehrman, D. L., R. A. Hinde und E. Shaw (Hrsg.): *Advances in the study of behavior.* Bd. 2. New York (Academic Press), S. 333–383.

Heils, A., A. Teufel, S. Petri, G. Stober, P. Riederer, B. Bengel und K. P. Lesch (1996): Allelic variation of human serotonin transporter gene expression. *Journal of Neurochemistry*, 6, 2621–2624.

Higley, J. D. und S. J. Suomi (1996): Reactivity and social competence affect individual differences in reaction to severe stress in children: Investigations using nonhuman primates. In: Pfeffer, C. R. (Hrsg.): *Intense stress and mental disturbance in children.* Washington (American Psychiatric Association Press), S. 3–58.

Higley, J. D., M. L. Hasert, S. J. Suomi und M. Linnoila (1991): A new nonhuman primate model of alcohol abuse: Effects of early experience, personality, and stress on alcohol consumption. *Proceedings of the National Academy of Sciences,* 88, 7261–7265.

Higley, J. D., P. T. Mehlman, D. M. Taub, S. B. Higley, J. H. Vickers, S. J. Suomi und M. Linnoila (1992): Cerebrospinal fluid monoamine metabolite and adrenal correlates of aggression in free-ranging rhesus monkeys. *Archives of General Psychiatry,* 49, 436–444.

Higley, J. D., W. T. Thompson, M. Champoux, D. Goldman, M. F. Hasert, G. W. Kraemer, J. M. Scanlan, S. J. Suomi und M. Linnoila (1993): Paternal and maternal genetic and environmental contributions to CSF monoamine metabolites in rhesus monkeys (Macaca mulatta). *Archives of General Psychiatry,* 50, 615–623.

Higley, J. D., S. T. King, M. F. Hasert, M. Champoux, S. J. Suomi und M. Linnoila (1996a): Stability of individual differences in serotonin function and its relationship to severe aggression and competent social behavior in rhesus macaque females. *The International Journal of Neuropsychopharmacology,* 14, 67–76.

Higley, J. D., P. T. Mehlman, D. M. Taub, S. B. Higley, B. Fernald, J. H. Vickers, S. J. Suomi und M. Linnoila (1996b): Excessive mortality in young free-ranging male nonhuman primates with low CSF 5-HIAA concentrations. *Archives of General Psychiatry,* 53, 537–543.

Higley, J. D, S. J. Suomi und M. Linnoila (1996c): A nonhuman primate model of Type II alcoholism? Part 2: Diminished social competence and excessive aggression correlates with low CSF 5-HIAA concentrations. *Alcoholism: Clinical and Experimental Research,* 20, 643–650.

Lesch, L. P., J. Meyer, K. Glatz, G. Flugge, A. Hinney, J. Hebebrand, S. M. Klauck, F. Poustka, D. Bengel, R. Mossner, P. Riederer und A. Heils (1997): The 5-HT gene-linked polymorphic region (5-HTTLPR) in evolutionary perspective: Alternative biallelic variation in rhesus monkeys. *Journal of Neural Transmission,* 104, 1259–1266.

Lindburg, D. G. (1971): The rhesus monkey in north India: An ecological and behavioral study. In: Rosenblum, L. A. (Hrsg.): *Primate behavior: Developments in field and laboratory research.* Bd. 2. New York (Academic Press), S. 1–106.

Lorenz, K. (1963): *Das sogenannte Böse. Zur Naturgeschichte der Aggression.* Wien (Borotha-Schoeler) (München: dtv, 23. Aufl. 2002).

Mehlman, P. T., J. D. Higley, I. Faucher, A. A. Lilly, D. M. Taub, J. H. Vickers, S. J. Suomi und M. Linnoila (1994): Low cerebrospinal fluid 5 hydroxyindoleacetic acid concentrations are correlated with severe aggression and reduced impulse control in free-ranging primates. *American Journal of Psychiatry,* 151, 1485–1491.

Mehlman, P. T., J. D. Higley, I. Faucher, A. A. Lilly, D. M. Taub, J. H. Vickers, S. J. Suomi und M. Linnoila (1995): CSF 5-HIAA concentrations are correlated with sociality and the timing of emigration in free-ranging primates. *American Journal of Psychiatry,* 152, 901–913.

Mehlman, P. T., J. D. Higley, B. J. Fernald, F. R. Sallee, S. J. Suomi und M. Linnoila (1997):

CSF 5-HIAA, testosterone, and sociosexual behaviors in free-ranging male macaques during the breeding season. *Journal of Psychiatric Research,* 77, 15–25.

Suomi, S. J. (1995): Influence of Bowlby's attachment theory on research in nonhuman primate biobehavioral development. In: Goldberg, S., R. Muir und J. Kerr (Hrsg.): *Attachment theory: Social, developmental, and clinical perspectives.* Hillsdale (Analytic Press), S. 185–201.

Suomi, S. J. (1998): Conflict and cohesion in rhesus monkey family life. In: Cox, M. und J. Brooks-Gunn (Hrsg.): *Conflict and cohesion in families.* Mahwah, NJ (Lawrence Erlbaum), S. 283–296.

Suomi, S. J. (1999): Attachment in rhesus monkeys. In: Cassidy, J. und P. R. Shaver (Hrsg.): *Handbook of attachment – theory, research and clinical applications.* New York, London (Guilford Press), S. 181–197.

Suomi, S. J. (2000): A biobehavioral perspective on developmental psychopathology: Excessive aggression and serotonergic dysfunction in monkeys. In: Sameroff, A. J., M. Lewis und S. Miller (Hrsg.): *Handbood of developmental psychopathology.* New York (Plenum Press), S. 237–256.

Suomi, S. J. und H. F. Harlow (1978): Early experience and social development in rhesus monkeys. In: Lamb, M. E. (Hrsg.): *Social and personality development.* New York (Holt, Rinehart & Winston), S. 262–271.

Suomi, S. J. und S. Levine (1998): Psychobiology of intergenerational effects of trauma: Evidence from animal studies. In: Daniele, Y. (Hrsg.): *International handbook of multigenerational legacies of trauma.* New York (Plenum Press), S. 623–637.

Symonds, D. (1978): *Play and aggression: A study of rhesus monkeys.* New York (Columbia University Press).

Westergaard, G. C., S. J. Suomi, T. J. Chavanne, L. Houser, A. Hurley, A. Cleveland, P. J. Snoy und J. D. Higley (2003): Physiological correlates of aggression and impulsivity in free-ranging female primates. *Journal of Neurophysiology,* 28, 1045–1055.

Zajicek, K., J. D. Higley, S. J. Suomi und M. Linnoila (1997): Rhesus macaques with high CSF 5-HIAA concentrations exhibit early sleep onset. *Journal of Psychiatric Research,* 77, 15–25.

KIM A. BARD

Die Entwicklung von Schimpansen, die von Menschen aufgezogen wurden

Fähigkeiten der Mütter, Bindung und Bewältigungsverhalten

Einleitung

Hanus und Mechthild Papoušek haben darauf verwiesen, daß die intuitive elterliche Kompetenz, die bei allen menschlichen Wesen vorkommt, auf einer psychobiologischen Bereitschaft basiert. Vieles im Schema intuitiven Fürsorgeverhaltens von Eltern kann auf die Interaktionen von Schimpansenmüttern mit ihren Babys übertragen werden, wobei sehr fein abgestimmtes und weniger angemessenes Verhalten festgestellt werden kann. Das Schema war sehr nützlich für die Planung eines Interventionsprogramms, das bei von Menschen aufgezogenen Schimpansen für artenspezifische Interaktionen sorgen sollte. Schon sehr früh im Leben kann das Bewältigungsverhalten als Reaktion auf die vorherrschende Erregung im Rahmen unterschiedlicher Anforderungen durch die Umgebung angesehen werden. Die antwortbereite Fürsorge unterstützte die Säuglinge in der Entwicklung einer positiveren Haltung mit weniger Angst und sicheren Bindungen. Säuglinge, die frühen Streß erfahren hatten, zeigten auch ängstlichere Reaktionen, besonders im Alter von 5 bis 9 Monaten, schienen aber auch eine sichere Bindung zu erreichen. Wir förderten die Entwicklung des Haltens, damit die von Menschen aufgezogenen Schimpansen als Erwachsene mütterliche Fähigkeiten haben konnten. Die Daten der Schimpansen legen nahe, daß die Interaktion zwischen intuitiven elterlichen Fürsorgeschemata und kindlicher Intersubjektivität eine Formbarkeit in der Entwicklung erlaubt.

In diesem Beitrag behandle ich die Interaktion zwischen der frühen Sozialisierung durch »Fürsorgepersonen« und der Flexibilität des Kindes in der sozioemotionalen Entwicklung. Der Beitrag besteht aus drei Abschnitten: mütterliche Fähigkeiten von Schimpansen, kindliche Bewältigungsstrategien und Entwicklung emotionaler Bande. Die Fähigkeiten der Mütter werden durch Mechthild und Hanus Papoušeks (Papoušek & Papoušek, 1987) Konzept der intuitiven elterlichen Kompetenzen beschrieben, um Mutter-Kind-Interaktionen und um die Intervention bei jenen Schimpansenbabys darzustellen, die von Menschen aufgezogen werden mußten. Kindliche Bewältigungsstrategien werden sowohl im Hinblick auf Zustandsregulierung und Erregungsmuster in den ersten Lebensmonaten (Brazelton & Nugent, 1995) als auch auf die Verhaltensanpassung an unterschiedliche Anforderungen durch die Umgebung – oder, wenn man so will, an unterschiedliche Umgebungen elterlicher Fürsorge – diskutiert. Der Beitrag endet mit einer kurzen Beschreibung der Entwicklung emotionaler Bande, indem die primäre Intersubjektivität bei Schimpansenbabys (Trevarthen, 1979) geschildert wird und Hinweise auf Zusammenhänge mit Bindungsklassifikationen gegeben werden. Eine Prüfung von Studien läßt vermuten, daß die Wechselwirkung zwischen intuitiven Schemata elterlicher Fürsorge und kindlicher Intersubjektivität eine Formbarkeit in der emotionalen Entwicklung sowohl bei Schimpansen als auch beim Menschen erlaubt.

Fähigkeiten der Mütter bei Schimpansen

Der erste Teil dieses Beitrags konzentriert sich auf die Fähigkeiten von Müttern bei Schimpansen. Bei Videoaufnahmen von Mutter-Kind-Paaren zur Dokumentation mütterlicher Kompetenz sah ich viele Beispiele für subtilen kommunikativen Austausch, wozu ein Sichabwechseln in der Kommunikation, bedingte Reaktionen und der Ausdruck von Freude während der Interaktionen gehörten (Bard, 1994). Diese Interaktionen werden am besten durch Papoušeks Konzept der intuitiven elterlichen Kompetenzen beschrieben, denn es schien, daß Schimpansenmütter sich darum bemühten, die kindlichen, insbesondere die kommunikativen Fähigkeiten auf nonverbale Weise zu fördern. Das Konzept der intuitiven elterlichen Kompetenzen erlaubt es uns, den Beitrag der Fürsorgeperson zur sozioemotionalen Entwicklung besser zu verstehen, und das gilt für Schimpansen ebenso wie für Menschen. Dann nutzten wir die Informationen über das frühe intuitive elterliche Fürsorgeverhalten für die Planung des Projekts zur Verhaltensintervention, wir sprachen von »responsive care« (reaktive Pflege oder Fürsorge; Bard, 1996). In diesem Projekt versuchten wir, für die von Schimpansenmüttern normalerweise praktizierte Stimulation in Aufzucht und Pflege zu sorgen, mit dem Ziel, daß von Menschen aufgezogene Schimpansen in der Lage sein sollten, die artenspezifische Kommunikation unter Schimpansen zu erlernen (Bard & Gardner, 1996).

Wir beschrieben die Art und Weise, in der Schimpansenmütter mit ihren Babys interagieren, um die Fähigkeit des Kindes zu Aufmerksamkeit, Beschäftigung und/oder Lernen zu unterstützen. Wir führten eine Feinanalyse unserer Videobänder durch, um nach interaktivem Verhalten zu suchen (siehe auch Tabelle 2 in Bard, 1994). Bard et al. (im Druck) beschreiben sehr eindrucksvoll, daß der Fokus der Interaktion zwischen Mutter und Säugling bei Schimpansen auf zwei Verhaltensweisen liegt: halten und spielen. Schimpansenmütter müssen ihre Neugeborenen halten, da sie sich genau wie Menschenbabys nicht selbst abstützen können (Bard, 2002; Bard et al., 1990; Plooij, 1979; van Lawick-Goodall, 1968).

Wenn die Kinder klein sind, geben Schimpansenmütter ihnen in hohem Maße Unterstützung durch Halten. Wir haben das Halten bei drei verschiedenen Altersstufen bewertet: wenn die Kinder 2–4 Wochen alt sind (1 Monat alt), wenn sie 6–8 Wochen (2 Monate alt) und wenn sie 10–12 Wochen alt sind (3 Monate alt) (Bard et al., im Druck). Bei jedem Alter analysierten wir Interaktionen während einer einstündigen Beobachtung natürlich vorkommender Verhaltensweisen – diese Schimpansen befanden sich aber in einem Labormilieu. Daß das Halten durch die Mutter für das Überleben des Säuglings lebensnotwendig ist, zeigt sich in der Tatsache, daß er selbst im Alter von 2–4 Wochen 80–90% der Zeit gehalten wird, ohne jede weitere Aktivität. Am *Yerkes Center* verbrachten Schimpansenmütter mehr als 70% der Beobachtungszeit mit dem Halten sogar ihrer 3 Monate alten Babys, ohne daß eine andere interaktive Tätigkeit damit verbunden gewesen wäre. Schimpansenmütter am *Primate Research Institute* (PRI) der Universität Kyoto, Japan, hielten ihre Babys nur während 40% der Zeit ihrer Interaktion. Es besteht ein klarer Gruppenunterschied bis zum Alter von 3 Monaten. Daten aus diesen beiden Gruppen dienten mit als Beleg für die Variabilität oder Flexibilität, die sich in unterschiedlichen Schimpansengemeinschaften zeigen kann.

Wir nutzten diese Informationen, die wir in unseren Studien zu intuitivem elterlichen Fürsorgeverhalten gesammelt hatten, um ein Programm zu Verhaltensinterventionen bei Schimpansenbabys zu planen, die von Menschen aufgezogen werden mußten (Bard, 1996). Die meisten Schimpansenbabys kamen in die Aufzuchtstation, weil ihre Mütter einfach nicht wußten, wie sie ihren Babys durch Halten Unterstützung geben sollten (Bard, 1995). Weil das Halten so wichtig ist, war es eines unserer ersten Ziele, den jungen Schimpansen Gelegenheit zu geben zu lernen, wie man Babys hält. Jeder junge weibliche Schimpanse modifizierte dabei sein Verhalten, etwa um es dem Schimpansenbaby bequemer zu machen, damit es sich wohler fühlte, oder um die Zeit der Interaktion zu verlängern. Wir sorgten für Gelegenheiten, daß die Schimpansen *selbst* lernen konnten, wie man die Babys hält.

Das andere, zweite wichtige interaktive Verhalten ist das Spiel. Wir beobachteten, daß ein Großteil der Zeit mit Spiel verbracht wurde. Am *Yerkes Center* verbrachten die Schimpansenmütter mehr als 15% der Zeit ihrer Interaktion, indem sie mit ihrem 2–4 Wochen alten Säugling spielten, der oft in Reaktion auf Kitzeln und rhythmisches Anstoßen lächelte. Wenn die Mütter am PRI (in Kyoto) auch mit ihren 2–4 Wochen alten Babys weniger Zeit im Spiel verbrachten, so spielten doch beide Gruppen gleich lang, wenn die Kinder 3 Monate alt waren. Schimpansenmütter spielen, wie es auch am *Yerkes Center* typisch war, mit ihren lächelnden, 3 Monate alten Babys. Wenn die Gesichter von Mutter und Baby einander zugewandt sind, hält das Kind seine Augen geschlossen, während die Mutter dem Baby ins Gesicht schaut.

Im Programm zur »reaktiven Fürsorge« zielten wir auf zwei Aspekte ab, denen in den Spielinteraktionen größere Bedeutung zukommt: das Fehlen gegenseitigen Anschauens und die Anwendung kommunikativer Signale. Wir ermutigten die Kinder, das Spiel in der für Schimpansen typischen Art zu *initiieren*, mit multimodalen kommunikativen Signalen.

Wenn wir etwa beobachteten, wie unser Schampansenkind Lucas im Alter von 1 Jahr das Spiel mit Kathy, seiner liebsten Pflegerin, begann, so konnten wir sehen, wie er zuerst ein Tastsignal anwandte, indem er sich an Kathy anlehnte. Sein Lächeln war ein visuelles Signal, und seine Geste – die Hände um den Hinterkopf gelegt – war ebenso ein visuelles Signal, daß er *Kitzeln* spielen wollte. Ein anderes Signal konnte z.B. »Fangen spielen« andeuten. Wenn Schimpansen etwas älter sind, können sie auch, als ein auditives Signal, zu lachen beginnen, um die Intensität der Spielinteraktionen abzumildern (vgl. Plooij, 1979).

Im System ist eine Flexibilität eingebaut, so daß sich Unterschiede ergeben können, wenn Gruppen verschiedene Sozialisierungsregeln haben. Während der Entwicklung erlaubt diese Flexibilität, daß Sozialisierungsregeln das kommunikative Verhalten junger Schimpansen beeinflussen können. Zum Beispiel fanden wir Gruppenunterschiede beim gegenseitigen Anschauen – d.h. wenn die Mutter in das Gesicht des Kindes schaut und das Kind in das Gesicht der Mutter (Bard et al., im Druck). Man nimmt an, daß das gegenseitige Anschauen beim frühen Erlernen der Kommunikation von Angesicht zu Angesicht wichtig ist.

Das Ausmaß, in dem Mutter und Kind einander anschauten, war bei der Gruppe der Schimpansen am *Yerkes Center* und bei der Gruppe am PRI verschieden (siehe Abb. 1 in Bard et al., im Druck). Am *Yerkes Center* schauten Schimpansenmütter und -kinder einander ungefähr 10mal in der Stunde an. Für diese

Schimpansen – und Ähnliches wird von wild lebenden Schimpansenmüttern und -kindern berichtet – ist der Augenkontakt ein starkes Mittel der Kommunikation, und gegenseitiges Anschauen wird angewandt, aber nur in Maßen. Bei den Affen am PRI in Japan wurden jedoch ungefähr 30 Interaktionen mit gegenseitigem Anschauen zwischen 3 Monate alten Babys und ihren Müttern festgestellt. Ein solches Verhaltensmuster, das nur bei den Affen am PRI beobachtet wurde, wird von Tomonaga et al. (2004) beschrieben und auf einem Foto gezeigt. Während die Mutter ihrem Kind in die Augen schaut, legt sie den Finger unter das Kinn des Babys, hebt dann sanft seinen Kopf an, bis es zum gegenseitigen Anschauen kommt. So scheinen Schimpansenmütter ihre Kinder das eigene Muster des Augenkontakts zu lehren.

Es gibt ein bedeutendes Wechselspiel, das wir zwischen gegenseitigem Anschauen und dem Kontakt beim Halten feststellten konnten. Wie bei menschlichen Kulturen ist das gegenseitige Anschauen selten, wenn die Zahl der Körperkontakte groß ist – und das gegenseitige Anschauen kommt nur dann oft vor, wenn es wenig Körperkontakt gibt (zur weiteren Diskussion dieser Hypothese der »Austauschbarkeit« siehe Bard, 2004).

Zusammenfassend kann das Schema intuitiver elterlicher Kompetenzen auf zwei Arten der elterlichen Fürsorge von Schimpansen angewandt werden:

(1) Schimpansenmütter zeigen interaktive Verhaltensweisen, die dazu dienen, die Entwicklung der Kommunikation und der sozialen Fähigkeiten bei ihren Jungen zu unterstützen und zu fördern.
(2) Das Schema intuitiver elterlicher Kompetenz kann dazu verwendet werden, um ein effektives Interventionsprogramm zu gestalten, um so die Entwicklung sowohl artentypischer Kommunikation als auch besonderer Fähigkeiten zu fördern: etwa jemanden höflich zu bitten, mit einem zu spielen. Ein praktisches Beispiel: Die Erkenntnis, daß gegenseitiges Anschauen sich bei zwei Gemeinschaften von Schimpansen unterschied, läßt vermuten, daß intuitive elterliche Kompetenzen ein Mittel der kulturellen Übertragung kommunikativen Verhaltens darstellen.

Kindliche Bewältigungsstrategien: Erregungsmuster, Regulierung und Ansprechbarkeit auf Sozialisierung

Wie kann aber elterliche Fürsorge bzw. Kompetenz solch einen Einfluß haben? Teilweise muß die Antwort lauten, daß es eine entsprechende Ansprechbarkeit auf seiten des Kindes gibt (Trevarthen & Aitken, 2001). Meiner Meinung nach ist Menschen und Schimpansen ein Entwicklungssystem gemeinsam, das stark auf Umweltfaktoren anspricht. Wir sehen Belege für eine Ansprechbarkeit bei beiden, besonders in der Zeit unmittelbar nach der Geburt, der Neugeborenenperiode, und besonders im Verhalten, soweit es mit Emotionen verbunden ist.

Der zweite Teil meines Beitrags konzentriert sich auf das Kind und seine Bewältigungsstrategien. Bewältigungsverhalten wird auf zwei verschiedene Arten diskutiert, sowohl hinsichtlich der Zustandsregulierung des Kindes und seiner Erregung als auch hinsichtlich der Verhaltensanpassung des Kindes an verschiedene Anforderungen durch seine Umwelt oder unterschiedliches elterliches Fürsorgeverhalten. Beide Bewältigungssysteme spiegeln die Fähigkeit des Neugeborenen wider, in der Interaktion mit den elterlichen Sozialisierungsangeboten flexibel umzugehen.

Ins Zentrum unserer Aufmerksamkeit kommen nun verschiedene Gruppen neugeborener Schimpansen und neugeborener Menschen. Einige Schimpansenmütter am *Yerkes Center* zeigten überhaupt kein mütterliches Verhalten, und so mußten ihre Babys von Menschen aufgezogen werden. Diese Säuglinge wurden zum Großteil nicht einmal von ihren Müttern gehalten und hätten ohne ihre Unterbringung in der »Krippe« nicht überlebt. Den Großteil der ersten 30 Tage verbrachten sie in temperierten Inkubatoren. Von Menschen aufgezogene Schimpansen wurden entweder in einer normalen Station aufgezogen, unter Gleichaltrigen, oder in der Aufzuchtstation mit dem »Responsive Care«-Programm, d.h. es wurden hier für Schimpansen typische Fähigkeiten gefördert (zu Einzelheiten über die Aufzucht in der Station siehe Bard & Gardner, 1996). In anderen Einrichtungen testeten Forscher Säuglinge, die von ihren leiblichen Müttern aufgezogen wurden. Und zwar testeten Hallock et al. (1989) von ihren Müttern aufgezogene Schimpansen, und Barry Lester untersuchte von ihren Müttern in Providence (Rhode Island, USA) aufgezogene Menschenbabys (Bard et al., 1992; Bard et al., 2001).

Alle Kindergruppen wurden mit demselben Test nach Brazelton (Brazelton Neonatal Behavioral Assessment Scale; vgl. Bard et al., 1992, 2001; Brazelton &

Nugent, 1995) bewertet. Der Brazelton-Test wurde in großem Umfang bei menschlichen Säuglingen eingesetzt, in westlichen und anderen Kulturen (vgl. Nugent et al., 1989). Im Folgenden werde ich Daten aus zwei Abschnitten in diesem Test vorstellen, aus einem, der das Erregungsmuster des Kindes mißt, und einem, der die kindliche Regulierung dieses Erregungsmusters erfaßt (Lester, 1984). Im Brazelton-Test gibt es vier Abschnitte, die das kindliche Niveau der Erregung und die Leichtigkeit, mit der ein Säugling in einen Erregungszustand gerät, bewerten. Ich behandle hier nur einen, die Spitze der Erregung. Zuerst muß man in der Lage sein, die Unterschiede zwischen verschiedenen Ausdrucksstärken von unangenehmem Streß bei Schimpansen festzustellen: Ein Schmollmund bedeutet milden Streß, ein Wimmern mäßigen Streß oder Aufregung, und die höchste Stufe der Erregung ist Weinen (siehe Fotos in Bard, 2000). Die Erregungsspitze als höchster Punkt des Erregungsmusters wurde bei einer Gruppe von Menschenbabys aus Providence gemessen und mit drei Gruppen von Schimpansenbabys verglichen. Eine höhere Punktzahl bei der Beurteilung des Verhaltenszustands im Test bedeutete eine höhere Stufe des Erregungsmusters. So zeigte etwa ein Wert von 6 oder höher an, daß das Baby zumindest zwei Perioden des Weinens erlebt hatte, in denen es schwer zu trösten war. Von Menschen aufgezogene Schimpansenbabys zeigten geringfügig niedrigere Erregungsmuster als Menschenbabys. Im Gegensatz dazu gab es bei den von ihren Müttern aufgezogenen Schimpansenbabys (Hallock et al., 1989) höhere Werte bei den Erregungsmustern als bei Menschenbabys. Es ist interessant, daß die beiden Gruppen der von ihren Müttern aufgezogenen Kinder – Schimpansenbabys und Menschenbabys – Spitzenwerte beim Erregungsmuster zeigten. Ich glaube, daß diese Daten die Anpassung des Kindes, selbst in den ersten beiden Lebenstagen, an die es betreuende Umgebung zum Ausdruck bringen. Die Menschenbabys und die von ihren Müttern aufgezogenen Schimpansenbabys erhielten häufig Kontakt durch Gehaltenwerden. Wenn sie aber abgelegt wurden, wie das etwa beim Brazelton-Test geschah, wurden sie stark erregt, sobald ihnen der Körperkontakt fehlte. Im Gegensatz dazu waren Babys, die oft in einem Inkubator lagen – wie bei den von Menschen aufgezogenen Schimpansenbabys – nicht so aufgeregt, wenn ihnen der Körperkontakt fehlte, und sie beruhigten sich schneller.

Falls diese Erklärung stimmt, sollten wir ähnliche Reaktionsmuster bei menschlichen Neugeborenen verschiedener Kulturen erwarten. Aus der Literatur entnahm ich zwei Extrembeispiele, um die neugeborenen Menschenbabys eigene Flexibilität zu verdeutlichen: die Efe, eine traditionelle Gesellschaft von Sammlern in Zaire (Tronick & Winn, 1992), wo Babys zu 100% mit ihren Fürsorgepersonen einen Kontakt über Gehaltenwerden haben, und die Navajo (Chisholm, 1989) – ein Stamm amerikanischer Eingeborener, die ihre Babys einwickeln und auf »Wiegebretter« legen. Die Efe-Babys mit 100% Kontakt durch Gehaltenwerden entwickeln hohe Spitzenwerte der Erregung, die sich bis zum Alter von 10 Tagen in etwa mit den Werten anderer Gruppen mit viel Kontakt durch Halten decken. Dagegen scheint die Kurve der Entwicklungsveränderung in der Erregungsspitze bei den Navajo-Babys (Chisholm, 1989) mit jener der von Menschen aufgezogenen Schimpansenbabys übereinzustimmen, so daß wir vielleicht das »Wiegebrett« als eine Art sich bewegender Inkubator ansehen können.

Diese Beispiele zeigen, daß sich das Verhalten Neugeborener in den ersten 30 Lebenstagen in Reaktion auf die jeweils spezifische Umgebung verändert, eventuell auf vorhersagbare Weise. Da es sich um einen so frühen Zeitpunkt im Leben handelt, sind diese jeweils spezifischen Verhaltensanpassungen der Säuglinge nicht auf die Unterschiede zwischen den Arten zurückzuführen, welche später festzustellen sind, sondern auf jeweils spezifische Umwelteinflüsse, wie sie etwa auch in der frühen Mutter-Kind-Interaktion beobachtet werden können.

Zu ähnlichen Ergebnissen kommen wir, wenn wir einen anderen Abschnitts des Brazelton-Tests betrachten: die Fähigkeit des Kindes, seinen Verhaltenszustand zu regulieren (Brazelton & Nugent, 1995). In diesem Cluster wird die Fähigkeit des Kindes zur Selbstberuhigung untersucht. Schimpansenbabys können, ebenso wie Menschenbabys, einen ruhigen Zustand beibehalten, indem sie am Daumen lutschen (siehe Fotos und andere Arten der Selbstberuhigung in Bard et al., 1990). Bei diesem Abschnitt des Brazelton-Tests wird gemessen, wie lange es dauert, bis das Kind einen ruhigen Zustand nach Weinen oder Aufregung beibehält. Menschenbabys aus Providence können für die Dauer von 15 Sekunden einmal erfolgreich in den ruhigen Zustand der Selbstregulation zurückkehren. Die beiden Gruppen der von Menschen aufgezogenen Schimpansenbabys sind bei der Selbstberuhigung erfolgreicher als die amerikanischen Menschenkinder, aber nicht in deutlich erkennbarer Weise. Im Gegensatz dazu sind die von ihren Müttern aufgezogenen Schimpansenbabys bedeutend weniger zur Selbstberuhigung fähig als die amerikanischen Menschenkinder, sie zeigen nur periodisch und sehr kurzzeitig Erfolg beim Versuch der Selbstberuhigung. Nimmt man die Ergebnisse aus den beiden anderen menschlichen Kulturen, den Efe und den Navajos, hinzu, findet sich ein ähnliches Muster wie bei den Werten der Erregungsspitze. Die Navajo-Babys sind bei der Selbstberuhigung erfolgreicher als die amerikanischen Babys, und die an 100% Kontakt durch Gehaltenwerden gewöhnten Efe-Babys sind dabei weniger erfolgreich.

Zuerst waren wir über diese Ergebnisse verblüfft, da sie nahelegen, daß Babys mit der Erfahrung eines hohen Maßes an sie ansprechendem Halten weniger zur Selbstberuhigung und -regulation fähig sind als Babys, die öfter alleingelassen werden. Wir wissen, daß Fürsorgepersonen die Fähigkeit des Kindes zur Selbstregulierung in der Tat steigern, aber diese Effekte zeigen sich erst etwas später im Leben. Zur Verdeutlichung dieses Zeiteffekts wurde die Qualität der emotionalen Reaktionsbereitschaft bei von Menschen aufgezogenen Schimpansen aus dem *Yerkes Center* im Alter von zwischen 3 und 12 Monaten untersucht (vgl. Bard & Gardner, 1996).

Zwei Ergebnisse sind bemerkenswert: Im Alter von 3 Monaten zeigten alle Gruppen ähnliche emotionale Reaktionen. Sie waren während des Tests zufrieden, weder glücklich noch unglücklich. Die Gruppe der Schimpansenbabys mit »responsive care« – d.h. diejenigen, die Fürsorge und Ansprechbarkeit erfahren hatten – hatte vier Stunden lang täglich Kontakt durch Halten und intuitive elterliche Kompetenzen erfahren, um beim Kind die Entwicklung artentypischer Kommunikation zu fördern. Bei der normalen Aufzuchtgruppe wurden die Schimpansenbabys unter Gleichaltrigen aufgezogen. Im Verlauf der folgenden Monate steigerten sich jedoch die Auswirkungen der antwortbereiten Fürsorge allmählich, so daß sich die Kinder in der Gruppe der Schimpansenbabys mit »responsive care« bis zum Alter von 12 Monaten in ihren emotionalen Reaktionen deutlich von den Kindern der normalen Aufzuchtgruppe unterschieden. Die Schimpansenbabys in der »responsive care«-Gruppe waren bei der Durchführung des Brazelton-Tests positiver und weniger unglücklich.

Eine dritte Gruppe von Schimpansenbabys wurde in den ersten 3 Lebenswochen von ihren leiblichen Müttern aufgezogen, aber ihre Mütter hatten keine sehr ausgeprägten intuitiven mütterlichen Verhaltensfähigkeiten. Das Gesamtrepertoire ihres interaktiven Verhaltens war deutlich kleiner als bei den Schimpansenmüttern mit guten mütterlichen Kompetenzen. Wir machten uns um die Gesundheit der Schimpansenbabys dieser dritten Gruppe so große Sorgen, daß wir sie schließlich den Müttern wegnahmen und sie in die Aufzuchtstation gaben, damit sie überlebten. Diese frühe Erfahrung von Streß während der ersten 21 Lebenstage in der Interaktion mit ihren wenig fürsorgekompetenten Müttern hatte Auswirkungen, die sich noch in den emotionalen Reaktionen der Schimpansenbabys im Alter von 5, 6, 7 und 8 Monaten zeigten.

Wir haben nun eine Vorstellung davon, daß Fürsorgepersonen einen entscheidenden Einfluß auf die Entwicklung von kleinen Kindern haben können und daß diese auf ihre Umgebung flexibel reagieren. Wie wird das bewerkstelligt, und noch dazu ohne bewußte Wahrnehmung dieser Prozesse? Die Antwort auf diese Frage leitet zum dritten Teil meines Beitrags über: Ich vermute, daß der Mechanismus der Intersubjektivität diesen Grad der Anpassung bei Schimpansen zuläßt, wie dies auch in anderen Studien beim menschlichen Säugling festgestellt wurde. Eine der wichtigsten grundlegenden Ähnlichkeiten zwischen den großen Menschenaffen und den Menschen ist die kindliche Intersubjektivität, der Reichtum der emotionalen Bindung, die sich zwischen dem Kind und der Person, die für es sorgt, entwickelt.

Entwicklung emotionaler Bindungen

Von Geburt an befinden sich Kinder im dichten emotionalen Austausch mit den Personen, die für sie sorgen. Dieser Prozeß wird auch als *primäre Intersubjektivität* bezeichnet. *Intersubjektivität* ist Trevarthens (1979) Ausdruck für die Fähigkeit von Menschenkindern, ihre eigenen zielgerichteten Akte an die Subjektivität anderer anzupassen. Die primäre Intersubjektivität beobachtet man am häufigsten bei Interaktionen von Angesicht zu Angesicht zwischen Eltern und ihren sehr jungen Kindern. Viele Forscher haben sich zu dieser »Vorbereitung« oder »Voranpassung zur Kommunikation« beim Menschenkind geäußert und ihr dabei verschiedene Verhaltensweisen, die sie im Zusammenhang der Interaktionen von Angesicht zu Angesicht gesehen haben, als Anzeichen für diese Fähigkeit zugeordnet. So wird etwa das Wechselspiel im Verhalten des Säuglings zwischen intensivem Saugen an der Brust einerseits und Pausieren beim Saugen mit folgendem intensivem Blickkontakt mit der Mutter andererseits als Beginn der Intersubjektivität in der Kommunikation betrachtet (Brazelton & Als, 1979; Brazelton, 1979). Aus diesen frühen Studien zur Intersubjektivität wissen wir, daß das menschliche Neugeborene aktiv an Interaktionen von Angesicht zu Angesicht teilnimmt und daß dies der Kontext ist, in dem sowohl soziale als auch kommunikative Fähigkeiten entstehen. Aufgrund meiner Erfahrungen mit Schimpansen habe ich mich gefragt, ob dieselbe Art emotionaler Kommunikation auch zwischen neugeborenen und erwachsenen Schimpansen existiert (Bard, 1998).

Ich vermute, daß auch Schimpansenbabys mit dieser Fähigkeit zur Intersubjektivität geboren werden (Bard, 2004, 2005). Die Belege für meine These sind dieselben wie bei Menschenkindern: Schimpansenbabys beteiligen sich an sozialen Spielen, sie zeigen emotionale Verhaltensweisen mit kommunikativer Bedeutung, diese Bedeutung kann je nach Veränderungen in der Sozialisierung variieren, und schließlich: neugeborene Schimpansen können Gesichtsausdrücke nachahmen. Mehrere Studien, die Belege für primäre und sekundäre Intersubjektivität bei Schimpansen geben, werden im Folgenden angeführt. Ich vermute, daß Intersubjektivität ein gemeinsames Merkmal der großen Menschenaffen und der Menschen ist und die Basis für Kommunikation darstellt – nicht die Sprache an sich.

Der erste Beleg für die Fähigkeit von Schimpansenbabys zur Intersubjektivität: sie können das Öffnen des Mundes und das Vorstrecken der Zunge nachahmen (siehe Fotos in Russell et al., 1997; Myowa, 1996; Myowa-Yamakoshi et al., 2004). Bard (eingereicht) fand heraus, daß neugeborene Schimpansen in den ersten Lebenswochen eine Tonfolge imitieren können. Darüber hinaus können sie Aktivitäten imitieren, egal ob sie nun in einem strukturierten oder in einem kommunikativen Paradigma getestet werden. Sie können aber in einem kommunikativen Paradigma erheblich mehr Aktivitäten nachahmen, was die Vermutung zuläßt, daß die Imitation bei Schimpansen kurz nach der Geburt einer kommunikativen Funktion dient, wie dies andere Forscher auch für die menschliche Entwicklung aufzeigen konnten (Kugiumutzakis, 1999; Meltzoff & Moore, 1989; Trevarthen & Aitken, 2001).

Schimpansenbabys sind zweitens – wie Menschenkinder – in der Lage, soziale Spiele mit gegenseitigem Anschauen und Spaß *zu initiieren* (Bard, 1998; Bard, 2005; Bard et al., 1992; Brazelton, 1979). Schon drei Monate alte Schimpansenbabys können sich ein Tuch vor ihr Gesicht ziehen und einen anlächeln. Dabei gewinnt man den Eindruck, daß sie ein »Guck-guck-Spiel«, also ein Spiel mit wechselseitigem Blickkontakt, mit einem anfangen wollen (Bard, 2005). Legt man ihnen daraufhin das Tuch wieder auf ihr Gesicht, ziehen sie es erneut weg, lächeln dabei noch breiter und bestätigen somit in gewisser Weise unsere Vermutung.

Drittens ist es für den Eintritt in ein Kommunikationssystem erforderlich, daß ein Wesen ein Verhalten zeigt, das kommunikative Bedeutung annehmen kann. Erwachsene Schimpansen haben emotionale Verhaltensweisen, die kommunikative Bedeutung annehmen können, genau wie bei erwachsenen Menschen (vgl. Goodall, 1990). Viele unterschiedlichen Verhaltensweisen können kommunikative Bedeutung erlangen (Custance et al., 1995; Leavens et al., 2005; Nakamura, 2002).

Und viertens zeigen Schimpansenkinder – als Folge verschiedener Umwelteinflüsse – Unterschiede im emotionalen Verhalten, wie dies anhand der Erregungs-

und Beruhigungsmuster währen des Brazelton-Tests gezeigt werden konnte (Bard, 2004; Bard et al., 2001). Diese vier Verhaltensfähigkeiten sind Beweis für die primäre Intersubjektivität bei Schimpansen.

Wir verfügen auch über Belege für eine *sekundäre Intersubjektivität* bei Schimpansen (Trevarthen & Hubley, 1978). Diese Fähigkeit basiert auf der primären Interaktion mit einem sozialen Partner, fügt dieser jedoch den Verweis auf ein weiteres Ziel hinzu. Die sekundäre Intersubjektivität ist die Fähigkeit, sich mit anderen über Objekte zu verständigen, etwa die Fähigkeit, die Basis für eine gemeinsame, geteilte Aufmerksamkeit (joint attention) und für absichtliche Kommunikation ist (Adamson, 1995; Leavens et al., 2004a; Leavens et al., im Druck; Trevarthen & Hubley, 1978; Trevarthen & Aitken, 2001). Die Beweislage ist bei Schimpansen ähnlich wie beim Menschen und beruft sich auf Belege für die Fähigkeit zur wechselseitigen Kommunikation über einen dritten Gegenstand. Es gibt eine Reihe von Studien (Leavens et al., 1996; Leavens et al., 2004a, b, 2005) über die kommunikative Bedeutung des Zeigens auf ein Objekt und die Bedeutung des sozialen Bezugs in kommunikativen Mitteilungen (Russell et al., 1997). Beim sozialen Bezug unterstützt die emotionale Bindung an einen Betreuer (eine Fürsorgeperson), daß affektive Informationen über Objekte miteinander geteilt werden. Wird etwa vom Betreuer eine negative Botschaft über das Objekt vermittelt, so meidet das Kind dieses Objekt; wird dagegen über ein Objekt eine positive Botschaft kommuniziert, beschäftigt sich das Kind anschließend mehr mit diesem Objekt (Russell et al., 1997).

Wir haben mit Hilfe der »Fremde Situation« (strange situation), dem Standardverfahren zur Erforschung von Bindung bei Ainsworth et al. (1978), vorläufige Ergebnisse zu unterschiedlichen Bindungsqualitäten bei von Menschen aufgezogenen Schimpansen erhalten. Die vorläufigen Analysen unserer Ergebnisse lassen den Schluß zu, daß die meisten von Menschen aufgezogenen Schimpansen *sichere* Bindungen mit ihren Pflegepersonen entwickeln (Bard, 1991).

Schlußfolgerungen

Das Konzept der intuitiven elterlichen Kompetenz (Papoušek & Papoušek, 1987) ist sehr gut zur Beschreibung der Art und Weise geeignet, in der Schimpansenmütter die integrativen Fähigkeiten ihrer Babys fördern (Bard, 1994, 2002). Die sozioemotionalen Systeme von Menschen- und Schimpansenkindern scheinen sich synchron mit dem intuitiven Fürsorgeverhalten der Pflegepersonen innerhalb einer Kultur zu entwickeln (Bard, 2004; Greenfield et al., 2003; Keller et al., 2004a, b; Rogoff & Morelli, 1989). Wie Menschenkinder zeigen Schimpansen primäre und sekundäre Intersubjektivität (Bard, 1998, 2005; de Waal, 2001; Russell et al., 1997; Savage-Rumbaugh et al., 1993; Tomonaga et al., 2004). Die emotionale Entwicklung eines Kindes wird durch die Auseinandersetzungen mit der jeweiligen Kultur und den Umweltbedingungen sowie durch Erfahrungen während der frühen Sozialisation beeinflußt. So entwickeln sich die Fähigkeiten des Säuglings, wie etwa seine Erregungsmuster sowie seine Fähigkeiten zur Selbstberuhigung und besonders die Qualität seiner Bindung, aus der Interaktion zwischen den Eigenschaften oder Charakteristika des Kindes und elterlichem intuitiven Fürsorgeverhalten innerhalb eines jeweiligen kulturellen Milieus.

Dank

Die in diesem Kapitel vorgestellte Forschung wurde zum Teil unterstützt durch Fördermittel des NIH, RR-00165 (an das Yerkes Center), RR-03951 (an B. Swenson), RR-01658 (an K. A. Bard), HD-21013 (an D. Fragazy), HD-07105 (an K. A. Bard), und des NICHD Intramural Research Program (an S. J. Suomi). Sie wurde unterstützt durch The British Council-Japan, Fördermittel für wissenschaftliche Forschung vom Ministerium für Bildung, Kultur, Sport, Wissenschaft und Technik (an das PRI, Universität Kyoto, Japan) und durch die Nuffield Stiftung (Studentenstipendium an J. Quinn und P. Morris). Das Yerkes Regional Primate Research Center der Emory University wird voll akkreditiert durch die American Association of Laboratory Animal Care. Großer Dank gilt Kelly McDonald, Carolyn Fort, Josh Schneider, Jayne Sylvester, Claudia Herdieckerhoff, Dana Padgett, Ben Jones, Lindsay Cohen & Kathy Gardner für ihre Unterstützung des Forschungsprogramms am Yerkes Center; Dank gilt Yuu Mizuno, Jayne Sylvester und der Abteilung zur Erforschung von Sprache und Intelligenz für die Unterstützung beim Schimpansenprojekt des PRI; der Veterinärabteilung des Yerkes Center und zahlreichen Studenten der Emory University, Oxford College, und der Georgia State University; sowie allen meinen Mitarbeitern, zudem Dr. Linda Brent, Dr. Dorothy Fragaszy, Erica Yeager, Dr. Mary Schneider, Dr. Masako Myowa-Yamokoshi, Dr. Masaki Tomonaga, Dr. Masayuki Tanaka, Prof. Alan Costall, Prof. Tetsuro Matsuzawa, Vicky Roberts, Dr. Vasudevi Reddy, Dr. Kathleen Platzman, Prof. Roger Bakeman, Dr. John Worobey und besonders Hanus & Mechthild Papoušek. Dr. David Leavens gab viele konstruktive Kommentare zu jeder der hier angeführten Studien.

Literatur

Adamson, L. (1995): *Communication development during infancy*. Oxford (Westview).

Ainsworth, M. D. S., M. Blehar, E. Waters und S. Wall (1978): *Patterns of attachment: A psychological study of the strange situation*. Hillsdale, NJ (Lawrence Erlbaum).

Bard, K. A. (1991): Distribution of attachment classifications in nursery chimpanzees. *American Journal of Primatology*, 24, 88.

Bard, K. A. (1994): Evolutionary roots of intuitive parenting: Maternal competence in chimpanzees. *Early Development and Parenting*, 3, 19–28.

Bard, K. A. (1995): Parenting in primates. In: Bornstein, M. H. (Hrsg.): *Handbook of parenting, Bd. 2: Biology and ecology of parenting*. Mahwah, NJ (Lawrence Erlbaum), S. 27–58.

Bard, K. A. (1996): *Responsive care: A behavioral intervention program for nursery-reared chimpanzees*. Tuscon, AZ (The Jane Goodall Insititute).

Bard, K. A. (1998): Social-experiential contributions to imitation and emotion in chimpanzees. In: Braten, S. (Hrsg.): *Intersubjective communication and emotion in early ontogeny: A source book*. Cambridge, UK (Cambridge University Press), S. 208–227.

Bard, K. A. (2000): Crying in infant primates: Insights into the development of crying in chimpanzees. In: Barr, R., B. Hopkins und J. Green (Hrsg.): *Crying as a sign, a symptom, and a signal: Developmental and clinical aspects of early crying behavior*. London (Mac Keith Press), S. 157–175.

Bard, K. A. (2002): Primate parenting. In: Bornstein, M. (Hrsg.): *Handbook of parenting*. Bd. 2: *Biology and ecology of parenting* (2. Aufl.). Mahwah, NJ (Lawrence Erlbaum), S. 99–140.

Bard, K. A. (2004): Development of emotions in young chimpanzees (Pan troglodytes). *Annals of the New York Academy of Sciences*, 1000, 88–90.

Bard, K. A. (2005): Emotions in chimpanzee infants: The value of a comparative developmental approach to understand the evolutionary bases of emotion. In: Nadel, J. und D. Muir (Hrsg.): *Emotional development*. Oxford (Oxford University Press), S. 31–60.

Bard, K. A. (eingereicht): Neonatal imitation in chimpanzees (Pan troglodytes). *Developmental Psychobiology*.

Bard, K. A. und K. H. Gardner (1996): Influences on development in infant chimpanzees: Enculturation, temperament, and cognition. In: Russon, A. E. und K. A. Bard (Hrsg.): *Reaching into thought: The minds of the great apes*. Cambridge (Cambridge University Press), S. 235–256.

Bard, K. A., W. D. Hopkins und C. Fort (1990): Lateral bias in infant chimpanzees (Pan troglodytes). *Journal of Comparative Psychology*, 104, 309–321.

Bard, K. A., K. A. Platzman, B. M. Lester und S. J. Suomi (1992): Orientation to social and nonsocial stimuli in neonatal chimpanzees and humans. *Infant Behavior and Development*, 15, 43–56.

Bard, K. A., K. A. Platzman, B. M. Lester und S. J. Suomi (2001): Développement neurobiologique et émotions chez les nouveau-nés chimpanzes et humains (Neurobehavioural integrity and emotions in chimpanzee and human neonates). *Enfance*, 3, 226–235.

Bard, K. A., M. Myowa-Yamakoshi, M. Tomonaga, M. Tanaka, A. Costall und T. Matsuzawa (im Druck): Group differences in the mutual gaze of chimpanzees (Pan troglodytes). *Developmental Psychology*

Brazelton, T. B. (1979): Evidence of communication during neonatal behavioral assessment. In: Bullowa, M. (Hrsg.): *Before speech: The beginnings of interpersonal communication*. New York (Cambridge University Press), S. 79–88.

Brazelton, T. B. und H. Als (1979): Four early stages in the development of mother-infant interaction. *Psychoanalytic Study of the Child*, 34, 349–369.

Brazelton, T. B. und J. K. Nugent (1995): *Neonatal behavioral assessment scale* (3. Aufl.). London (Mac Keith Press).

Chisholm, J. (1989): Biology, culture, and the development of temperament: A Navajo example. In: Nugent, J. K., B. M. Lester und T. B. Brazelton (Hrsg.): *The cultural context of infancy*. New Jersey (Ablex), S. 341–364.

Custance, D. M., A. Whiten und K. A. Bard (1995): Can young chimpanzees (Pan troglodytes) imitate arbitrary actions? Hayes & Hayes (1952) revisited. *Behaviour*, 132, 837–859.

De Waal, F. X. (2001): *The ape and the sushi master: Cultural reflections by a primatologist*. London (Allen Lane, The Penguin Press).

Goodall, J. (1990): *Through a window*. London (Soko Publications).

Greenfield, P. M., H. Keller, A. Fuligni und A. Maynard (2003): Cultural pathways through universal development. *Annual Review of Psychology*, 54, 461–490.

Hallock, M. B., J. Worobey und P. Self (1989): Behavioral development in chimpanzees (Pan troglodytes) and human newborns across the first month of life. *International Journal of Behavioral Development*, 12, 527–540.

Keller, H., A. Lohaus, P. Kuensemueller, M. Abels, R. Yovsi, S. Voelker, H. Jensen, Z. Papaligoura, M. Rosabal-Coto, D. Kulks und P. Mohite (2004 a): The bio-culture of parenting: Evidence from five cultural communities. *Parenting: Science and Practice*, 4, 25–20.

Keller, H., R. Yovsi, J. Borke, J. Kartner, H. Jensen und Z. Papaligoura (2004 b): Developmental consequences of early parenting experiences: Self recognition and self-regulation in three cultural communities. *Child Development*, 75, 1745–1760.

Kugiumutzakis, G. (1999): Genesis and development of early infant mimesis to facial and vocal models. In: Nadel, J. und G. Butterworth (Hrsg.): *Imitation in infancy*. Cambridge (Cambridge University Press), S. 36–59.

Leavens, D. A., W. D. Hopkins und K. A. Bard (1996): Indexical and referential pointing in chimpanzees (Pan troglodytes). *Journal of Comparative Psychology*, 110, 346–353.

Leavens, D. A., W. D. Hopkins und R. K. Thomas (2004 a): Referential communication by chimpanzees (Pan troglodytes). *Journal of Comparative Psychology*, 118, 48–57.

Leavens, D. A., A. B. Hostetter, M. J. Wesley und W. D. Hopkins (2004b): Tactical use of and bimodal communication by chimpanzees (Pan troglodytes). *Animal Behavior,* 67, 467–476.

Leavens, D. A., W. D. Hopkins und K. A. Bard (2005 [im Druck]): Understanding the point of chimpanzee pointing: Epigenesis and ecological validity. *Current Directions in Psychological Science.*

Leavens, D. A., J. L. Russell und W. D. Hopkins (im Druck): Intentionality as measured in the persistence and elaboration of communication by chimpanzees (Pan troglodytes). *Child Development.*

Lester, B. M. (1984): Data analysis and prediction. In: Brazelton, T. B. (Hrsg.): *Neonatal Behavioral Assessment Scale* (2. Aufl.). London (Spastics International Medical Publications), S. 85–96.

Meltzoff, A. und M. K. Moore (1989): Imitation in newborn infants: Exploring the range of gestures imitated and the underlying mechanisms. *Developmental Psychology,* 25, 954–962.

Myowa, M. (1996): Imitation of facial gestures by an infant chimpanzee. *Primates,* 37, 207–213.

Myowa-Yamakoshi, M., M. Tomonaga, M. Tanaka und T. Matsuzawa (2004): Imitation in a neonatal chimpanzee (Pan troglodytes). *Developmental Science,* 7, 437–442.

Nakamura, M. (2002): Grooming-hand-clasp in Mahale M Group chimpanzees: Implications for culture in social behaviors. In: Boesch, C., G. Hohmann und L. F. Marchant (Hrsg.): *Behavioural diversity in chimpanzees and bonobos.* Cambridge (University Press), S. 71–83.

Nugent, J. K., B. M. Lester und T. B. Brazelton (1989): *The cultural context of infancy.* New Jersey (Ablex).

Papoušek, H. und M. Papoušek (1987): Intuitive parenting: A dialectic counterpart to the infant's integrative competence. In: Osofsky, J. D. (Hrsg.): *Handbook of early infant intervention.* New York, NY (Wiley), S. 669–720.

Plooij, F. (1979): How wild chimpanzee babies trigger the onset of mother-infant play – and what the mother makes of it. In: Bullowa, M. (Hrsg.): *Before speech: The beginning of interpersonal communication.* New York (Cambridge University Press), S. 223–243.

Rogoff, B. und G. Morelli (1989): Perspectives on children's development from cultural psychology. *American Psychologist,* 44, 343–348.

Russell, C. L., K. A. Bard und L. B. Adamson (1997): Social referencing by young chimpanzees (Pan troglodytes). *Journal of Comparative Psychology,* 111, 185–191.

Savage-Rumbaugh, E. S., J. Murphy, R. Sevcik, K. Brakke, S. Williams und D. Rumbaugh (1993): Language comprehension in ape and child. *Monographs of the Society for Research in Child Development,* 58, 1–221.

Tomonaga, M., M. Myowa-Yamakoshi, Y. Mizuno, S. Okamoto, M. Yamaguchi, D. Kosugi, K. A. Bard, M. Tanaka und T. Matsuzawa (2004): Development of social cognition in infant chimpanzees (Pan troglodytes): Face recognition, smiling, mutual gaze, gaze following, and the lack of triadic interactions. *Japanese Psychological Research,* 46, 227–235.

Trevarthen, C. (1979): Communication and cooperation in early infancy: A description of primary intersubjectivity. In: Bullowa, M. (Hrsg.): *Before speech: The beginning of interpersonal communication.* Cambridge, UK (Cambridge University Press), S. 321–347.

Trevarthen, C. und K. J. Aitken (2001): Infant intersubjectivity: Research, theory, and clinical applications. *Journal of Child Psychology and Psychiatry,* 42, 3–48.

Trevarthen, C. und P. Hubley (1978): Secondary intersubjectivity: Confidence, confiding, and acts of meaning in the first year of life. In: Lock, A. (Hrsg.): *Action, gesture, symbol: The emergence of language.* New York (Academic Press), S. 183–229.

Tronick, E. Z. und S. A. Winn (1992): The neurobehavioral organization of Efe (Pygmy) infants. *Developmental and Behavioral Pediatrics,* 13, 421–424.

Van Lawick-Goodall, J. (1968): The behaviour of free-living chimpanzees of the Gombe Stream Nature Reserve. *Animal Behavior Monographs,* 1, 161–311.

MECHTHILD PAPOUŠEK

Bindungssicherheit und Intersubjektivität

Gedanken zur Vielfalt vorsprachlicher Kommunikations- und Beziehungserfahrungen

Das Thema »Kinder ohne Bindung« wirft aus klinischer Sicht viele Fragen auf, die trotz eines enormen Wissenszuwachses in den vergangenen Jahrzehnten noch nicht hinreichend zu beantworten sind: Was entbehrt ein Kind im Säuglings- und Kleinkindalter, wenn es keine vertraute, responsive Bezugsperson erlebt? Was geschieht, wenn es wiederholte Beziehungsabbrüche erfährt oder in gestörten Beziehungen aufwächst, in denen die biologisch angelegten intuitiven Kommunikationsfähigkeiten der Bezugspersonen blockiert, pathologisch überformt oder ausgeschaltet sind? Wie erklären sich die langfristigen Auswirkungen früher Bindungserfahrungen auf nahezu alle Bereiche der kindlichen Entwicklung? Was muß in kompensatorisch korrigierenden Beziehungserfahrungen mit Pflege- und Adoptiveltern oder Therapeuten quasi nachgeholt, kompensiert, ersetzt oder repariert werden? Und welche Antworten halten Eltern-Säuglings-Psychotherapie und bindungstherapeutische Ansätze bereit, wenn es um frühpräventive Interventionen bei frühkindlichen Regulations-, Bindungs- und Beziehungsstörungen geht?

Motiviert durch die Herausforderungen der klinischen Arbeit, Probleme der vorsprachlichen Kommunikation in belasteten und gestörten Eltern-Kind-Beziehungen zum Zeitpunkt ihrer Entstehung zu erkennen und zu behandeln, sucht der Beitrag Antworten in der klassischen und neueren Bindungsforschung, der interdisziplinären Frühentwicklungsforschung, den eigenen Analysen der vorsprachlichen Kommunikation und intuitiven elterlichen Kommunikationsfähigkeiten und den neueren klinischen Ergebnissen und Erfahrungen aus dem Bereich der Eltern-Säuglings- bzw. -Kleinkind-Psychotherapie bei frühkindlichen Regulations-, Bindungs- und Beziehungsstörungen. Nach einem Überblick über bereits erforschte adaptive Funktionen der frühen kommunikativen Austauschprozesse zwischen dem Säugling und seinen primären Bezugspersonen konzentriert sich die Arbeit auf die Frühentwicklung der Intersubjektivität im Kontext von Zwiegespräch und Spiel sowie auf frühe Störungen und therapeutische Ansätze im Bereich der intersubjektiven Bezogenheit.

Antworten aus dem Bereich der Bindungsforschung

Die Antwort der klassischen Bindungsforschung ist auf den ersten Blick bemerkenswert einfach: der Säugling benötigt für seine Entwicklung die Verfügbarkeit von mindestens einer feinfühligen Bezugsperson, die seine *Signale wahrnimmt*, *richtig* interpretiert und *prompt* und *angemessen* beantwortet. Mit dem Konzept der »mütterlichen Feinfühligkeit« ist es Mary Ainsworth bereits vor drei Jahrzehnten in ihrer bemerkenswert weitsichtigen Pionierarbeit gelungen, die Komplexität und wichtigsten qualitativen Merkmale des beobachtbaren mütterlichen Fürsorgeverhaltens in einem umfassenden Konstrukt zu bündeln (Ainsworth et al., 1974 [dt. 2003]). Sie hat damit, neben zwei weiteren Globalskalen, der *Kooperation* und der *Akzeptanz*, ein Rahmenkonzept geschaffen, das Spielraum für eine große Bandbreite von Verhaltensweisen mit multiplen adaptiven Funktionen bietet.

Als weitaus schwieriger hat sich bis heute die Umsetzung in ein Beobachtungsmaß erwiesen, das definiert, welches Verhalten der Bezugsperson mit welcher Latenz auf welches Signal, bei welchem individuellen Kind, in welchem Alter, in welchem Kontext, unter welchen Bedingungen und in welcher Kultur richtig und angemessen ist (Lamb et al., 1992). Die allzu rasche Einführung einer vereinfachenden eindimensionalen Skala zur Messung der mütterlichen Feinfühligkeit hat zweifellos zu ihrer raschen internationalen Verbreitung beigetragen, hat jedoch die weiterführende Differenzierung des Konzeptes im Rahmen der Bindungsforschung gebremst und mancherlei unangemessenen Verkürzungen (z.B. auf kontingente Responsivität) oder Mißverständnissen (z.B. von Feinfühligkeit als warmer, mütterlicher Persönlichkeitsstil) Vorschub geleistet. Trotz solcher meßtechnischer Einschränkungen gilt die Feinfühligkeit in Belastungskontexten, die das Bindungssystem aktivieren, als Essenz mütterlichen Verhaltens und Hauptbedingung der im Alter von 12 bis 18 Monaten bestimmten Bindungssicherheit, und dies, obwohl Metaanalysen von zahlreichen internationalen Einzeluntersuchungen einen relativ schwachen Zusammenhang ($r = .26$) zwischen Feinfühligkeit und Bindungsqualität erkennen lassen (De Wolff & van IJzendoorn, 1997).

Eine weitere Einschränkung in bezug auf die eingangs formulierten Fragen liegt im Bindungskonzept der klassischen Bindungsforschung, dessen Fokus sich auf die frühkindlichen Erfahrungen mit einer feinfühligen Bezugsperson in Belastungskontexten von Trennung, Verlust, Schmerz oder Krankheit richtet. Für die Einschätzung und Klassifikation der Bindungsqualität wurde die »Fremde Situation« geschaffen (Ainsworth et al., 1978), eine durch wiederholte Trennungen von der Mutter in fremder Umgebung und Alleinsein mit einer fremden Person charakterisierte Belastungssituation. Sie ist darauf angelegt, auf standardisierte Weise das Bindungssystem zu aktivieren, d. h. ängstliche Erregung und Furcht sowie entsprechende Schutz- und Nähebedürfnisse auszulösen. Sie erfaßt damit ein zentrales überlebenswichtiges Thema der kindlichen Frühentwicklung, das Thema von Angst- und Streßreaktivität sowie physischer und emotionaler Sicherheit im Schutz der körperlichen Nähe zur Bezugsperson.

Der Begriff Bindung wird jedoch heute sehr viel breiter auf sämtliche Prozesse angewandt, in denen die ersten sozialen Beziehungen des Kindes mit seinen primären Bezugspersonen ihren Ausdruck finden, reguliert und geformt werden, in Belastungskontexten ebenso wie beim Füttern, Wickeln und Schlafenlegen, beim Zwiegespräch und Spiel. Bezieht man Kommunikation und Beziehungserfahrungen in anderen Kontexten des Säuglingsalters mit ein, so wird rasch deutlich, daß die adaptiven Funktionen der frühen Bindungsbeziehungen weit über die Vermittlung von emotionaler Sicherheit in Belastungssituationen hinausgehen, indem sie weitere für den Menschen spezifische Grundbedürfnisse der Frühentwicklung einbeziehen: die Integration von Erfahrungen mit sich selbst, dem Gegenüber und der Umwelt; die Entwicklung von Kommunikation und Sprache, von sozialer Kognition und Symbolisationsfähigkeiten sowie die Bedürfnisse nach Exploration und selbstinitiiertem Lernen im Spiel, nach Selbstwirksamkeit und Autonomie und nach Intersubjektivität im Zwiegespräch mit einem vertrauten menschlichen Gegenüber.

Antworten der neueren Bindungsforschung

Die neuere Bindungsforschung hat sich im Zuge ihrer internationalen Verbreitung und von Längsschnittstudien bis ins Erwachsenenalter auf beeindruckende Weise weiterentwickelt, indem sie sich sowohl gegenüber der interdisziplinären, auch neuro- und psychobiologischen Frühentwicklungsforschung (Grossmann & Grossmann, 2004) wie gegenüber den psychoanalytischen Objektbeziehungstheorien (Fonagy, 2003) geöffnet hat, klinisch relevante transgenerationale Zusammenhänge zwischen elterlicher Bindungsrepräsentation und Bindungsqualität des Kindes entschlüsselt (Fonagy et al., 1993; Main et al., 1985) und zunehmend auch Risikopopulationen und klinische Stichproben in ihre Forschungen einbezieht (Brisch, 1999; Fonagy et al., 2004; Lyons-Ruth & Spielman, 2004; Suess & Pfeifer, 1999). Ungeachtet ihrer Öffnung ist die Bindungsklassifikation in der Fremden Situation nach wie vor der zentrale Bezugspunkt geblieben.

In ihren neueren Publikationen weiten Karin und Klaus Grossmann den traditionellen Bindungsbegriff um den Begriff der gefühlten emotionalen Sicherheit als Grundlage von sicherer Exploration und Spiel aus (Grossmann & Grossmann, 2004). Sie sprechen von einem »*Gefüge psychischer Sicherheit*«, dessen Entwicklung in der *erlebten Sicherheit von Schutz und Fürsorge* und in der *Sicherheit durch angeleitete Exploration* wurzelt und möglicherweise – zumindest in den traditionellen Familien der Bielefelder und Regensburger Längsschnittstudien – von Mutter und Vater in geteilten Rollen und unterschiedlichen Gewichtungen vermittelt wird (Kindler & Grossmann, 2004).

Die neueren Perspektiven der Bindungsforschung aus dem deutschsprachigen Raum hat Ahnert (2004b) in einem kürzlich erschienenen Sammelband zusammengetragen. Ahnert (2004a) geht davon aus, daß das Bindungssystem evolutionsbiologisch multipel determiniert ist. Sie stützt sich dabei auf die von MacDonald (1992) angeregte Differenzierung zweier unabhängiger Affektsysteme, eines Sicherheitssystems *(security-separation-distress system)* und eines Zuneigungssystems *(positive-social-reward system)*. In ähnlicher Weise differenzieren Heidi Keller und ihre Arbeitsgruppe zwischen dem klassischen *Sicherheitssystem* und einem *Wärmesystem*, welches das kindliche Bedürfnis nach positiver Emotionalität und sozialer Bezogenheit befriedige (Lohaus et al., 2004; Völker et al., 1999). Das Wärmesystem fördere insbesondere die emotionale und soziale Bezogenheit, die dem kindlichen Bedürfnis nach sozialer Belohnung gerecht werde und dazu beitrage, eine optimale Entwicklung im jeweils spezifischen familiären und kulturellen Kontext zu gewährleisten. Aufschlußreich sind in diesem Zusammenhang auch die kulturvergleichenden Studien von Heidi Keller und ihren Arbeitsgruppen zum Elternverhalten (Keller, 2004; Keller et al., 1999; Lohaus et al., 2001). Die Autoren propagieren ein Komponentenmodell, das fünf voneinander unabhängige kategoriale Elternverhaltenssysteme (primäre Versorgung, Körperkontakt, Körperstimulation, Objektstimulation und Face-to-face-Interaktion) umfaßt, in denen drei elterliche Interaktionsmodule (Kontingenz, emotionale Wärme und Aufmerksamkeit) in individuell und kulturell unterschiedlicher Kombination und Gewichtung zum Tragen kommen (Keller, 2004; Lohaus et al., 2004).

Die von MacDonald (1992) vorgeschlagene Differenzierung zweier Systeme, *security-separation-distress* und *positive-social-reward*, findet eine interessante Entsprechung in der aktuellen Diskussion in bezug auf Unterschiede und Zusammenhänge zwischen den Konzepten von Bindungssicherheit und Intersubjektivität, die in unterschiedlichen Forschungstraditionen wurzeln, jedoch beide hinsichtlich ihrer Gemeinsamkeiten und Unterschiede in letzter Zeit vermehrt in den Fokus klinischer Forschungsinteressen gerückt sind (Beebe et al., 2003; Fonagy et al., 2004; Grossmann & Grossmann, 2004).

Handelt es sich um unterschiedliche Facetten eines unitären Systems oder um jeweils eigene, miteinander vernetzte Systeme, die einmal in Belastungskontexten (Mißbehagen, Furcht, Streß, Trennung), einmal in Kontexten positiver kindlicher Aufnahme-, Integrations- und Interaktionsbereitschaft (vorsprachliche Kommunikation im Zwiegespräch face-to-face, Erkundung, Spiel) aktiviert werden? Sind beide Bereiche gleichermaßen bedeutsam für die Entwicklung der Bindungsbeziehung, der intersubjektiven emotionalen Bezogenheit? Oder kommt einem der Bereiche ein Primat zu als Voraussetzung für den anderen? Und ist die traditionelle Bindungsklassifikation in der Fremden Situation geeignet, beide Bereiche gleichermaßen zu erfassen?

Antworten aus der interdisziplinären Frühentwicklungsforschung

Frühe Austausch- und Regulationsprozesse

Wie ein Blick auf die vergleichende Psychobiologie der Säugetiere zeigt, werden bei einfachen Säugetieren die beobachtbaren Interaktionen von Muttertier und Jungen von komplexen, wechselseitig abgestimmten physiologischen, hormonellen und neuronalen Reaktionen sowie von olfaktorischen, gustatorischen und taktilen Austauschprozessen begleitet, von verborgenen Regulationsmechanismen (»hidden regulators«; Hofer, 1995), die die postnatale Anpassung des kindlichen Organismus an Ernährung, Ausscheidungsfunktionen und Temperatur und das Aufsuchen der schützenden und nährenden Nähe zur Mutter ebenso sicherstellen wie die koregulatorisch wirksamen mütterlichen Verhaltensbereitschaften des Beleckens, Wärmens, Ins-Nest-Holens und Säugens (Braun & Helmeke, 2004; Hofer, 1994). Das überlebenswichtige, subtile systemische Zusammenspiel des kindlichen und mütterlichen Organismus wird durch angeborene Programme gewährleistet, die bei dem Muttertier und seinen Jungen komplementär angelegt sind und artspezifische Formen von Signalaustausch und basaler Kommunikation einschließen.

Die ungleich differenzierteren artspezifischen Betreuungs- und Kommunikationsformen bei nicht menschlichen Primaten und ihren Jungen weisen eine bemerkenswerte Artenvielfalt auf (Todt, 2004; s. auch den Beitrag von S. J. Suomi in diesem Band) und lassen bei den dem Menschen am nächsten stehenden Schimpansen und Zwergschimpansen bereits über das Gewähren von Schutz und physischer Sicherheit hinaus auch Ansätze von Blickkontakt und positivem affektivem Signalaustausch erkennen (vgl. den Aufsatz von K.A. Bard in diesem Buch). In ähnlicher Weise sind auch beim Menschen in den frühen postnatalen Begegnungen beim ersten Anlegen zum Stillen – ausgelöst durch Blickkontakt, Körperkontakt und Saugen – versteckte neurobiologische Regulationsprozesse im Spiel, hormonelle Regulatoren wie Oxytozin, Prolactin und Vasopressin, endogene Opiate und neuronale Transmittersysteme, die die anfängliche wechselseitige Anpassung und Abstimmung sowohl durch Dämpfung der Streßreaktivität als auch durch endorphinabhängige Belohnung erleichtern (Ahnert, 2004; Blass, 1999).

Intuitive elterliche Kompetenzen in der vorsprachlichen Kommunikation

Von der ersten Begegnung mit dem Neugeborenen an tritt beim Menschen eine einzigartig differenzierte Kommunikation in den Mittelpunkt. Signale im Aussehen und Verhalten des Neugeborenen lösen auf seiten der Betreuungsperson komplementär angelegte intuitive Verhaltensbereitschaften aus, die in wechselseitiger Abstimmung mit den Bedürfnissen, Wahrnehmungs- und Integrationsfähigkeiten des Säuglings eine asymmetrische, aber bereits hochdifferenzierte vorsprachliche Kommunikation mit multiplen adaptiven Funktionen in Gang setzen (H. Papoušek & M. Papoušek, 1981).

Die Steuerung der elterlichen Verhaltensbereitschaften erfolgt intuitiv und wird durch Blick- und Ausdrucksverhalten des Säuglings in Form subtiler, aber hochwirksamer Auslöse- und Rückkoppelungssignale reguliert. Blickzuwendung oder Abwendung, entspannt wohltönende oder angespannt unzufriedene Laute, Lächeln oder verdrießliche Mimik wirken als potente Auslöser, als bestärkendes oder hemmendes Feedback und Regulativ (M. Papoušek, 2001).

Das in der menschlichen Ontogenese einzigartige Zusammenspiel kindlicher und elterlicher Vorlieben und Kompetenzen beim Erreichen und Aufrechterhalten von Blickkontakt unterstützt die Annahme komplementär angelegter Prädispositionen auf seiten von Kind und Eltern (M. Papoušek et al., 1987). Die Annahme einer biologischen Verankerung der intuitiven elterlichen Kommunikationsfähigkeiten läßt sich nicht in kontrollierten Studien experimentell überprüfen, wird jedoch durch eine Reihe indirekter Hinweise gestützt (H. Papoušek, 2000):

1. Die Verhaltensmuster sind an artspezifischen Formen der phylogenetischen Adaptation beteiligt und sind auf überlebenswichtige, beim Menschen einzigartig ausdifferenzierte Fähigkeiten in bezug auf Erfahrungsintegration (Symbolisation, sprachliche Integration), Intersubjektivität (Intentionshaltung, Theory of Mind), Symbolspiel und Sprache ausgerichtet.
2. Grundmuster des elterlichen Verhaltensrepertoires finden sich universell über die Grenzen von Alter, Geschlecht, Elternstatus, Kultur und Muttersprache hinweg und tauchen bereits früh in der Ontogenese auf.
3. Die elterlichen Verhaltensanpassungen sind im Sinne eines Co-Evolutionsprozesses komplementär und kompensatorisch auf die angeborenen Prädispositionen und die reifungsabhängigen Kompetenzen und Einschränkungen des Säuglings ausgerichtet.
4. Die komplexe Steuerung der Verhaltensanpassungen vollzieht sich auf der Ebene intuitiver Regulationsprozesse, die sich der bewußten Wahrnehmung und Kontrolle entziehen und sich durch kurze Latenzen von weniger als 800 msec auszeichnen (Keller et al., 1999).

Die intuitiven Kompetenzen sind normalerweise bei Eltern und Nichteltern, Erziehern, Pflege- und Adoptiveltern zu finden, vorausgesetzt, daß sie bereit und in der Lage sind, sich auf den Säugling einzulassen, sich von seinen Signalen leiten zu lassen und seine Perspektive einzunehmen, d.h. das Kind als Person mit eigenen Bedürfnissen, Gefühlen und Absichten zu verstehen (Mentalisierung, selbstreflexive Funktionen).

Das Konzept der intuitiven elterlichen Kommunikationsfähigkeiten schließt das Feinfühligkeitskonzept im Sinne von Ainsworth ein (Ainsworth et al.,1974 [dt. 2003]), nämlich die Fähigkeit und Bereitschaft, kindliche Signale wahrzunehmen, richtig zu interpretieren und prompt (kontingent) und angemessen zu beantworten, und dies nicht nur in Belastungssituationen, die das Bindungssystem aktivieren, sondern in den multiplen Kontexten des Alltags. Die Fähigkeit zur Wahrnehmung kindlicher Signale setzt eine überwiegend ungeteilte Aufmerksamkeit und emotionale Verfügbarkeit (Emde & Sorce, 1983) für den Säugling voraus. Das richtige Verstehen und Interpretieren impliziert eine spezifisch auf den Säugling ausgerichtete *mind-mindedness* (Meins et al., 2002), *Mentalisierung* (Fonagy et al., 2004) oder *reflexive Kompetenz* (Reinke, 2003), die Fähigkeit, das kindliche Erleben mit seinen Absichten, Emotionen und Bedürfnissen aus seinem Verhalten zu erschließen, aus der Perspektive des Kindes zu erfassen und selbstreflexiv von den eigenen Befindlichkeiten, Bedürfnissen, Einstellungen, Erwartungen und Absichten zu trennen:

»Reflexive Kompetenz ist eine Entwicklungsleistung, die im Rahmen enger emotionaler zwischenmenschlicher Beziehungen in den ersten fünf Jahren der Persönlichkeitsentwicklung grundgelegt wird. Sie erlaubt dem Subjekt, eine reiche innere Welt von Vorstellungen, ›mentalen‹ Repräsentanzen, in bezug auf das Selbst und den Anderen zu entwickeln, hierüber zu reflektieren und sein von Intentionalität getragenes Handeln darauf zu begründen.« (Reinke, 2003, S. 7)

Bemerkenswert ist, daß diese Fähigkeit nicht nur eine metakognitive Fähigkeit darstellt (Fonagy et al., 2004), sondern im Austausch mit dem Säugling Teil eines intuitiven impliziten Beziehungswissens ist. Sie erlaubt den Eltern, sich im Antworten und Anregen von Auslöse- und Rückkoppelungssignalen des Kindes leiten zu lassen und sich damit von Moment zu Moment *angemessen* und *prompt* auf Aufnahmebereitschaft, Erregungsniveau, Befindlichkeit oder Ermüdung, auf seine Initiativen, Absichten und Bedürfnisse und auf seine perzeptiven und integrativen Fähigkeiten und Grenzen in der Zone der proximalen Entwicklung abzustimmen (H. Papoušek & M. Papoušek, 2002).

Das Konzept der intuitiven kommunikativen Kompetenzen umfaßt darüber hinaus ein vielgestaltiges flexibles Repertoire vereinfachter, prototypischer Verhaltensmodifikationen, mit denen sich die Eltern dem Säugling mit seinen noch eingeschränkten Wahrnehmungs- und Lernfähigkeiten »verständlich« und für ihn voraussagbar machen sowie seine Erregungsmodulation, affektive Verhaltensregulation und Aufmerksamkeitssteuerung unterstützen. Ein weiteres Merkmal der intuitiven Kommunikationsfähigkeiten bezieht sich auf die Gestaltung von Zwiegespräch und Spiel im Sinne eines unterstützenden kontingenten Bezugsrahmens, in dem der Säugling seine heranreifenden prozeduralen Fertigkeiten im Bereich von Selbstregulation, Erfahrungsintegration, Nachahmung und Sprache selbstinitiiert erproben und einüben kann (M. Papoušek, 1994).

Adaptive Funktionen der vorsprachlichen Kommunikation: ein Überblick

Tabelle 1 gibt einen Überblick über die Vielfalt adaptiver Funktionen, die in der interdisziplinären Frühentwicklungsforschung der letzten Jahrzehnte im Kontext der vorsprachlichen regulativen Austausch- und Kommunikationsprozesse zwi-

Tabelle 1: Adaptive Funktionen der vorsprachlichen Kommunikation

– Versteckte physiologische und neurobiologische Regulationsprozesse (»hidden regulators«)
– Regulation basaler Anpassungs- und Entwicklungsaufgaben ■ Nahrungsaufnahme, Hunger-Sättigungszyklen ■ Homöostatische Zustandsregulation ■ Schlaf-Wach-Organisation
– Schutz, emotionale Sicherheit, Affektregulation (Streß, Angst) in Belastungssituationen
– Erfahrungsgrundlage für den Aufbau selektiver Bindung (»inneres Arbeitsmodell«)
– Unterstützender Rahmen der vorsprachlichen Erfahrungsintegration ■ Wahrnehmung, prozedurales Lernen, Konzeptbildung, Symbolisation ■ »Ko-Konstruktion« von Aufmerksamkeitsfokus, gemeinsamem Verständigungscode, Bezugnehmen und Benennen
– Anbahnung der Sprachentwicklung ■ Anpassungen der Sprechweise, Laut- und Nachahmungsspiele, Abwechseln im Dialog u. a.
– Unterstützung von Aufmerksamkeitsregulation, Erkundung und selbstgesteuertem Lernen im Spiel
– Entwicklung von Intersubjektivität ■ von intersubjektiver emotionaler Bezogenheit ■ von intersubjektiver zu innersubjektiver emotionaler Regulation ■ von sozial-kognitiven Fähigkeiten, mentale Befindlichkeiten und Absichten des Gegenübers zu verstehen und für die eigene Verhaltensregulation zu nutzen ■ von Empathie, prosozialem Verhalten, Compliance, Verstehen elterlicher Standards, Theory of Mind
– Entwicklung von Selbstkonzept und Autonomie ■ Selbstwahrnehmung, Selbstkonzept ■ Selbstwirksamkeit, Intentionalität, zielorientiertes Handeln ■ Selbstsicherheit, Selbstwertgefühl ■ Selbstbezogene Emotionen

schen dem Säugling und seinen primären Bezugspersonen analysiert wurden. Das Zusammenspiel kindlicher und elterlicher Kompetenzen in der vorsprachlichen Kommunikation ermöglicht es, die frühen psychophysiologischen Entwicklungsaufgaben in bezug auf Erregungsmodulation, basale Affektregulation, homöostatische Zustandsregulation, Schlaf-Wach-Organisation, Stillen und Füttern gemeinsam zu regulieren (M. Papoušek, 2004). In Belastungssituationen (Übermüdung und Überreiztheit, Unwohlsein, Schmerzen, Umgang mit Angst, Streß, kurzen Trennungen) gewährleistet das Zusammenspiel von kindlichem

Bindungsverhalten (schreien, anklammern, Nähe suchen) und Fürsorgeverhalten (intuitive Regulationshilfen in Form von erregungsmodulierenden Mustern rhythmischer, stimmlicher und taktiler Stimulation und Körperkontakt, Containment) Schutz, emotionale Sicherheit und Trost.

Andere überlebenswichtige Bedürfnisse wie Neugier, Erkundungs- und Wissensdrang (»Forschergeist in Windeln«; Gopnik et al., 2001), Bedürfnis nach Selbstwirksamkeit und positiver emotionaler Bezogenheit finden vom Neugeborenenalter an in Zwiegesprächen (face-to-face communication) mit den Eltern artspezifische Nahrung und didaktische Unterstützung: in Zwiegesprächen, die die Entwicklung der integrativen und kommunikativen Fähigkeiten (M. Papoušek et al., 1987), die Regulation von Aufmerksamkeit, positiven Affekten und sprachrelevanten Fähigkeiten unterstützen (M. Papoušek, 1994). Auch das Bedürfnis nach Exploration, selbstgesteuertem Lernen und Nachahmung im Spiel wurzelt in den intuitiven spielerischen Elementen und interaktiven Spielchen der frühen Kommunikation und im gemeinsamen Erschließen der Umwelt im Spiel (M. Papoušek et al., 1987). Welche Funktionen schließlich der vorsprachlichen Kommunikation im Aufbau intersubjektiver emotionaler Bezogenheit, sozialer Kognition, von Selbstkonzept und Autonomie zukommen, wird in den folgenden Abschnitten diskutiert.

Emotionale Bezogenheit auf der Ebene der primären Intersubjektivität

Im Rahmen der interdisziplinären Säuglingsforschung hat die Erforschung der Intersubjektivität als Kern der vorsprachlichen Kommunikation seit den frühen 70er Jahren intensive Aufmerksamkeit gefunden. Sie stützt sich vor allem auf Verhaltensmikroanalysen der Eltern-Säuglings-Interaktion (H. Papoušek & M. Papoušek, 1975; M. Papoušek & H. Papoušek, 1987; Stern, 1985; Stern et al., 1975; Trevarthen, 1979; Tronick et al., 1980) und auf experimentelle Forschungsarbeiten (Meltzoff & Moore, 1983).

Primäre Intersubjektivität: kindliche und elterliche Prädispositionen

Im Unterschied zu den nicht menschlichen Primaten ist das menschliche Neugeborene mit Prädispositionen für visuelle Austauschprozesse ausgestattet, Prädispositionen, die sich in angeborenen Vorlieben, Motivationen und Fähigkeiten zeigen. Es bevorzugt das menschliche Gesicht gegenüber ähnlich komplexen, aber unbelebten nichtmenschlichen Stimuli. Es hat ein Bedürfnis, sich mit Gesicht und Mimik seines Gegenübers vertraut zu machen, Regelhaftes und Voraussagbares zu entdecken. Es folgt der aus dem letzten Trimenon der Schwangerschaft bereits vertrauten Stimme und Sprache der Mutter, hört und beobachtet das Gegenüber beim Sprechen und formt die Artikulationsbewegungen nach. Es folgt seinem Bedürfnis nach Selbstwirksamkeit, indem es zeitlich kontingente Zusammenhänge zwischen seinem eigenen Ausdrucksverhalten und Befinden und den Antworten des Gegenübers sucht und entdeckt (Gergely, 1999; H. Papoušek, 1969). Und es sucht und findet Korrespondenzen zwischen den propriozeptiven Anteilen seines eigenen Verhaltens und Befindens und den Nachahmungen des Gegenübers (Maratos, 1973).

Die anfängliche physiologische Unreife der Sehfähigkeiten in bezug auf Sehschärfe, Blickfeld, Akkommodation, räumliches Sehen und Fixieren wird durch die intuitiven Kommunikationsfähigkeiten der Eltern wirksam kompensiert. Sie locken die Ausrichtung des kindliches Blickes mit stimmlichen Rufen, präsentieren ihr Gesicht in angemessenem Abstand zentral im Blickfeld mit kontrastreicher und verlangsamt bewegter ausdrucksvoller Mimik, sie beantworten die kindliche Blickzuwendung mit einem auffälligen kontingenten Gruß und beantworten sein Ausdrucksverhalten kontingent, oft, indem sie es nachahmen und gewissermaßen zu einem biologischen Spiegel oder Echo werden (H. Papoušek & M. Papoušek, 1977).

Bereits vor über 30 Jahren wurde die wohl bemerkenswerteste Fähigkeit des Neugeborenen aufgedeckt: die Fähigkeit, im Zustand aufmerksamen Wachens mimische Verhaltensmuster des Gegenübers nachzuahmen, eine Fähigkeit, deren Erklärung lange Zeit ein Rätsel war (Maratos, 1973). Wiederholt wurde inzwischen verifiziert, daß das Neugeborene fähig und motiviert ist, vor allem die mimischen, gestischen und artikulatorischen Verhaltensmuster nachzuahmen, die für die emotionale Kommunikation und Sprachentwicklung bedeutsam sind (Field et al., 1982; Meltzoff & Moore, 1983). Ohne jede Vorerfahrung imitiert das Neugeborene bei wiederholter langsamer Präsentation eines übertrieben auffälligen Modells artikulatorische und mimische Mundbewegungen oder einfache manuelle Gesten. Das visuell wahrgenommene Muster aktiviert aber auch das entsprechende motorische Schema so genau, als gäbe es eine direkte neuronale Verbindung.

Während dieses bemerkenswerte Phänomen in der Säuglingsforschung lange Zeit zu unauflösbaren Kontroversen herausgefordert hat und vergeblich nach einer empirisch nachvollziehbaren Erklärung gesucht wurde (Butterworth, 1999), bietet sich seit Entdeckung der sogenannten »Spiegelneurone« bei Primaten ein plausibles Erklärungsmodell an (Kohler et al., 2002). So wurde bei Primaten nachgewiesen, daß allein die Beobachtung eines umschriebenen motorischen Verhaltens eines Artgenossen Neuronen im prämotorischen Cortex des Beobachters aktivieren kann, die zur Ausübung des korrespondierenden Verhaltens führen. Wird dem Neugeborenen ein mimischer Ausdruck langsam und wiederholt dargeboten, so werden durch die kindliche Wahrnehmung nicht nur Neuronengruppen im visuellen Cortex aktiviert, sondern in direkter Verschaltung gleichzeitig Gruppen von Spiegelneuronen, die die Ausübung eines äquivalenten Verhaltens als Abbild des beobachteten Verhaltensmusters bahnen.

Tatsächlich finden sich im mimischen Bereich des intuitiven elterlichen Kommunikationsverhaltens prototypisch vereinfachte und kontrastreiche, besonders ausdrucksvolle, wiederholt und verlangsamt dargebotene Modelle, die einerseits die Nachahmungsbereitschaft des Säuglings animieren. Andererseits neigen die Eltern dazu, Mimik, Artikulationsbewegungen, Laute und Gesten des Säuglings in prototypischer Ausprägung nachzuahmen, eine intuitive Bereitschaft, die als biologischer Spiegel bzw. biologisches Echo (H. Papoušek & M. Papoušek, 1975) oder auch als soziales Biofeedback gekennzeichnet wurde (Gergely & Watson, 1996). Die Eltern spiegeln die affektive Erregungsdynamik des Kindes in gesteigerter oder abgeschwächter Form (Malatesta et al., 1989) und tragen auf diese Weise auch zur Erregungsmodulation und Affektregulation bei (Stern, 1985).

Blickkontakt als »Augenblick« positiver emotionaler Bezogenheit und Begegnung

Dank der intuitiven Steuerung ihres Verhaltens, das typischerweise in Bruchteilen von Sekunden erfolgt, ermöglichen die Eltern dem Kind, das eigene Ausdrucksverhalten und die kontingente elterliche Antwort in einem subjektiven Zeitfenster von drei Sekunden als aufeinander bezogen zu bearbeiten und zu speichern. Wie neuropsychologische Studien zeigen, wird bei Erwachsenen der kontinuierliche Fluß des subjektiven Erlebens in zeitlichen Segmenten von 3-Sekunden-Einheiten bearbeitet und integriert (Pöppel, 1990). In Analysen von stimmlichen Monologen haben Lynch und Oller (Lynch et al., 1995) auch bei Säuglingen Hinweise für subjektive Zeitfenster von drei Sekunden gefunden. Wenn diese Annahme zutrifft, kann der Säugling das eigene Ausdrucksverhalten und die intuitiv gesteuerte elterliche Nachahmung innerhalb solcher Zeitfenster als zusammengehörig und korrespondierend bearbeiten.

Der Blickkontakt bildet so den Rahmen für Augenblicke einer emotional aufeinander bezogenen, authentischen Begegnung im Moment des Hier und Jetzt. Auf prozeduraler Ebene macht der Säugling dabei in immer wiederkehrenden Wiederholungen die Erfahrung: »Ich habe etwas mit dir, meinem Gegenüber, gemeinsam; ich verhalte mich wie du; du verhältst dich wie ich«, und möglicherweise sogar: »Du empfindest wie ich« (Meltzoff, 1999). »Das Baby sieht sich selbst im Auge der Mutter« (Winnicott, 1967), d.h. es sieht sich so, wie es von der Mutter wahrgenommen und gespiegelt wird. Es stellt zwischen dem propriozeptiven Feedback seines eigenen Ausdrucksverhaltens und Befindens und der kontingenten Nachahmung und Bedeutungszuschreibung der Eltern eine Verbindung her. Die darin eingeschlossene Erfahrung von Selbstwirksamkeit und propriozeptiver Wahrnehmung des eigenen Verhaltens erlaubt dem Säugling, Selbstwahrnehmung und Wahrnehmung des Gegenübers zu differenzieren – gleichzeitig aber auch, Gemeinsamkeiten wahrzunehmen und die eigenen Affekte im Spiegel des Gegenübers kennenzulernen, zu regulieren und zu formen. Die Eltern ihrerseits finden einen möglicherweise ebenfalls durch Spiegelneurone vermittelten, unmittelbar einfühlsamen Zugang zur inneren Welt ihres Babys. Sie lernen auf zunehmend differenziertere Weise, sich in ihr Baby hineinzuversetzen und sein Verhalten und Erleben aus seiner Perspektive richtig zu deuten, mitzuerleben und zu verstehen.

Gergely und Watson (1996) betonen allerdings, daß die Eltern ihr nachgeahmtes Ausdrucksverhalten auf besondere Weise »markieren«, um dem Säugling zu signalisieren und zu symbolisieren, daß es sich dabei gerade nicht um authentische Gefühle der Elternperson handelt, sondern um eine bloße Rückspiegelung des kindlichen Affektes. Dieser Widerspruch läßt sich unschwer auflösen, wenn man zwischen der elterlichen Responsivität gegenüber positiven (Interesse, Überraschung, Freude) und negativen Affekten (Frustration, Ärger, Angst, Enttäuschung, Traurigkeit) trennt. Positive und negative Emotionen werden nicht nur kategorial unterschiedlich beantwortet, sondern auch neurophysiologisch in verschiedenen neuronalen Netzwerken bearbeitet. Negative Emotionen des Babys werden äußerst selten – und wenn, dann nur kurz – in deutlich abgewandelter Form gespiegelt und sogleich durch Ausdrucksformen von Fürsorglichkeit, Empathie und Trost entkräftet, moduliert und nicht selten sogar ins Spielerische überführt (Malatesta u.a., 1989). Drückt das Baby dagegen in Mimik und Stimme Wohlbehagen, Interesse, Überraschung oder Freude aus, neigen Eltern dazu, sich emotional »anstecken« zu lassen, die kindlichen Gefühle zu spiegeln und in einem Engelskreis positiver Gegenseitigkeit mitzuerleben.

Bedeutung der primären Intersubjektivität

Augenblicke der Begegnung im beiderseitigen Blickkontakt und Zwiegespräch erfüllen in der Frühentwicklung der selektiven emotionalen Bezogenheit zwischen dem Säugling und seinen primären Bezugspersonen für beide Seiten wichtige Funktionen. Für den Säugling bieten sie reiche Lernerfahrungen, in denen sich Selbstwahrnehmung und Selbstwirksamkeit auf voraussagbare Weise mit dem emotionalen Ausdrucksverhalten und den einfühlsamen Bedeutungszuschreibungen der Eltern verknüpfen. Die wiederholten Erfahrungen kontingenter Nachahmungsepisoden, von Selbstwirksamkeit und kontingenter wechselseitiger Responsivität bilden die Grundlage zum Aufbau von Erwartungen und Antizipation in bezug auf die elterlichen Antworten und – in weiteren Entwicklungsschritten bis gegen Ende des ersten Lebensjahres – zur Ausbildung einer Intentionshaltung (Fonagy & Target, 2002): der beginnenden sozial-kognitiven Fähigkeit, der eigenen Absichten ebenso wie der Absichten des Gegenübers gewahr zu werden (Rochat & Striano, 1999; Tomasello, 1999).

Die Eltern erleben die Augenblicke der Begegnung nicht nur als besonders beglückende Momente der Verbundenheit mit dem Baby, welche die Anstrengungen, möglichen Durststrecken und Schwierigkeiten der täglichen Betreuung aufwiegen können; sie gewinnen darin auch eine Bestärkung im Selbstvertrauen in ihre intuitiven Kommunikationsfähigkeiten. In ihrer durchaus heilsamen Wirkung haben sich Momente positiver Gegenseitigkeit in der Eltern-Säuglings-Psychotherapie als genuine Ressource und Schutzfaktor der frühen Eltern-Kind-Beziehungen vielfach bewährt (Wollwerth de Chuquisengo & Papoušek, 2004).

In der wissenschaftlichen Diskussion herrscht Uneinigkeit darüber, ob es gerechtfertigt ist, bereits von Geburt an von einer Phase primärer Intersubjektivität zu sprechen (Beebe et al., 2003). So gehen Autoren wie Trevarthen (1979), Meltzoff (Meltzoff & Moore, 1989) und Rochat (1999) aus unterschiedlichen theoretischen Positionen von einer auf angeborenen Prädispositionen beruhenden primären Intersubjektivität aus, die durch wechselseitige Koordination und Rückspiegelungsprozesse auch eine wechselseitige Resonanz innerer Zustände ermögliche. Stern (1985) spart den Begriff der Intersubjektivität für die im Alter von zwischen 9 und 12 Monaten beginnende Phase auf, in der der Säugling in seinem Verhalten ein beginnendes Verständnis der eigenen inneren Welt und der inneren Welt des Gegenübers erkennen läßt, in der er selbst eine neue subjektive Perspektive gewinnt, die mit der Perspektive der vertrauten Bezugsperson intersubjektiv zusammenwirken kann, etwa in den Erfahrungen gemeinsamer Aufmerksamkeit, gemeinsamer Absichten und gemeinsam erlebter Affekte.

Ohne Zweifel jedoch bieten die Eltern mit ihrer intuitiven und reflexiven intersubjektiven Perspektive (Kontingenz- und Spiegelungsbereitschaft, intuitive reflexive Kompetenz, Bedeutungszuschreibung) dem Säugling von Geburt an eine Art Gerüst (in der englischen Literatur als »scaffolding« bezeichnet), einen Rahmen, innerhalb dessen er sich mit seinem eigenen Befinden und Verhalten in enger wechselseitiger Bezogenheit mit dem intuitiv abgestimmten elterlichen Ausdrucksverhalten vertraut machen kann und es zu regulieren, zu formen und zunehmend bewußter wahrzunehmen lernt.

Emotionale Bezogenheit auf der Ebene der sekundären Intersubjektivität

Um die Mitte des zweiten Lebenshalbjahres öffnet sich mit dem zweiten biopsychosozialen Entwicklungsschub eine neue Phase der Selbstregulation und Erfahrungsintegration, in der auch Blickverhalten und Blickaustausch neue Funktionen und Bedeutungen gewinnen, und zwar in enger Verbindung mit neu auftauchenden Kompetenzen der sozialen Kognition. Der Säugling ist jetzt in der Lage, dem Blick und der Zeigegeste des Gegenübers zu folgen. Ebenso nutzt er selbst das Zeigen und Anbieten von Gegenständen als deklarative und imperative Gesten, um die visuelle Aufmerksamkeit des Gegenübers auf einen Gegenstand seines Interesses zu lenken. Die visuelle Aufmerksamkeit des Kindes richtet sich bevorzugt darauf, worauf das Gegenüber seine Aufmerksamkeit richtet (*joint attention*; Tomasello, 1999), mit welchen Emotionen es auf unbekannte oder unerwartete Ereignisse reagiert (*social referencing*; Campos & Stenbert, 1981) und wie es mit Gegenständen und Ereignissen in der Umwelt umgeht (Beobachtungslernen; Užgiris, 1999).

Im Spiel rückt der gemeinsame Fokus der Aufmerksamkeit auf den Spielgegenstand in den Mittelpunkt der Kommunikation. Die neue Fähigkeit, die Aufmerksamkeit triangulär auf eigene Handlungsabsicht, Gegenstand und Spielpartner zu verteilen, bildet ein neues Szenario, in dem Kooperation im Spiel, Nachahmung von Spielhandlungen, Bezugnehmen auf den gleichen Gegenstand und Benennen von Gegenstand oder Spielhandlung erprobt und eingeübt werden. Der Blick des Kindes signalisiert den Fokus seines Interesses; nur gelegentlich wandert er vom Gegenstand seines Interesses gerichtet und gezielt zum Gesicht des Gegenübers, um sich Rückversicherung, emotionale Bewertung, Kommentare, Anregung oder Bestätigung einzuholen, Hilfe einzufordern oder Freude am Erfolg zu teilen (M. Papoušek & Wollwerth de Chuquisengo, 2003).

Als entscheidend neue und evolutionsbiologisch einzigartige Akquisition gilt die gegen Ende des ersten Lebensjahres auftauchende Fähigkeit des Kindes, das Verhalten des *Gegenübers als absichtsvoll und zielorientiert wahrzunehmen* und analog dazu der Zielorientierung und Wirkmächtigkeit seiner eigenen Handlungen, seiner eigenen Absichten, Emotionen und Bedürfnisse gewahr zu werden (Tomasello, 1999). Das Auftauchen dieser neuen, für die menschliche Sozialisation spezifischen Fähigkeiten äußert sich u.a. in der *intentionalen Kommunikation* (Bates, 1987), der Fähigkeit, eigene Wünsche, Absichten oder Bedürfnisse mit Hilfe von kommunikativen Gesten gezielt an die Bezugsperson zu richten und diese zu veranlassen, bei der Erfüllung der Absicht des Kindes zu helfen.

In Abstimmung auf die intersubjektiven Wahrnehmungs- und Handlungskompetenzen des Kindes findet sich im Repertoire der intuitiven elterlichen Kompetenzen eine verstärkte Bereitschaft, in seinem Verhalten Signale seiner Interessen, Absichten und Emotionen zu erkennen, dem Aufmerksamkeitsfokus des Kindes zu folgen und sich von seinen Interessen leiten zu lassen. Spezifische didaktische Anpassungen in der Sprechweise erleichtern das Sprachverständnis, lenken die auditive Aufmerksamkeit auf relevante Lautkontraste und bedeutungstragende Wörter und nehmen als spielbegleitende Sprache Bezug auf den gemeinsamen Aufmerksamkeitsfokus (M. Papoušek, 1994). In Reaktion auf die Rückversicherungssignale des Kindes in unbekannten Situationen oder gegenüber fremden Personen antworten die Eltern mit klaren, Sicherheit vermittelnden Botschaften in Mimik und Stimme, die das Kind als Regulationshilfen in bezug auf seine emotionale Reaktivität und Verhaltenssteuerung (Annäherung oder Rückzug) nutzen kann (Campos & Stenbert, 1981).

Ähnliche Funktionen kommen der *Affektabstimmung* (Stern, 1985) zu. Diese Facette der intuitiven elterlichen Kompetenzen folgt aus der emotionalen Anteilnahme der Eltern am Verhalten und Erleben des Kindes: Sie greifen z.B. beim gemeinsamen Spiel die affektive Dynamik einer kindlichen Handlung auf und ahmen sie in einer anderen Modalität nach. Indem sie die Affektdynamik der kindlichen Spielhandlung, seine Anstrengung, Bewegungslust, Überraschung, Enttäuschung oder Erleichterung spiegeln, lenken sie die Aufmerksamkeit des Kindes auf die Gefühlsqualitäten, die seine Spielhandlung begleiten.

Bedeutung der sekundären Intersubjektivität

Das Auftauchen einer Intentionshaltung gegen Ende des ersten Lebensjahres erweitert die Fähigkeiten des Säuglings, am Verhalten der Bezugsperson deren Ziele, Wünsche, Absichten und Überzeugungen abzulesen und diese gezielter als bisher für seine Verhaltenssteuerung, emotionale Regulation und Exploration der Umwelt zu nutzen. Auf dieser neuen Ebene der Erfahrungsintegration bieten Kommunikation und emotionale Bezogenheit im gemeinsamen Explorieren und Spiel einen wirksamen Rahmen, um auf Aktivitäten oder Gegenstände im gemeinsamen Aufmerksamkeitsfokus Bezug zu nehmen, gemeinsam neue Funktionen und Bedeutungen zu erkunden und diesen schließlich ein Symbol, einen Namen zuzuordnen. So erbauen sich Säugling und Bezugsperson (ko-konstruieren sie) eine sich ständig erweiternde idiosynkratische gemeinsame Erfahrungswelt, in der sie sich zunehmend mit gemeinsamen Symbolen und ersten Worten zu verständigen lernen (M. Papoušek, 1994).

Die Erfahrungen auf der Ebene der sekundären Intersubjektivität bereiten vor allem den Boden für die weiteren Entwicklungsschritte im zweiten Lebensjahr, Entwicklungen in Richtung auf Selbstkonzept, Selbsterkennen im Spiegel, Selbstwertgefühl und Autonomie und – in engem Zusammenhang damit – in Richtung auf prosoziales Verhalten, Empathie, Bereitschaft zu Kooperation und Compliance und auf ein Verstehen und Verinnerlichen von Regeln, Standards und Bewertungen der Eltern (M. Papoušek & von Hofacker, 2004). Dabei messen Fonagy und seine Mitarbeiter (Fonagy et al., 2004) der Entwicklung einer Intentionshaltung und reflexiven Kompetenz im Kontext der frühen Beziehungserfahrungen eine zentrale Bedeutung und kritische Rolle im Aufbau der psychischen Struktur zu.

Störungen der intersubjektiven Bezogenheit bei frühkindlichen Regulations- und Beziehungsstörungen

In der klinischen Sprechstunde für frühkindliche Regulations- und Beziehungsstörungen, der *Sprechstunde für Schreibabys* am Kinderzentrum München, steht die Kommunikation zwischen Eltern und Säugling im Mittelpunkt der diagnostischen und therapeutischen Arbeit. Die Gruppe der vorgestellten Kinder ist ausgesprochen heterogen in bezug auf Vorstellungsgrund und Alter beim Erstkontakt (0 bis 3 Jahre), Erscheinungsbild, Entstehungsbedingungen der Störungen, Risikobelastung und Schweregrad: in Abhängigkeit von Dauer, Art und Anzahl problematischer Interaktionsbereiche, von kindlichem Temperament und psychischer Belastung der Eltern (M. Papoušek et al., 2004). Zwei Drittel der Kinder sind jünger als ein Jahr. Ein wichtiger Teil der Diagnostik ist die Beobachtung der Kommunikation zwischen Eltern und Säugling, in Interaktionskontexten, in denen die Verhaltensauffälligkeiten sichtbar werden, sowie im Zwiegespräch oder gemeinsamem Spiel.

Trotz der Vielfalt der Störungsbilder haben sie eines gemeinsam: einen eklatanten Mangel an Augenblicken positiver emotionaler Bezogenheit. Statt dessen werden die gemeinsamen Erfahrungen in einzelnen oder mehreren Alltagskontexten – im Kontext von Belastung und/oder beim Füttern, Schlafenlegen, Wickeln, Zwiegespräch oder Spiel – meist von dysfunktionalen Interaktionsmustern negativer Gegenseitigkeit beherrscht. Ein Schlüssel zum Verständnis früher Gefährdungen und Störungen der Eltern-Kind-Beziehungen sind vor allem die häufigen Eskalationsspiralen negativer affektiver Erregung. Die Mehrzahl der Säuglinge mit frühkindlichen Regulationsstörungen weist Merkmale eines schwierigen Temperamentes auf, in Form von unstillbarem Schreien oder chronischer Unzufriedenheit, Blickkontaktvermeidung oder Abwehr von Körperkontakt, permanentem Einfordern von Aufmerksamkeit und aggressivem Klammern, Nahrungsverweigerung, exzessivem Trotzen, Kopfschlagen oder aggressivem Verhalten. Viele dieser Verhaltensauffälligkeiten bergen das Risiko, als negatives Feedback hemmend auf die intuitiven elterlichen Kompetenzen zu wirken und bei den Eltern statt feinfühliger Regulationshilfen negative Gefühle von Verunsicherung, Hilflosigkeit, Versagen, Ängsten, Frustration oder ohnmächtiger Wut zu wecken.

Intersubjektive Bezogenheit im Szenario negativer Emotionen

Das Baby schreit – die Mutter springt alarmiert auf und nimmt es hoch – es krümmt sich, macht sich steif – sie umfängt es mit den Armen und gibt ihm an der Schulter Halt – die Spannung läßt nach, das Baby schmiegt sich an und birgt seinen Kopf in der Halsgrube der Mutter – die Mutter streichelt ihm in langsamem Rhythmus über den Rücken und spricht langsam mit dunkler Stimme – das Schreien ebbt ab, das Baby schluckt noch kurz nach – Mutter und Baby kommen gemeinsam zur Ruhe. Auch diese Form der Begegnung im proximalen Körperkontakt verdient zu Recht den Namen »Engelskreis« positiver Gegenseitigkeit, indem die wechselseitige Abstimmung dazu führt, daß Eltern und Baby eine regulatorische Unterstützung erfahren, das Baby in seiner Selbstregulation, die Elternperson im Selbstvertrauen in ihre intuitiven Kompetenzen.

Das Schreien des Säuglings wird trotz seiner alarmierenden Funktionen in der Regel nicht mit Schreien und Alarmreaktionen gespiegelt, sondern mit einfühlsamer Fürsorglichkeit und tröstendem Verhalten beantwortet. Der negative Affekt des Säuglings wird von den Eltern auf- und angenommen und durch Halt und Sicherheit gebende Regulationshilfen und Befriedigung seiner aktuellen Bedürfnisse aufgehoben. Wenn dagegen in Augenblicken der Begegnung kindliche Angst als unmittelbare Spiegelung elterliche Ängste aktiviert, wenn Ärger des Kindes auf elterlicher Seite unreflektierten Ärger oder Angst vor Ablehnung auslöst, weist dies im Säuglingsalter auf eine klinisch relevante Belastung oder manifeste Störung der frühen Kommunikation hin.

Szenario des exzessiven Schreiens

Völlig anders ist die Situation bei Schreiformen, die trotz aller intuitiven, feinfühligen Beruhigungshilfen unstillbar sind. Sie finden sich als Kernsymptom des exzessiven Schreiens der ersten Lebensmonate bei jedem vierten bis fünften Säugling und gipfeln um die sechste Lebenswoche. Die normalen elterlichen Regulationshilfen bleiben unwirksam, Alarmierung und Erregungsniveau bleiben dagegen bestehen und drohen in einem Teufelskreis negativer Gegenseitigkeit zu eskalieren (Ziegler et al., 2004). Die Unstillbarkeit des Schreiens wird zu einem anhaltend negativen Feedback, das die Mutter bald erschöpft und zutiefst verunsichert. Die ausgelösten Versagensgefühle unterminieren das Selbstvertrauen in die eigenen intuitiven Kompetenzen. Aus der Paarung von Ohnmachtsgefühlen, erhöhter Anspannung und Erregbarkeit erwachsen Ängste oder Ärger und hilflose Wut, Abwehr und Ambivalenz gegenüber dem Baby.

Szenario chronischer Unruhe und Unzufriedenheit

Nach dem dritten Lebensmonat wird das exzessive Schreien häufig durch Ein- und Durchschlafstörungen mit nächtlichem Schreien abgelöst, wobei sich in den Wachzeiten nicht selten ein weiteres dysfunktionales, von negativen Affekten beherrschtes Kommunikationsmuster herausbildet: Der Säugling läßt den Eltern keinen Moment Ruhe; er ist chronisch unruhig und überwiegend unzufrieden und fordert mit ständigem Quengeln bzw. Nörgeln hochgenommen, herumgetragen und unterhalten zu werden. Die Eltern reagieren darauf prompt – oft nur, um dem Horror erneuter Schreiattacken vorzubeugen –, das Baby schaltet ebenso prompt sein Quengeln ab, solange die Eltern bereit sind, herumzulaufen und als »Transportmittel« für ausreichend Ablenkung und Unterhaltung zu sorgen. Trotz körperlicher Nähe entsteht ein Szenario, das keinen Raum für Augenblicke positiver emotionaler Bezogenheit läßt, weder in Form eines Zwiegesprächs noch in gemeinsam fokussierter Aufmerksamkeit für Umwelt oder Spiel. Im Weg stehen wiederum negative Affekte, das zunehmend instrumentell eingesetzte Quengeln und Schreien des Säuglings und die dadurch ausgelöste Erschöpfung, Anspannung, Frustration oder depressive Gestimmtheit der Eltern. Daneben können die durch das Schreien ausgelösten Streßsituationen hochgradige Erschöpfung, kumulatives Schlafdefizit und Überforderung zur Folge haben und blockierende Abwehrmechanismen in Gang setzen, Gefühle von Burn-out und innerer Leere hervorrufen, die die Eltern gegenüber der Wahrnehmung der kindlichen Signale abschotten und die intuitiven Verhaltensbereitschaften zum Erliegen bringen (Ziegler u.a., 2004).

Szenario einer Wochenbettdepression

Unstillbares Schreien und chronische Unruhe bzw. Unzufriedenheit sind in der Regel primär durch Faktoren auf seiten des Kindes bedingt, die sich im Sinne einer relativen Unreife der basalen kindlichen Regulationsfähigkeiten und/oder einer temperamentsbedingten gesteigerten Überreizbarkeit und erschwerten Selbstregulation auswirken. Zu ähnlichen Regulationsstörungen kann es jedoch auch dann kommen, wenn die Mutter primär durch eine Wochenbettdepression mit Symptomen von Antriebshemmung und der Empfindung der Gefühllosigkeit in ihren intuitiven Kompetenzen beeinträchtigt ist, ihrem Baby nicht die erforderlichen komplementären Regulationshilfen zu geben vermag und ebensowenig in der Lage ist, sich in Zwiegespräch und Spiel auf Erfahrungen positiver emotionaler Bezogenheit einzulassen (M. Papoušek, 2002).

Spezifische Probleme der Spiegelung und Affektregulation bei frühkindlichen Regulationsstörungen

Die klinische Praxis zeigt, daß Eskalation und Persistenz von unstillbarem Schreien und chronischer Unruhe und Unzufriedenheit, den häufigsten Regulationsstörungen des ersten Lebensjahres, in der Regel durch ein Zusammenwirken von kindlichen und elterlichen Faktoren bedingt sind. Diese verdienen besondere Aufmerksamkeit unter dem Aspekt der Affektregulation und Spiegelung. Zum einen kommen in den Alltagsinteraktionen Augenblicke der Begegnung, der erlebten positiven Gegenseitigkeit, typischerweise zu kurz. Zum anderen stellt der Umgang mit den alles andere überwiegenden negativen Affekten besondere Herausforderungen an die psychische Regulation der intuitiven elterlichen Kompetenzen. Bei ausreichenden eigenen Ressourcen kann es den Eltern gelingen, den negativen Affekten des Babys mit Sicherheit, Verständnis, reflexiver Kompetenz und Selbstvertrauen in die eigenen Kompetenzen zu begegnen und dem Baby ausreichend Halt und Beruhigungshilfen zu geben (Containment). Im Kontext multipler Risikobelastungen kommt es unter dem Einfluß von unstillbarem Schreien oder chronischer Unzufriedenheit jedoch leicht zu Teufelskreisen wechselseitiger Eskalation von affektiver Erregung und Verunsicherung, im Fall der chronischen Unruhe zu beiderseitiger Unzufriedenheit, dysphorischer Stimmung und Frustration. Schreien und Unzufriedenheit des Kindes werden nicht aufgefangen und gewissermaßen im elterlichen Halt aufgehoben; vielmehr werden sie auf problematische Weise »gespiegelt«, indem sie korrespondierende Gefühle von Unruhe, Unzufriedenheit und Frustration, gepaart mit Hilflosigkeit, Depression, Angst oder Wut wecken, die ihrerseits negativ auf das Baby zurückwirken (M. Papoušek, 2004).

Überwiegen solche Erfahrungen bis in die Phase der sekundären Intersubjektivität, so ist damit zu rechnen, daß emotionale Regulation, Gewahrwerden und Kommunikation eigener Gefühle sowie der Aufbau eines positiven Selbstbildes auf empfindliche Weise gestört werden. Das Gefüge psychischer Sicherheit ist in doppelter Hinsicht bedroht: infolge eines Mangels an verläßlichen feinfühligen Regulationshilfen und eines Mangels an Erfahrungen positiver emotionaler Bezogenheit.

Begegnung mit »Gespenstern im Kinderzimmer«

Extrem eskalierende Entgleisungen im Umgang mit negativen Affekten entstehen vor allem im Kontext geringer Ressourcen und kumulativer Risikobelastungen (M. Papoušek, 2004). Die eigenen klinischen Erfahrungen und Ergebnisse haben gezeigt, daß auf elterlicher Seite vor allem solche Belastungsfaktoren der eigenen Biographie und aktuellen Beziehungskonstellationen problematisch sind, die die Wahrnehmung, Aufmerksamkeit und emotionale Verfügbarkeit der Eltern gegenüber den Signalen und Befindlichkeiten ihres realen Babys hemmen, verzerren, überformen oder außer Kraft setzen (Dornes, 2000) und die reflexive Kompetenz beeinträchtigen. Dazu gehören aktualisierte Beziehungskonflikte mit dem Partner oder den eigenen Eltern, Rollenkonflikte und unbewältigte, wiederbelebte Belastungen der eigenen Kindheit und Biographie (siehe auch Brisch, 1999, S. 136–152; 2003).

Das Schreien des Säuglings kann unwillkürlich zu einem Erinnerungskontext werden, der – beispielsweise nach unbewältigten Beziehungsabbrüchen (in der Kindheit oder in zeitlichem Zusammenhang mit der Schwangerschaft) – Gefühle von Verlassenheit, Enttäuschung und ungelöster Trauer wiederbelebt (M. Papoušek & Wollwerth de Chuquisengo, 2003). Solche evozierten Gefühle können so überwältigend sein, daß sie den Blick für die Signale des Babys verstellen; nicht selten verschmilzt dann das reale Baby in der Wahrnehmung mit dem übermächtigen Erinnerungsbild von sich selbst als dem kleinen verlassenen oder abgewiesenen Kind; die aufgewühlten eigenen Gefühle werden unbewußt und unreflektiert über den Abwehrmechanismus der projektiven Identifikation dem Baby zugeschrieben (Barth, 2004). Für das Baby bedeutet dies, daß es nicht nur keine affektspiegelnde Tröstung und Regulationshilfe erfährt, sondern daß sich sein eigener Affekt auf unabgegrenzte Weise mit der Übermacht der negativen mütterlichen Affekte verbindet. In ähnlicher Weise kann das Schreien des Babys auf seiten der Elternperson Gefühle von ohnmächtiger Wut und hilflosem Ausgeliefertsein gegenüber dem bedrohlichen Schreien ihres außer sich geratenen, jähzornigen Vaters auslösen (Möhler & Resch, 2000); die Elternperson fühlt sich dem Schreien des Babys ausgeliefert (»Das Baby macht mich fertig«) und schreibt dem Baby bedrohlichen Jähzorn und »böse« Absichten zu.

Der Augenblick der Begegnung mit dem schreienden Baby wird in solchen Fällen für die betroffene Elternperson unwillkürlich zu einer Begegnung mit einem »Gespenst«, dem Repräsentanten einer beziehungsrelevanten Person aus der Vergangenheit oder dem Repräsentanten eines abgewehrten Teils des eigenen Unbewußten (Brazelton & Cramer, 1991). Das Baby mit seinem unstillbaren Schreien und anderen Verhaltensproblemen kann so zum Mitakteur eines imaginären Dramas werden, das die Vergangenheit heraufbeschwört und auf schicksalhafte Weise problematische Beziehungsmuster in Szene setzt (Barth, 2004; Dornes, 2000; Jacubeit, 2004; Lieberman et al., 2000; Lyons-Ruth & Spielman, 2004).

Für den schreienden Säugling bedeuten solche Augenblicke der konfrontativen Begegnung mit einem nicht markierten, unabgegrenzt bedrohlichen, negativen Affekt der Mutter – der zeitlich mit seinem Ausdrucksverhalten kontingent ist, aber nicht mit seinem Befindlichkeitszustand korrespondiert, und der anstelle von fürsorglicher Regulationshilfe und Geborgenheit zu einer Eskalation seiner negativen Verfassung führt –, daß langfristig Entwicklungsdefizite in seiner emotionalen Selbstregulation und Selbstwahrnehmung die Folge sein werden (Fonagy & Target, 2002).

Augenblicke positiver intersubjektiver Bezogenheit in der Eltern-Säuglings-Psychotherapie

Augenblicke positiver emotionaler Bezogenheit, Erlebniseinheiten positiver Gegenseitigkeit, bilden den Dreh- und Angelpunkt der integrativen kommunikationszentrierten Eltern-Säuglings-Psychotherapie, wie sie in der Münchner Sprechstunde für Schreibabys entwickelt wurde (Wollwerth de Chuquisengo & Papoušek, 2004). Die kommunikations- und beziehungstherapeutische Arbeit zielt darauf ab, Eltern und Baby in dysregulierten Beziehungen – für die unter dem Druck von Belastungen Augenblicke der Begegnung selten geworden sind, nicht mehr wahrgenommen werden oder sogar gänzlich fehlen – im Schutz der therapeutischen Beziehung zunächst Erfahrungen positiver Gegenseitigkeit zu ermöglichen. Die therapeutische Beziehung dient dabei als sichere Basis, indem sie den Eltern eine stützende Matrix und Rückhalt und, bei Bedarf, korrigierende Beziehungserfahrungen zu vermitteln sucht. Oft reicht es, im Fluß des diagnostischen und therapeutischen Geschehens die Momente aufzuspüren, in denen der Säugling im Arm der Mutter friedlich einschläft oder unversehens das Gesicht der Mutter beobachtet oder die Mutter auf eine flüchtige Blickzuwendung des Babys intuitiv mit einer Grußreaktion antwortet. Es kann genügen, solche gewöhnlich der Aufmerksamkeit entgehenden Augenblicke einzufangen, gemeinsam innezuhalten, sich mit Mutter und Baby darauf einzulassen und sie mit ungeteilter Aufmerksamkeit zu erleben.

Therapeuten haben in dieser Arbeit unersetzliche Verbündete: die angeborenen Motivationen und Fähigkeiten des Säuglings zu Selbstwirksamkeit und Kontaktbereitschaft und die intuitiven elterlichen Verhaltensbereitschaften. Die Aufgabe der Therapeuten kommt der Beziehungs- und Erziehungsarbeit von Eltern gleich:

1. einen geschützten, sicheren »Spielraum« zu schaffen, in dem sich die noch vulnerablen, in Entwicklung befindlichen Fähigkeiten von Eltern und Säugling im Erleben positiver Gegenseitigkeit entfalten können,
2. die Eltern im Hier und Jetzt solcher Augenblicke im Selbstvertrauen in ihre genuinen Kompetenzen und im Zutrauen zu ihrem Kind zu bestärken und schließlich
3. mit den Eltern zu erarbeiten, was im Alltag dem Erleben von Augenblicken positiver Begegnung im Wege steht.

Kritisch für den therapeutischen Prozeß ist dabei, inwieweit es den Eltern in der Zuwendung zu ihrem Baby gelingt, sich emotional authentisch und verfügbar mit ungeteilter Aufmerksamkeit auf ihr Baby und auf ihre eigenen intuitiven Kompetenzen einzulassen und selbstreflexiv die Perspektive des Babys einzunehmen, ohne aber die ebenso wichtigen eigenen emotionalen Bedürfnisse aus dem Blick zu verlieren.

Tiefenpsychologisch fundierte psychotherapeutische Interventionen kommen zum Einsatz, wenn der Blick auf das Baby verstellt ist, wenn es darum geht, verborgene intuitive elterliche Kompetenzen aufzuspüren und aus emotionalen Überlagerungen, Verzerrungen oder psychodynamischen Blockaden zu befreien. Die Therapie setzt an der aktuellen Kommunikation mit ihren beiden Ebenen an: der Ebene des beobachtbaren kindlichen und elterlichen Verhaltens und der Ebene des subjektiven Erlebens und der Repräsentationen. Ein verhaltensmikroanalytischer Zugang beim gemeinsamen Betrachten von Videosequenzen der Eltern-Säuglings-Kommunikation eignet sich in besonderer Weise dazu, über die Verhaltensebene hinaus einen unmittelbaren Zugang zu den aktuellen Befindlichkeiten, Gefühlen, Wahrnehmungen, Phantasien, Erinnerungsbildern und Abwehrmechanismen der Eltern zu gewinnen, die im Hier und Jetzt der Kommunikation mit dem Baby geweckt werden (Beebe, 2003; Downing, 2003; M. Papoušek, 2000; Stern, 1998). Behutsames Ansprechen und gemeinsames Reflektieren der wiederbelebten Affekte, Erinnerungen und Phantasien ermöglichen im Kontext der Interaktion mit dem Baby, psychodynamische Blockaden und Verzerrungen der frühen Kommunikation aufzulösen, gehemmte oder verschüttete intuitive Kompetenzen freizusetzen und die »Gespenster der Vergangenheit« aus der Kommunikation zu vertreiben (Beebe, 2003; Cohen et al., 2003; M. Papoušek & Wollwerth de Chuquisengo, 2003).

Abgestimmt auf die individuellen Bedürfnisse der Familie, wird die psychotherapeutische Arbeit unterstützt durch Integration von entwicklungspsychologischer Beratung sowie sozialpädagogischen, pädiatrischen, ergotherapeutischen oder paar- und familientherapeutischen Modulen (Wollwerth de Chuquisengo & Papoušek, 2004). Gemeinsames Ziel ist eine rasche Umwandlung dysfunktionaler, Eltern und Kind belastender Kommunikationsmuster in Augenblicke positiver emotionaler Bezogenheit. Wenn dies gelingt, werden die Eltern durch positives Feedback von seiten ihres Kindes im Selbstvertrauen in ihre intuitiven Kompetenzen gestärkt, sie gewinnen an Sicherheit im Umgang mit ihrem Kind und können nun – geleitet von den kindlichen Signalen – seine selbstregulatorischen Fähigkeiten wirksamer als bisher unterstützen und die anstehenden Entwicklungsaufgaben gemeinsam mit dem Kind bewältigen.

Literatur

Ahnert, L. (2004a): Bindung und Bonding: Konzepte früher Bindungsentwicklung. In: Ahnert (2004b), S. 63–81.

Ahnert, L. (2004b) (Hrsg.): *Frühe Bindung. Entstehung und Entwicklung.* München, Basel (Reinhardt).

Ainsworth, M. D. S., S. M. Bell und D. J. Stayton (1974): Infant-mother attachment and social development: ›Socialization‹ as a product of reciprocal responsiveness to signals. In: Richards, M. P. M. (Hrsg.): *The integration of a child into a social world.* New York (Cambridge University Press), S. 99–135. Dt.: Bindung zwischen Mutter und Kinde und soziale Entwicklung: »Sozialisation« als Ergebnis gegenseitigen Beantwortens von Signalen. In: Grossmann, K. E. und K. Grossmann (2003) (Hrsg.): *Bindung und menschliche Entwicklung.* Stuttgart (Klett-Cotta), S. 242–279.

Ainsworth, M. D. S., M. C. Blehar, E. Waters und S. Wall (1978): *Patterns of attachment: A psychological study of the strange situation.* Hillsdale, NJ (Erlbaum).

Barth, R. (2004): »Gespenster im Schlafzimmer« – psychodynamische Aspekte von Schlafstörungen. In: M. Papoušek et al. (2004), S. 249–261.

Bates, J. E. (1987): Temperament in infancy. In: Osofsky, J. D. (Hrsg.): *Handbook of infant development.* New York (Wiley Intersciences), S. 1101–1149.

Beebe, B. (2003): Brief mother-infant treatment: Psychoanalytically informed video feedback. *Infant Mental Health Journal,* 24, 24–52.

Beebe, B., S. Knoblauch, J. Rustin und D. Sorter (2003): A comparison of Meltzoff, Trevarthen, and Stern. Psychoanalytic Dialogues. *A Journal of Relational Perspectives,* 13, 777–804.

Blass, E. M. (1999): The ontogeny of human infant face recognition: Orogustatory, visual, and social influences. In: Rochat (1999), S. 3–34.

Braun, K. und C. Helmeke (2004): Neurobiologie des Bindungsverhaltens: Befunde aus der tierexperimentellen Forschung. In: Ahnert (2004b), S. 281–296.

Brazelton, T. B. und B. G. Cramer (1991): Die frühe Bindung: Die erste Beziehung zwischen dem Baby und seinen Eltern. Stuttgart (Klett-Cotta).

Brisch, K. H. (1999): *Bindungsstörungen – Von der Bindungstheorie zur Therapie.* (6. Aufl. 2005), Stuttgart (Klett-Cotta).

Brisch, K. H. (2003): Bindungsstörungen und Trauma. Grundlagen für eine gesunde Bindungsentwicklung. In: Brisch, K. H. und T. Hellbrügge (Hrsg.): *Bindung und Trauma. Risiken und Schutzfaktoren für die Entwicklung von Kindern.* Stuttgart (Klett-Cotta), S. 105–135.

Butterworth, G. (1999): Neonatal imitation: Existence, mechanisms and motives. In: Nadel, J. und G. Butterworth (Hrsg.): *Imitation in infancy*. Cambridge, UK (Cambridge University Press), S. 63–88.

Campos, J. J. und C. R. Stenbert (1981): Perception, appraisal, and emotions: The onset of social referencing. In: Lamb, M. E. und L. R. Sherrod (Hrsg.): *Infant social cognition: Empirical and social considerations*. Hillsdale, NJ (Erlbaum), S. 273–314.

Cohen, N., E. Muir und M. Lojkasek (2003): »Watch, Wait and Wonder« – ein kindzentriertes Psychotherapieprogramm zur Behandlung gestörter Mutter-Kind-Beziehungen. *Kinderanalyse*, 11, 58–79.

De Wolff, M. S. und M. H. van IJzendoorn (1997): Sensitivity and attachment: A meta-analysis on parental antecedents of infant attachment. *Child Development*, 68, 571–591.

Dornes, M. (2000): *Die emotionale Welt des Kindes*. Frankfurt a. M. (Fischer Taschenbuch-Verlag).

Downing, G. (2003): Video-Mikroanalyse-Therapie: Einige Grundlagen und Prinzipien. In: Scheuerer-Englisch, H., J. G. Suess und W.-K. P. Pfeifer (Hrsg.): *Wege zur Sicherheit: Bindungswissen in Diagnostik und Intervention*. Gießen (Psychosozial Verlag), S. 51–68.

Emde, R. N. und J. F. Sorce (1983): The rewards of infancy: Emotional availability and maternal referencing. In: Call, J. D., E. Galenson und R. L. Tyson (Hrsg.): *Frontiers of infant psychiatry* (Teil 1). New York (Basic Books), S. 17–30.

Field, T., R. Woodson, R. Greenberg und D. Cohen (1982): Discrimination and imitation of facial expressions by neonates. *Science*, 218, 179–181.

Fonagy, P. (2003): Die Bedeutung der Entwicklung metakognitiver Kontrolle der mentalen Repräsentanzen für die Betreuung und das Wachstum des Kindes. In: Fonagy, P. und M. Target (Hrsg.): *Frühe Bindung und psychische Entwicklung*. Gießen (Psychosozial Verlag), S. 49–70.

Fonagy, P. und M. Target (2002): Neubewertung der Entwicklung der Affektregulation vor dem Hintergrund von Winnicotts Konzept des »falschen Selbst«. *Psyche – Zeitschrift für Psychoanalyse und ihre Anwendungen*, 56 (9/19), Sept./Okt. 2002, 839–862.

Fonagy, P., M. Steele, G. Moran, H. Steele und A. Higgit (1993): Measuring the ghost in the nursery: An empirical study of the relation between parents‹ mental representations of childhood experiences and their infants‹ security of attachment. *Journal of the American Psychoanalytic Association*, 41, 957–989.

Fonagy, P., G. Gergely, E. L. Jurist und M. Target (2004): *Affektregulierung, Mentalisierung und die Entwicklung des Selbst*. Stuttgart (Klett-Cotta).

Gergely, G. (1999): Early social-emotional development: Contingency perception and the social biofeedback model. In: Rochat (1999), S. 101–136.

Gergely, G. und J. Watson (1996): The social biofeedback model of parental affect-mirroring. *International Journal of Psycho-Analysis*, 1181–1212.

Gopnik, A., P. K. Kuhl und A. N. Meltzoff (2001): *Forschergeist in Windeln*. (2. Aufl.). Kreuzlingen/München (Hugendubel).

Grossmann, K. und K. E. Grossmann (2004): *Bindungen – das Gefüge psychischer Sicherheit.* Stuttgart (Klett-Cotta).

Hofer, M. A. (1995): Hidden regulators: Implications for a new understanding of attachment, separation and loss. In: Goldberg, S., R. Muir, J. Kerr (Hrsg.): *Attachment theory: Social, developmental, and clinical perspectives.* Hillsdale (Analytic Press), S. 203–230.

Jacubeit, T. (2004): »Gespenster am Esstisch«: Psychodynamische Aspekte in der Behandlung von Fütterstörungen. In: M. Papoušek et al. (2004), S. 263–280.

Keller, H. (2004): Kultur und Bindung. In: Ahnert (2004b), S. 110–124.

Keller, H., A. Lohaus, S. Völker, M. Cappenberg und A. Chasiotis (1999): Temporal contingency as an independent component of parenting behavior. *Child Development,* 70, 474–485.

Kindler, H. und K. Grossmann (2004): Vater-Kind-Bindung und die Rollen von Vätern in den ersten Lebensjahren ihrer Kinder. In: Ahnert (2004b), S. 240–255.

Kohler, E., C. Keysers, M. A. Umiltà, L. Fogassi und G. Rizzolatti (2002): Hearing sounds, understanding actions: Action representation in mirror neurons. *Science,* 297, 846–848.

Lamb, M. E., R. D. Ketterlinus und M. P. Fracasso (1992): Parent-child relationships. In: Bornstein, M. H. und M. E. Lamb (Hrsg.): *Developmental psychology: An advanced textbook.* Hillsdale, NJ (Erlbaum), S. 465–518.

Lieberman, A. F., R. Silverman und J. H. Pawl (2000): Infant-parent psychotherapy: Core concepts and current approaches. In: Zeanah, C. H. J. (Hrsg.): *Handbook of infant mental health.* (2. Aufl.) New York (The Guilford Press), S. 472–484.

Lohaus, A., H. Keller, J. Ball, C. E. Elben und S. Völker (2001): The conception of maternal sensitivity: Components and relation to warmth and contingency. *Parenting: Science and Practice,* 1, 267–284.

Lohaus, A., J. Ball und I. Lißmann (2004): Frühe Eltern-Kind-Interaktion. In: Ahnert (2004b), S. 147–161.

Lynch, M. P., D. K. Oller, M. L. Steffens und E. H. Buder (1995): Phrasing in prelinguistic vocalizations. *Developmental Psychobiology,* 28, 3–23.

Lyons-Ruth, K. und E. Spielman (2004): Disorganized attachment strategies and helpless-fearful profiles of parenting: Integrating attachment research with clinical intervention. *Infant Mental Health Journal,* 4, 318–115.

MacDonald, K. B. (1992): Warmth as a developmental construct: An evolutionary analysis. *Child Development,* 63, 753–773.

Main, M., N. Kaplan und J. Cassidy (1985): Security in infancy, childhood, and adulthood: A move to the level of representation. In: Bretherton, I. und E. Waters (Hrsg.): *Growing points in attachment theory and research.* Monographs of the Society for Research in Child Development, 50 (1–2, Serial No. 209), S. 66–106.

Malatesta, C. Z., C. Culver, R. J. Tesman und B. Shepard (1989): *The development of emotion expression during the first two years of life.* Monographs of the Society for Research in Child Development, 54 (Serial No. 219).

Maratos, O. (1973): *The origin and development of imitation in the first six months of life.* Geneva (University of Geneva).

Meins, E., R. Wainwright, M. Das Gupta, E. Fradley und M. Tuckey (2002): Maternal mind-mindedness and attachment security as predictors of theory of mind understanding. *Child Development,* 73, 1715–1726.

Meltzoff, A. N. (1999): Born to learn: What infants learn from watching us. In: Fox, N. A., L. A. Leavitt und J. G. Warhol (Hrsg.): *The role of early experience in infant development* (Johnson & Johnson Consumer Companies), S. 145–164.

Meltzoff, A. N. und M. K. Moore (1983): Newborn infants imitate adult facial gestures. *Child Development,* 54, 702–709.

Meltzoff, A. und M. K. Moore (1989): Imitation in newborn infants: Exploring the range of gestures imitated and the underlying mechanisms. *Developmental Psychology,* 25, 954–962.

Möhler, E. und F. Resch (2000): Ausdrucksformen und Transmissionsmechanismen mütterlicher Traumatisierungen innerhalb der Mütter-Säuglings-Interaktion. *Praxis der Kinderpsychologie und Kinderpsychiatrie,* 49, 550–562.

Papoušek, H. (1969): Individual variability in learned responses during early post-natal development. In: Robinson, R. J. (Hrsg.): *Brain and early behavior.* London (Academic Press), S. 229–252.

Papoušek, H. (2000): Intuitive parenting. In: Fitzgerald, H. E. und J. D. Osofsky (Hrsg.): *Handbook of infant mental health.* Bd. 3: *Parenting and child care.* New York (Wiley), S. 299–317.

Papoušek, H. und M. Papoušek (1975): Cognitive aspects of preverbal social interaction between human infants and adults. In: CIBA Foundation (Hrsg.): *Parent-Infant interaction. Proceedings of a symposium on the parent-infant relationship.* CIBA Foundation Symposium 33 (new series). Amsterdam u. a. (Elsevier u. a.), S. 241–269.

Papoušek, H. und M. Papoušek (1977): Mothering and the cognitive headstart: Psychobiological considerations. In: Schaffer, H. R. (Hrsg.): *Studies in mother-infant interaction.* London, New York (Academic Press) S. 63–85.

Papoušek, H. und M. Papoušek (1981): Die frühe Eltern-Kind-Beziehung und ihre Störungen aus psychobiologischer Sicht. In: Hövels, O., E. Halverstadt, V. v. Loewenich und J. Eckert (Hrsg.): *Geburtshilfe und Kinderheilkunde. Gemeinsame, aktuelle, praktische Probleme.* Stuttgart, New York (Thieme), S. 72–79.

Papoušek, H. und M. Papoušek (2002): Intuitive parenting. In: M. Bornstein, H. (Hrsg.): *Handbook of parenting.* Bd. 2: *Biology and ecology of parenting.* Mahwah, NJ (Lawrence Erlbaum), S. 183–203.

Papoušek, M. (1994): *Vom ersten Schrei zum ersten Wort. Anfänge der Sprachentwicklung in der vorsprachlichen Kommunikation.* Bern (Huber).

Papoušek, M. (2000): Einsatz von Video in der Eltern-Säuglings-Beratung und -Psychotherapie. *Praxis der Kinderpsychologie und Kinderpsychiatrie,* 49, 611–627.

Papoušek, M. (2001): Intuitive elterliche Kompetenzen: Eine Ressource in der präventiven Eltern-Säuglings-Beratung und -Psychotherapie. *Frühe Kindheit,* 4, 4–10.

Papoušek, M. (2002): Auswirkungen der Wochenbettdepression auf die frühkindliche Entwicklung. In: Braun-Scharm, H. (Hrsg.): *Depression im Kindes- und Jugendalter.* Stuttgart (Wissenschaftliche Verlagsgesellschaft), S. 201–229.

Papoušek, M. (2004): Regulationsstörungen der frühen Kindheit: Klinische Evidenz für ein neues diagnostisches Konzept. In: M. Papoušek et al. (2004), S. 77–110.

Papoušek, M. und N. von Hofacker (2004): Klammern, Trotzen, Toben – Störungen der emotionalen Verhaltensregulation des späten Säuglingsalters und Kleinkindalters. In: M. Papoušek et al. (2004), S. 201–232.

Papoušek, M. und H. Papoušek (1987): Vocal matching in turns and in unison in dialogues between mothers and infants of presyllabic age and its significance for the development of speech. Paper für die 8. Tagung Entwicklungspsychologie, Bern, 1987.

Papoušek, M. und R. Wollwerth de Chuquisengo (2003): Auswirkungen mütterlicher Traumatisierungen auf Kommunikation und Beziehung in der frühen Kindheit: Werkstattbericht aus 10 Jahren Münchner Sprechstunde für Schreibabys. In: Brisch, K. H. und T. Hellbrügge (Hrsg.): *Bindung und Trauma: Risiken und Schutzfaktoren für die Entwicklung von Kindern.* Stuttgart (Klett-Cotta), S. 136–159.

Papoušek, M., H. Papoušek und B. J. Harris (1987): The emergence of play in parent-infant interactions. In: Görlitz, D. und J. F. Wohlwill (Hrsg.): *Curiosity, imaginations, and play. On the development of spontaneous cognitive and motivational processes.* Hillsdale, NJ (Erlbaum), S. 214–246.

Papoušek, M., M. Schieche und H. Wurmser (Hrsg.) (2004): *Regulationsstörungen der frühen Kindheit: Frühe Risiken und Hilfen im Entwicklungskontext der Eltern-Kind-Beziehungen.* Bern (Huber).

Pöppel, E. (1990): Wie lassen sich psychische Phänomene ordnen? In: Pöppel, E. und M. Bullinger (Hrsg.): *Medizinische Psychologie.* Weinheim (VCH Verlagsgesellschaft), S. 1–18.

Reinke, E. (2003): Vorwort: Reflexive Kompetenz. In: Fonagy, P. und M. Target (Hrsg.): *Frühe Bindung und psychische Entwicklung.* Gießen (Psychosozial Verlag), S. 7–28.

Rochat, P. (Hrsg.) (1999): *Early social cognition.* Mahwah, NJ (Lawrence Erlbaum).

Rochat, P. und T. Striano (1999): Social-cognitive development in the first year. In: Rochat (1999), S. 3–34.

Stern, D. N. (1985): *The interpersonal world of the infant.* New York (Basic Books). Dt. (1985/8. Aufl. 2003): *Die Lebenserfahrung des Säuglings.* Stuttgart (Klett-Cotta).

Stern, D. N. (1998): *Die Mutterschaftskonstellation. Eine vergleichende Darstellung verschiedener Formen der Mutter-Kind-Psychotherapie.* Stuttgart (Klett-Cotta).

Stern, D. N., J. Jaffe, B. Beebe und S. Bennett (1975): Vocalizing in unison and in alternation: Two modes of communication within the mother-infant dyad. *Annals of the New York Academy of Science,* 263, 89–100.

Suess, G., J. und W.-P. Pfeifer (Hrsg.) (1999): *Frühe Hilfen. Anwendung von Bindungs- und Kleinkindforschung in Erziehung, Beratung, Therapie und Vorbeugung.* Gießen (Psychosozial Verlag).

Todt, D. (2004): Beziehungsentwicklung im Rahmen der Mutter-Kind-Dyade bei nichtmenschlichen Primaten. In: Ahnert (2004b), S. 127–146.

Tomasello, M. (1999): Social cognition before the revolution. In: Rochat (1999), S. 301–314.

Trevarthen, C. (1979): Communication and cooperation in early infancy: A description of primary intersubjectivity. In: Bullowa, M. (Hrsg.): *Before speech: The beginning of interpersonal communication.* Cambridge, UK (Cambridge University Press), S. 321–347.

Tronick, E. Z., H. Als und T. B. Brazelton (1980): The infant's communicative competencies and the achievement of intersubjectivity. In: Key, M. R. (Hrsg.): *The relationship of verbal and nonverbal communication.* The Hague (Mouton), S. 261–273.

Užgiris, I. (1999): Imitation as activity; its developmental aspects. In: Nadel, J. und G. Butterworth (Hrsg.): *Imitation in infancy.* Cambridge, UK (Cambridge University Press), S. 186–206.

Völker, S., H. Keller, A. Lohaus, M. Cappenberg und A. Chasiotis (1999): Maternal interactive behaviour in early infancy and later attachment. *International Journal of Behavioural Development,* 23, 921–936.

Winnicott, D. W. (1967): Die Spiegelfunktion von Mutter und Familie in der kindlichen Entwicklung. In: Winnicott, D. W. (Hrsg.): *Vom Spiel zur Kreativität.* Stuttgart (Klett-Cotta), S. 128–135.

Wollwerth de Chuquisengo, R. und M. Papoušek (2004): Das Münchner Konzept einer kommunikationszentrierten Eltern-Säuglings-/Kleinkind-Beratung und -Psychotherapie. In: M. Papoušek et al. (2004), S. 281–309.

Ziegler, M., R. Wollwerth de Chuquisengo und M. Papoušek (2004): Exzessives Schreien im frühen Säuglingsalter. In: M. Papoušek et al. (2004), S. 111–143.

MICHAEL RUTTER

Die psychischen Auswirkungen früher Heimerziehung[1]

Einleitung

Seit über 50 Jahren wird dank der Publikationen von Pionieren wie Spitz (1946), Goldfarb (1945) und Bowlby (1951) allgemein anerkannt, daß Kinder, die in Heimen aufwachsen, erheblichen Risiken für ihre psychische Entwicklung ausgesetzt sind. Daß die vielen negativen Einflüsse auf Kleinkinder bei Heimunterbringung allgemein anerkannt wurden, führte zu bedeutenden Verbesserungen in der Kinderbetreuung, besonders in Krankenhäusern. Eine kritische Auswertung der Forschungsergebnisse von Untersuchungen an Menschen und Tieren bestätigte, daß frühkindliche Erfahrungen sich sehr wohl deutlich auf die psychische Entwicklung auswirkten und daß darüber hinaus manche der wesentlichen Aspekte dieser Erfahrungen mit den Merkmalen der Beziehungsqualität zwischen Fürsorgepersonen und Kindern zusammenhingen. Die Kontinuität dieser Beziehungen stellt dabei ein wesentliches Charakteristikum dar (Rutter, 1972).

In den 80er und 90er Jahren wurde die Annahme, daß frühkindliche Erziehungserfahrungen von Bedeutung seien, erneut durch Kritik von Verhaltensgenetikern in Frage gestellt (Plomin, 1994; Plomin & Bergeman, 1991; Rowe, 1994; Scarr, 1992). Sie bemängelten vor allem, daß die statistischen Zusammenhänge zwischen negativen Erziehungseinflüssen und der psychischen Entwicklung des Kindes womöglich teilweise sowohl auf genetischen als auch auf umweltbedingten Faktoren beruhten. Das sei vermutlich auf aktive und passive Wechselwirkungen von Genetik und Umwelt und ihren Einfluß auf die Neuropsychologie und das Verhalten zurückzuführen. Eltern geben ihre Gene an ihre Kinder weiter und schaffen gleichzeitig das Erziehungsumfeld für sie. Genetische Risiken sind häufig mit Umweltrisiken verbunden (passive Wechselwirkung von Genen und Umwelt). Werden Kinder z.B. wegen des Versagens der Eltern in ein Heim aufgenommen, so kann man davon ausgehen, daß die Eltern, die sich als zur Fürsorge unfähig erwiesen oder deren Kinder ihnen wegen Mißbrauch oder Vernachlässigung weggenommen wurden, vermutlich Eigenschaften mit genetischen Risiken aufweisen. Das Problem besteht nun darin, bei den Kindern diejenigen Folgen, die sich aus den genetischen Risiken ergeben, von jenen zu unterscheiden, die auf die negativen Erfahrungen folgen, denen solche genetischen Risiken Anlaß geben. Gene wirken aber außerdem noch mit, weil die Erfahrungen der Kinder, wenn sie heranwachsen und älter werden, zunehmend widerspiegeln, welche Rolle ihr eigenes (genetisch beeinflußtes) Verhalten bei der Auswahl und beim aktiven Gestalten der Umwelt spielt und in welcher Weise das gezeigte eigene Verhalten seinerseits bestimmte Verhaltensweisen bei anderen Menschen, mit denen sie interagieren (Eltern, Geschwister, Lehrer, Gleichaltrige usw.), auslöst. Hierin zeigt sich eine aktive Wechselwirkung zwischen Genen und Umwelt.

Forscher, die psychosoziale Zusammenhänge untersuchten, mußten diese Herausforderungen unbedingt ernst nehmen und Forschungsstrategien entwickeln, um eine genetische von einer umweltbedingten Vermittlung der Risikoeffekte unterscheiden zu können. Zu diesem Zweck gibt es eine Vielzahl von Forschungsstrategien (Rutter et al., 2001b). Dazu gehören nicht nur Zwillings- und Adoptionsprojekte bzw. -studien, sondern auch eine Reihe von Experimenten, die unter natürlichen Umweltbedingungen durchgeführt wurden. Infolge dieser besser geplanten Studien wurde klar, daß es in der Tat bedeutende umweltbedingte Auswirkungen von frühkindlichen Erziehungserfahrungen gibt (Rutter, 2000; Rutter, 2002a; Rutter, eingereicht).

Sonderbarerweise richtete man trotz des Fortschritts auf dem Gebiet der Erforschung psychosozialer Zusammenhänge erstaunlich wenig Aufmerksamkeit auf die Auswirkungen der Heimerziehung, obwohl gerade diese es waren, die zum Interesse an jenem Phänomen geführt hatten, das man dann »Vernachlässigung« (Deprivation) nennen sollte (Rutter, 2002a; Rutter & O'Connor, 1999).

In diesem Aufsatz werden die begrenzt vorliegenden Belege in bezug auf vier Schlüsselfragen untersucht: Zunächst muß man sich die Frage stellen, ob etwaige negative Folgeerscheinungen ihre Ursache in den grundsätzlichen Unterschieden zwischen einer Gruppenerziehung in Heimumgebung und der mehr personenbezogenen Erziehung in einer normalen Familienumgebung haben oder ob das nicht der Fall ist. Zum zweiten stellt sich die Frage, ob die Muster der Psychopathologie, die in Verbindung mit der Heimerziehung gefunden wurden, unverwechselbar und verschieden von denjenigen sind, die bei Kindern ohne diese Erfahrung auftreten. Zum dritten stellt sich die ganz andere Frage, ob die Auswirkungen von Heimerfahrungen auf eine besonders kritische Entwicklungsphase beschränkt sind oder nicht und ob die Folgeerscheinungen nach Wiederherstellung einer normalen Erziehungsumgebung fortbestehen oder nicht. Viertens muß berücksichtigt werden, daß es selbst nach den schlimmsten Formen von Deprivation in Heimen außerordentlich große individuelle Unterschiede in den Folgeerscheinungen gibt. Es stellen sich daher Fragen nach den Ursachen von unterschiedlich schwer gestörten Entwicklungsverläufen nach Heimerfahrungen. Bis zu welchem Ausmaß spiegelt die Varianz in den Verläufen Unterschiede aufgrund der individuellen genetischen Anlage wider, und welchen Anteil haben unterschiedliche pränatale Erfahrungen und negative postnatale Erfahrungen?

Aufgrund der Ergebnisse werden die möglichen Mechanismen diskutiert, die den gefundenen Kontinuitäten oder Brüchen über die Zeit hinweg zugrunde liegen könnten. Die vier genannten Fragen werden im folgenden primär im Zusammenhang mit den Ergebnissen einer fortlaufenden Längsschnittstudie diskutiert, die die psychische Entwicklung von Kindern, die anfänglich unter den Bedingungen gravierender Deprivation in rumänischen Kinderheimen aufwuchsen und später von englischen Familien adoptiert wurden, mit der von britischen Kindern ohne Heimerfahrung und ohne gravierende andauernde Deprivation vergleicht, die vor dem Alter von sechs Monaten von englischen Familien adoptiert wurden. Wo relevant, wird auch auf andere Ergebnisse in der Literatur hingewiesen.

Aufbau der Studie mit rumänischen Adoptivkindern

Als das Ceauşescu-Regime Ende der 80er Jahre stürzte, entdeckte man, daß eine große Zahl von Kindern, die in Heimen aufgezogen wurden, den schlimmsten Formen der Vernachlässigung (Deprivation) ausgesetzt war. In Großbritannien zeigte das Fernsehen Bilder der leidenden Kinder, und als Folge davon gab es viele humanitäre Einsätze in Rumänien. Viele Eltern versuchten diese Kinder zu adoptieren, als sie durch die Medien mit ihrer Notlage konfrontiert wurden. Von Februar 1990 bis September 1992 wurden 324 Kinder aus Rumänien von englischen Familien adoptiert, die Anträge liefen über das Gesundheitsministerium und/oder das Innenministerium. Diese Situation bot die Gelegenheit für ein besonders eindrucksvolles Beispiel eines »natürlichen Experiments« (siehe Rutter et al., 2001b), bei dem es einen scharfen Bruch zwischen früheren und späteren Lebensumständen gab und dieser Wechsel extrem abrupt (und daher zeitlich gut eingrenzbar) war. Hinzu kam ein ungewöhnlich radikaler Wechsel von tiefgreifender und allumfassender Deprivation im Heim zu überdurchschnittlich guten Lebensumständen in Familien mit geringem Risiko. Eine prospektive Längsschnittstudie entstand, um die Auswirkungen dieses »natürlichen Experiments« zu untersuchen. Man arbeitete mit einer Zufallsstichprobe aus der Gesamtgruppe der Kinder, basierend auf der Ankunftszeit des Kindes in England (Rutter & ERA Study Team, 1998; Rutter et al., 2004). Insgesamt fanden 144 Kinder, die von klein auf unter sehr widrigen Umständen der Deprivation aufgewachsen waren und von englischen Familien adoptiert wurden, Eingang in eine detaillierte Studie. Das Alter der Kinder zum Zeitpunkt der Adoption variierte von wenigen Wochen nach der Geburt bis zu 42 Monaten (eine geringe Anzahl rumänischer Kinder, die adoptiert wurden, lebte zuvor nicht in Heimen, sondern in anderen Umgebungen. Diese Gruppe von Kindern wird in diesem Beitrag jedoch nicht berücksichtigt). Im Verlauf der Studie wurden die Kinder im Alter von 4, 6 und 11 Jahren eingehend untersucht. Auf dieselbe Weise wurde zum Vergleich eine Stichprobe von 52 in Großbritannien geborenen und vor dem Alter von 6 Monaten adoptierten Kindern untersucht. Keines der Vergleichskinder war den Eltern wegen Mißbrauch oder Vernachlässigung weggenommen worden, und keines war in einem Heim aufgewachsen.

Um die möglichen Mechanismen zu verstehen, die mit den negativen Auswirkungen einer Heimunterbringung auf die Entwicklung verbunden sind, wurde es als wesentlich angesehen, sich mit eine Reihe von möglichen Folgewirkungen zu befassen. Diese umfaßten kognitive Defizite (O'Connor et al., 2000b; Rutter & ERA Study Team, 1998), Bindungsstörungen mit undifferenziertem Bindungsverhalten (O'Connor et al., 2000a; O'Connor & Zeanah, 2003), Verhaltensstörungen mit quasi-autistischen Symptomen (Rutter et al., 1999), Unaufmerksamkeit /Hyperaktivität (Kreppner et al., 2001; Rutter et al., 2002), allgemeine Formen von emotionalen und Verhaltensstörungen (Rutter et al., 2001a) sowie ungewöhnliche spezifische Symptome wie Stereotypien (Beckett et al., 2002). Die zitierten Publikationen enthalten Einzelheiten zu den verwendeten Methoden (einschließlich psychometrischer Tests, Videoaufnahmen, Elternfragebögen sowie standardisierter Interviews, Lehrerfragebögen und Interviews mit den Kindern).

Zum Zeitpunkt, als sie die rumänischen Heime verließen und in England bei ihren Adoptivfamilien eintrafen, zeigten die Kinder ausgeprägte Entwicklungsverzögerungen, starke Unterernährung und eine Reihe von gesundheitlichen Problemen; dieser Befund war der Ausgangspunkt für die in diesem Beitrag gestellten Fragen. Das Hauptproblem, um das es in diesem Aufsatz geht, sind die neurobiologischen Mechanismen, die sowohl in den sofortigen Auswirkungen als auch in den dauerhaften Folgeerscheinungen wirksam sind. Leider fehlt es bei diesem Thema sehr an wissenschaftlichen Belegen. Wenn der Beitrag also mit einigen Anregungen und Vorschlägen schließt, so ist dies alles, was derzeit möglich ist: Anregungen, nicht sichere Schlußfolgerungen.

Waren die negativen psychischen Symptome durch Vernachlässigung (Deprivation) im Heim verursacht?

Zwei Haupttests können der Überprüfung der Kausalhypothese dienen. Erstens: Waren die gravierenden Defizite zum Zeitpunkt, als die Kinder in England eintrafen, eine Folge ihrer Erfahrungen in vernachlässigenden Heimumgebungen, so müßte ein Wechsel im Umfeld – weg aus dieser negativen Umgebung und statt dessen eine Erziehung von leicht überdurchschnittlicher »Qualität« in einer normalen Familie – mit einer bedeutenden Verbesserung des Zustands der Kinder, einer deutlichen Erholung, verbunden sein. Genau das wurde festgestellt.

Als die Kinder nach Großbritannien kamen, zeigte der durchschnittliche Entwicklungsquotient – basierend auf dem Denver Pre-Screening and Developmental Questionnaire (PDQ; Frankenburg et al., 1986), den die Eltern retrospektiv bei der Bewertung der Kinder im Alter von 4 Jahren ausfüllten –, daß das durchschnittliche Entwicklungsniveau der Kinder stark im Bereich der geistigen Behinderung lag (Durchschnitts-Wert von 50). Sogar von den älteren Kindern zeigten nur wenige sprachliche Fähigkeiten, und alle gleichzeitig erfolgten Auswertungen verwiesen darauf, daß der Bericht der Eltern wahrscheinlich zuverlässig war. In scharfem Gegensatz dazu stand der durchschnittliche IQ der Kinder im Alter von 11 Jahren, festgestellt mittels des Wechsler-Intelligenztests für Kinder (Wechsler Intelligence Scale for Children, WISC-III; vgl. Wechsler, 1991), wobei der Durchschnitts-IQ mit einem Wert von 91 nur wenig unterhalb des Werts des allgemeinen Bevölkerungsdurchschnitts von 100 lag. Ein Vergleich der Messungen im Alter von 4, 6 und 11 Jahren zeigte, daß die Kinder vor allem in den ersten beiden Jahren, nachdem sie nach England gekommen waren, aufholten, danach änderte sich viel weniger. Die dramatische Verbesserung bei den Kindern nach ihrer Unterbringung in guten Adoptivfamilien bedeutet, daß es begründet ist anzunehmen, daß die ursprünglichen Defizite in der Entwicklung eine Folge der Vernachlässigung in Rumänien waren. Dabei zeigte sich in allen Aspekten der kindlichen Entwicklung fast dasselbe Bild, nicht nur in den gerade angesprochenen Ergebnissen bezüglich der kognitiven Funktionen.

Obwohl aber der Grad der Besserung bzw. Erholung dramatisch war, galt dies nicht für alle Kinder. Deshalb wurde die Hypothese, die einen kausalen Zusammenhang zwischen Entwicklungsdefiziten und Deprivation im Heim annimmt, mit einem zweiten Test geprüft. Es wurde untersucht, ob das Ausmaß des Defizits nach der Adoption mit der Dosis der Dauer der Deprivationserfahrung zusammenhing. So ließ sich kontrollieren, ob der unterschiedliche Grad des Defizits nicht die Folge individueller Unterschiede in den Lebensumständen der Adoptivfamilien war. Die Ergebnisse zeigen auf, daß es eine starke lineare Beziehung zwischen der Dauer der Vernachlässigung im Heim und dem Grad des Defizits gab, jeweils gemessen im Alter von 4, 6 und 11 Jahren. Die rumänischen Adoptivkinder zeigten zum Zeitpunkt der Adoption um so niedrigere IQ-Werte, je länger die Zeit war, die sie vor der Adoption in einem rumänischen Kinderheim verbracht hatten. Im Hinblick auf die Intelligenzentwicklung, die im Alter von 11 Jahren untersucht wurde, fanden sich bei den Nachuntersuchungen folgende Ergebnisse: Wenn die im Kinderheim vor der Adoption verbrachte Zeit unter 6 Monaten lag, hatten sie einen durchschnittlichen IQ von 101, wenn sie zwischen 6 und 24 Monate dort gewesen waren, betrug der durchschnittliche IQ-Wert nur noch 86, und bei einer Dauer von mehr als 24 Monaten erreichten sie sogar nur einen durchschnittlichen IQ von 83.

Vergleichbare Ergebnisse fanden sich auch für die Entwicklung von Bindungsstörungen mit undifferenziertem Bindungsverhalten zum Zeitpunkt der Nachuntersuchung mit 11 Jahren:[2] Von denjenigen Kindern, die direkt aus England gekommen und von englischen Familien adoptiert worden waren, hatten nur 2% eine solche Bindungsstörung; dasselbe galt für die rumänischen Kinder, die weniger als 6 Monate in den Heimen zugebracht hatten, bevor sie adoptiert wurden und nach England kamen (2% mit einer Bindungsstörung). Dagegen fand sich eine Bindungsstörung bei 8% der rumänischen Kinder, die zwischen 6 und 24 Monate in einem Kinderheim gewesen waren, und bei 19% der Kinder, die länger als 24 Monate dort versorgt worden waren, bevor sie zur Adoption nach England kamen. (Die Ergebnisse für andere Entwicklungsbereiche werden im Abschnitt über die Ausprägungen und Folgen der Heimerziehung behandelt.)

Weil die Kinder in fast allen Fällen direkt aus dem Heim in die Adoptivfamilie gekommen waren, mußte jedoch berücksichtigt werden, daß es eine völlige Vermengung zwischen der Dauer der Deprivation während des Heimaufenthalts und der Dauer des Aufenthalts in der Adoptivfamilie gab. Dank der im Längsschnitt gewonnenen Daten konnte diese Vermengung beseitigt werden.

Mit einem Intelligenztest (WISC) wurden zwei Gruppen von Kindern, die alle 2 1/2 bis 4 Jahre in ihrer Adoptivfamilie verbracht hatten, verglichen. Die eine

Gruppe der Kinder hatte weniger als 18 Monate im Heim verbracht (n = 76) und erreichte einen durchschnittlichen IQ-Wert von 95; die andere Gruppe der Kinder (n = 42) war 24 bis 42 Monate dort gewesen, und ihr durchschnittlicher IQ betrug nur 83. Die Ergebnisse waren dramatisch und überraschend eindeutig. Auch nach einer Prüfung der Zeitdauer, die die Kinder in der Adoptivfamilie verbracht hatten, konnte man die Dauer der Heimdeprivation noch mit einer IQ-Differenz von ca. 12 Punkten in Verbindung bringen. Wiederum kann aufgrund dieser Ergebnisse angenommen werden, daß das Defizit eine Folge der Dauer der Heimunterbringung war. Dasselbe trifft auf Bindungsstörungen mit undifferenziertem Bindungsverhalten zu. Selbst nach einer Zeitdauer von mindestens 7 $^{1}/_{2}$ bis 9 Jahren in der Adoptivpflege war die Häufigkeit der Diagnose »Bindungsstörung« abhängig von der Dauer, die die Kinder vor ihrer Adoption in der Institution verbracht hatten: Kinder, die bis zu 18 Monate im Heim gewesen waren, litten zu 5% (n = 82) an Bindungsstörungen, dagegen fand sich diese Störung bei 18% der Kinder (n = 43), die für eine Dauer von 24 bis 42 Monaten unter deprivatorischen Bedingungen im Heim aufgewachsen waren.

Die zweite naheliegende Frage ist die, ob die negativen psychischen Folgeerscheinungen eine Auswirkung der gravierenden Deprivation waren oder ob sie vielleicht eher die Folge der spezifischen Gruppenerziehung waren, wie sie in den Heimen üblich war. Um diese Frage zu beantworten, muß man die Ergebnisse aus anderen Studien über Kinder heranziehen, die in viel besser ausgestatteten Heimen aufgewachsen sind. Zwei weitere britische Studien (Hodges & Tizard, 1989a; Roy et al., 2000) kamen zu dem Ergebnis, daß ursprünglich in Kinder- und Jugendheimen aufgewachsene Kinder im Vergleich zu Kontrollgruppen kein maßgebliches intellektuelles Defizit zeigten. Daraus kann geschlossen werden, daß die intellektuellen Defizite eine Folge gravierender *Vernachlässigung* in den Heimen waren und nicht nur eine Folge der Heimunterbringung an sich (Castle et al., 1999). In bezug auf Bindungsstörungen und nichtselektive Beziehungen zu Gleichaltrigen fielen die Ergebnisse jedoch ganz anders aus. Beide obengenannten britischen Studien stellten fest, daß es im Zusammenhang mit der Heimerziehung soziale Defizite gab, selbst wenn es sich dabei nicht um eine pauschale Deprivation im Hinblick auf alle Lebensbereiche handelte (Hodges & Tizard, 1989b; Roy at al., im Druck). Dementsprechend kann man daraus ableiten, daß – anders als bei der Intelligenz – Defizite in selektiven sozialen Beziehungen eine Folge der Heimerziehung sind und nicht eine Folge allgemeiner Deprivation. Die Ergebnisse in der Literatur geben keine klare Antwort darauf, was genau in der Heimerziehung diese

wichtig

Wirkung erzielt, aber es ist anzunehmen, daß der Hauptrisikofaktor in den Regelungen liegt, wie eine Kinderbetreuung nach dem Dienstplan einer großen Zahl verschiedener Betreuer erfolgt, die – obwohl sie an sich eine gute Betreuungsarbeit leisten – keine Gelegenheit haben, zu den Kindern eine kontinuierliche enge Beziehung über einen längeren Zeitraum aufzubauen. Das *Bucharest Early Intervention Project* (»Bukarester Projekt zur frühen Intervention«; Zeanah et al., 2003), mit einem randomisierten Kontrollversuch mit Pflege-und Heimbetreuung von verlassenen Säuglingen und Kleinkindern, sollte hier besonders aufschlußreich sein, sobald die entsprechenden Ergebnisse vorliegen.

Die dritte Frage ist, ob – wie allgemein angenommen – die negativen Auswirkungen eine Folge der Erziehungsmuster in Heimen sind oder ob sie eher eine Folge anderer Risikofaktoren sind, die zufällig mit der Heimunterbringung verbunden sind. Drei hauptsächliche Möglichkeiten sind hier in Betracht zu ziehen. Erstens könnten die Folgeerscheinungen auf pränatale Risiken zurückzuführen sein (Rutter, im Druck). So gibt es etwa Grund zur Annahme, daß einige der biologischen Mütter während der Schwangerschaft große Mengen Alkohol getrunken hatten und dies den Fötus geschädigt hat. Die Aufzeichnungen dazu in Rumänien waren völlig unzureichend, um das Ausmaß, in dem Alkohol im Spiel war, systematisch untersuchen zu können, und sie erlauben auch keinerlei Bewertung, wie sich die möglichen Folgen des Alkohols auf den Fötus in bezug auf einzelne Kinder ausgewirkt haben. Obwohl die Effekte von Alkohol (oder anderen Substanzen) bei den festgestellten Defiziten eine Rolle spielen könnten, gibt es keinen Grund anzunehmen, daß sie für die durch die Dauer der Heimunterbringung verursachten Auswirkungen von Bedeutung wären. Das heißt, es gibt keinen Anlaß zu glauben, daß vorgeburtliche Erfahrungen irgendeinen Einfluß auf die Zeit hatten, in der die Kinder im Heim waren. Vor dem Sturz des Ceauşescu-Regimes waren praktisch keine Kinder adoptiert oder ihren biologischen Eltern zurückgegeben worden. Demnach war die Dauer der Heimpflege größtenteils eine Folge des zufälligen zeitlichen Zusammentreffens von Kindesalter und Sturz des Regimes.

Für Probleme bei der Geburt gilt, zweitens, das gleiche. Wie aus den Aufzeichnungen ersichtlich, lag das durchschnittliche Geburtsgewicht der rumänischen Kinder unter der in England üblichen Norm. Es gab auch mehrere Kinder, die nach merklich kurzer Schwangerschaftsdauer geboren wurden. Obwohl bei einigen Kindern vielleicht von Bedeutung, standen frühzeitige Entbindung, Einwirkung von Alkohol vor der Geburt und andere erhebliche Geburtskomplikationen im allgemeinen nicht in Zusammenhang mit dem psychischen Befund, der bei den Kindern im Alter von 6 Jahren festgestellt wurde, mit Ausnahme von Unaufmerksamkeit/Hyperaktivität (Beckett et al., 2003). Der dritte wichtige Faktor könnte der Ernährungszustand der Kinder sein. Als die Kinder nach England kamen, waren die meisten deutlich unterernährt, und mehr als die Hälfte war noch leichter, als es 3% der Kinder am unteren Ende der Skala einer Normgruppe sind [vgl. hierzu auch den Beitrag von Johnson in diesem Buch]. Die Befunde ergaben, daß der Grad der Unterernährung, gemessen am Gewicht, bei den Nachuntersuchungen eine signifikante, wenn auch mäßige Beziehung zum IQ zeigte (O'Connor et al., 2000b; Rutter et al., 2004). Dies erklärte nicht die Auswirkungen der Deprivationsdauer; auch war der Risikoeffekt der Aufenthaltsdauer in den mangelhaften Heimen viel höher als der Grad der Unterernährung. Es kann gut sein, daß die schlechte Ernährung dieser Kinder sie für die psychische Deprivation in den Heimen viel anfälliger machte, als dies sonst der Fall gewesen wäre. Andererseits erklärte der Grad der Unterernährung kaum die Abweichung bei der kognitiven Entwicklung und stand nicht in Zusammenhang mit anderen Befunden (abgesehen von einem geringen, aber statistisch signifikanten Zusammenhang mit Unaufmerksamkeit/Hyperaktivität).

Die Spezifität psychischer Reaktionen auf schwere Deprivationserfahrungen im Heim

Die Spezifität der Reaktionen der Kinder auf die Deprivation im Heim wurde von Rutter und Kollegen (2001a) untersucht, und zwar in bezug auf Ergebnisse im Alter von 6 Jahren. Insgesamt sind die psychischen Folgen von psychosozialem Streß und negativen Einflüssen diagnostisch unspezifisch (McMahon et al., 2003; Rutter, 2000). Allerdings galt dies nicht in bezug auf die Folgeerscheinungen bei den 6jährigen rumänischen Adoptivkindern. Um auf die Spezifität schließen zu können, war es zum einen erforderlich, daß sich ein signifikanter Unterschied in der Häufigkeit zeigte, in der das psychische Merkmal bei den rumänischen Adoptivkindern und in der Kontrollgruppe von englischen, nicht vernachlässigten Adoptivkindern auftrat. Zum anderen mußte sich in der rumänischen Gruppe ein bedeutender Wirkzusammenhang zwischen der Dauer der Deprivation im Heim und den psychischen Folgen zeigen. Als die Kinder 6 Jahre alt waren, erfüllten nur vier Eigenschaften oder Merkmale beide Kriterien: dem Autismus ähnliche Verhaltensweisen, Bindungsstörungen mit undifferenziertem Bindungsverhalten, Unaufmerksamkeit/Hyperaktivität und kognitive Beeinträchtigung. Auffallenderweise war weder bei emotionalen Störungen noch bei Verhaltensstörungen Spezifität festzustellen, und in signifikantem Maße auch nicht bei den Beziehungen zu Gleichaltrigen.

Das quasi autistische Verhalten wurde mit sozialen und kommunikativen Defiziten in Zusammenhang gebracht, mit Defiziten in der Art, wie sie gewöhnlich mit einer autistischen Erkrankung verbunden sind, besonders mit deutlich eingegrenzten Interessen. Mit 4 Jahren war das Verhaltensmuster, gemessen mit standardisierten Forschungsmethoden, deutlich vergleichbar mit dem Muster bei »gewöhnlichem« Autismus, bei dem kein Zusammenhang mit Deprivationserfahrungen besteht (Rutter et al., 1999). Viele Kinder zeigten jedoch im Alter von 6 Jahren eine Besserung der autismusähnlichen Merkmale, die Besserung der Symptome war allerdings im Alter von 11 Jahren noch ausgeprägter (bei manchen, aber nicht bei allen Kindern). In diesem Alter schienen einige der sozialen Defizite mehr mit Bindungsstörungen mit undifferenziertem Bindungsverhalten als mit Autismus in Zusammenhang zu stehen. Die Analyse der Ergebnisse für das Alter von 11 Jahren ist noch in Arbeit, und dieses Verhaltensmuster wird in diesem Beitrag nicht weiter behandelt. Statt dessen richten wir unser Augenmerk auf die Bindungsstörung mit undifferenziertem Bindungsverhalten und vergleichen diese mit den beobachteten kognitiven Beeinträchtigungen der Kinder, um mögliche Wirkmechanismen in Erwägung zu ziehen.

Eine Bindungsstörung mit undifferenziertem Bindungsverhalten im Alter von 6 Jahren zeigte sich durch ein distanzloses Sozialverhalten, das zwischen vertrauten und fremden Menschen kaum einen Unterschied macht, durch mangelndes Bewußtsein für soziale Grenzen und in Schwierigkeiten in der Wahrnehmung sozialer Signale, die anzeigen, was für andere Menschen sozial angemessen oder hinnehmbar ist (O'Connor & Rutter, 2000; O'Connor et al., 2000 a; O'Connor et al., 2003). Die Eltern berichteten in diesem Zusammenhang über eine mangelnde Unterscheidung zwischen Erwachsenen, klare Anzeichen dafür, daß das Kind bereitwillig mit einem Fremden mitgehen würde, und über das eindeutige Fehlen einer Rückversicherung beim Elternteil in angsteinflößenden Situationen. Eine Untersuchung der Kinder mit einer modifizierten Version der »Fremde Situation« (Ainsworth et al., 1978), in der das Verhalten der Kinder auf eine Trennung von ihren Bindungspersonen sowie ihre Reaktion auf eine fremde Person und auf die Wiederkehr der Bindungsperson untersucht wurde, ließ erkennen, daß bei den Kindern die Bindungsstörung mit undifferenziertem Bindungsverhalten mit einer ungewöhnlichen, anomalen Reaktion verknüpft war. Diese war in der Reaktion auf den Fremden augenscheinlicher als in der Reaktion auf die Mutter. Eine ungewöhnlich freundliche erste Annäherung an den Fremden war häufig, jedoch manchmal gefolgt von späterer Vorsicht. Auch schüchternes, albernes, überschwängliches oder extrem aufgeregtes Benehmen war verbreitet.

Das eine oder andere von zwei weiteren Kriterien war für die Spezifität relevant. Erstens sollte das Merkmal, wenn es spezifisch für eine Deprivation im Heim war, bei Nicht-Heimkindern nur selten vorkommen. Dies bezog sich auf quasi-autistische Eigenschaften, die sich bei keinem der englischen Adoptivkinder fanden, und auf Bindungsstörungen mit undifferenziertem Bindungsverhalten, die sich nur bei 3,8% (d.h. 2 Kindern) im Alter von 6 Jahren zeigten. Auch eine kognitive Beeinträchtigung kam in der Kontrollgruppe selten vor (2%, d.h. 1 Kind), aber Unaufmerksamkeit/Hyperaktivität trat bei ca. 6% auf. Das zweite Kriterium war, daß das allgemeine Muster (d.h. die Überschneidung der verschiedenen Merkmale) die Gruppen unterscheiden sollte, was es eindeutig tat.

Für die Stichprobe der rumänischen Kinder war charakteristisch, daß das allgemeine Verhaltensmuster dieser Kinder gewöhnlich eine Mischung von Bindungsproblemen, Unaufmerksamkeit/Hyperaktivität und quasi-autistischen Problemen einschloß. Bei keinem der Kinder in der Kontrollgruppe kam dies vor. Bemerkenswert war auch, daß von den Kindern mit kognitiver Beeinträchtigung – bei der Stichprobe der rumänischen Kinder – die Hälfte ebenfalls quasi-autistische Muster und ein Drittel Bindungsstörungen zeigte. Eine Überschneidung von Unaufmerksamkeit/Hyperaktivität und Bindungsstörungen fanden auch Roy und Kollegen (Roy et al., im Druck) in einer Studie mit Kindern, die in England zwar im Heim versorgt wurden, die aber keine der starken Deprivationsmerkmale wie bei den rumänischen Einrichtungen aufgewiesen. Die logische Schlußfolgerung ist, daß Unaufmerksamkeit/Hyperaktivität – obwohl sie eine spezifische Reaktion auf Deprivation sein kann (Kreppner et al., 2001) – wohl nicht dem Muster folgt, das normalerweise mit Aufmerksamkeitsdefizitstörungen mit Hyperaktivität verbunden ist, wie man es bei bei Kindern feststellt, die in Familien aufgewachsen sind.

Die Ergebnisse im Alter von 11 Jahren waren sehr ähnlich. Wieder zeigten dieselben vier Merkmale spezifische Zusammenhänge (obwohl der Zusammenhang mit der Dauer der Deprivation im Heim im Fall der quasi-autistischen Merkmale eine statistische Signifikanz knapp nicht erreichte). Erneut war das allgemeine Muster (Überschneidung der Merkmale) in beiden Gruppen sehr unterschiedlich.

Der eine bedeutende Unterschied zwischen den Altersgruppen der 6- und der 11jährigen Kinder betraf das Auftreten von emotionalen Störungen. Im Alter von 6 Jahren kamen sie in der rumänischen Gruppe nicht häufiger vor und zeigten keinen Zusammenhang mit der Dauer der Deprivation im Heim. Hingegen kamen diese Störungen in der Stichprobe der rumänischen Kinder im Alter von 11 Jahren öfter vor, wobei es keinen signifikanten Zusammenhang mit der Dauer der Deprivation im Heim gab. Das erneute Auftreten von emotionalen Störungen war besonders häufig bei Kindern festzustellen, die eines der vier deprivationsspezifischen Muster gezeigt hatten, der Anteil war jedoch sogar bei den Kindern erhöht, die diese Muster im Alter von 6 Jahren nicht aufgewiesen hatten.

Bei den rumänischen Adoptivkindern, die weniger als 6 Monate Deprivation im Heim erlebt hatten, kam keines der untersuchten psychischen Merkmale signifikant häufiger vor. Da die Heimdeprivation praktisch immer kurz nach der Geburt begann, kann man aus diesem Ergebnis nicht ableiten, ob das Fehlen von Folgeerscheinungen auf das geringe Alter der Kinder zur Zeit der Heimdeprivation zurückzuführen war oder eher auf die Kürze der Vernachlässigung.

Eine kanadische Studie

Ames und Kollegen (Ames, 1997; Chisholm et al., 1995; Chisholm, 1998; Fisher et al., 1997; MacLean, 2003; Morison et al., 1995) führten eine in etwa vergleichbare systematische Studie mit in Kanada adoptierten rumänischen Kindern durch. 46 Kinder, die mindestens 8 Monate im Heim verbracht hatten, wurden mit 29 Nicht-Heimkindern verglichen, die vor dem Alter von 4 Monaten aus Rumänien adoptiert worden waren, sowie mit 46 nicht adoptierten, in Kanada geborenen Kindern. Wie bei der britischen Studie wurde das Aufwachsen im Heim mit erheblichen kognitiven Defiziten in Verbindung gebracht, und distanzloses, freundliches Verhalten gegenüber Fremden kam besonders häufig vor. Dies zeigte sich als Neigung, völlig sorglos herumzuwandern und bereit zu sein, mit jedem Fremden mitzugehen. Anders als bei der britischen Studie stand die unterschiedslose Freundlichkeit jedoch nicht in besonderem Zusammenhang zur Aufenthaltsdauer im Heim (wobei die Größe der Stichprobe eigentlich für diesen statistischen Test zu gering war). Wie bei der britischen Studie zeigte sich eine beträchtliche Heterogenität in den längsschnittlichen Ergebnissen.

Eine holländische Studie

Hoksbergen und Mitarbeiter (Hoksbergen et al., 2002; Hoksbergen et al., 2003a, b) untersuchten in ähnlicher Weise 83 rumänische Kinder, die von holländischen Familien adoptiert worden waren. Nach dem Elternbericht zeigten vier Jahre nach der Adoption nur 13% der Kinder keine psychosozialen Probleme; dagegen fielen besonders unterschiedslose Freundlichkeit, Unaufmerksamkeit/Hyperaktivität, dem Autismus ähnliches Verhalten sowie Merkmale für eine posttraumatische Belastungsstörung auf. Die Stichprobe bestand aus freiwilligen Teilnehmern, und es gab keine Kontrollgruppe, daher sollte hinsichtlich der Schlußfolgerungen Vorsicht walten. Jedenfalls aber ähneln die Ergebnisse jenen aus den Studien in Großbritannien und Kanada.

Sind die Auswirkungen der Heimbetreuung altersspezifisch?

Mehrere ziemlich unterschiedliche Auffassungen wurden in das umfassende Konzept altersspezifischer Auswirkungen mit eingeschlossen. Erstens haben viele Leute mit besonderem Interesse an der kindlichen Entwicklung in den frühen Lebensjahren angenommene neurowissenschaftliche Ergebnisse herangezogen, um zu argumentieren, daß Erfahrungen – wenn sie langfristig Wirkung zeigen sollen – in den ersten drei Lebensjahren gemacht werden müssen, zu einer Zeit, in der das Wachstum des Gehirns sowohl besonders groß ist als auch wichtige Funktionen von Organisation und Reorganisation betrifft (Schore, 1994). Sicher ist es richtig, daß diese frühen Jahre mit radikalen Veränderungen in der Gehirnstruktur und -funktion verbunden sind. Anfänglich besteht eine Zeit des neuronalen Wachstums, charakterisiert durch die Entwicklung von Verbindungen zwischen Nervenzellen und die Wanderung von Nervenzellen. Dann folgt eine Zeit, in der überschüssige Nervenzellen abgebaut werden, die bisher nicht intensiv genutzt wurden. Gleichzeitig werden einige »Fehler« in der neuronalen Organisation korrigiert, die sich während der ersten Wachstumszeit ergeben haben. Auf den ersten Blick erscheint es schlüssig anzunehmen, daß – wenn Erfahrungen in dieser Phase der radikalen Entwicklung die Gehirnstruktur beeinflussen können – die Auswirkungen (ob gut oder schlecht, je nach Art der Erfahrungen) sowohl besonders groß als auch besonders dauerhaft sein könnten.

Diese Erwartung birgt jedoch verschiedene Probleme in sich (Bruer, 1999). Erstens ist die Gehirnentwicklung am Ende der Kindheit keineswegs abgeschlossen, sondern im späten Jugend- und frühen Erwachsenenalter laufen noch entscheidende Veränderungen ab (Curtis & Nelson, 2003; Giedd et al., 1999; Huttenlocher, 2002; Keshavan et al., im Druck; Paus et al., 1999; Sowell et al., 2001, 2003). Zum zweiten wurde sowohl durch Tierversuche als auch durch Studien mit Menschen klar nachgewiesen, daß Erfahrungen im Erwachsenenalter sehr wohl Auswirkungen auf die Gehirnstruktur haben können. Das zeigten z. B. Greenoughs Studien zu den Folgen von Milieudeprivation und von Anreicherung des Milieus bei Ratten (Greenough & Black, 1992; Greenough et al., 1987) und Gages Studien an Mäusen (Kempermann et al., 1998). Die Anwendung bildgebender Verfahren bei der Untersuchung des Gehirns hat bewiesen, daß das intensive Training von Fahrstrecken durch London durch Londoner Taxifahrer mit strukturellen Veränderungen im Hippokampus in Zusammenhang steht (Maguire et al., 1997). Noch viele andere Ergebnisse weisen in diese Richtung. Sicher muß man die pauschale Erwartung zurückweisen, daß Erfahrungen in den ersten Lebensjahren die einzigen sind, die das Gehirn beeinflussen können (Rutter, 2002b).

Im Hinblick auf die spezifische Erfahrung der Heimbetreuung finden sich in der Literatur bemerkenswert wenig Belege dafür, ob es altersspezifische Effekte gibt oder nicht. Eines der größten Probleme bei der Beantwortung dieser Frage ist, daß sich die frühen Erfahrungen von Kindern, die erst nach einigen Jahren ins Heim kommen, im allgemeinen von den frühen Erfahrungen von Kindern unterscheiden werden, die schon als Säuglinge dort aufgenommen wurden. Demgemäß sind auf den Menschen bezogene wissenschaftliche Aussagen und ihre möglichen Bedeutungen wahrscheinlich ziemlich mehrdeutig. Wolkind (1974) hat jedoch in einer Studie mit 92 Kindern im Alter von 5 bis 13 Jahren, die in Heimen versorgt wurden (fast alle waren wegen des Versagens der elterlichen Fürsorge oder aufgrund von Vernachlässigung oder Mißhandlung in den Heimen aufgenommen worden), herausgefunden, daß die meisten Formen der Psychopathologie (bewertet mittels standardisierter Interviews mit Kindern und Heimeltern) nicht mit dem Alter der Kinder bei der Aufnahme in Zusammenhang standen. Die einzige Ausnahme bildeten das Muster unterschiedsloser Freundlichkeit und das Fehlen von sozialen Hemmungen, besonders bei Kindern, die vor dem Alter von 2 Jahren aufgenommen worden waren.

Quinton und Rutter (1988) führten eine längere prospektive Studie mit 103 Mädchen durch, die in Kinderheimen mit Gruppenhäusern untergebracht waren. Im Alter von ca. 25 Jahren wurde die Stichprobe – zusammen mit einer Kontrollgruppe von Mädchen aus demselben sozialen Randgebiet in London – erneut untersucht. Das Phänomen der Distanzlosigkeit bzw. das (mögliche) Fehlen sozialer

Differenzierungen in Form von unterschiedlicher Nähe und Distanz je nach Beziehung wurde nicht speziell untersucht (weil die Frauen erwachsen waren), aber die Qualität der sozialen Beziehungen und das gesamte Sozialverhalten wurden genau bewertet. Man fand heraus, daß mangelhaftes Sozialverhalten wenig bei den Kindern vorkam, die nach dem Alter von 2 Jahren ins Heim kamen und davor eine ungestörte elterliche Fürsorge erfahren hatten. Im Gegensatz dazu zeigten ungefähr zwei Fünftel der Frauen, die vor dem Alter von 2 Jahren ins Heim eingeliefert worden waren oder die später kamen, nachdem sie vorher ein gestörtes Fürsorgeverhalten der Eltern erfahren hatten, ein mangelhaftes Sozialverhalten. Die Schlußfolgerung aus beiden Studien ist, daß die beiden ersten Jahre im Hinblick auf die spätere Entwicklung sozialer Beziehungen besonders wichtig sein können. Die Risiken scheinen aber immer von einer Art der Heimunterbringung herzurühren, in der die Betreuer häufig wechseln, oder sie sind auf eine unzureichende Fürsorge durch die Eltern außerhalb der Heime zurückzuführen. Bei der Studie von Quinton und Rutter (1988) ist zu beachten, daß eine unzureichende Fürsorge durch die Eltern oft eine kurzzeitige Unterbringung im Heim von mindestens einem Monat zur Folge hatte.

Aufschlußreich ist auch die Studie von Vorria und Kollegen (Vorria et al., 1998 a, b) mit 41 neun Jahre alten Kindern, die in Griechenland lange Zeit in einer Heimgruppenbetreuung verbracht hatten, und mit einer ähnlich großen Gruppe von Kindern, die ganz normal in ihren Familien aufgewachsen waren. Auch hier wurde das Phänomen der Distanzlosigkeit bzw. das (mögliche) Fehlen sozialer Differenzierungen als solches nicht bewertet. Man fand jedoch heraus, daß bei der Heimgruppe häufiger enge, vertrauensvolle Beziehungen mit Gleichaltrigen fehlten als bei den Kindern, die die Fürsorge von Familien erfahren hatten. Die Heimkinder wurden häufiger so beschrieben, daß sie in ihren Freundschaften keine Unterschiede machten, sie zeigten eine begrenzte Bindung zu ihren Freunden und vertrauten sich diesen weniger an. Die Lehrer berichteten auch, daß mehrere Kinder auf unangemessene Weise nach Zuneigung suchten. Es gab in dieser Studie wenige Kinder, die als Säuglinge aufgenommen worden waren, aber Kinder, die vor dem Alter von 3 Jahren und 6 Monaten aufgenommen worden waren, wurden mit jenen verglichen, die im späteren Alter ins Heim gekommen waren. In Zusammenhang mit dem Aufnahmealter wurden keine Unterschiede im Verhalten festgestellt. Es gab im besonderen auch keinen Hinweis darauf, daß eine Heimbetreuung in den ersten drei Jahren speziell in Zusammenhang damit stand, daß vertrauensvolle Beziehungen zu Gleichaltrigen fehlten.

Die Ergebnisse der Untersuchungen von Kindern, die in der frühen Kindheit besonders schlimmer Deprivation ausgesetzt waren, können ebenfalls von Bedeutung sein (Skuse, 1984a, b). Diese Berichte betreffen Kinder, die zwar nicht in Heimen aufgewachsen waren, deren Erziehungserfahrungen aber dadurch geprägt waren, daß sie eingesperrt, angebunden und gefesselt wurden und andere Grausamkeiten erlebten, ebenso ein Fehlen zwischenmenschlicher Interaktion, von sporadischen, mehr zufälligen Kontakten abgesehen. Als die Kinder entdeckt und aus diesen extrem deprivierenden Umgebungen herausgenommen wurden, wurden bei den meisten erhebliche Verzögerungen in der motorischen Entwicklung, Unterernährung, wenig oder gar keine Sprachentwicklung sowie emotionale und Verhaltensstörungen festgestellt. Die Kinder, die Skuse (1984a, b) beschreibt, waren zum Zeitpunkt, als sie aus diesen stark deprivierenden Umgebungen entfernt wurden, 3 Jahre, 9 Monate bis 13 Jahre, 7 Monate alt. Die meisten der Kinder – abgesehen von dem Kind, das im Alter von 13 Jahren befreit worden war (Curtiss, 1977; Rymer, 1993) – entwickelten gute sprachliche Fähigkeiten und erreichten einen relativ normalen IQ (meist jedoch unter 100). Leider geben die veröffentlichten Berichte wenig Auskunft über den Grad der Normalität des späteren Sozialverhaltens.

Eine weitere Studie mit zwei Kindern, die 5 bis 6 Jahre lang eine extreme frühe Deprivation erfahren mußten (sie wurden außerhalb des Hauses in einer kleinen Hütte eingesperrt), gibt Anlaß zu ähnlichen Schlußfolgerungen (Fujinaga et al., 1990). Das heißt, einer Herausnahme aus der deprivierenden Umgebung folgte ein außerordentlich gutes Aufholen im kognitiven und sozialen Bereich, aber einige Defizite waren augenfällig. Sogenannte »wilde Kinder« – d.h. solche, die angeblich von Tieren aufgezogen worden waren – könnten ebenfalls relevant sein. Obwohl sie Anlaß für einige faszinierende Geschichten gaben (siehe Candland, 1993; Douthwaite, 2002; Newton, 2002), gibt es doch Zweifel am Wahrheitsgehalt dieser Erfahrungen, und es fehlen auch systematische Daten über ihre Entwicklung.

Obwohl in den Behauptungen, daß die Auswirkungen von Deprivation altersspezifisch seien, manchmal übertrieben wurde, kann man zu dem Schluß kommen, daß die ersten Jahre doch besonders wichtig für die Entwicklung grundlegender psychischer Fähigkeiten sind, besonders vielleicht auf dem Gebiet der sozialen Beziehungen. Mit Blick darauf muß man sich dem Konzept der sensiblen Phasen für spezifische Entwicklungsfähigkeiten zuwenden.

Sensible Phasen

Sensible Phasen sind auf mehrere recht verschiedene Weisen definiert worden. Im einen Extrem betrachtete man sie lediglich als das Vorhandensein einer Phase erhöhter Ansprechbarkeit auf bestimmte Arten von Reizen (Oyama, 1979). Solche Phasen gibt es sicherlich, sie zeigen aber eine große Vielfalt von Mechanismen. Zum Beispiel kann eine bestimmte sensible Phase die Fähigkeit des Kindes widerspiegeln, seine Erfahrungen (sowohl kognitiv als auch affektiv) zu verarbeiten. So scheinen beispielsweise Babys (jünger als 6 Monate) viel weniger anfällig für die Auswirkungen streßvoller Trennungen von ihren Eltern zu sein als Kleinkinder. Im allgemeinen nimmt man an, daß dies so ist, weil Säuglinge noch eine spezifische, einzigartige Bindung zu einem Elternteil entwickeln müssen und sie nur begrenzt in der Lage sind, die Trennungserfahrung und ihre Bedeutung zu erfassen. Auf der anderen Seite scheinen auch ältere Kinder (Schulalter und älter) weniger anfällig für Streß zu sein, der durch die Trennung von der Familie entsteht. In diesem Fall ist die geringere Streßreaktion wahrscheinlich darauf zurückzuführen, daß Kinder in dieser Altersgruppe die kognitive Fähigkeit haben zu verstehen, warum die Trennung erfolgte (z.B. Einweisung ins Krankenhaus); sie erkennen, daß die Trennung nur vorübergehend sein wird und sie daher in der Lage sein werden, eine Beziehung auch in einer Zeit ohne Kontakt fortzusetzen.

Es ist das Ziel dieses Exkurses über die sensiblen Phasen, zu betonen, daß es viele Arten von sensiblen Phasen gibt und ihnen nicht ein einzelner kausaler Mechanismus zugrunde liegt. Demgemäß ist es in allen Fällen erforderlich, zuerst zu bestimmen, ob es Effekte zu geben scheint, die weitgehend auf eine bestimmte Entwicklungsphase begrenzt sind, und zweitens andere Hinweise auf kausale Zusammenhänge in Betracht zu ziehen. Die erhöhte (oder verminderte) Sensibilität während eines bestimmten Zeitfensters der Entwicklung kann einen sozialen Zusammenhang widerspiegeln oder eine aus früheren Erfahrungen stammende Verletzbarkeit oder auch den physiologischen Zustand der Person. Mit anderen Worten: Das bloße Vorhandensein einer Phase erhöhter Sensibilität gibt keinen Hinweis auf irgendeinen bestimmten kausalen Mechanismus.

Andererseits – zweites Extrem – wurden sensible Phasen als Zeiträume angesehen – begrenzt auf eine sehr kurze Entwicklungsperiode –, während derer besondere Erfahrungen relativ anhaltende und nicht wieder umkehrbare Auswirkungen haben sollen. Der ursprüngliche Begriff der Prägung stellt hierfür ein gut erforschtes Beispiel dar. Die mit der Prägung verbundene sensible Phase ist jedoch nicht so fixiert, als wäre sie angeboren, und nicht so absolut, wie zuerst angenommen wurde (Bateson, 1966, 1990). Auf jeden Fall ist es etwas zweifelhaft, ob es in bezug auf die Prägung exakte Parallelen zur menschlichen Entwicklung gibt.

Des weiteren gibt es die ganz andere Auffassung, daß sich die Auswirkungen von Erfahrungen auf eine gut ausgebildete Entwicklungsfunktion vermutlich stark von den Auswirkungen unterscheiden, die zu der Zeit stattfinden, wenn sich diese Fähigkeit gerade erst zu entwickeln beginnt und erst noch ausbilden muß. Hat ein Mensch erst einmal die Sprache erlernt, so geht sie nicht als Folge von Deprivationserfahrungen verloren (ausgenommen in Verbindung mit einer Erkrankung oder Schädigung des Gehirns). Sogar die Auswirkungen eines Hirnschadens sind wahrscheinlich unterschiedlich. Das bekannteste Beispiel sind die Effekte einer einseitigen Schädigung des Gehirns auf die Sprachentwicklung (Bates & Roe, 2001; Feldman, 1994; Vargha-Khadem & Mishkin, 1997). Einseitige Verletzungen der linken Großhirnrinde verursachen, wie ausgedehnt sie auch sein mögen, gewöhnlich keine Symptome einer Aphasie, falls die Verletzung vor dem Alter von ca. 5 Jahren erlitten wurde. Dies steht in scharfem Gegensatz zu der Situation in später Kindheit oder im Erwachsenenalter, wenn bleibende Sprachstörungen die Regel sind. Man denke aber auch an die jeweils ganz unterschiedlichen Auswirkungen von Verletzungen der Amygdala bei Affen, je nach dem Alter des Affen zum Zeitpunkt der Verletzung (Amaral & Corbett, 2003), sowie an die verschiedenen Effekte schwieriger Umweltbedingungen auf Hirngröße und neuronale Dichte in der Wirbelsäule bei Nagetieren, je nach dem Alter der Tiere zur Zeit des Einwirkens der Umweltfaktoren (Kolb et al., 1998, 2003).

Eine Erweiterung dieses Konzepts der sensiblen Phasen beinhaltet die Auffassung, daß die somatische Entwicklung dauerhaft durch Erfahrungen beeinflußt wird, die während der Phase der Entwicklung der somatischen Strukturen und des Erwerbs besonderer Funktionen gemacht werden. Üblicherweise wurden diese Funktionen unter der Überschrift »biologische Programmierung« beschrieben.

Biologische Programmierung

Die Annahme einer erfahrungserwartenden Entwicklungsprogrammierung stellt eine besondere Form des Konzepts der sensiblen Phase dar. Die Idee ist, daß eine normale somatische Entwicklung besondere Erfahrungen während der relevanten sensiblen Entwicklungsphase erfordert, wenn die adäquate somatische Struktur festgelegt werden soll (Greenough at al., 1987). Das beste Modell dafür liefert die Rolle der Aufnahme visueller Reize bei der Entwicklung der Sehrinde (Blakemore, 1991; Hubel & Wiesel, 1965; Hubel et al., 1977; Le Grand et al., 2001). Beidseitiges Sehen ist nicht nur für die normale Entwicklung der Sehrinde im Gehirn erforderlich, sondern die sich daraus ergebenden kortikalen Strukturen sind auch für eine spätere normale Sehfunktion notwendig. Beim Menschen ist ein normales beidseitiges (binokulares) Sehen später unwahrscheinlich, falls Schielen (Strabismus) nicht in den ersten beiden Lebensjahren korrigiert wird. Studien haben gezeigt, daß dieser Effekt später, in begrenztem Ausmaß, modifiziert werden kann (siehe Chow & Stewart, 1972), aber im allgemeinen wird nur ein Teilerfolg erzielt.

Ein Hauptmerkmal dieses Konzepts ist, daß die notwendigen Erfahrungen, die verfügbar sein müssen, ein möglichst breites Spektrum der möglichen, zu erwartenden Umgebungserfahrungen abdecken müssen und nicht Variationen innerhalb des normalen Spektrums sind. Die Effekte sind spezifisch für die Phase der Entwicklung, und sie sind nur in der sensiblen Phase der Entwicklung wirksam, während der die somatische Struktur entwickelt wird. Fehlen solche Erfahrungen, wird allgemein angenommen, daß die negativen Effekte allgemein zutreffen und es keine merklich individuellen Unterschiede gibt.

Ein weiteres Beispiel hierfür kommt von Forschungsergebnissen, wonach männliche Zebrafinken schon im Alter von 20 bis 40 Tagen Gesang hören müssen, damit sie diesen Gesang später hervorbringen können (Bottjer, 1991; Bottjer & Arnold, 1997). Man fand auch heraus, daß bei Eulen die Hörerfahrung in der Jugend die neuronale Reaktionsfähigkeit im Thalamus formt und dies Folgen für die Geräuschlokalisierung hat (Miller & Knudsen, 2003). Optische Erfahrungen (manipuliert durch Prismabrillen) waren ebenfalls von Bedeutung, aber die Effekte betrafen eher das Vorderhirn (Prosencephalon) als den Thalamus. Erfahrungen im Leben als Erwachsener haben mehr Einfluß als früher angenommen, die Plastizität des Gehirns ist im frühen Lebensalter jedoch größer (Linkenhoker & Knudsen, 2002).

Ein verwandter, dennoch unterschiedlicher Prozeß ist mit dem Konzept der erfahrungsanpassenden Entwicklung verbunden (Rutter, 2002b; Rutter et al., 2004). Dieses Konzept bedeutet, daß besondere Formen der somatischen Entwicklung, sowohl strukturell als auch funktionell, durch die besonderen Erfahrungen während einer relativ sensiblen Entwicklungsphase derart entstehen müssen, daß es eine optimale Anpassung an die Besonderheiten jener Umgebung gibt (Bateson & Martin, 1999; Caldji et al., 2000; Sackett, 1965). Dieses Konzept wurde ausführlich in Zusammenhang mit der Rolle früher Unterernährung beschrieben, die ein erhöhtes Risiko für spätere koronare Herzkrankheiten, Bluthochdruck und Diabetes insofern mit sich bringen kann, als – so wird argumentiert – die biologische Programmierung (bei früher Mangelernährung) für eine weniger reichhaltige Ernährung ausgelegt worden ist und nicht für die reiche Kost, wie sie im Erwachsenenleben üblich ist (Barker, 1997; O'Brien et al., 1999). Die physiologische Basis dieser bekannten Zusammenhänge bleibt unverstanden, die allgemeine Auffassung, daß der Organismus sich an seine jeweilige Umgebung anpaßt, wird jedoch anerkannt. Tierversuche haben die Hypothese gestützt, daß eine Unterernährung des Fötus einen biologischen Programmiereffekt hat, der später das Risiko für Herzkreislauferkrankungen beeinflußt (Kwong et al., 2000; Langley-Evans et al., 1999). Zusätzlich zu den Effekten der Unterernährung gab es ähnliche Resultate zu Immunität und Infektionen (Bock & Whelan, 1991).

Die offensichtlichste Parallele auf dem Gebiet der psychischen Entwicklung findet sich im Hinblick auf die Phonologie. Säuglinge aller Länder zeigen allgemein vergleichbare Fähigkeiten bei der Unterscheidung von Lauten, von der zweiten Hälfte des ersten Lebensjahres an werden diese Fähigkeiten jedoch zunehmend durch die Sprache ihrer Umgebung geformt (Kuhl, 1994; Kuhl et al., 1997; Maye et al., 2002; Werker, 2003). So wurde oft beobachtet, daß Japaner große Schwierigkeiten bei der Unterscheidung zwischen den Lauten *r* und *l* haben, was z.B. für diejenigen, die von klein auf englisch [oder deutsch] sprechen, selbstverständlich ist. Wie bei der erfahrungserwartenden Programmierung finden sich die Effekte nur während der sensiblen Entwicklungsphase, wenn die somatische Struktur entsteht. Es gibt jedoch zwei Hauptunterschiede: Erstens beinhalten die relevanten Erfahrungen und Ergebnisse Variationen innerhalb (und außerhalb) des normalen Rahmens, zweitens unterstützt die Art solcher Erfahrungen eine somatische Entwicklung, die gut an die während der sensiblen Phase erlebte Umgebung angepaßt ist. Ob nun diese Entwicklung auch an spätere Umgebungen angepaßt ist, hängt davon ab, ob diese jenen ähneln (oder nicht ähneln), die mit früheren Erfahrungen verbunden waren.

Ein weiteres Konzept sensibler Phasen betrifft phasenspezifische Entwicklungsunterschiede in der Anfälligkeit (Vulnerabilität) für Toxine oder ein Trauma. Eines der bekanntesten Beispiele dafür ist die sogenannte Alkoholembryopathie (Institute of Medicine et al., 1996). Körperliche Folgeerscheinungen von Alkoholeinfluß auf den Fötus (z.B. die Gesichtsmerkmale) zeigen sich hauptsächlich, wenn der Fötus im ersten Drittel der Schwangerschaft stark der Wirkung von

Alkohol ausgesetzt war, zu der Zeit also, wenn sich die Strukturen entwickeln, die das Gesicht bilden. Die neurobiologisch bedingten Verhaltensauffälligkeiten beim Kind finden sich wahrscheinlich auch bei starkem Alkoholgenuß der Mutter in den späteren Phasen der Schwangerschaft, aber die schlimmsten Folgeerscheinungen zeigen sich im ersten Drittel der Schwangerschaft. Bei diesem Beispiel mit Alkohol betrifft die sensible Phase eine ungewöhnliche Anfälligkeit für Schädigungen.

Drei Hauptprobleme ergeben sich, wenn man die Konzepte einer »Programmierung« auf die psychische Entwicklung anwendet: Erstens muß man überlegen, was mit »Entwicklung« gemeint ist (Rutter, 1984; Rutter & Rutter, 1993). Auf den ersten Blick scheint es offensichtlich, daß mit Entwicklung ein fortschreitendes Wachstum auf der Ebene von Struktur und Funktion gemeint sein muß, bis zu dem Grad, an dem Reife und daher Stabilität erreicht ist. So würde man sich etwa die Entwicklung der Körpergröße vorstellen. Vermutlich gibt es hier eine große Ähnlichkeit mit der Sprachentwicklung und in gewissem Ausmaß mit der Intelligenz. Andererseits ist die Anwendung dieses Konzepts auf die sozioemotionale Entwicklung nicht ganz so klar. Entwicklung einfach nur als Veränderung oder sogar als andauernde Veränderung anzusehen, dies ergibt keinen Sinn, zwangsläufig ist das Konzept etwas verschwommen. Rutter und Rutter (1993) schlugen jedoch vor, daß Entwicklung als »systematische, organisierte, innerhalb des Individuums ablaufende Veränderung« betrachtet wird, die »eindeutig in Zusammenhang mit allgemein zu erwartenden, altersbezogenen Fortschritten steht und die so voranschreitet, daß sie Einfluß auf das Verhaltensmuster oder die Funktionsweise eines Menschen zu einem späteren Zeitpunkt hat« (ebd., S. 64).

Das zweite Problem betrifft die Schwierigkeit zu entscheiden, welche Arten sozialer Funktion »reifer« sind als andere. Das Dilemma wird gut am Beispiel der Schwierigkeiten bei den Bindungsbeziehungen deutlich. Den Ausdruck »Bindung« verwendet man gewöhnlich für die Entwicklung einer selektiven Bindung zu einer besonderen Person, wobei die Beziehung als Basis für Sicherheit dient. Was sich entwickelt, ist die Fähigkeit, solch eine dauerhafte, schützende Beziehung aufzubauen und nicht nur eine bestimmte dyadische Beziehung für eine vorübergehende Zeit einzugehen. Wenn also Kleinkinder die Fürsorgeperson verlieren, zu der sie eine Bindungsbeziehung haben, bilden sie gewöhnlich eine selektive Bindung mit einer neuen Fürsorgeperson. Insofern, als es eine solche Beziehung bzw. Bindung ist, die sich entwickelt, könnte man annehmen, daß »Reife« gewöhnlich mindestens bis zum Alter von 2 Jahren erreicht wird, trotz der

Tatsache, daß solche Bindungsbeziehungen während des ganzen Lebens von Bedeutung sein werden (Shaver & Cassidy, 1999). Damit wird jedoch die Tatsache außer acht gelassen, daß das Bestehen früher Bindungen zwischen Eltern und Kind wahrscheinlich eine gewisse Rolle bei den Fähigkeiten spielt, die zur Entwicklung von Beziehungen zu Gleichaltrigen, von vertrauensvollen Freundschaften, Liebesbeziehungen und elterlicher Fürsorge benötigt werden (Rutter, 1995). Soweit das der Fall ist, können sie – obwohl es wohl irreführend wäre, diese Beziehungen »Bindungsbeziehungen« zu nennen – trotzdem im Entwicklungsverlauf eine bedeutungsvolle Rolle spielen.

Die bisher vorhandene Forschung mit Tieren unterstützt diese allgemeine Theorie. So fand man heraus, daß die soziale Isolierung älterer Schimpansen keine so vernichtende Auswirkung auf die sozialen Fähigkeiten hat wie bei Schimpansensäuglingen (Davenport et al., 1966). Vor kurzem wurde dieses Thema systematisch von Suomi und Kollegen an Rhesusaffen untersucht (Suomi, 2003; Barr et al., im Druck). Affen, die 7 Monate lang nur unter Gleichaltrigen aufwuchsen (diese Situation kommt in der natürlichen Umgebung nicht vor), wurden mit Affen verglichen, die zur selben Zeit zusammen mit ihren Müttern aufgezogen wurden. Beide Gruppen wurden dann zusammengebracht und weiter in einem Setting von Gleichaltrigen aufgezogen. Das Experiment verglich dann die Auswirkungen früherer und späterer Aufzucht unter Gleichaltrigen. Da die Effekte über längere Zeit anhielten, konnte man für die Zeit der Aufzucht unter Gleichaltrigen Kontrollen einführen. Die Ergebnisse zeigten, daß die stärksten Auswirkungen eher mit der frühen als mit der späten Aufzucht unter Gleichaltrigen in Zusammenhang standen – die Grenze lag bei einem Alter, das beim Menschen 28 Monaten entspricht. Es liegt nahe anzunehmen, daß diese spezifischen Auswirkungen auf eine sensible Phase zurückzuführen sind.

Die dritte Frage lautet, ob die Auswirkungen biologischer Programmierung auf die Entwicklung auch dann erfolgen, wenn es keine sensible Phase als solche gibt. Soweit bekannt ist, besteht keine sensible Phase im oben erwähnten Sinn für die intellektuelle Entwicklung. Das bedeutet, daß die intellektuelle Entwicklung während der Zeit der Adoleszenz fortwährend weitergeht und während dieser ganzen Zeit für die Auswirkungen von Erfahrungen zugänglich ist. Andererseits wächst das Gehirn besonders während der ersten Jahre, und es wäre möglich, daß das Fehlen der erforderlichen Erfahrungen in dieser frühen Entwicklungszeit bleibende Auswirkungen auf Gehirnstruktur und -funktion hat.

Zusammenfassend kann man folgern, daß es zunehmend empirische Belege dafür gibt, daß in bezug auf einige Aspekte der psychischen Entwicklung tatsächlich sensible Phasen existieren und daß die Vorstellung einer biologischen Programmierung stichhaltig ist. Die Fragen haben sich gewandelt von Unsicherheiten hinsichtlich der Realität der Phänomene (die nicht länger bezweifelt werden) zur Erkundung möglicher Vermittlungsmechanismen und der betroffenen psychischen Strukturen. Nachdem wir uns bis jetzt sehr lange mit Konzepten aufgehalten haben, müssen wir uns nun den Ergebnissen der Studie mit rumänischen Adoptivkindern zuwenden.

Mögliche Auswirkungen von Deprivationserfahrungen im Heim auf die Programmierung

Drei Haupttests können in bezug auf dieses Thema angewandt werden. Gab es irgendeine Form von biologischer Programmierung, so wäre zu erwarten, daß: 1) die Folgeerscheinungen relativ lang andauern, selbst nachdem wieder eine normale Erziehungsumgebung geschaffen wurde; 2) die Dosis/Wirkungsbeziehung zwischen der Dauer der Deprivation im Heim und den psychischen Folgeerscheinungen anhalten sollte, auch nachdem die Zeit der Deprivation im Heim beendet war; und daß 3) die Folgeerscheinungen relativ resistent gegenüber Änderungen in der Erziehungsumgebung nach Beendigung der Deprivation im Heim sein sollten.

In der britischen Studie zu rumänischen Adoptivkindern (Rutter et al., 2004) wurden die Ergebnisse sehr genau hinsichtlich kognitiver Funktion und Muster undifferenzierter Bindung betrachtet. Defizite in der kognitiven Entwicklung blieben in der Altersspanne von 6 bis 11 Jahren eindeutig stabil. So zeigten von den 23 Kindern, bei denen im Alter von 6 Jahren ein kognitiver Rückstand festgestellt worden war, 14 Kinder auch noch im Alter von 11 Jahren diesen Rückstand, und fast alle anderen Kinder blieben unter dem durchschnittlichen IQ. Die Kontinuität bei Bindungsstörungen mit undifferenziertem Bindungsverhalten war weniger ausgeprägt. Von den 32 Kindern, bei denen dieser Befund im Alter von 6 Jahren ausgeprägt festzustellen war, zeigten ihn im Alter von 11 Jahren nur noch 7 Kinder. Bei 18 Kindern war er weniger ausgeprägt, und bei 7 von 32 Kindern konnten im Alter von 11 Jahren keine Anzeichen mehr für eine solche Bindungsstörung festgestellt werden. Die allgemeine Tendenz, daß die Bindungsstörungen mit undifferenziertem Bindungsverhalten seltener wurden, zeigte sich in der Tatsache, daß zwar 32 Kinder diese Störung im Alter von 6 Jahren in ausgeprägter Form hatten, aber nur noch 13 mit 11 Jahren. Für die Hälfte der Kinder, die mit 6 Jahren Unaufmerksamkeit/Hyperaktivität zeigten, hielten diese Symptome im Alter von 11 Jahren an.

In ähnlicher Weise war die Korrelation zwischen dem IQ-Wert (WISC) im Alter von 11 Jahren und der Dauer der Deprivation im Heim ($n = 130$, $r = -0{,}39$, $p < 0{,}001$) fast ebenso hoch wie vorher zwischen dem Wert für die allgemeine kognitiven Entwicklung (gemessen mit der McCarthy-Skala) und der Dauer der Heimdeprivation im Alter von 6 Jahren ($n = 136$, $r = -0{,}50$, $p < 0{,}001$). Auch war der Zusammenhang zwischen der Dauer der Heimdeprivation und der undifferenzierten Bindungsstörung im Alter von 11 Jahren ($n = 141$, $r = 0{,}35$, $p < 0{,}001$) fast ebenso groß wie im Alter von 6 Jahren ($n = 143$, $r = 0{,}27$, $p < 0{,}001$).

Hinsichtlich des dritten Kriteriums gab es keinen Zusammenhang zwischen dem Bildungsstand der Adoptiveltern und dem allgemeinen kognitiven Index der Kinder mit 6 Jahren oder dem IQ nach der WISC mit 11 Jahren. Es ist wenig über die Merkmale von Familien bekannt, die bei Kindern undifferenziertes Bindungsverhalten hervorrufen können, abgesehen von den Risiken bei der Heimerziehung. Demgemäß ist es schwer zu erkennen, welche Aspekte der Umgebung in einer Adoptivfamilie dieses Verhalten vermutlich beeinflussen könnten. Allerdings korrelierten die erfaßten Daten über die Adoptivfamilien weder mit der undifferenzierten Bindungsstörung der Kinder noch mit den Veränderungen, wie sie im Laufe der Beobachtungszeit in diesem Typus der Bindungsstörung gefunden wurden.

Über das, was diesen psychischen Folgeerscheinungen auf neuronaler Ebene entspricht, ist sehr wenig bekannt. Chugani und Kollegen (Chugani et al., 2001) berichten über eine Studie aufgrund von Scans mit Hilfe von Positronenemissionstomographie (PET) an 10 Kindern im Durchschnittsalter von 8,8 Jahren, die aus rumänischen Waisenhäusern – nach einem Aufenthalt dort von durchschnittlich 38 Monaten – adoptiert worden waren. Die Resultate wurden mit einer Gruppe von 17 normalen Erwachsenen und mit 7 Kindern verglichen, die an einer Form von therapieresistenten fokalen epileptischen Anfällen litten (bei der letzten Untersuchungsgruppe wurde zum Vergleich mit den rumänischen Waisenkindern die contralaterale Hemisphäre des Gehirns herangezogen). Der Kopfumfang der rumänischen Kinder war geringer, und der durchschnittliche IQ betrug nur 81. Bei den rumänischen Waisenkindern war der Glukosestoffwechsel des Gehirns vermindert, und zwar beidseitig im Gyrus frontalis medialis, in den infralimbischen Strukturen des präfrontalen Kortex, den medialen Temporalstrukturen (Amygdala und Hippokampus), dem lateralen temporalen Kortex und im Hirnstamm. Die Autoren waren der Meinung, daß der verminderte Stoffwechsel auf eine Fehlfunktion dieser Gehirnregionen hinwies, und leiteten daraus ab, daß dies wahrscheinlich vom Streß der frühen allgemeinen Deprivation herrühre (sie zogen dabei Parallelen zu anderen Studien über Streß). Man kann jedoch nicht davon ausgehen, daß die in bestimmten Gehirnregionen gefundenen Unterschiede im Glukosestoffewechsel eine Fehlfunktionen des Gehirns abbilden. Es gab auch keinen Hinweis darauf, ob die Ergebnisse der Untersuchungen mit PET auf irgendeine Weise mit den psychischen Merkmale in Verbindung standen oder nicht (der Umfang der Stichprobe war für eine Aussage hierüber zu gering).

Ein weiteres relevantes Ergebnis im Hinblick auf die niedrigeren Werte in der kognitiven Entwicklung der rumänischen Waisenkinder war in unserer eigenen Studie, daß dieser Entwicklungsrückstand deutlich und signifikant mit dem Kopfumfang der Kinder in Zusammenhang stand, und zwar sowohl zum Zeitpunkt, als die Kinder das Heim verließen, als auch bei den verschiedenen späteren Nachuntersuchungen. So hatten Kinder mit einem kognitiven Entwicklungsrückstand im Alter von 6 Jahren einen Kopfumfang, der um zirka eine Standardabweichung geringer war als bei Kindern ohne kognitiven Entwicklungsrückstand. Darüber hinaus blieb der Kopfumfang bei den rumänischen Kindern im Alter von 6 Jahren – bei den Kindern mit wie ohne kognitiven Entwicklungsrückstand – deutlich unterhalb der allgemeinen Norm der Bevölkerung in Großbritannien. Bei den Kindern mit mindestens 24monatiger Deprivation im Heim, jedoch ohne gravierende Unterernährung, war der durchschnittliche Kopfumfang im Alter von 6 Jahren deutlich verringert (1,32 Standardabweichungen). Das Defizit bei den Kindern mit gravierender Unterernährung war sogar noch größer (-2,52 Standardabweichungen). Bei den 11jährigen Kindern waren die Ergebnisse sehr ähnlich.

Der Zusammenhang mit dem Kopfumfang ließ sich jedoch nicht im selben Ausmaß in bezug auf die undifferenzierte Bindungsstörung feststellen. Es gab keinen Zusammenhang zwischen dem Kopfumfang zum Zeitpunkt, als die Kinder in Großbritannien eintrafen – gemessen im Alter von 6 Jahren –, und einer Bindungsstörung mit undifferenziertem Bindungsverhalten mit 6 Jahren. Allerdings gab es einen gewissen Zusammenhang im Hinblick auf Kopfumfang und undifferenziertes Bindungsverhalten im Alter von 11 Jahren (bei der Untergruppe der Kinder, bei denen dieses Phänomen bestehenblieb). Das Muster der Ergebnisse für diese beiden Folgeerscheinungen – kognitive Beeinträchtigung und Bindungsverhalten – unterschied sich auch hinsichtlich gravierender Unterernährung. Diese stand signifikant in Zusammenhang mit dem kognitivem Entwicklungsdefizit, jedoch nicht mit dem undifferenzierten Bindungsverhalten. Die Interpretation dieser Resultate wird später betrachtet, nachdem die Heterogenität der Ergebnisse behandelt wurde.

Heterogenität (Verschiedenheit) in der Reaktion auf frühe Deprivation

Zu beiden Testzeitpunkten (d.h. im Alter von 6 und von 11 Jahren) zeigten die Untersuchungen jeweils eine auffallende Heterogenität in der Stichprobe der rumänischen Kinder. Dabei war diese Heterogenität bei den Kindern mit der längsten Deprivationserfahrung ebenso ausgeprägt wie bei denjenigen mit einer eher kurzen Erfahrung; dies wurde in der Streuung der IQ-Werte im Alter von 11 Jahren im Zusammenhang mit der Dauer der Heimdeprivation deutlich ($n = 130, r = -0{,}39, p < 0{,}001$).

Die Ergebnisse in bezug auf undifferenziertes Bindungsverhalten zeigen eine ähnliche Heterogenität. Sogar bei den Kindern mit der längsten Deprivation im Heim fand sich nur bei einer Minderheit ausgeprägtes undifferenziertes Bindungsverhalten, bei vielen gab es gar keine Anzeichen für eine solche Störung. Manche Kinder, bei denen im Alter von 11 Jahren kein undifferenziertes Bindungsverhalten zu diagnostizieren war, hatten dieses Störungsmuster mit 6 Jahren aufgewiesen, aber bei vielen hatte es sich auch in keinem Alter gezeigt. Mit anderen Worten – bei einigen der am meisten vernachlässigten Kinder war das Bindungsverhalten anscheinend durchgängig normal, und bei manchen war es nur in jüngeren Jahren undifferenziert. Überhaupt waren im Alter von 11 Jahren bei zwei Fünftel der Kinder, die im Alter zwischen 24 und 42 Monaten nach Großbritannien gekommen waren, keine Anzeichen von Beeinträchtigungen festzustellen, aber etwas mehr als ein Viertel zeigte Beeinträchtigungen in mindestens drei von sieben Bereichen. (Dies stand im Kontrast zu ca. 4% mit Beeinträchtigungen bei denjenigen, die im Alter von bis zu 6 Monaten nach Großbritannien adoptiert worden waren, und einem ähnlich geringen Anteil in der Gruppe der nicht vernachlässigten britischen Adoptivkinder.)

Mögliche indirekte Wirkmechanismen

Bei der Betrachtung möglicher indirekter Mechanismen muß man zwischen kognitiver Beeinträchtigung bzw. Entwicklungsrückstand und undifferenziertem Bindungsverhalten unterscheiden. Vergleiche zwischen Studien machen klar, daß die kognitiven Entwicklungsdefizite gewöhnlich nicht die Folge einer Heimerziehung an sich sind, sondern vielmehr das Ergebnis stark deprivierender Umstände. Die Fallbeispiele von Kindern, die in Familien aufwuchsen, aber eine ebenso schwerwiegende Deprivation erlitten haben, zeigen auch offenkundig, daß Deprivation auch außerhalb einer Heimumgebung vorkommen kann. Ein Risikofaktor ist gravierende Unterernährung, aber die Untersuchungsergebnisse von rumänischen Adoptivkindern weisen darauf hin, daß kognitive Entwicklungsdefzite mit Deprivation in der Heimerziehung in Zusammenhang stehen, selbst wenn keine deutliche Unterernährung vorliegt – wobei die Risiken allerdings am größten sind, wenn beides zusammenkommt. Auffallend ist auch, daß eine kognitive Beeinträchtigung mit einem geringen Kopfumfang korrelierte, und zwar sowohl zum Zeitpunkt des Verlassens der Heime als auch später bei der Nachuntersuchung. Daß dies auch bei den nicht unterernährten Kindern so war, verdeutlicht die Tatsache, daß die Auswirkungen auf das Wachstum des Kopfes nicht von allgemeiner Unterernährung abhängen und auch nicht einfach nur eine Folge geringer Körpergröße sind. Das heißt, die Kinder holten beim Körpergewicht weitgehend oder vollkommen auf, beim Kopfumfang war dies jedoch viel weniger der Fall.

Die Korrelation zwischen Kopfumfang und Gehirngröße ist sehr wichtig (van Valen, 1974). Normalerweise bestimmt die Größe des Gehirns das Wachstum des Kopfes, und daher kann man von geringem Kopfumfang auf eine verminderte Gehirngröße schließen. Daraus folgt, daß eine gravierende Deprivation im Heim – mit oder ohne Unterernährung, jedoch besonders bei Unterernährung – die neuronalen Strukturen beeinflußt und damit zu vermindertem Gehirnwachstum führt. Es wurde gezeigt, daß diese Effekte bis mindestens zum Alter von 11 Jahren fortbestehen. Dabei gab es im Laufe der Zeit keine nennenswerte Abnahme in der Stärke der Auswirkungen, die mit der Dauer der Heimdeprivation zusammenhingen. Auch der Bildungsstand der Adoptiveltern (oder andere Aspekte der Interaktion von Adoptiveltern und Kind) hatte keinen Einfluß auf diese Effekte. Andererseits gab es ausgeprägte Unterschiede in der Reaktion auf die Deprivation, und zwar insofern, als manche Kinder trotz der am längsten andauernden Heimdeprivation mit 11 Jahren sehr gute intellektuelle Fähigkeiten zeigten.

Die Resultate in bezug auf undifferenziertes Bindungsverhalten ähneln in manchen Punkten den Ergebnissen der kognitiven Daten, in anderen Aspekten sind sie jedoch vollkommen verschieden. Die hauptsächlichen Parallelen liegen in der Stärke der Auswirkungen der Dauer einer Deprivation im Heim, in der Fortdauer dieser Effekte bis zum Alter von 11 Jahren – ohne sichtbare Beeinflussung durch die Umgebung in der Adoptivfamilie – und in einer gewissen Stabilität des psychischen Merkmals des undifferenzierten Bindungsverhaltens. Es ist daher offensichtlich, daß die Effekte der frühen Heimerfahrungen sehr nachhaltig sind, trotz der radikalen Veränderung der Umgebung und der Schaffung guter Bedingungen für das Heranwachsen in der Adoptivfamilie für mindestens 7 $^{1}/_{2}$ Jahre. Die Unterschiede zwischen kognitiver Beeinträchtigung und einer Bindungsstörung mit undifferenziertem Bindungsverhalten liegen darin, daß letztere nicht in Zusammenhang mit gravierender Unterernährung stand und durchwegs weniger mit einem reduzierten Kopfumfang in Verbindung gebracht wurde.

Sehr wichtig ist auch, daß andere Studien nachgewiesen haben, daß undifferenziertes Bindungsverhalten mit dem Aufwachsen im Heim in Zusammenhang steht, auch wenn es in der Einrichtung keine allgemeine Deprivation gibt, abgesehen von den häufig wechselnden Betreuern. Die Anzahl der Studien mit relevanten Daten ist sehr klein, aber sie stimmen in der Annahme überein, daß das Risiko eher in einigen Aspekten der Heimerziehung liegt als in einer allgemeinen Deprivation als solcher.

Daß die Effekte bis zum Alter von 11 Jahren anhalten, deutet auf die Wahrscheinlichkeit einer Art von struktureller neuronaler Veränderung hin (verursacht durch die frühen Heimerfahrungen), die gegenüber den Besserung bringenden Effekten einer späteren guten Umgebung relativ stabil ist. Rutter und Kollegen (Rutter et al., 2004) legen daher nahe, daß eine Art biologische Programmierung der wahrscheinlichste indirekte Mechanismus ist. Sowohl für die Theorie als auch für die Praxis ist es jedoch bedeutsam, ob eine derartige Programmierung eher erfahrungserwartend oder erfahrungsanpassend ist. Letzteres legt nahe, daß hier nicht eine normale Gehirnentwicklung verhindert wurde, sondern daß die bestimmte Art der Entwicklung des Gehirns in einer Art Anpassung an die Heimumgebung erfolgte, und zwar während der Schlüsselphase der Entwicklung – auch wenn sich dies im Hinblick auf die in der späteren Adoptivfamilie erlebten nichtdeprivatorischen Erfahrungen als nicht hilfreiche Anpassung erwies. Wenn dies so wäre, könnte man erwarten, daß eine allmählichere Anpassung die Erholung begünstigen würde, während die unmittelbare Bereitstellung einer »über«-optimalen sozialen Umgebung – um der früheren Deprivation entgegenzuwirken – Probleme bei der Anpassung mit sich bringen würde (vgl. Ozanne & Hales, 2004, mit einem Beispiel in Zusammenhang mit Ernährung). Leider gibt es sehr wenige Belege zu den neuronalen Veränderungen und noch weniger Material dazu, was letztlich eine funktionelle Erholung herbeiführt.

Mehrere Fragen stellen sich hinsichtlich der möglichen Auswirkungen einer Heimerziehung auf die Gehirnentwicklung, die mit undifferenziertem Bindungsverhalten in Zusammenhang steht. Große Teile der Literatur konzentrieren sich auf Belege dafür, daß großer Streß in frühen Jahren Auswirkungen sowohl auf das neuroendokrine System als auch auf die Struktur des Hippokampus hat (Caldji et al., 1998; Gunnar & Donzella, 2002). So wurde nachgewiesen, daß frühes Fehlen (Deprivation) der Mutter bei Ratten Einfluß auf die Neuropeptide im Gehirn des erwachsenen Tiers hat und daß hierin eventuell ein Risiko für eine affektive Störung liegen könnte (Jiménez-Vasquez et al., 2001; Husum et al., 2002; Husum & Mathé, 2002). Daten beim Menschen deuten ebenfalls darauf hin, daß Streß der Mutter schon in der frühen Entwicklungszeit die Kinder für späteren Streß sensibilisieren kann (Essex et al., 2002). Anscheinend beeinflussen Umweltbedingungen in frühen Jahren später die Genexpression für Glukokortikoidrezeptoren (Weaver et al., 2001).

Die Auffassung, daß gravierende Streßerfahrungen das Hirn schädigen können, wurde weitgehend durch Veränderungen im Hippokampus bewiesen (McEwen, 1999; McEwen & Lasley, 2002). Wenn diese Effekte auch wichtig sind, so bleibt es doch zweifelhaft, ob sie für undifferenziertes Bindungsverhalten relevant sind. Erst einmal wurde dieses psychische Merkmal auch bei Kindern beobachtet, die in Heimen ohne deprivatorische Entwicklungsbedingungen aufwuchsen und bei denen die Heimerziehung auch kein übergroßes Maß an Streßerfahrungen bewirkte. Zudem scheint das Verhaltensmuster der undifferenzierten Bindung überhaupt nicht mit einer erhöhten Streßempfänglichkeit in Zusammenhang zu stehen. Daher ist zweifelhaft, ob sich hier eine relevante Parallele ergibt. Wahrscheinlich stammen die Hauptrisiken für die Entwicklung einer Bindungsstörung mit undifferenziertem Bindungsverhalten eher von einem *Mangel* an grundlegenden Bindungserfahrungen in den ersten Lebensjahren der Kinder her als vom Vorhandensein gravierender Streßerfahrungen.

Relevanter sind wahrscheinlich die Belege zur Neurobiologie der Bindung (Insel & Young, 2001). Studien mit einer Reihe von Tierarten ergaben Anhaltspunkte dafür, daß die Neuropeptide Oxytocin und Vasopressin eine Rolle spielen und daß diese Neuropeptide, damit eine Bindung entsteht, unter dem Einfluß von sozialen Stimuli in Kombination mit Verhaltensverstärkungen eine Verbindung zu den Regulationswegen des Neurotransmitters Dopamin im Gehirn herstellen müssen. Es ist klar, daß diese Forschung wichtige Hinweise gegeben hat, bisher erhalten wir durch die Ergebnisse aber keine Antworten im Hinblick auf die neuronale Basis des undifferenzierten Bindungsverhaltens, wie es unter den Bedingungen der Heimerziehung entsteht.

Wie die neuronale Basis auch aussehen mag – es muß als nächstes die Frage der deutlichen Heterogenität in den Reaktionen auf die frühe Deprivation besprochen werden. Theorien hinsichtlich der biologischen Programmierung legen gewöhnlich nahe, daß die Effekte universell sind, obwohl sie im Grad unterschiedlich sein können (Rutter et al., 2004). Hier scheint dies jedoch nicht der Fall zu sein. Drei Hauptalternativen sind in Betracht zu ziehen. Erstens könnte es sein, daß die Heterogenität einfach durch einen Meßfehler verursacht ist oder dadurch, daß es nicht gelungen ist, einen genügend umfassenden Bereich an Aspekten der sozialen Beziehungen zu erheben. Obwohl dies nicht ganz auszuschließen ist, reicht es wohl nicht zur Erklärung der individuellen Unterschiede aus, da die Heterogenität der Reaktion bestehenbleibt, unabhängig davon, wie viele Variablen miteinbezogen werden.

Zweitens könnte der Mechanismus mit der Verschiedenheit unter den Kindern zu tun haben, und zwar hinsichtlich der »Vermischung« von Risiko- und schützenden Faktoren, denen die Kinder im Heim begegnen. Auch wenn eine Einrichtung mit einem Konzept zur Gruppenbetreuung geführt wird, ist es wahrscheinlich, daß einige Kinder mehr persönliche Beziehungen zu ihren Betreuern bzw. Fürsorgepersonen entwickeln konnten als andere Kinder. Ebenso gab es wohl auch Unterschiede im Ausmaß, in dem den Kindern Medikamente verabreicht wurden, und auch im Hinblick auf die pränatalen Risikofaktoren. Unglücklicherweise gibt es keine direkten Belege für die Wirkmechanismen dieser Risiko- und Schutzfaktoren, aber es ist anzunehmen, daß sie eine gewisse Rolle spielten.

Man könnte vermuten, daß die deutliche Heterogenität in den Ergebnissen bei den 11jährigen Kindern den Grad der anfänglichen Defizite oder Rückstände bzw. Einschränkungen widerspiegelt. Wir haben diese Möglichkeit in mehrfacher Weise untersucht: (1) in bezug auf den Entwicklungszustand zum Zeitpunkt, als die Kinder in Großbritannien eintrafen (gemessen mit dem Denver-Entwicklungstest), (2) im Hinblick auf die Verwendung der rumänischen Sprache bei ihrer Ankunft, (3) in bezug auf das Ausmaß der Unterernährung und (4) in bezug auf das Vorhandensein größerer gesundheitlicher Probleme. Zu diesem Zweck konzentrierten wir uns auf jene Kinder, die beim Eintreffen in Großbritannien mindestens 2 Jahre alt gewesen waren, da es die risikoreichste Gruppe war und da wir die stärksten Auswirkungen der Dauer der Heimunterbringung berücksichtigen wollten. Der sich aus der Untersuchung ergebende Entwicklungswert beim Eintreffen in Großbritannien stand nicht in Zusammenhang mit dem undifferenzierten Bindungsverhalten im Alter von 11 Jahren, aber signifikant mit dem Intelligenzquotienten der 11jährigen (nach der WISC). Die kleine Gruppe (n = 12) von Kindern, die nur bis zum Alter von 2 Jahren im Heim gewesen waren, aber trotzdem einige Worte Rumänisch sprachen, zeigte im Alter von 11 Jahren eine deutlich niedrigere Rate (0%) von kognitiven Entwicklungsdefiziten als die restlichen Kinder (44%). Trotzdem war es nicht weniger wahrscheinlich, daß sie im Alter von 11 Jahren undifferenziertes Bindungsverhalten zeigten (17% vs. 11%). Die Tatsache, daß ihre minimalen Sprachkenntnisse zum Zeitpunkt der Adoption im voraus auf ihre kognitive Beeinträchtigung verwiesen, aber nicht auf eine Bindungsstörung mit undifferenziertem Bindungsverhalten, läßt vermuten, daß die Sprache nicht nur ein »Index« für den Grad ihrer Deprivation war. Es liegt vielmehr näher, daß die Sprache wahrscheinlich ihre potentiellen kognitiven Ressourcen widerspiegelte, etwa wegen einer geringeren Beeinträchtigung ihrer neuronalen Strukturen. Wie immer die Erklärung auch lautet – es ist zu vermuten, daß ihre Widerstandsfähigkeit eher von dem herrührte, was im Heim geschehen war, als von dem, was sie in ihren Adoptivfamilien erlebt hatten.

Wie bereits erwähnt, stand das Ausmaß der Unterernährung bei der Gesamtgruppe in Beziehung zum IQ im Alter von 11 Jahren (gemessen mit der WISC), jedoch nicht mit undifferenziertem Bindungsverhalten. Gesundheitsprobleme beim Eintreffen in Großbritannien standen mit keinem der Ergebnisse in Zusammenhang. Es wurden auch keine Zusammenhänge zwischen den Untersuchungsdaten über die Adoptivfamilien und den individuellen Unterschieden in den Ergebnissen dieser Untergruppe festgestellt. Kurz gesagt, gab es einige Anzeichen dafür, daß die Heterogenität in den Ergebnissen mit dem Ausmaß des ursprünglichen Defizits beim Eintreffen in Großbritannien zusammenhing, aber dies erklärte nur einen geringen Teil der Widerstandsfähigkeit (Resilienz). Erfahrungen nach der Adoption – zumindest hinsichtlich der dokumentierten und untersuchten Erfahrungen – erklärten keinen der individuellen Unterschiede in den Ergebnissen.

Die dritte Möglichkeit ist, daß genetische Faktoren Einfluß haben könnten. Zwei sehr unterschiedliche Arten von genetischem Einfluß sind zu beachten. Erstens steht fest, daß die genetische Anlage der Kinder verschieden ist. Man kann also davon ausgehen, daß die genetischen Faktoren für die Unterschiede in der Intelligenz bei diesen Kindern genauso wirksam sind wie bei allen anderen. Das könnte hinsichtlich der individuellen Unterschiede von Bedeutung sein, die beim Intelligenzquotienten gefunden wurden. Andererseits gibt es in einigen Studien Hinweise, daß bei Kindern aus benachteiligtem Milieu genetische Faktoren für die Abweichung von der Bevölkerungsnorm weniger verantwortlich sind (Rowe et al., 1999; Turkheimer et al., 2003). Daß sich die Streuung der Werte mit zunehmender Dauer der Heimdeprivation nicht verringert, macht es unwahrscheinlich, daß dies die Unterschiedlichkeit hinreichend erklären kann.

Eine solche Erklärung ist im Fall des undifferenzierten Bindungsverhaltens noch weniger plausibel. Der Punkt ist, daß dieser Typus der Bindungsstörung gewöhnlich nicht bei Bevölkerungsgruppen ohne Deprivationserfahrungen vorgefunden wird, die nicht in Heimen großgezogen wurden. Dementsprechend sind individuelle Unterschiede in diesen Eigenschaften bzw. Merkmalen bei der Allgemeinbevölkerung wahrscheinlich viel geringer. Es gibt keinen genetischen Nachweis dafür, aber diese Art der Wirkung von Genen scheint nicht sehr wahrscheinlich zu sein. Auf der anderen Seite ist diejenige Art des genetischen Einflusses, die dessen Auswirkungen auf die Sensibilität gegenüber der Umwelteinflüssen betrifft, sehr wichtig (Rutter, 2004; Rutter & Silberg, 2002). Zwischen spezifischen Genotypen und nachgewiesenen spezifischen Umweltrisiken beim Menschen – wie z. B. Mißhandlungen und Streß – wurden Interaktionen festgestellt (Caspi et al., 2002, 2003). Tierversuche zeigen Ähnliches (Bennett et al., 2002; Champoux et al., 2002). Nichts ist über die Rolle der Gene bei den individuellen Unterschieden in der Reaktion von Kindern auf die negativen Folgeerscheinungen der Heimunterbringung bekannt, man kann aber vermuten, daß Gene wirksam sind.

Die letzte Frage betrifft das Ausmaß, in dem die bemerkenswert nachhaltigen Effekte früher Erfahrungen trotzdem durch spätere Erfahrungen veränderbar sein können. Diese späteren Modifikationen könnten sich einerseits ergeben, weil kompensatorische oder restaurative Veränderungen in den neuronalen Strukturen stattgefunden haben oder weil kompensatorische psychische Strategien erlernt wurden, die im späteren Leben Anwendung finden können (Rutter, im Druck). Bisher gibt es keine eindeutigen Antworten darauf. Klar ist, daß auch in der Adoleszenz noch eine wichtige Entwicklung des Gehirns stattfindet, die ein Potential für »heilende« Veränderungen im Gehirn bedeutet. Es ist aber ebenso offensichtlich, daß Deprivations- wie auch positive gegenteilige Erfahrungen verschiedener Art auch noch im Gehirn des Erwachsenen zu Veränderungen in den neuronalen Strukturen führen können. Dies zeigten Greenoughs Versuche mit Ratten (Greenough & Black, 1992; Greenough et al., 1987) und Studien mit bildgebenden Verfahren bei Taxifahrern (Maguire et al., 1997). Offensichtlich ist auch, daß es eine Art Plastizität des Gehirns gibt, nämlich die Fähigkeit von Gehirnregionen, Funktionen zu übernehmen, die sie sonst nicht haben. Ein Beispiel dafür sind Belege beim Menschen für die Auswirkungen einseitiger Hirnverletzungen auf die Sprache (Vargha-Khadem & Mishkin, 1997). Ebenso gibt es Belegmaterial aus der funktionellen Bildgebung, etwa mit Kernspinuntersuchungen des Gehirns, wonach bei Menschen, die von klein auf blind waren, durch Lesen mittels Brailleschrift (Blindenschrift) und mit Hilfe von anderen Unterscheidungsaufgaben, die ihren Tastsinn fördern, die Area striata mit dem primären Sehzentrum aktiviert werden kann, was bei Normalsichtigen nicht möglich ist (Cohen et al., 1997). Darüber hinaus gibt es Belege dafür, daß der menschliche Hippokampus das ganze Leben lang seine Fähigkeit behält, Neuronen zu erzeugen (Eriksson et al., 1998), wobei es aber unklar ist, ob diese Fähigkeit zur Erzeugung von Neuronen auch für andere Bereiche des Gehirns gilt oder nicht. Eine Studie an Mäusen zeigte, daß nicht-räumliche Gedächtnisstörungen, die durch spezifische Beseitigung der NMDA-Rezeptoren im Hippokampusbereich hervorgerufen worden waren, nach Umwelterfahrungen in einem angereicherten Milieu überwunden werden konnten (Eichenbaum & Harris, 2000; Rampon et al., 2000). Die Belege sind für eindeutige Schlußfolgerungen zu spärlich, es scheint jedoch möglich zu sein, daß spätere Erfahrungen die Effekte einer frühen biologischen Programmierung durch Deprivation wenigstens mindern können. Natürlich sind auch kompensatorische psychische Strategien möglich, darüber weiß man aber noch weniger. Es gab Versuche, psychologische Behandlungsmethoden für Bindungsstörungen zu entwickeln, doch wurden sie nicht ausreichend evaluiert und weisen keine sichere experimentelle Basis auf (Minde, 2003).

Zusammenfassung

Es hat sich gezeigt, daß es größere Auswirkungen auf die psychische Entwicklung von Kindern hat, wenn sie im Heim großgezogen werden. Wenn sie später in einer guten familiären Umgebung heranwachsen, so trägt dies viel dazu bei, die negativen Effekte zu mindern, es bleiben aber bei einer beträchtlichen Zahl von Kindern – wenn auch einer Minderheit – erhebliche Defizite zurück. Es ist jedoch klar, daß dann mehrere, ziemlich unterschiedliche Prozesse, die ein Risiko in sich bergen, involviert sein müssen. Die Erziehung im Heim führt nur dann zu kognitiven Entwicklungsdefiziten, wenn sie auch mit einer globalen Deprivation in den Lernerfahrungen verbunden ist und die negativen Folgeerscheinungen noch durch Unterernährung verstärkt werden. Unter diesen Umständen ist die kognitive Einschränkung mit einem vermindertem Wachstum des Kopfes verbunden – wobei auch das Hirnwachstums begrenzt ist. Aufgrund der verschiedenen Forschungsergebnisse kann man – als ihr gemeinsamer Nenner – annehmen, daß eine normale kognitive Entwicklung sowie ein normales Gehirnwachstum einen angemessenen, auf Erfahrungen beruhenden »Input« für die biologische Programmierung der neuronalen Strukturen erfordern, die beidem, kognitiver Entwicklung wie Hirnwachstum, zugrunde liegen.

Im Gegensatz dazu scheint die begrenzte Anzahl der dennoch relevanten Studien den Schluß nahezulegen, daß ein undifferenziertes Bindungsverhalten häufig bei Heimerziehung vorkommt, auch wenn es keine tiefgreifenden Deprivationserfahrungen gibt. Es wird angenommen, daß der Wechsel vieler Fürsorgepersonen, wie er in der Heimbetreuung oft die Regel ist, die normale Entwicklung selektiver Bindungen behindert und daß dieser Effekt durch ein späteres Heranwachsen in einer guten familiären Umgebung nicht vollkommen beseitigt wird. Unterernährung hat offensichtlich keinen bedeutungsvollen indirekten Einfluß, und es gibt auch nicht die starken Auswirkungen aufs Kopfwachstum, welche mit den Folgeerscheinungen gravierender Heimdeprivation für die kognitive Entwicklung in Zusammenhang stehen und sie teilweise vermitteln. Es wird angenommen, daß eine Art biologischer Programmierung bei undifferenziertem Bindungsverhalten eine Rolle spielen kann, möglicherweise ist dieser Einfluß aber eher von erfahrungsanpassender als von erfahrungserwartender Art.

Damit diese Effekte sichtbar werden, scheinen mindestens 6 Monate Erfahrungen des Kindes in der Heimerziehung notwendig zu sein. Es sind nur sehr wenige Daten über die Auswirkungen einer Heimerziehung verfügbar, wenn Kinder erst nach den Säuglingsjahren ins Heim kommen, es scheint jedoch wahrscheinlich, daß die Effekte nicht dieselben sind. Wenn dies so wäre, müßte man die Wirksamkeit einer Art von sensibler Phase annehmen.

In bezug auf Konzepte der biologischen Programmierung glaubt man allgemein, daß eine solche Programmierung universelle Auswirkungen hat, obwohl es im Ausmaß dieser Effekte individuelle Unterschiede geben kann. Unsere Studie zu in Großbritannien adoptierten Kindern aus rumänischen Heimen wirft Fragen im Hinblick auf diese Auswirkungen auf, da wir eine beträchtliche Heterogenität in den Ergebnissen fanden und weil manche Kinder sogar nach einem mindestens 2jährigen Aufenthalt in einem stark deprivierenden Heimmilieu keine nachweisbaren Folgeerscheinungen aufwiesen. Die Prozesse, die solch augenfälliger psychischer Widerstandsfähigkeit bzw. Resilienz zugrunde liegen, sind nicht bekannt, aber der teilweise schützende Effekt eines – wenn auch minimalen – Spracherwerbs läßt vermuten, daß die Mechanismen eher in den Heimerfahrungen selbst zu suchen sind als in den Erfahrungen, die die Kinder nach dem Verlassen des Heims in den Adoptivfamilien gemacht haben. Das Heranwachsen in einer guten Adoptivfamilie war von ausschlaggebender Bedeutung dafür, die Folgeerscheinungen der Heimerziehung zu lindern, aber Unterschiede in der Qualität der Umgebung der Adoptivfamilie schienen die Heterogenität der Ergebnisse nicht zu erklären.

Die Basis dieser »Heimeffekte« auf neuronaler Ebene bleibt weiter unbekannt. Kritiker haben zum größten Teil die biologischen Mechanismen in neuroendokrinen und neurochemischen Prozessen mit späteren Folgewirkungen für das Gehirn gesucht. Es bleibt jedoch zweifelhaft, ob dieser Ansatz wirklich angemessen ist. Erstens scheinen nämlich die psychischen Folgeerscheinungen der Heimerziehung nicht den gewöhnlichen Folgen von nicht im Heim erlebten Streß- und Notsituationen zu entsprechen (hierzu gibt es allerdings wenig systematische Daten). Und während viele streßbereitende Erfahrungen auch ein regelmäßiger Bestandteil des Lebens von Kindern in rumänischen Heimen waren (z. B. das Abspritzen mit kaltem Wasser und manchmal sexueller und körperlicher Mißbrauch), galt dies für den Großteil der Kinder in britischen Kinderkrippen und Gruppenheimen nicht, die Roy und Mitarbeiter (Roy et al., 2000; Hodges & Tizard, 1989 a, b) sowie Quinton und Rutter (1988) untersucht hatten. Hieraus kann man schließen, daß der Risikomechanismus wahrscheinlich in den Beziehungserfahrungen lag, die den Kindern fehlten, und weniger in den Streßerfahrungen, denen sie ausgesetzt waren.

Dies weist an sich nicht auf einen besonderen indirekten Wirkmechanismus hin. Weiter oben wurde diskutiert, daß der indirekte Wirkmechanismus wahrscheinlich nicht in einer erhöhten neuroendokrinen Reaktion auf den Streß liegt. Erst einmal ist das im großen und ganzen nicht das Ergebnis der Untersuchungen bei Heimkindern, außerdem zeigte sich keine übermäßige Empfänglichkeit für Streß als typische Verhaltenseigenschaft bei den Kindern aus rumänischen Heimen. Dennoch bedeutet das nicht, daß eine Heimerziehung keine bedeutenden neuroendokrinen Folgen hätte. Studien legen eine komplexe Mischung von erhöhten und verminderten Cortisolspiegeln nahe, zusammen mit Änderungen im Tagesrhythmus (Gunnar & Donzella, 2002). Man sollte auch beachten, daß zahlreiche Studien gezeigt haben, daß die hormonellen Veränderungen und die Reaktionen im Verhalten auf streßbereitende Belastungen einander nicht genau gleichen und die Bedeutung der Abweichungsmuster ziemlich im dunkeln bleibt. Es ist eine Schlüsselfrage, ob die hormonellen Effekte eine veränderte soziale Verhaltensweise anzeigen oder widerspiegeln oder ob sie vielmehr den zugrundeliegenden Prozeß darstellen, der anomale soziale Beziehungsmuster verursacht. Ersteres erscheint als wahrscheinlicher, aber wir brauchen hier den geeigneten datenanalytischen Ansatz zur Untersuchung der indirekten und mäßigenden Effekte (Baron & Kenny, 1986; Kraemer & Clarke, 1996).

Ein weiterer indirekter Mechanismus betrifft die Auswirkungen auf die Gehirnentwicklung und die Gehirnfunktion, wenn man diese beiden Prozesse einmal so betrachtet, als ob sie durch eine Art soziale Beziehung miteinander verbunden wären, wie es ähnlich auf die Fähigkeit, visuell und phonologisch diskriminieren zu können, zutrifft. Tierstudien zu den beiden letzteren Funktionen werden von größter Bedeutung sein. Strukturelle und funktionelle bildgebende Verfahren beim Menschen könnten höchst aufschlußreich sein. Allerdings sollte man sich von rein funktionellen bildgebenden Untersuchungen nicht allzuviel erwarten, vielmehr werden quantitative Studien über die funktionellen neuronalen Reaktionen auf spezifische Aufgaben, und zwar hinsichtlich undifferenzierten Bindungsverhaltens (und auch quasi-autistischer Verhaltensmuster), notwendig sein. Zu solchen Aufgaben könnten gehören: verschiedene Aspekte der Wahrnehmung von Gesichtern (Schultz et al., 2003), Reaktionen auf starke Emotionen oder Leid (Blair et al., 1996) sowie Aufgaben im Rahmen einer »Theory of Mind« (Frith, 2003). Sowohl funktionelle Magnetresonanztomographie (fMRT; auch: Kernspintomographie) als auch Magnetenzephalographie (MEG) könnten aufschlußreich sein.

Anfänglich neigten viele traditionell und konservativ eingestellte Verhaltenswissenschaftler dazu, die Studien mit rumänischen Adoptivkindern als Studien von wenig theoretischem Interesse abzutun, weil deren Situation einmalig war und es so wenig Informationen zum Hintergrund der Kinder gab. In der Tat wollte der (britische) *Medical Research Council* die Forschung deswegen nicht finanzieren. Nun ist sehr klar, daß die Situation mehr Parallelen hat als zuerst angenommen und daß das theoretische Interesse sehr hoch ist – und zwar eben deswegen, weil es sich um ein solch spezielles »natürliches Experiment« handelt (Rutter et al., 2001a). Es bietet die Möglichkeit für eine Schlüsselforschung im weiten Feld des Verständnisses einer auf Erfahrung basierenden Entwicklung des Gehirns sowie biologischer Entwicklungen allgemein (Nelson et al., 2002).

Dank

Ich danke sehr Celia Beckett, Jenny Castle, Emma Colvert, Christine Groothues, Jana Kreppner und Edmund Sonuga-Barke für hilfreiche Anregungen und Kommentare zu einer früheren Fassung dieses Aufsatzes. Außerdem bin ich sehr dankbar für den außergewöhnlichen Einsatz der Familien, die an der Follow-up-Studie mit Adoptivkindern aus Rumänien und Großbritannien teilnahmen und somit viel zu den Ergebnissen beitrugen, auf die in diesem Beitrag aufgebaut wurde. Ebenso bin ich dankbar für die Forschungsfinanzierung durch das britische Gesundheitsministerium und die Helmut-Horten-Stiftung.

Anmerkungen

[1] Der englische Originalbeitrag trägt den Titel: »The psychological effects of early institutional rearing«, in: *The development of social engagement: Neurobiological perspectives*, hrsg. von Peter J. Marshall u. Nathan A. Fox, © 2005 by Oxford University Press, Inc.; Abdruck mit freundlicher Genehmigung von Oxford University Press, Inc.

[2] Diese Form der Bindungsstörung ist dadurch charakterisiert, daß sich diese Kinder ohne Scheu und Angst an jede beliebige Person wenden können und sogar Körperkontakt suchen, obwohl ihnen die Person fremd ist und keine sichere Bindungsbeziehung zu ihr besteht. Eine solche Verhaltensform der Pseudo-Bindung wird auch als »Bindungsstörung mit promiskuitivem Bindungsverhalten« bezeichnet (s. hierzu auch den Beitrag von Brisch in diesem Buch) (Anmerkung K. H. B.).

Literatur

Ainsworth, M. D. S., M. Blehar, E. Waters und S. Wall (1978): *Patterns of attachment: A psychological study of the strange situation.* Hillsdale, NJ (Lawrence Erlbaum).

Amaral, D. G. und B. A. Corbett (2003): The amygdala, autism and anxiety. In: Bock, G. und J. Goode (Hrsg.): *Autism: Neural basis and treatment possibilities.* Chichester (John Wiley & Sons), S. 177–197.

Ames, E. W. (1997): *The development of Romanian orphanage children adopted to Canada.* Final report to Human Resources Development Canada. Burnaby, BC (Simon Fraser University).

Barker, D. J. (1997): Fetal nutrition and cardiovascular disease in later life. *British Medical Bulletin,* 53, 96–108.

Baron, R. M. und D. A. Kenny (1986): The moderator-mediator variable distinction in social psychological research: Conceptual, strategic, and statistical considerations. *Journal of Personality and Social Psychology,* 51, 1173–1182.

Barr, C. S., T. K. Newman, C. Shannon, C. Parker, R. L. Dvorskin, M. L. Becker et al. (im Druck): Rearing condition and rh5-HTTLPR interact to influence LHPA-axis response to stress in infant macaques. *Biological Psychiatriy.*

Bates, E. und K. Roe (2001): Language development in children with unilateral brain injury. In: Nelson, C. A. und M. Luciana (Hrsg.): *Handbook of developmental cognitive neuroscience.* Cambridge, MA (MIT Press), S. 281–307.

Bateson, P. (1966): The characteristics and context of imprinting. *Biological Review,* 41, 177–211.

Bateson, P. (1990): Is imprinting such a special case? *Philosophical Transactions of the Royal Society of London,* 329, 125–131.

Bateson, P. und P. Martin (1999): *Design for a life: How behaviour develops.* London (Jonathan Cape).

Beckett, C., D. Bredenkamp, J. Castle, C. Groothues, T. G. O'Connor, M. Rutter und English and Romanian Adoptees (ERA) Study Team (2002): Behavior patterns associated with institutional deprivation: A study of children adopted from Romania. *Developmental and Behavioral Pediatrics,* 23, 297–303.

Beckett, C., J. Castle, C. Groothues, T. G. O'Connor, M. Rutter und ERA Study Team (2003): Health problems in children adopted from Romania: Association with duration of deprivation and behavioural problems. *Adoption and Rostering,* 27, 19–29.

Bennett, A. J., K. P. Lesch, A. Heils, J. D. Long, J. G. Lorenz, S. E. Shoaf et al. (2002): Early experience and serotonin transporter gene variation interact to influence primate CNS function. *Molecular Psychiatry,* 7, 118–122.

Blair, J., C. Sellars, I. Strickland, F. Clark, A. Williams, M. Smith et al. (1996): Theory of mind in the psychopath. *Journal of Forensic Psychiatry,* 17, 15–25.

Blakemore, C. (1991): Sensitive and vulnerable periods in the development of the visual system. In: Bock & Whelan (1991), S. 129–146.

Bock, G. R. und J. Whelan (Hrsg.) (1991): *The childhood environment and adult disease. Ciba Foundation Symposium 156.* Chichester (Wiley).

Bottjer, S. W. (1991): Neural and hormonal substrates for song learning in zebra finches. *Seminars in Neuroscience,* 3, 481–488.

Bottjer, S. W. und A. P. Arnold (1997): Developmental plasticity in neural circuits for a learned behavior. *Annual Review of Neuroscience,* 20, 459–481.

Bowlby, J. (1951): *Maternal care and mental health.* Genf (WHO, Monograph Series, No. 2). (Dt.: *Mütterliche Zuwendung und geistige Gesundheit.* München: Kindler 1973).

Bruer, J. T. (1999): *The myth of the first three years.* New York (The Free Press).

Caldji, C., J. Diorio und M. J. Meaney (2000): Variations in maternal care in infancy regulate the development of stress reactivity. *Biological Psychiatry,* 48, 1164–1174.

Caldji, C., B. Tannenbaum, S. Sharma, D. Francis, P. Plotsky und M. J. Meaney (1998): Maternal care during infancy regulates the development of neural systems mediating the expression of fearfulness in the rat. *Proceedings of the National Academy of Science, USA,* 95, 5335–5340.

Candland, D. K. (1993): *Feral children and clever animals: Reflections on human nature.* New York/Oxford (Oxford University Press).

Caspi, A., J. McClay, T. E. Moffitt, J. Mill, J. Martin, I. W. Craig, A. Taylor und R. Poulton (2002): Role of genotype in the cycle of violence in maltreated children. *Science,* 297, 851–854.

Caspi, A., K. Sugden, T. E. Moffitt, A. Taylor, I. W. Craig, H. L. Harrington, J. McClay, J. Martin, A. Braithwaite und R. Poulton (2003): Influence of life stress on depression: Moderation by a polymorphism in the 5-HTT gene. *Science,* 301, 386–389.

Castle, J., C. Groothues, D. Bredenkamp, C. Beckett, T. O'Connor, M. Rutter und ERA Study Team (1999): Effects of qualities of early institutional care on cognitive attainment. *American Journal of Orthopsychiatry,* 69, 424–437.

Champoux, M., A. Bennett, C. Shannon, J. D. Higley, K. P. Lesch und S. J. Suomi (2002): Serotonin transporter gene polymorphism, differential early rearing, and behavior in rhesus monkey neonates. *Molecular Psychiatry,* 7, 1058–1063.

Chisholm, K. (1998): A three-year follow-up of attachment and indiscriminate friendliness in children adopted from Romanian orphanages. *Child Development,* 69, 1092–1106.

Chisholm, K., M. C. Carter, E. W. Ames und S. J. Morison (1995): Attachment security and indiscriminately friendly behavior in children adopted from Romanian orphanages. *Developmental Psychopathology,* 7, 283–294.

Chow, K. L. und D. L. Stewart (1972): Reversal of structural and functional effects of long-term visual deprivation in cats. *Experimental Neurology,* 34, 409–433.

Chugani, H. T., M. E. Behen, O. Muzik, C. Juhász, F. Nagy und D. C. Chugani (2001): Local brain functional activity following early deprivation: A study of postinstitutionalized Romanian orphans. *Neuroimage,* 14, 1290–1301.

Cohen, L. G., P. Celnik, A. Pascual-Leone, B. Corwell, L. Faiz, J. Dambrosia, M. Honda, N. Sadato, C. Gerloff, M. D. Catalá und M. Hallett (1997): Functional relevance of cross-modal plasticity in blind humans. *Nature,* 389, 180–183.

Curtis, W. J. und C. A. Nelson (2003): Toward building a better brain: Neurobehavioral outcomes, mechanisms, and processes of environmental enrichment. In: Luthar, S. S.

(Hrsg.): *Resilience and vulnerability: Adaptation in the context of childhood adversities.* Cambridge (Cambridge University Press), S. 463–488.

Curtiss, S. (1977): *Genie: A psycholinguistic study of a modern-day ›wild child‹.* London (Academic Press).

Davenport, R. K., E. W. Menzel und C. M. Rogers (1966): Effects of severe isolation on ›normal‹ juvenile chimpanzees: Health, weight gain and stereotyped behaviors. *Archives of General Psychiatry,* 14, 134–138.

Douthwaite, J. V. (2002): *The wild girl, natural man and the monster: Dangerous experiments in the Age of Enlightenment.* Chicago/London (University of Chicago Press.).

Eichenbaum, H. und K. Harris (2000): Toying with memory in the hippocampus. *Nature Neuroscience,* 3, 205–206.

Eriksson, P. S., E. Perfilieva, T. Björk-Eriksson, A.-M. Alborn, C. Nordborg, D. A. Peterson und F. H. Gage (1998): Neurogenesis in the adult human hippocampus. *Nature Medicine,* 4, 1313–1317.

Essex, M. J., M. H. Klein, E. Cho und N. H. Kalin (2002): Maternal stress beginning in infancy may sensitize children to later stress exposure: Effects on cortisol and bahavior. *Biological Psychiatry,* 52, 776–784.

Feldman, H. M. (1994): Language development after early unilateral brain injury: A replication study. In: Tager-Flusberg, H. (Hrsg.): *Constraints on language acquisition: Studies of atypical children.* Hillsdale, NJ (Erlbaum), S. 75–90.

Fisher, L., E. W. Ames, K. Chisholm und L. Savoie (1997): Problems reported by parents of Romanian orphans adopted to British Columbia. *International Journal of Behavioral Development,* 20, 67–82.

Frankenburg, W. K., W. J. van Doorninck, T. N. Liddell und N. P. Dick (1986): *Revised Denver Prescreening Developmental Questionnaire (R-PDQ).* High Wycombe, UK (DDM Incorporated/The Test Agency Ltd.).

Frith, C. (2003): What do imaging studies tell us about the neural basis of autism? In: Bock, G. und J. Goode (Hrsg.): *Autism: Neural basis and treatment possibilities.* Chichester (John Wiley & Sons), S. 149–176.

Fujinaga, T., T. Kasuga, N. Uchida und H. Saiga (1990): Long-term follow-up study of children developmentally retarded by early environmental deprivation. *Genetic, Social and General Psychology Monographs,* 116, 37–104.

Giedd, J. N., J. Blumenthal, N. Jeffries, F. Catellanos, H. Liu, A. Zijdenbos et al. (1999): Brain development during childhood and adolescence: A longitudinal MRI study. *Nature Neuroscience,* 2, 861–863.

Goldfarb, W. (1945): Effects of psychological deprivation in infancy and subsequent stimulation. *American Journal of Psychiatry,* 102, 18–33.

Greenough, W. T. und J. E. Black (1992): Induction of brain structure by experience: Substrates for cognitive development. In: M. R. Gunnar und C. A. Nelson (Hrsg.): *Developmental behavior neuroscience.* Hillsdale, NJ (Erlbaum), S. 155–200.

Greenough, W. T., J. E. Black und C. S. Wallace (1987): Experience and brain development. *Child Development,* 58, 539–559.

Gunnar, M. R. und B. Donzella (2002): Social regulation of the cortisol levels in early human development. *Psychoneuroendocrinology,* 27, 199–220.

Hodges, J. und B. Tizard (1989 a): IQ and behavioural adjustment of ex-institutional adolescents. *Journal of Child Psychology and Psychiatry,* 30, 53–75.

Hodges, J. und B. Tizard (1989 b): Social and family relationships of ex-institutional adolescents. *Journal of Child Psychology and Psychiatry,* 30, 77–97.

Hoksbergen, R., C. van Dijkum und F. S. Jesdijk (2002): Experiences of Dutch families who parent an adopted Romanian child. *Developmental and Behavioral Pediatrics,* 23, 403–409.

Hoksbergen, R. A. C., J. ter Laak, C. van Dijkum, S. Rijk, K. Rijk und F. Stoutjesdijk (2003 a): Posttraumatic stress disorder in adopted children from Romania. *American Journal of Orthopsychiatry,* 73, 255–265.

Hoksbergen, R. A. C., J. ter Laak, C. van Dijkum, K. Rijk und F. Stoutjesdijk (2003 b): Attention deficit, hyperactivity disorder in adopted Romanian children living in The Netherlands. *Adoption Quarterly,* 6, 59–72.

Hubel, D. H. und T. N. Wiesel (1965): Binocular interaction in striate cortex of kittens reared with artificial squint. *Journal of Neurophysiology,* 28, 1041–1049.

Hubel, D. H., T. N. Wiesel und S. Le Vay (1977): Plasticity of ocular dominance columns in monkey striate cortex. *Philosophical Transaction of the Royal Society of London – Series B: Biological Sciences,* 278, 377–409.

Husum, H. und A. A. Mathé (2002): Early life stress changes concentrations of neuropeptide Y and corticotrophin-releasing hormone in adult rat brain. Lithium treatment modifies these changes. *Neuropsychopharmacology,* 27, 756–764.

Husum, H., E. Termeer, A. A. Mathé, T. G. Bolwig und B. A. Ellenbroek (2002): Early maternal deprivation alters hippocampal levels of neuropeptide Y and calcitonin-gene related peptide in adult rats. *Neuropharmacology,* 42, 798–806.

Huttenlocher, P. R. (2002): *Neural plasticity: The effects of environment on the development of the cerebral cortex.* Cambridge, MA (Harvard University Press).

Insel, T. R. und L. J. Young (2001): The neurobiology of attachment. *Nature Reviews – Neuroscience,* 2, 1–8.

Institute of Medicine, K. Stratton, C. Howe, F. Battaglia (1996): *Fetal alcohol syndrome: Diagnosis, epidemiology, prevention, and treatment.* Washington, DC (National Academy Press).

Jiménez-Vasquez, P. A., A. A. Mathé, J. D. Thomas, E. P. Riley und C. L. Ehlers (2001): Early maternal separation alters neuropeptide Y concentrations in selected brain regions in adult rats. *Developmental Brain Research,* 131, 149–152.

Kempermann, G., E. P. Brandon und F. H. Gage (1998): Environmental stimulation of 129/SvJ mice causes increased cell proliferation and neurogenesis in the adult dentate gyrus. *Current Biology,* 8, 939–942.

Keshavan, M. S., J. L. Kennedy und R. M. Murray (in Druck): *Neurodevelopment and schizophrenia.* London/New York (Cambridge University Press).

Kolb, B., M. Forgie, R. Gibb, G. Gorny und S. Rowntree (1998): Age, experience and the changing brain. *Neuroscience & Biobehavioral Reviews,* 22, 143–159.

Kolb, B., R. Gibb und G. Gorny (2003): Experience-dependent changes in dendritic arbor and spine density in neocortex vary qualitatively with age and sex. *Neurobiology of Learning and Memory,* 79, 1–10.

Kraemer, G. W. und A. S. Clarke (1996): Social attachment, brain function, and aggression. *Annals of the New York Academy of Sciences,* 794, 121–135.

Kreppner, J. M., T. G. O'Connor, M. Rutter und ERA Study Team (2001): Can inattention/overactivity be an institutional deprivation syndrome? *Journal of Abnormal Child Psychology,* 29, 513–528.

Kuhl, P. K. (1994): Learning and representation in speech and language. *Current Opinion in Neurobiology,* 4, 812–822.

Kuhl, P. K., J. E. Andruski, I. A. Chistovich, L. A. Chistovich, E. V. Kozhevnikova, V. L. Ryskina, E. I. Stolyarova, U. Sundberg und F. Lacerda (1997): Cross-language analysis of phonetic units in language addressed to infants. *Science,* 277, 684–686.

Kwong, W. Y., A. E. Wild, P. Roberts, A. C. Willis und T. P. Flemig (2000): Maternal undernutrition during the preimplantation period of rat development causes blastocyst abnormalities and programming of postnatal hypertension. *Developmental and Behavioral Pediatrics.,* 127, 4195–4202.

Langley-Evans, S. C., S. J. M. Welham und A. A. Jackson (1999): Fetal exposure to a maternal low protein diet impairs nephrogenesis and promotes hypertension in the rat. *Life Sciences,* 64, 965–974.

Le Grand, R., C. Mondloch, D. Maurer und H. P. Brent (2001): Neuroperception: Early visual experience and face processing. *Nature Medicine,* 410, 890.

Linkenhoker, B. A. und E. I. Knudsen (2002): Incremental training increases the plasticity of the auditory space map in adult barn owls. *Nature Medicine,* 419, 293–296.

MacLean, K. (2003): The impact of institutionalization on child development. *Development and Psychopathology,* 15, 853–884.

Maguire, E. A., R. S. J. Frackowiak und C. D. Frith (1997): Recalling routes around London: Activation of the right hippocampus in taxi drivers. *Journal of Neuroscience,* 17, 7103–7110.

Maye, J., J. F. Werker und L. Gerken (2002): Infant sensitivity to distributional information can affect phonetic discrimination. *Cognition,* 82, B101–B111.

McEwen, B. S. (1999): The effects of stress on structural and functional plasticity in the hippocampus. In: Charney, D. S., E. J. Nestler und B. S. Bunney (Hrsg.): *Neurobiology of mental illness.* New York (Oxford University Press), S. 475–493.

McEwen, B. und E. N. Lasley (2002): *The end of stress.* Washington (Joseph Henry Press).

McMahon, S. D., K. E. Grant, B. Compas, A. E. Thurm und S. Ey (2003): Stress and psychopathology in children and adolescents: Is there evidence of specificity? *Journal of Child Psychology and Psychiatry,* 44, 107–133.

Miller, G. L. und E. I. Knudsen (2003): Adaptive plasticity in the auditory thalamus of juvenile barn owls. *The Journal of Neuroscience,* 23, 1059–1065.

Minde, K. (2003): Assessment and treatment of attachment disorders. *Current Opinion in Psychiatry,* 16, 377–381.

Morison, S. J., E. W. Ames und K. Chisholm (1995): The development of children adopted from Romanian orphanages. *Merril-Palmer Quarterly – Journal of Developmental Psychology,* 41 (4), 411–430.

Nelson, C. A., F. E. Bloom, J. L. Cameron, D. Amaral, R. E. Dahl und D. Pine (2002): An integrative, multidisciplinary approach to the study of brain-behavior relations in the context of typical and atypical development. *Development and Psychopathology,* 14, 499–520.

Newton, M. (2002): *Savage girls and wild boys: A history of feral children.* London (Faber and Faber).

O'Brien, P. M. S., T. Wheeler und D. J. P. Barker (Hrsg.) (1999): *Fetal programming: Influences on developmental and disease in later life.* London (RCOG Press.).

O'Connor, T. G. und M. Rutter (2000): Attachment disorder behavior following early severe deprivation: Extension and longitudinal follow-up. *Journal of the American Academy of Child and Adolescent Psychiatry,* 39 (6), 703–712.

O'Connor, T. G. und C. H. Zeanah (2003): Attachment disorders: Assessment strategies and treatment approaches. *Attachment & Human Development,* 5, 223–244.

O'Connor, T. G., M. Rutter und ERA Study Team (2000 a): Attachment disorder behavior following early severe deprivation: Extension and longitudinal follow-up. *Journal of the American Academy of Child and Adolescent Psychiatry,* 39, 703–712.

O'Connor, T. G., M. Rutter, C. Beckett, L. Keaveney, J. M. Kreppner und ERA Study Team (2000 b): The effects of global severe privation on cognitive competence: Extension and longitudinal follow-up. *Child Development,* 71, 376–390.

O'Connor, T. G., R. S. Marvin, M. Rutter, J. Olrick, P. A. Britner und ERA Study Team (2003): Child-parent attachment following severe early institutional deprivation. *Development and Psychopathology,* 15, 19–38.

Oyama, S. (1979): The concept of the sensitive period in developmental studies. *Merrill-Palmer Quarterly,* 25, 83–103.

Ozanne, S. E. und C. N. Hales (2004): Catch-up growth and obesity in male mice. *Nature Medicine,* 427, 411–412.

Paus, T., A. Zijdenbos, K. Worsley, D. L. Collins, J. Blumenthal, J. N. Giedd et al. (1999): Structural maturation of neural pathways in children and adolescents: In vivo study. *Science,* 283, 1908–1911.

Plomin, R. (1994): *Genetics and experience: The interplay between nature and nurture.* Thousand Oaks, CA (Sage Publications).

Plomin, R. und C. S. Bergeman (1991): The nature of nurture: Genetic influences on ›environmental‹ measures. *Behavioral and Brain Sciences,* 10, 1–15.

Quinton, D. und M. Rutter (1988): *Parenting breakdown: The making and breaking of intergenerational links.* Aldershot (Avebury).

Rampon, C., Y.-P. Tang, J. Goodhouse, E. Shimizu, M. Kyin und J. Z. Tsien (2000): Enrichment induces structural changes and recovery from nonspatial memory deficits in CA1 NMDAR1-knockout mice. *Nature Neuroscience,* 3, 238–244.

Rowe, D. C. (1994): *The limits of family influence: Genes, experience and behavior.* New York (Guilford Press).

Rowe, D. C., K. C. Jacobson und E. J. C. G. van den Oord (1999): Genetic and environmental influences on vocabulary IQ: Parental education level as moderator. *Child Development,* 70, 1151–1162.

Roy, P., M. Rutter und A. Pickles (2000): Instituional care: Risk from family background or pattern of rearing. *Journal of Child Psychology and Psychiatry,* 41, 139–149.

Roy, P., M. Rutter und A. Pickles (in Druck): Institutional care: Associations between overactivity and a lack of selectivity in attachment relationships. *Journal of Child Psychology and Psychiatry.*

Rutter, M. (1972): *Maternal deprivation reassessed.* London (Penguin Books). (Dt.: *Bindung und Trennung in der frühen Kindheit.* München: Juventa 1978.)

Rutter, M. (1984): Psychopathology and development: II. Childhood experiences and personality development. *Australian and New Zealand Journal of Psychiatry,* 18, 314–327.

Rutter, M. (1995): Clinical implications of attachment concepts: Retrospect and prospect. *Journal of Child Psychology & Psychiatry,* 36, 549–571.

Rutter, M. (1999): Resilience concepts and findings: Implications for family therapy. *Journal of Family Therapy,* 21, 119–144.

Rutter, M. (2000): Psychosocial influences: Critiques, findings, and research needs. *Development and Psychopathology,* 12, 375–405.

Rutter, M. (2002 a): Maternal deprivation. In: Bornstein, M. H. (Hrsg.): *Handbook of Parenting. Bd. 4: Social conditions and applied parenting* (2. Aufl.). Mahwah, NJ (Lawrence Erlbaum), S. 181–202.

Rutter, M. (2002 b): Nature, nurture, and development: From evangelism through science toward policy and practice. *Child Development,* 73, 1–21.

Rutter, M. (2004): Pathways of genetic influences on psychopathology. *European Review,* 12, 19–33.

Rutter, M. (in Druck): Adverse pre-adoption experiences and psychological outcomes. In: Palacios, J. und D. Brodzhinsky (Hrsg.): *Psychological issues in adoption: Theory, research, and application.* Westport, CT (Greenwood Publishing).

Rutter, M. (eingereicht): *Environmentally mediated risks for psychopathology.*

Rutter, M. und ERA Study Team (1998): Developmental catch-up, and deficit, following adoption after severe global early privation. *Journal of Child Psychology and Psychiatry,* 39, 465–476.

Rutter, M. und T. O'Connor (1999): Implications of attachment theory for child care policies. In: Shaver, P. und J. Cassidy (Hrsg.): *Handbook of attachment.* New York (Guilford Press), S. 823–844.

Rutter, M. und M. Rutter (1993): *Developing minds: Challenge and continuity across the lifespan.* Harmondsworth/New York (Penguin Books, Basic Books).

Rutter, M. und J. Silberg (2002): Gene-environment interplay in relation to emotional and behavioral disturbance. *Annual Review of Psychology,* 53, 463–490.

Rutter, M., L. Andersen-Wood, C. Beckett, D. Bredenkamp, J. Castle, C. Groothues, J. Kreppner, L. Keaveney, C. Lord, T. G. O'Connor und ERA Study Team 1999): Quasi-autistic patterns following severe early global privation. *Journal of Child Psychology and Psychiatry,* 40, 537–549.

Rutter, M., J. M. Kreppner, T. G. O'Connor und ERA Study Team (2001 a): Specificity and heterogeneity in children's responses to profound institutional privation. *British Journal of Psychiatry,* 179, 97–103.

Rutter, M., A. Pickles, R. Murray und L. Eaves (2001 b): Testing hypotheses on specific environmental causal effects on behavior. *Psychological Bulletin,* 127, 291–324.

Rutter, M., P. Roy und J. Kreppner (2002): Institutional care as a risk factor for inattention/overactivity. In: Sandberg, S. (Hrsg.): *Hyperactivity and attention disorders of childhood.* Cambridge (Cambridge University Press), S. 417–434.

Rutter, M., T. G. O'Connor und ERA Study Team (2004): Are there biological programming effects for psychological development? Findings from a study of Romanian adoptees. *Developmental Psychology,* 40, 81–94.

Rymer, R. (1993): *Genie: An abused child's flight from silence.* New York (HarperCollins Publishers).

Sackett, G. P. (1965): Effects of rearing conditions upon the behavior of rhesus monkeys (Macaca Mulatta). *Child Development,* 36, 855–868.

Scarr, S. (1992): Developmental theories for the 1990s: Develpoment and individual differences. *Child Development,* 1–19.

Schore, A. (1994): *Affect regulation and the origin of the self: The neurobiology of emotional development.* Hillsdale, NJ (Erlbaum).

Schultz, R. T., D. J. Grelotti, A. Klin, J. Kleinman, C. van der Gaag, R. Marois et al. (2003): The role of the fusiform face area in social cognition: Implications for the pathobiology of autism. *Philosophical Transactions of the Royal Society of London,* 358, 415–427.

Shaver, P. und J. Cassidy (Hrsg.) (1999): *Handbook of attachment.* New York (Guilford Press).

Skuse, D. (1984 a): Extreme deprivation in early childhood. – I. Diverse outcomes for three siblings from an extraordinary family. *Journal of Child Psychology and Psychiatry,* 25, 523–541.

Skuse, D. (1984b): Extreme deprivation in early childhood. – II. Theoretical issues and a comparative review. *Journal of Child Psychology and Psychiatry,* 25, 543–572.

Sowell, E. R., P. M. Thompson, K. D. Tessner und A. W. Toga (2001): Mapping continued brain growth and gray matter density reduction in dorsal front cortex: Inverse relationships during postadolescent brain maturation. *Journal of Neuroscience,* 21, 8819–8829.

Sowell, E. R., B. Peterson, P. M. Thompson, S. E. Welcome, et al. (2003): Mapping cortical change across the human life span. *Nature Neuroscience,* 6, 309–315.

Spitz, R. A. (1946): Anaclitic depression: An inquiry into the genesis of psychiatric conditions in early childhood. *Psychoanalytic Study of the Child,* 2, 313–342.

Suomi, S. J. (2003): How gene-environment interactions influence emotional development in Rhesus monkeys. In: Garcia-Coll, C., E. L. Bearer und R. M. Lerner (Hrsg.): *Nature and nurture: The complex interplay of genetic and environmental influences on human development.* Mahway, NJ (Erlbaum), S. 35–51.

Turkheimer, E., A. Haley, M. Waldron, B. D'Onofrio und Il. Gottesman (2003): Socioeconomic status modifies heritability of IQ in young children. *Psychological Science,* 14, 623–628.

Van Valen, L. (1974): Brain size and intelligence in man. *American Journal of Physical Anthropology,* 40, 417–424.

Vargha-Khadem, F. und M. Mishkin (1997): Speech and language outcome after hemispherectomy in childhood. In: Tuxhorn, I., H. Holthausen und H. E. Boenigk (Hrsg.): *Paediatric epilepsy syndromes and their surgical treatment.* Sydney, Australia (John Libbey & Co. Ltd. Medical Books), S. 774–784.

Vorria, P., M. Rutter, A. Pickles, S. Wolkind und A. Hobsbaum (1998a): A comparative study of Greek children in long-term residential group care and in two-parent families: I. Social, emotional, and behavioural differences. *Journal of Child Psychology and Psychiatry,* 39, 225–236.

Vorria, P., M. Rutter, A. Pickles, S. Wolkind und A. Hobsbaum (1998b): A comparative study of Greek children in long-term residential group care and in two-parent families: II. Possible mediating mechanisms. *Journal of Child Psychology and Psychiatry,* 39, 237–245.

Weaver, I. C. G., P. La Plante, S. Weaver, A. Parent, S. Sharma, J. Diorio et al. (2001): Early environmental regulation of hippocampal glucocorticoid receptor gene expression: Characterization of intracellular mediators and potential genomic target sites. *Molecular and Cellular Endocrinology,* 185, 205–218.

Wechsler, D. (1991): *Wechsler Intelligence Scale for Children – Third Edition (WISC-III).* San Antonio, TX (The Psychological Corporation).

Werker, J. F. (2003): Baby steps to learning language. *Journal of Pediatrics,* 143, S62–S69.

Wolkind, S. N. (1974): The components of »affectionless psychopathology« in institutionalized children. *Journal of Child Psychology and Psychiatry,* 15, 215–220.

Zeanah, C. H., C. A. Nelson, N. A. Fox, A. T. Smyke, P. Marshall, S. W. Parker et al. (2003): Designing research to study the effects of institutionalization on brain and behavioral development: The Bucharest Early Intervention Project. *Development and Psychopathology,* 15, 885–907.

DANA E. JOHNSON,
INTERNATIONALES ADOPTIONSPROJEKT-TEAM (IAP)

Zusammenhänge zwischen dem Wachstum von psychisch belasteten Kindern und kognitiver sowie emotionaler Entwicklung

Einleitung

Das Wachstum von Kindern ist eine Basisgröße zur Beurteilung ihrer Gesundheit und ihres Wohlbefindens. Schon gleich zu Anfang ihrer Ausbildung lernen angehende Kinderärzte, daß Gesundheitsprobleme und Wachstumsstörungen gleichsam »Hand in Hand gehen«. Ohne daß Größe, Gewicht und Kopfumfang gemessen werden, ist ein Besuch beim Kinderarzt nicht vollständig. Seit Jahrhunderten wurden bei Heimkindern ein erschreckend geringes Wachstum und hohe Sterblichkeit festgestellt (Chapin, 1908, 1915; English, 1984; Gardner, 1972; Spitz, 1945; Frank et al., 1996). Einer der beliebtesten Schriftsteller des 19. Jahrhunderts, Charles Dickens, veranschaulichte die Misere unterernährter Kinder so deutlich, daß die unterentwickelten, kränklich-blassen Gestalten in *Oliver Twist* heute für deprivierte Kinder stehen (Gardner, 1977).

Der erste medizinische Bericht über den möglichen Zusammenhang von emotionaler Deprivation und Wachstumsstörungen erschien Mitte des 20. Jahrhunderts (Talbot et al., 1947). Eine Gruppe von 21 Kindern, die nicht wuchsen und wenig Appetit zeigten, wurde psychiatrisch untersucht; bei drei Kindern wurden dabei chronische schmerzliche Gefühle von Trauer und Verlust festgestellt, bei drei weiteren Kindern eine Psychopathologie der Mütter, bei dreien chronische Armut, sieben waren verstoßene Kinder. In drei Fällen führte eine psychiatrische Behandlung zu einer Verbesserung von Appetit und Wachstum. Vielleicht am überzeugendsten zeigt ein frühes Beispiel aus Deutschland nach dem Zweiten Weltkrieg, wie eine negative emotionale Umgebung das Wachstum eines Kindes beeinträchtigt; die britische Ernährungswissenschaftlerin Elsie Widdowson untersuchte in zwei städtischen Waisenhäusern der britischen Besatzungszone 50 Kinder im Alter von 4 bis 14 Jahren (Widdowson, 1951). Eine fröhliche junge Frau, die Kinder mochte, sorgte für die eine Gruppe von Kindern, während eine ältere, strenge Frau, die gegenüber allen Kindern – ausgenommen eine kleine

Gruppe von Kindern, die ihre Lieblinge waren – auf eiserne Disziplin achtete, die andere Kindergruppe betreute.

Während des ersten Halbjahrs der Beobachtung nahmen die Kinder in der Gruppe der jungen Frau an Gewicht und Größe weit mehr zu als diejenigen, die im Waisenhaus von der strengen »Matrone« »regiert« wurden – mit Ausnahme der Lieblinge, denen es ganz gut ging. Während des zweiten Halbjahrs wurde dafür gesorgt, daß eines der Waisenhäuser zusätzliche Rationen erhielt, und gleichzeitig mit der Erhöhung der täglichen Kalorienzahl wechselte auch das Betreuungspersonal. So entstand unbeabsichtigt eine Crossover-Studie. Während des zweiten Halbjahrs wuchsen die Kinder im von der strengen Aufsichtsperson geleiteten Waisenhaus nur schlecht, trotz der nur bei diesen Kindern erhöhten Kalorienzahl. Wieder waren ihre Lieblinge, die sie in das andere Waisenhaus begleitet hatten, die Ausnahme: Sie gewannen mehr an Gewicht und wuchsen schneller als die Kinder der beiden anderen Gruppen der Studie. Die früher von der strengen und jetzt von der fröhlichen jungen Frau betreuten Kinder gewannen dagegen im zweiten Halbjahr schnell an Gewicht und Größe, obwohl sie nicht mehr Kalorien erhielten.

Diese frühen Beobachtungen von Wachstumsstörungen bei Kindern, die unter widrigen Bedingungen aufwuchsen, führten in der zweiten Hälfte des 20. Jahrhunderts zu einer beträchtlichen Anzahl von Publikationen, die sich mit den verschiedenen Formen und den Ursachen sowie den mit den Störungen verbundenen Auffälligkeiten in Entwicklung und Verhalten der Kinder beschäftigten. Während mehrere Faktoren zusammenkommen, die das Wachstum von Kindern behindern, die in einer Umgebung aufwuchsen, in der sie mißbraucht oder vernachlässigt wurden, leiden viele Kinder unter einer Störung, für die es viele Begriffe gibt (Money, 1992; Blizzard & Bulatovich, 1992), die aber heute gewöhnlich als »psychosozialer Minderwuchs« bezeichnet wird (Tab. 1).

Unter den von Blizzard und Bulatovich (1996) definierten Subtypen des psychosozialen Minderwuchses werden zwei am häufigsten im Heimmilieu und bei von ihren Eltern mißbrauchten bzw. vernachlässigten Kindern gefunden. Beide kommen in Zusammenhang mit andauernder psychischer Bedrohung oder emotionaler Deprivation durch den oder die Betreuer des Kindes vor. Für die frühkindliche Form (Typ I) ist ein allgemein schlechtes Wachsen und Gedeihen charakteristisch. Dabei sind die Kinder oftmals deprimiert und haben kaum Appetit (Bakwin, 1949; Rutter, 1981), sie weisen gewöhnlich keine extreme Verhaltensstörung auf, und die Sekretion des Wachstumshormons ist normal (Blizzard & Bulatovich, 1996). Ob-

Tabelle 1: Synonyme für »psychosozialen Minderwuchs«

■ Zwergwuchs (Nanosomie) nach Mißhandlung
■ Zwergwuchs nach Deprivation
■ Zwergwuchs bei Deprivationssyndrom
■ Emotionale Deprivation
■ Nichtorganische Gedeihstörung
■ Psychosozialer Deprivationszwergwuchs
■ Psychosozialer Zwergwuchs
■ Psychosomatischer Zwergwuchs
■ Reversibler Hyposomatotrophismus
■ Reversible Wachstumshormonstörung
■ Das »Mülleimer«-Syndrom
■ Vorübergehende Hypophysenvorderlappen-Insuffizienz

wohl diese Form der Wachstumsstörung auch durch ungenügende Ernährung bedingt ist, kann ein Mangel an taktiler Stimulaton dazu führen, daß ein verbessertes Ernährungsangebot geringere Wirkung hat (Field, 1995).

Bezogen auf die in den Jahren 1990 und 1991 adoptierten Kinder aus Rumänien, die in Adoptionskliniken in Minneapolis und Boston untersucht wurden, war bei Säuglingen und Kleinkindern, die jünger als 15 Monate waren, eindeutig ein allgemein schlechtes Wachsen und Gedeihen festzustellen, entsprechend der Beschreibung von psychosozialem Minderwuchs vom Typ I. Körpergröße, Gewicht und das Verhältnis zwischen Gewicht und Körpergröße schienen durch die Heimunterbringung negativ beeinflußt zu sein. Körpergröße ($r = -0{,}34$, $p < 0{,}05$), Gewicht ($r = -0{,}59$, $p < 0{,}001$) und das Verhältnis von Körpergewicht zu Körpergröße ($r = -0{,}40$, $p < 0{,}025$) nahmen alle mit der Dauer der Heimunterbringung ab. Das Gehirnwachstum, indirekt durch die Messung des Kopfumfangs erfaßt, nahm ebenso ab, und zwar in direkter Abhängigkeit von der Dauer des Aufenthalts im Waisenhaus während der frühen Kindheit ($r = -0{,}54$, $p < 0{,}005$). Von den vier Parametern blieb das Verhältnis zwischen Körpergewicht und Körpergröße noch innerhalb der altersentsprechenden Norm und schien am wenigsten durch die Dauer der Heimunterbringung beeinträchtigt zu sein (Johnson et al., 1992).

Typ II des psychosozialen Minderwuchses, der im Kindesalter auftritt, bezieht sich vor allem auf die Körpergröße. Bei diesem Syndrom kann man aber oft kei-

Tabelle 2: Verhaltensauffälligkeiten bei psychosozialem Minderwuchs vom Typ II

■ Polydipsie (gesteigertes Durstempfinden und vermehrte Flüssigkeitsaufnahme)
■ Polyphagie (Gewichtsabnahme trotz gesteigerter Nahrungsaufnahme)
■ Stehlen von Nahrungsmitteln
■ Essen aus Mülleimern
■ Verzögerung der Sprachentwicklung
■ Einzelgängerisches Spielen
■ Wutanfälle
■ Enuresis (Einnässen, Bettnässen)
■ Scheu
■ Trinken aus Toilettenschüsseln
■ Enkopresis (Einkoten)
■ Würgen, bis sie sich erbrechen
■ Nächtliches Herumwandern
■ Störung des Schlafrhythmus
■ Angst
■ Aggression
■ Schmerzunempfindlichkeit

nen Minderwuchs diagnostizieren, wenn man die Körpergröße zum Körpergewicht ins Verhältnis setzt, und manche Kinder können für ihre Größe sogar übergewichtig sein. Die Kinder sind oftmals niedergedrückt, kognitiv beeinträchtigt und zeigen ein bizarres Verhalten (Blizzard & Bulatovich, 1992, 1996; Money, 1992; Skuse et al., 1996; vgl. Tab. 2).

Als erste berichteten Powell et al. (1967a, b), daß eine Sekretion des Wachstumshormons bei vielen dieser Kinder vermindert ist oder ganz fehlt, eine Medikation mit einem Wachstumshormon führt aber bei diesen Patienten, solange sie in ihrer Umgebung mit wenig förderlichen Entwicklungsbedingungen bleiben, zu keinem signifikanten Größenwachstum. Die verzögerte Pubertät – ein weiteres Anzeichen dieser Störung – beeinträchtigt zusätzlich die Entwicklung der Körpergröße, verglichen mit normalen Kindern ähnlichen Alters.

Bei rumänischen Adoptivkindern, die bei ihrer Ankunft 15 Monate alt oder älter waren, blieben Gewicht, Kopfumfang und das Verhältnis von Körpergewicht zu Körpergröße bei anhaltender Dauer der Heimunterbringung stabil (Johnson et al.,

1992). Allerdings blieb der negative Zusammenhang zwischen Dauer der Heimunterbringung und Körpergröße auch nach der Adoption bestehen ($r = -0{,}40$, $p < 0{,}05$). Praktisch jede Studie, die das Minderwachstum bei in Heimen untergebrachten und mißbrauchten Kindern dokumentierte, hat festgestellt, daß die Größe bei ihnen mehr beeinträchtigt war als das Gewicht (Tab. 3), ganz in Übereinstimmung mit der Definition des psychosozialen Minderwuchses nach Typ II.

Ein linearer Zusammenhang mit dem Minderwuchs bei Heim-Säuglingen und -Kindern zeigt sich am besten, wenn man in einer graphischen Darstellung die Werte für das Ausmaß der Wachstumsverzögerung (Größenalter zu wirklichem Alter) mit der Dauer des Aufenthalts im Waisenhaus in Beziehung setzt ($r = -0{,}79$, $p < 0{,}001$; vgl. Johnson et al., 1992; Johnson, 2000). Wie anhand einer einfachen Regressionsgeraden im voraus berechnet weden kann, ist das Risiko für verringertes Wachstum bei Kindern, die ihre ganze Kindheit im Heim verbringen,

Tabelle 3: Minderwuchs bei mißhandelten/vernachlässigten Kindern, die in Familien oder in Heimen aufgewachsen sind

Studie/Autor	**Ort der Betreuung**	**Größe (cm)** (Standard-abweichungen)	**Gewicht (kg)** (Standard-abweichungen)
Albanese, 1994	Familie	−3,0 ± 0,6	−1,8 ± 1,5
Albers, 1997	Heim	−1,41	−1,05
Johnson et al., 1999	Heim	−3,56 ± 2,0	−2,47 ± 1,29
Johnson, 2000	Heim	−1,62 ± 1,49	−1,25 ± 1,15
King & Taitz, 1985	Familie/Pflege	−1,32	−1,17
Mason et al., 2000	Heim	−3,48 ± 1,5	−2,94 ± 0,9
Miller & Hendrie, 2000	Heim	−1,51	−1,17
Miller et al., 1995	Heim	−1,36	−0,76
Oliván 2003	Familie	−1,29	−0,75
Rutter et al. 1998[1]	Heim	−2,2 ± 2,4	−2,3 ± 1,7
Skuse et al. 1996[2]	Familie	−3,23 ± 1,0	−2,43 ± 1,17
Skuse et al. 1996[3]	Familie	−3,06 ± 1,06	−2,64 ± 1,48
Wyatt et al. 1997	Familie	−0,21	−0,16

[1] Kinder waren 6 Monate alt oder älter, als sie nach GB kamen.
[2] Patienten mit übermäßiger Nahrungsaufnahme
[3] Patienten mit normaler Nahrungsaufnahme

am höchsten. Am deutlichsten zeigte sich das bei 59 Kindern aus zwei neuropsychiatrischen Einrichtungen, die im Zentrum bzw. nördlich des Zentrums von Rumänien lagen. Alle Kinder waren seit dem ersten Lebensjahr dort untergebracht. Das Durchschnittsalter betrug bei der Untersuchung 133 ± 41 Monate (Spanne von 64 bis 216 Monate). Das Wachstum der Kinder war stark beeinträchtigt, mit deutlich verringerten Werten für die Körpergröße [Mittelwert –3,56 cm ± 2,0 Standardabweichung (Spanne von –11,2 cm bis –1,1 cm)] sowie im Vergleich zur Norm niedrigeren Werten für das Körpergewicht [Mittelwert –2,47 kg ± 1,29 Standardabweichung (Spanne –6,04 kg bis –0,1 kg)]. Die Größe war mehr beeinträchtigt als das Gewicht ($p < 0{,}05$ im gepaarten *t*-Test; vgl. Johnson et al., 1999).

Jüngere Arbeiten (Skuse et al., 1996; Gilmour & Skuse, 1999) haben gezeigt, daß Kinder mit Minderwuchs, verbunden mit einer besonderen Reihe von Symptomen und Befunden – insbesondere den Symptomen einer Hyperphagie (übermäßige Nahrungsaufnahme), Enuresis/Enkopresis (Bettnässen/Einkoten), zu niedrigem Blutdruck, Schlafstörungen, all dies bei normalem *Body mass index* (BMI) –, eine Untergruppe im Spektrum des psychosozialen Minderwuchses vom Typ II darstellen (hyperphagischer Minderwuchs, Typ II A). Bei dieser Untergruppe kommt es höchstwahrscheinlich zu einer spontanen Erholung der Produktion des Wachstumshormons, sobald die Kinder die streßbereitende Umgebung verlassen oder der Streß vermindert wird. Eine weitere Untergruppe (Typ II B) aß eher wenig – bei niedrigem BMI und einem eher gleichmäßigen Defizit sowohl für die Körpergröße als auch das Körpergewicht –, hatte höhere basale Werte für das Wachstumshormon und zeigte im Provokationstest eine normale physiologische Reaktion für das Wachtumshormon. Nach Einschätzung der Autoren haben diese Ergebnisse Ähnlichkeit mit demjenigen Muster, das man auch bei Mangelernährung vor der Pubertät oder beim psychosozialen Minderwuchs vom Typ I findet (Skuse et al., 1996; Gohlke et al., 1998).

Während ein reversibler Wachstumshormonmangel ein Kennzeichen für psychosozialen Minderwuchs ist, betonen die meisten Autoren, daß Minderwuchs in Verbindung mit Entbehrung eine heterogene Störung ist. Bei Kindern, die unter widrigen Umständen leben müssen, gibt es selten nur eine einzige Ursache für den Minderwuchs. Das »klassische Beispiel« für psychosozialen Minderwuchs ist Kaspar Hauser (1812–1833), ein junger Mann, der am 26. Mai 1828 am Haller Tor in Nürnberg herumirrte und dort aufgefunden wurde. An seinem Beispiel erkennt man die vielen Faktoren, die bei Minderwuchs bei deprivierten Kindern eine Rolle spielen (Money, 1992; Haughton, 2002). Bei seiner Aussetzung im Alter von 16 Jahren war seine pubertäre Entwicklung verzögert, und er war nur 145 cm groß. In allen Entwicklungsbereichen zeigte er ausgeprägte Verzögerungen, und es gab eine Reihe von äußerst seltsamen Eigenschaften in bezug auf sein Verhalten und seinen emotionalen Ausdruck. Schließlich berichtete er, daß er sich die meiste Zeit seines Lebens nur von Brot und Wasser ernährt habe und in einem winzigen »Käfig« von ca. 1,80–2,10 m Länge sowie 1,20 m Breite und 1,50 m Höhe aufgehalten habe. Er lebte praktisch im Dunkeln, auf dem nackten Erdboden, hatte ein Strohbett, eine wollene Decke und einen Eimer für seine Notdurft. Man munkelte, er sei der Sohn und legitime Erbe des Großherzogs Karl von Baden. Eine weitere Hypothese lautete, daß die Gräfin von Hochberg, die zweite Ehefrau von Karls Vater, geplant hatte, ihren eigenen Sohn Leopold auf den Thron zu bringen, indem sie ein kränkliches Kind einer Bauersfrau in den Palast schmuggelte und das sterbende Kind gegen Kaspar austauschte.

Kaspar hatte offensichtlich emotionalen und körperlichen Mißbrauch erlitten, seiner ungenügenden Nahrung (Wasser und Brot) mangelte es sowohl an Makro- wie auch an Mikronährstoffen wie etwa an Vitamin D (er lebte im Dunkeln) sowie an Eisen und Jod. Mangelernährung, Rachitis, Anämie und Schilddrüsenunterfunktion konnten genauso zu seinem gravierenden Minderwuchs beigetragen haben wie ein Mangel des Wachstumshormons. Außer diesen Faktoren kann man ein niedriges Geburtsgewicht, chronische Krankheiten und Tabak- und Alkoholgenuß während der Schwangerschaft durch die Mutter als Ursachen dafür ansehen, warum ein so hoher Prozentsatz von zeitweise in Heimen untergebrachten Kindern im Wachstum gestört ist (Johnson, 2000).

Wachstum und Entwicklung werden eindeutig durch die Umgebung beeinflußt, in der die Kinder aufwachsen und versorgt werden, und trotz der gemeinsamen Anstrengungen vieler humanitärer Organisationen erleiden Millionen von Kindern auf der ganzen Welt extreme Entbehrungen. Krieg, Naturkatastrophen, Gewalt in der Familie, erbärmliche Armut und gesundheitliche Katastrophen wie AIDS und Tuberkulose führen dazu, daß viele Kinder verlassen oder zu Waisen werden und schließlich auf alternative Betreuungsmöglichkeiten angewiesen sind. Diese Kinder kommen mit einer Reihe von unterschiedlichen Bedürfnissen in Pflege-, Adoptivfamilien oder Heime. Während alle das, was grundlegend zum Überleben nötig ist, brauchen, erkennt man diejenigen Kinder, bei denen ein erhöhtes Risikos für kognitive, emotionale und Verhaltensrobleme besteht, weniger gut. Dank der Arbeit von Michael Rutter und dem *English and Romanian Adoptees (ERA) Study Team* wissen wir, daß die Dauer der Heimpflege und damit das

Alter der Kinder zum Zeitpunkt der Adoption sowie die Qualität der Pflege im Heim die langfristigen Entwicklungsergebnisse sehr stark beeinflussen (Beckett et al., 2002; Castle et al., 1999; Kreppner et al., 2001; O'Connor et al., 2000 a, b, 2003; Rutter & ERA Study Team, 1998; Rutter et al., 1999, 2001, 2004). Für eine Entwicklungsprognose ausreichende Parameter sind nicht für alle Risikokinder bekannt, da viele dieser Kinder mit einer fehlenden oder ungenügenden Dokumentation über ihre bisherige Entwicklung ankommen, wenn sie in eine Pflege- oder Adoptionsfamilie vermittelt werden. Oft ist bei diesen Kindern auch die Dauer der vorausgegangen Heimunterbringung und das Ausmaß der Deprivation, die sie erlebt haben, unbekannt.

In der Klinik wäre ein objektives, biologisch basiertes Maß zur Einschätzung des Entwicklungsrisikos der Kinder sehr wünschenswert, das aus einer direkten Untersuchung einzelner Kinder erhoben werden könnte. Dabei wirft die Diskussion über Minderwuchs und Deprivation zwei Fragen auf:

1. Gibt es einen direkten Zusammenhang zwischen dem Grad der Deprivation und Minderwuchs beim einzelnen Kind?
2. Könnte man die mit der entwicklungsbezogenen und emotionalen Beeinträchtigung verbundenen Probleme der Kinder allein aus dem Ausmaß ihrer Wachstumsverzögerung vorhersagen?

Eine mögliche Beziehung zwischen Minderwuchs und den kognitiven oder das Verhalten betreffenden Risiken bei dieser Gruppe psychisch belasteter Kinder wurde bisher nicht ausführlich untersucht, und die vorliegenden Ergebnisse sind nicht eindeutig. Zeitgenössische Studien bei rumänischen Adoptivkindern haben eine Verschlechterung der kognitiven Fähigkeiten und eine Beeinträchtigung des Wachstums sowie eine höhere Wahrscheinlichkeit von Entwicklungs- bzw. Verhaltensproblemen mit zunehmender Dauer der Heimunterbringung dokumentiert (Ames, 1997; Beckett et al., 2002; Castle et al., 1999; Kreppner et al., 2001; O'Connor et al., 2000 a, b, 2003; Rutter & ERA Study Team, 1998; Rutter et al., 1999, 2001, 2004). Obwohl jedoch bei der von Rutter und Mitarbeitern untersuchten Kohorte rumänischer Adoptivkinder bei der Ankunft die Körpergröße mit den Werten auf der Denver-Entwicklungsskala korrelierte, hatte das wenig Vorhersagewert für die kognitiven Fähigkeiten der Kinder im Alter von 4 Jahren (Rutter & ERA Study Team, 1998). Gilmour und Skuse (1999) verglichen die durchschnittlichen Werte in der *Child Behavior Checklist* (CBCL) bei Kindern mit psychosozialem Minderwuchs vom Typ II mit denen von Kindern mit normaler Körpergröße, die aus vergleichbar streßbereitenden Familienverhältnissen kamen. Die durchschnittlichen Werte aufgrund von Angaben der Eltern unterschieden sich in beiden Gruppen nicht. Die einzig signifikanten Unterschiede fanden sich in der CBCL in den Angaben, die die Lehrer gemacht hatten. Hier wiesen die kleinwüchsigen Kinder tatsächlich geringere Durchschnittswerte auf als die Vergleichsgruppe von Kindern mit familärem Streß, und zwar in bezug auf die Skalen für externalisierte Verhaltensprobleme, Ängstlichkeit/Depression, soziale Probleme und dissoziales Verhalten (Gilmour & Skuse, 1999). Dieselben Autoren berichteten auch, daß die meisten spezifischen Verhaltensprobleme, wie sie bei Kindern mit psychosozialem Minderwuchs vom Typ II für charakteristisch gehalten worden waren (vgl. Tab. 2), unspezifische Reaktionen auf streßvolle Lebensumstände waren, die sowohl bei minderwüchsigen Kindern als auch bei Kindern mit normaler Körpergröße gefunden wurden.

Bisher stammt das aussagekräftigste Datenmaterial aus der *Wessex-Wachstumsstudie,* einer Reihenuntersuchung von 14346 Kindern, die in zwei aufeinanderfolgenden Jahren in Südengland in die Schule kamen. Innerhalb dieser Kohorte hatten 25% der sehr kleinen Kinder (< 3. Perzentile für Körpergröße) ernste psychosoziale Probleme und litten in signifikant höherem Ausmaß unter Asthma (18% gegenüber 7%) und Ekzemen (19% gegenüber 5%), verglichen mit den alters- und geschlechtsgleichen Kindern mit normaler Körpergröße. Bewertungen durch die Lehrer zeigten signifikante Unterschiede zwischen beiden Gruppen hinsichtlich Sprache, Rechenleistung sowie grob- und feinmotorischer Fähigkeiten (Voss at al., 1998). Die Autoren faßten ihre Ergebnisse in der Aussage zusammen, daß biologische Variablen oft für die Erklärung eines kindlichen Minderwuchses nicht ausreichend seien. Kein Kind sollte, ungeachtet wie groß die Eltern sind, ohne sorgfältige Untersuchung einfach als »normal« angesehen werden, da ein geringes Wachstum in den frühen Jahren ein wichtiger Hinweis auf eine ungünstige, aber potentiell zu verbessernde Umgebung sein könne.

Wenn man in Betracht zieht, daß das Maß für Entwicklungs- und Verhaltensrisiken das (Körper-) »Maß« des Kindes selbst ist, so ist dies schon eine faszinierende Vorstellung. Als Screeningtest gibt es die Standards der Weltgesundheitsorganisation für das Längenwachstum (WHO, 1982), wobei das Messen im wesentlichen nichts kostet – überall verfügbar und leicht durchzuführen. In Ländern mit großen Zahlen von Heimkindern wären ungenügende Mittel oder geringes Wissen über die Entwicklung des Kindes kein Hindernis mehr, Kinder mit dringendem Bedarf an therapeutischen Interventionen sowie solche, die am meisten von Erziehungsmöglichkeiten profitieren würden, zu identifizieren. Bei den Kindern, die in eine Pflege- oder Adoptivfamilie aufgenommen werden sollen, könnte ihre Körpergöße für die unmittelbaren Fürsorgepersonen hilfreich sein, um Risikokinder zu identifizieren, wodurch eine frühzeitigere Untersuchung und Behandlung von Risikokindern möglich wäre und wahrscheinlich auch eine erfolgreichere Vermittlung in eine passendere Pflegefamilie sichergestellt würde. In der Hoffnung auf eine Klärung der Frage, ob Minderwuchs effektiv das von den Kindern erlebte Ausmaß der Deprivation widerspiegelt und ob die Körpergröße dazu dienen könnte, Risikokinder für Verhaltens- und Entwicklungsprobleme herauszufinden, verwendeten wir eine Stichprobe aus allen Kindern, die im Zeitraum von 9 Jahren in einem Bundesstaat im Mittleren Westen der USA adoptiert worden waren. Wir hofften, daß die große Anzahl der Kinder ($N = 2291$) sowie die Kenntnis der verschiedenen Hintergründe uns bei der Entscheidung helfen würden, ob eine weitere Erforschung dieser Theorie lohnenswert sein könnte.

Methoden

Das Internationale Adoptionsprojekt (IAP) ist eine Studie mit dem Ziel, die Erfahrungen von Familien in Minnesota zu untersuchen, die durch internationale Adoptionen entstanden waren. Das Projekt wurde an der Universität Minnesota von einem multidisziplinären Team von Forschern auf den Gebieten der kindlichen Entwicklung, Pädiatrie, Sozialwissenschaft, Epidemiologie und Psychologie entwickelt. Der Stichprobenumfang bestand aus 3268 Familien, die zwischen 1990 und 1998 insgesamt 4134 Kinder aus verschiedenen Staaten adoptiert hatten und deren Adoptionen durch das *Minnesota Department of Human Services* (DHS) »unter Dach und Fach gebracht« worden waren. Die Ethikkommission an der Universität Minnesota hatte das Studienprotokoll genehmigt.

Im Januar 2001 erhielt jede der 2977 Familien (91% des Stichprobenumfangs), deren Anschrift bekannt war und die nicht aus der Studie ausgestiegen waren, einen Fragebogen für jedes zwischen 1990 und 1998 aus anderen Staaten (international) adoptierte Kind. Insgesamt 1834 der Adoptiveltern schickten Fragebogen über 2291 aus anderen Ländern adoptierte Kinder zurück, dies entspricht einer Rücklaufquote von 62% von allen Adoptivfamilien, die ausfindig gemacht werden konnten, und von 56% von allen beim *Department of Human Services* in

Minnesota registrierten Adoptivfamilien. Der 16seitige, 556 Punkte umfassende Erhebungsbogen enthielt Fragen zur Geschichte des Adoptivkindes vor der Adoption, zu seiner Gesundheit nach der Adoption, zu seinem derzeitigen Verhalten, kulturellen und anderen Erfahrungen nach der Adoption, zu besonderen Ereignissen im Leben sowie demographischen Angaben. Für fast alle Fragen waren Antwortmöglichkeiten vorgegeben, die Adoptiveltern konnten also nicht frei antworten, und es gab trotz der Länge des Bogens kein größeres Problem mit fehlenden Daten zu einzelnen Fragen. Aufgrund der Elternberichte über die Kinder beim ersten Arztbesuch nach dem Eintreffen in den USA konnten die Kinder durch den Vergleich mit den Standardwerten der Weltgesundheitsorgansiation (WHO, 1982) für das Längenwachstum statistisch auf zwei Gruppen aufgeteilt werden, so daß diese beiden Gruppen miteinander verglichen werden konnten.

Minderwuchs und Deprivation

Um den Zusammenhang zwischen dem Ausmaß der Deprivation und Minderwuchs zu erforschen, wurde die primäre Pflegeperson gebeten, folgende Fragen zu beantworten: *Glauben Sie, daß Ihr Kind folgende Erfahrungen gemacht hat?*

1. Vernachlässigung grundlegender körperlicher Bedürfnisse,
2. Vernachlässigung grundlegender sozialer Bedürfnisse oder
3. körperliche Mißhandlung?

Die Antwortmöglichkeiten für diese drei Fragen lauteten: *überhaupt nicht* (Wert = 1), *wenig* (Wert = 2), *mäßig* (Wert = 3) und *sehr* (Wert = 4). Die Gesamtpunktzahlen für alle drei Wertungen, die zwischen 3 und 12 variieren konnten, wurden anschließend in vier Kategorien »übersetzt«, die für das Ausmaß der Deprivation vor der Adoption standen: *keine Deprivation* (Gesamtpunktzahlt 0–3), *wenig/geringe Deprivation* (4–6), *mäßige Deprivation* (7–9) und *sehr ausgeprägte/schwerwiegende Deprivationserfahrung* (10–12).

Minderwuchs und von den Eltern berichtete Probleme

Die Zusammenhänge zwischen Minderwuchs und von den Eltern berichteten Problemen wurden mittels der Antworten der Adoptiveltern auf folgende Fragen bewertet:

1. *Zeigte Ihr Kind während der ersten Monate bei Ihnen eine der folgenden Verhaltensauffälligkeiten?*
   Die Auswahl umfaßte: Zurückgezogenheit/Verschlossenheit, Schaukeln/Selbststimulation, Nachtangst/Alpträume, Schlafstörung, untröstliches Weinen tagsüber, Masturbation/Reiben an den Genitalien, selbstverletzendes Verhalten, Aggression, Hamstern von Lebensmitteln, andere Eßstörungen und starke Wutanfälle.
2. *Befürchten Sie, daß Ihr Kind eine der folgenden Verhaltens- oder Lernstörungen hat oder deswegen behandelt wurde?*
   Die Auswahl der Antworten mit der Möglichkeit von Mehrfachangaben umfaßte: Sprachstörung/-verzögerung, Entwicklungsverzögerung, Störungen aus dem autistischen Spektrum, Probleme der sensorischen Integration, Bindungsstörung, Aufmerksamkeitsdefizit-/Hyperaktivitätsstörung (ADD/ADHD) Lernprobleme/Lernschwäche außer ADD/ADHD, Schulphobie/Trennungsangst und kognitive Beeinträchtigung.
3. *Wie sind im allgemeinen die Schulleistungen Ihres Kindes?* Die Antwortmöglichkeiten beinhalteten:
   a. Zeichnet sich in den meisten oder allen Fächern aus
   b. Zeichnet sich in manchen Fächern aus
   c. Zeichnet sich in manchen Fächern aus, hat Schwierigkeiten in anderen
   d. Ist in allen Fächern Durchschnitt
   e. Fällt in manchen Fächern zurück
   f. Fällt in den meisten oder allen Fächern zurück

Die Antworten wurden in zwei Kategorien zusammengefaßt: *durchschnittliche bis ausgezeichnete Leistung* (a–d, Kodierung 0) und *fällt in manchen, den meisten oder allen Fächern zurück* (e–f, Kodierung 1).

Ergebnisse

Minderwuchs und Deprivation

Die Eltern von 1178 Kindern berichteten von einer Messung der Körpergröße beim ersten Arztbesuch nach der Ankunft. Insgesamt erfüllten 28% der Kinder die Kriterien für einen Minderwuchs, ohne einen signifikanten Unterschied bei den Geschlechtern: 25,5% der minderwüchsigen Kinder waren männlich, 30,1% weiblich. Es wurde eine Varianzanalyse durchgeführt, um den Zusammenhang zwischen dem Grad der Deprivation und der Körpergröße bei der Ankunft zu bewerten. Die unabhängige Variable – der Grad der Deprivation – beinhaltete vier Stufen: keine Deprivation sowie milde, mäßige und schwerwiegende Deprivationserfahrungen. Die abhängige Variable war die Körpergröße bei der Ankunft. Die Varianzanalyse (ANOVA, analysis of variance) ergab, daß sich die vier Gruppen hoch signifikant in ihren Werten für die Körpergrößen unterschieden. Nachträgliche Vergleiche zeigten einen bedeutsamen Unterschied in den Mittelwerten der Körpergrößen nach der Ankunft zwischen der Gruppe ohne Deprivationserfahrungen und den Kindern mit milder, mäßiger und gravierender Deprivationserfahrung. Es bestand allerdings kein signifikanter Unterschied in den Mittelwerten der Körpergrößen, wenn man die Gruppen mit milder, mäßiger oder gravierender Deprivationserfahrung untereinander verglich.

Von den Eltern berichtete Probleme

Eltern von minderwüchsigen Kindern berichteten wahrscheinlich häufiger als die von Kindern mit einer normalen Körpergröße, daß ihr Kind nach der Ankunft eine Reihe von Verhaltensproblemen zeigte (Tab. 4).

Oder die Eltern waren besorgt, daß ihr Kind eine Reihe von langwierigen Problemen in der Entwicklung und im Verhalten haben oder wegen ihnen behandelt worden sein könnte (Tab. 5).

Bei minderwüchsigen Kindern war es gegenüber Kindern mit normale Körpergröße auch signifikant häufiger, daß sie in manchen, den meisten oder sogar allen Fächern in der Schule zurückfielen (23,6% gegenüber 13,2%).

Ein Vergleich zwischen dem Alter zum Zeitpunkt der Aufnahme des Kindes in die Adoptivfamilie [minderwüchsige Kinder = Mittelwert von 26,6 Monaten ± 34,1 Monate (Standardabweichung) vs. normal große Kinder = Mittelwert von 14,11 Monaten ± 23,4 Monate (Standardabweichung)] und der Dauer des Heimaufenthalts [minderwüchsige Kinder = Mittelwert von 13,9 Monaten ± 17,1 Monate (Standardabweichung) vs. normal große Kinder = Mittelwert von 6,6 Monaten ± 13,1 Monate (Standardabweichung)] zeigte, daß minderwüchsige Kinder bei der Ankunft signifikant älter waren [t (460,29) = 6,15, p <0,000] und auch längere Zeit im Heim verbracht hatten [t (493,59) = 7,07, p <0,000]. Da das Alter der Kinder zum Zeitpunkt der Adoption und die Dauer der vorausgegangenen Heimunterbringung bekannte Risikofaktoren für eine Reihe von Entwicklungs- und Verhaltensproblemen von Adoptivkindern darstellen, wurden in den Bereichen, wo bei minderwüchsigen Kindern Probleme siginifikant häufiger auftraten,

Tabelle 4: Häufigkeiten von Verhaltenproblemen, von denen die Eltern berichteten: Adoptivkinder mit Minderwuchs sowie normal große Adoptivkinder

Diagnostizierte oder behandelte Verhaltens-probleme	Häufigkeiten bei Kindern mit Minderwuchs	Häufigkeiten bei Kindern mit normaler Körpergröße	Werte des Chi-Quadrat-Tests sowie Angabe der signifikanten Unterschiede (** = p <0,01, *** = p ≤ 0,001
Zurückgezogenheit	17,1 %	11,4%	6,96 **
Schaukeln/Selbststimulation	21,3 %	9,7%	28,53 ***
Nachtangst/Alpträume	18,6 %	8,2%	26,25 ***
Schlafstörung	22,2 %	18,5 %	2,15
Untröstliches Weinen tagsüber	6,3 %	7,2 %	0,307
Masturbation/Reiben der Genitalien	4,5 %	2,6%	2,84
Selbstverletzendes Verhalten	6,0 %	2,2 %	10,54 ***
Aggression	10,5 %	4,3 %	16,48 ***
Horten von Lebensmitteln	12,0 %	5,4 %	15,23 ***
Andere Eßstörungen	13,5 %	6,9 %	13,24 ***
Starke Wutanfälle	15,9 %	8,4 %	14,32 ***
Keines der obigen Probleme	37,5 %	54,0 %	26,00 ***

logistische Regressionsanalysen durchgeführt. Hierdurch sollte bestimmt werden, ob die Heimunterbringung, das Alter bei Eintritt in die Familie oder Minderwuchs zur Zeit des ersten Arztbesuches in den USA die Risiken für die von den Eltern berichteten Verhaltens- und Entwicklungsprobleme erhöhten.

Die Risiken für vorübergehende Verhaltensprobleme während des ersten Halbjahrs nach der Ankunft wurden im allgemeinen mit dem Alter zum Zeitpunkt der Aufnahme in die Adoptivfamilie und mit der Dauer der vorausgegangenen Heimunterbringung größer, ebenso bei den minderwüchsigen Kindern. Die Wahrscheinlichkeit, daß Eltern über keines dieser vorübergehenden Verhaltensprobleme berichteten, stand in Zusammenhang mit geringerem Alter bei der Adoption, kürzerer Dauer der Heimunterbringung und einer normalen Körper-

Tabelle 5: Häufigkeiten von Entwicklungs- und Verhaltensproblemen, über welche Eltern berichtet hatten: bei Kindern mit geringerem Wachstum sowie normal großen Adoptivkindern

Verhaltenprobleme mit und ohne Behandlung der Kinder	**Häufigkeiten bei Kindern mit Minderwuchs**	**Häufigkeiten bei Kindern mit normaler Körpergröße**	**Werte des Chi-Quadrat-Tests sowie Angabe der signifikanten Unterschiede** (* = p <0,05; ** = p <0,01; *** = p ≤ 0,001)
Sprachstörung/verzögerte Sprachentwicklung	25,3 %	17,0 %	10,41***
Entwicklungsverzögerung	19,8 %	9,7 %	22,25***
Störung aus dem autistischen Spektrum	2,7 %	1,1 %	4,56*
Probleme der Sinnesintegration	9,9 %	5,6 %	7,13**
Bindungsstörung	9,9 %	5,9 %	5,81*
Aufmerksamkeitsdefizit/ Hyperaktivität	16,2 %	13,3 %	1,73
Lernprobleme/ Lernschwäche	15,6 %	11,4 %	3,96*
Kognitive Beeinträchtigung	6,6 %	3,0 %	8,29**
Schulphobie	3,0 %	1,9 %	1,36
Schulversagen	23,6 %	13,2 %	12,91***

größe zum Zeitpunkt der Aufnahme in die Adoptivfamilie. Jedoch erhöhte sich die Wahrscheinlichkeit, daß Eltern von langfristigen Verhaltens- und Entwicklungsproblemen berichteten, erstens durch die Dauer der Heimunterbringung und zweitens durch das Alter bei Eintritt in die Adoptivfamilie, nicht durch das Vorhandensein von Minderwuchs.

Diskussion

Die Interpretation bzw. Aussagekraft unserer Ergebnisse wird durch die Tatsache eingeschränkt, daß wir uns ausschließlich auf die von den Eltern berichteten Probleme verließen, und die Eltern konnten die Fragen beliebig durch ihre eigenen Definition der im Erhebungsbogen aufgeführten Befunde auslegen. Überdies konnten wir Daten über weniger als zwei Drittel aller für die Studie in Frage kommenden Adoptivkinder sammeln, und nur 51% jener Familien, die den Erhebungsbogen ausgefüllt hatten, gaben eine Körpergröße ihres Adoptivkindes für den Zeitpunkt nach der Ankunft in den USA bzw. bei der Familie an. Trotzdem können allgemeine Zusammenhänge aufgezeigt werden. Bei einem hohen Prozentsatz aus anderen Ländern vermittelter Adoptivkinder (28%) liegt bei ihrer Ankunft in der Adoptivfamilie Minderwuchs vor. Während vermutet wurde, daß Jungen ein höheres Risiko für psychosozialen Minderwuchs hätten (Rudolf, 1990), zeigte unsere Studie, daß beide Geschlechter gleichermaßen betroffen waren. Der Grad der Deprivation, wie er von den Eltern des Kindes wahrgenommen wurde, steht in deutlichem Zusammenhang mit den Werten für die Körpergröße zum Zeitpunkt der Ankunft. Minderwuchs zeigt sich zuerst in Zusammenhang mit milder Deprivation, der Effekt ist aber nicht »dosisabhängig«. Daher scheint Minderwuchs ein empfindlicher Indikator für Vernachlässigung zu sein, wobei die Schwelle für das Auftreten von Minderwuchs niedrig zu sein scheint.

Auf den ersten Blick schien Minderwuchs mit vielen von den Eltern wahrgenommenen Verhaltens- und Entwicklungsproblemen des Kindes während der Übergangs- sowie der Folgezeit in der Adoptivfamilie in Zusammenhang zu stehen, ebenso mit häufigerem Vorkommen von Schulversagen. Minderwüchsige Kinder waren allerdings zur Zeit ihrer Ankunft erheblich älter und hatten eine erheblich längere Zeit im Heim verbracht. Beides sind bekannte Risikofaktoren für eine Vielzahl von emotionalen und kognitiven Problemen (Ames, 1997; Beckett et al., 2002; Castle et al., 1999; Kreppner et al., 2001; O'Connor et al., 2000 a, b, 2003; Rutter & ERA Study Team, 1998; Rutter et al., 1999, 2001, 2004). Eine logistische Regressionsanalyse, die von der Heimdauer (in Monaten), dem Alter bei Eintritt in die Familie (in Monaten) und der Körpergröße bei Ankunft in der Adoptivfamilie ausging, zeigte, daß bei Problemen nach der Ankunft das Vorhandensein von Minderwuchs die Risiken für alle anderen Verhaltensstörungen erhöhte, mit Ausnahme von starken Wutanfällen und Zurückgezogenheit. Zu diesen Problemen gehörten viele der mit Typ II des psychosozialen Minderwuchses verbundenen Verhaltensweisen (Tab. 2). Demgegenüber erhöhte Minderwuchs in der Gruppe der Kinder mit langfristigen von den Eltern berichteten Verhaltens-, Entwicklungs- und Schulproblemen die Risikorate nur in der Kategorie der Entwicklungsverzögerung, zu der eine Vielzahl von Störungen gehört. Nach Voss et al. (1998) ist Minderwuchs ein Hinweis auf eine pathologische Entwicklung des Sozialverhaltens. Somit ist er ein empfindlicher Indikator für Deprivation und erhöht das Risiko für eine Vielzahl von Verhaltensproblemen nach der Ankunft eines Kindes in der Adoptivfamilie. Jedoch läßt das Vorliegen von Minderwuchs die von den Eltern berichteten langfristigen Verhaltens-, Entwicklungs- und Schulprobleme nicht verläßlich voraussagen. Aus der Dauer der Heimunterbringung und dem Alter beim Eintritt in die Adoptivfamilie läßt sich eher auf solche Probleme schließen. Diese Ergebnisse decken sich mit jenen von Rutter, der in seiner Längsschnittstudie keinen Zusammenhang zwischen Minderwuchs bei der Ankunft des Kindes in der Adoptivfamilie und den Untersuchungsbefunden zur kognitiven und Verhaltensentwicklung dieser Kinder finden konnte (Rutter & ERA Study Team, 1998).

Unsere Studie befaßt sich teilweise mit der Frage, ob Typ II des psychosozialen Minderwuchses mit einem spezifischen Spektrum von Verhaltensproblemen verbunden ist. Frühere Studien beschränkten sich auf eine kleinere Anzahl von Kindern, bei denen die Dauer der Deprivation nicht bekannt war. Dank der Möglichkeit, das Alter bei der Adoption, die Dauer der Heimunterbringung (Deprivationsdauer) und das Vorhandensein oder Fehlen von Minderwuchs getrennt zu untersuchen, konnten wir zeigen, daß sich die Risikorate für das Vorkommen von Verhaltensproblemen, wie sie für Typ II des psychosozialen Minderwuchses als typisch beschrieben werden (Schlafstörungen, Aggression, Horten von Lebensmitteln und Selbstverletzung), in der unmittelbar auf die Ankunft folgenden Zeit bei minderwüchsigen Kindern erhöht. Unsere Erkenntnis, daß das Alter zum Zeitpunkt der Adoption und die Dauer der vorausgegangenen Heimunterbringung (Deprivation), nicht aber der Minderwuchs als solcher die Wahrscheinlichkeit für das Auftreten der meisten langfristigen, von den Eltern berichteten Verhaltens-, Entwicklungs- und Schulprobleme erhöht haben, stimmt mit den Ergebnissen von Gilmour und Skuse (1999) überein. Diese kamen mit Hilfe der Angaben bzw. Werte von Eltern und Lehrern aus der *Child Behavior Checklist* zu dem Schluß, daß die meisten Verhaltensauffälligkeiten, die, wie man annimmt, für psychosozialen Minderwuchs charakteristisch sind, unspezifische Reaktionen auf streßbereitende Lebensbedingungen waren (Deprivationsdauer), sowohl bei Kindern mit Minderwuchs als auch bei Kindern mit normaler Körpergröße.

Zum Glück haben die meisten Kinder mit psychosozialem Minderwuchs weit bessere Zukunftsaussichten als Kaspar Hauser, der am 14. Dezember 1833 in einem öffentlichen Park erstochen wurde. Die meisten Kinder erfahren, nachdem sie aus der lebensfeindlichen Umgebung herausgenommen wurden, einen sofortigen und dramatischen Wachstumsschub, der wahrscheinlich sowohl auf die bessere Ernährung als auch auf eine erhöhte Sekretion des Wachstumshormons zurückzuführen ist (Powell et al., 1967 a, b; Widdowson, 1951). Dieser pathognomonische Befund eines beschleunigten Wachstums, direkt nach Verlassen der rauhen Waisenhausumgebung, fand sich bei allen rumänischen Kindern ($n = 15$), bei denen die Werte für die Körpergröße bei ihrer Ankunft mehr als zwei Standardabweichungen unterhalb der Mittelwerte lagen (Johnson, 2000). Die Geschwindigkeit beim Aufholen in bezug auf die Körpergröße lag bei allen Kindern erheblich höher [5,6 cm ± 3,1 cm (Deprivationsdauer von 18 Monaten und weniger) gegenüber 5,4 cm ± 1,4 cm (Deprivationsdauer von mehr als 18 Monaten)]. Bei Kindern mit einer Deprivationsdauer von 18 Monaten und weniger vor der Adoptionsvermittlung hatten 78% innerhalb von neun Monaten nach der Aufnahme in die Adoptionsfamilie in bezug auf die Körpergröße einen Wert im normalen Bereich erzielt. Die Wachstumgeschwindigkeit von Kindern mit einer Deprivationsdauer von mehr als 18 Monaten bei Adoptionsbeginn war praktisch identisch mit derjenigen von jüngeren Kindern. Da jedoch zur Überschreitung der 3. Perzentile in den Wachstumskurven mehr absolutes Wachstum erforderlich war, hatte keines dieser Kinder in der Beobachtungszeit eine normale Körpergröße erreicht.

Längsschnittstudien mit Nachuntersuchungen bestätigen, daß das Aufholen im Wachstum sowohl bei den meisten ehemaligen Heimkindern als auch bei den in Pflege gegebenen Kindern ausgezeichnet ist (King & Taitz, 1985; Oliván, 2003; Taitz & King, 1988; Wyatt et al., 1997). Die Dauer der Heimunterbringung wirkt sich jedoch einschränkend aus. Benoit et al. (1996) beobachteten, daß alle Säuglinge, die im Alter von 6 Monaten oder früher adopiert worden waren, bei der Nachuntersuchung, die 12 Monate nach der Aufnahme in die Adoptivfamilie stattfand, in den Wachstumskurven oberhalb der 5. Perzentile lagen. Das Wachstum war auch bei Säuglingen ausgezeichnet, die zum Zeitpunkt der Adoption schon älter als 6 Monate waren, aber dennoch lagen auch nach 12monatigem Aufenthalt in der Adoptivfamilie 13% dieser Kinder in den Kurven für die Körpergröße und 6% in den Kurven für das Körpergewicht noch unterhalb der 5. Perzentile. Rutter und das ERA Study Team (1998) fanden heraus, daß trotz eines hohen Vorkommens von Minderwuchs zum Zeitpunkt der Aufnahme in die Adoptivfamilie nur 2% der Kinder im Alter von vier Jahren in den Kurven für das Körpergewicht und 1% in den Kurven für die Körpergröße unterhalb der 3. Perzentile lagen. Obwohl diese Kinder sich im Normbereich befanden, waren die rumänischen Säuglinge, die zum Zeitpunkt der Adoption 6 Monate alt oder älter waren, etwas kleiner und leichter als die Säuglinge der Kontrollgruppe, die innerhalb Großbritanniens adoptierten worden waren. Ames (1997) bemerkt auch, daß Kinder, die 8 Monate oder länger im Heim verbracht hatten, ca. 5 cm kleiner waren als die in Kanada geborenen Kinder der Kontrollgruppe und ca. 2,5 cm kleiner als Kinder, die 4 Monate und weniger im Heim verbracht hatten, als sie im Alter von 4 $^{1}/_{2}$ Jahren oder danach nachuntersucht wurden.

Obwohl diese Ergebnisse ermutigend sind, ist bei Kindern, die langfristig in Heimen untergebracht werden, die Wahrscheinlichkeit für das Erreichen ihrer genetisch möglichen Endgröße verringert. Der Grund dafür liegt in einer Kombination von pränataler Wachstumsstörung und psychosozialer Wachstumsverzögerung sowie einem erhöhten Vorkommen einer vorzeitigen Geschlechtsentwicklung (Pubertas praecox) (Mul, 2000; Tuvemo & Proos, 1993). Gohlke und Mitarbeiter (1998) berichteten über 18 Kinder mit psychosozialem Minderwuchs, die fast ihre endgültige Größe erreicht hatten. Nach der Diagnosestellung wechselten alle Kinder in ein besseres psychosoziales Umfeld, worauf eine signifikante Zunahme der Wachstumsgeschwindigkeit beobachtet werden konnte. Die Mehrheit der Kinder (78%) erreichte fast die berechnete individuelle Endgröße. Die durchschnittliche Endgröße der Kinder war aber dennoch bedeutend niedriger als die berechnete Zielgröße.

Abschließend ist zu sagen, daß es keine bessere Zusammenfassung für die Interaktion zwischen Umwelt und Wachstum gibt als ein Satz aus den *Sprüchen Salomos,* den Widdowson in ihrer historischen Beschreibung der Auswirkungen von Fürsorglichkeit auf das Wohlbefinden eines Kindes verwendet (Widdowson, 1951). Das Zitat ist eine hervorragende Erinnerung daran, daß der Mensch diesen wichtigen Zusammenhang stets anerkennen und beachten soll: »Besser ein Gericht Kraut mit Liebe als ein gemästeter Ochse mit Haß.« (Spr 15,17)

Dank

Diese Arbeit entstand durch die Zusammenarbeit von Dana E. Johnson, Abteilung für Pädiatrie am medizinischen Zentrum der Fairview-University in Minneapolis, und dem Team des Internationalen Adoptionsprojekts (IAP). Zu diesem Team gehören: M. Gunnar, H. Grotevant, D. Johnson, R. Lee, W. Hellerstedt, N. Madsen, M. Bale, K. Dole und S. Iverson. Die Forschung wurde unterstützt durch eine Förderung des National Institute of Mental Health (NIMH) (MH59848) und durch Vergabe des K05-Award (MH66208) an Dr. Megan Gunnar. Der Autor dankt dem Elternrat des IAP, der Abteilung für Adoptionen des Department of Human Services und ihrem Direktor, Robert DeNardo, sowie auch den Adoptionsagenturen, die diese Arbeit unterstützt haben: Children's Home Society, Lutheran Social Services, Crossroads, Hope International, Bethany International, Child Link International, European Children Adoption Services, International Adoption Services, Great Wall China Adoption und New Horizons.

Literatur

Ames, E. W. (1997): *The development of Romanian orphanage children adopted to Canada.* Burnaby, BC (Simon Fraser University).

Albanese A., G. Hamill, J. Jones, D. Skuse, D. R. Mathews und R. Stanhope (1994): Reversibility of physiological growth hormone secretion in children with psychosocial dwarfism. *Clinical Endocrinology* 40, 687–692.

Albers L., D. E. Johnson, M. Hostetter, S. Iverson, M. Georgieff und L. Miller (1997): Health of children adopted from the former Soviet Union and Eastern Europe: Comparison with pre-adoptive medical records. *Journal of the American Medical Association (JAMA)* 278, 922–924.

Bakwin, H. (1949): Emotional deprivation in infants. *Journal of Pediatrics,* 35, 512–521.

Beckett, C., D. Bredenkamp, J. Castle, C. Groothues, T. G. O'Connor, M. Rutter und English and Romanian Adoptees (ERA) Study Team (2002): Behavior patterns associated with institutional deprivation: A study of children adopted from Romania. *Journal of Developmental & Behavioral Pediatrics,* 23 (5), 297–303.

Benoit, T. C., L. J. Jocelyn, D. M. Moddemann und J. E. Embree (1996): Romanian adoption: The Manitoba experience. *Archives of Pediatrics & Adolescent Medicine,* 150, 1278–1282.

Blizzard, R. M. und A. Bulatovich (1992): Psychosocial short stature: A syndrome with many variables. *Bailliére's Clinical Endocrinology and Metabolism,* 6, 687–712.

Blizzard, R. M. und A. Bulatovich (1996): Syndromes of psychosocial short stature. In: Lifshitz, F. (Hrsg.): *Pediatric Endocrinology*. New York (Marcel Dekker), S. 83–93.

Castle, J., C. Groothues, D. Bredenkamp, C. Beckett, T. O'Connor, M. D. Rutter und ERA Study Team (1999): Effects of qualities of early institutional care on cognitive attainment. *American Journal of Orthopsychiatry,* 69, 424–437.

Chapin, H. D. (1908): A plan of dealing with atrophic infants and children. *Archives of Pediatrics and Adolescent Medicine,* 25, 491–496.

Chapin, H. D. (1915): Are institutions for infants necessary? *Journal of the American Medical Association (JAMA),* 64, 1–3.

English, P. C. (1984): Pediatrics and the unwanted child in history: Foundling homes, disease and the origins of foster care in New York City, 1860–1920. *Pediatrics,* 75, 699–711.

Field, T. (1995): Massage therapy for infants. *Journal of Developmental and Behavioral Pediatrics,* 16, 105–111.

Frank, D. A., P. E. Klass, F. Earls und L. Eisenberg (1996): Infants and young children in orphanages: One view from pediatrics and child psychiatry. *Pediatrics,* 97, 569–578.

Gardner, L. I. (1972): Deprivation dwarfism. *Scientific American,* 227, 76–82.

Gardner, L. I. (1977): The endocrinology of abuse dwarfism. *American Journal of Diseases in Childhood,* 131, 505–507.

Gilmour, J. und D. Skuse (1999): A case-comparison study of the characteristics of children with short stature syndrome induced by stress (hyperphagic short stature) and a consecutive series of unaffected »stressed« children. *Journal of Child Psychology and Psychiatry,* 40, 969–978.

Gohlke, B. C., V. V. Khadilkar, D. Skuse und R. Stanhope (1998): Recognition of children with psychosocial short stature: A spectrum of presentation. *Journal of Pediatric Endocrinology and Metabolism,* 11, 509–517.

Haughton, B. A. (2002): *Kaspar Hauser – Wild Child of Europe.* (Im Internet unter: http://www.mysteriouspeople.com/Hauser1.htm).

Johnson, D. E. (2000): Medical and developmental sequelae of early childhood institutionalization in international adoptees from Romania and the Russian Federation. In: Nelson, C. (Hrsg.): *The effects of early adversity on neurobehavioral development.* Mahwah, NJ (Lawrence Erlbaum), S. 113–162.

Johnson, D. E., L. C. Miller, S. Iverson, W. Thomas, B. Franchino, K. Dole, M. T. Kiernan, M. K. Georgieff und M. K. Hostetter (1992): The health of children adopted from Romania. *JAMA,* 268, 3446–3451.

Johnson, D. E., J. E. Aronson, R. Federici, S. Faber, M. Tartaglia, L. Daunauer, M. Windsor und M. K. Georgieff (1999): Profound, global growth failure afflicts residents of pediatric neuropsychiatric institutes in Romania. *Pediatric Research,* 45, 126 A.

King, J. M. und L. S. Taitz (1985): Catch up growth following abuse. *Archives of Diseases in Childhood,* 60, 1152–1154.

Kreppner, J. M., T. G. O'Connor, M. Rutter und ERA Study Team (2001): Can inattention/overactivity be an institutional deprivation syndrome? *Journal of Abnormal Child Psychology,* 29, 513–528.

Mason, P., J. Stallings, C. Worthman, D. Johnson, R. Federici, L. Albers, A. Mandalakis, J. Bledsoe, W. Ling, D. Storer und J. Parks (2000): The effect of institutionalization on growth and the stress response. *Pediatric Research* 47, 134 A.

Miller, L. C. und N. W. Hendrie (2000): Health of children adopted from China. *Pediatrics* 105, E 76.

Miller, L. C., M. T. Kiernan, M. I. Mathers und M. Klein-Gitelman (1995): Developmental and nutritional status of internationally adopted children. *Archives of Pediatrics & Adolescent Medicine* 149, 40–44.

Money, J. (1992): *The Kaspar Hauser syndrome of »psychosocial dwarfism«: Deficient stature, intellectual and social growth induced by child abuse.* Amherst, NY (Prometheus Books).

Mul, D. (2000): *Treatment of early puberty in adopted and non-adopted children: When, why and how?* Rotterdam (Thesis Erasmus University Rotterdam).

O'Connor, T. G., C. Croft und H. Steele (2000): The contributions of behavioural genetic studies to attachment theory. *Attachment & Human Development,* 2, 107–122.

O'Connor, T. G., M. Rutter, C. Beckett, L. Keaveney, J. M. Kreppner und ERA Study Team (2000 a): The effects of global severe privation on cognitive competence: Extension and longitudinal follow-up. *Child Development,* 71, 376–390.

O'Connor, T. G., M. Rutter und ERA Study Team (2000 b): Attachment disorder behavior following early severe deprivation: Extension and longitudinal follow-up. *Journal of American Academy of Child and Adolescent Psychiatry,* 39 (6), 703–712.

O'Connor, T. G., R. S. Marvin, M. Rutter, J. Olrick, P. A. Britner und ERA Study Team (2003): Child-parent attachment following severe early institutional deprivation. *Developmental Psychopathology,* 15, 19–38.

Oliván, G. (2003): Catch-up growth assessment in long-term physically neglected and emotionally abused preschool age male children. *Child Abuse Neglect,* 27, 103–108.

Powell, G. F., J. A. Brasel und R. M. Blizzard (1967 a): Emotional deprivation and growth retardation simulating idiopathic hypopituitarism. I. Clinical evaluation of the syndrome. *New England Journal of Medicine,* 276, 1271–1278.

Powell, G. F., J. A. Brasel und R. M. Blizzard (1967 b): Emotional deprivation and growth retardation simulating idiopathic hypopituitarism. II Endocrinologic evaluation of the syndrome. *New England Journal of Medicine,* 276, 1279–1283.

Rudolf, M. C. J. (1990): Are boys more vulnerable to psychosocial growth retardation? *Journal of Developmental Medicine & Child Neurology,* 32, 1022–1025.

Rutter, M. (1981): *Maternal deprivation reassessed.* New York (Penguin).

Rutter, M. und ERA Study Team (1998): Developmental catch-up, and deficit, following adoption after severe global early privation. *Journal of Child Psychology and Psychiatry,* 39, 465–476.

Rutter, M., L. Andersen-Wood, C. Beckett, D. Bredenkamp, J. Castle, C. Groothues,

J. Kreppner, L. Keaveney, C. Lord, T. G. O'Connor und ERA Study Team (1999): Quasi-autistic patterns following severe early global privation. *Journal of Child Psychology and Psychiatry,* 40, 537–549.

Rutter, M., J. M. Kreppner, T. G. O'Connor und ERA Study Team (2001): Specificity and heterogeneity in children's responses to profound institutional privation. *British Journal of Psychiatry,* 179, 97–103.

Rutter, M., T. G. O'Connor und ERA Study Team (2004): Are there biological programming effects for psychological development? Findings from a study of Romanian adoptees. *Developmental Psychology,* 40, 81–94.

Skuse, D., A. Albanese, R. Stanhope, J. Gilmour und L. Voss (1996): A new stress-related syndrome of growth failure and hyperphagia in children, associated with reversibility of growth-hormone insufficiency. *Lancet,* 348, 353–358.

Spitz, R. (1945): Hospitalism. An inquiry into the genesis of psychiatric conditions in early childhood. In: Freud, A., H. Hartmann und E. Kris (Hrsg.): *The psychoanalytic study of the child.* New York (International Universities Press), S. 53–74.

Taitz, L. S. und J. M. King (1988): Growth patterns in child abuse. *Acta Pediatrica Scandinavia* [Suppl.], 343, 62–72.

Talbot, N. B., E. H. Sobel, B. S. Burke, E. Lindemann und S. B. Kaufman (1947): Dwarfism in healthy children: Its possible relation to emotional, nutritional and endocrine disturbances. *New England Journal of Medicine,* 236, 783–789.

Tuvemo, T. und L. A. Proos (1993): Girls adopted from developing countries: A group at risk of early pubertal development and short final height. Implications for health surveillance and treatment. *Annals of Medicine,* 25, 217–219.

Voss, L. D., J. Mulligan und P. R. Betts (1998): Short stature at school entry – an index of social deprivation? (The Wessex growth study.). *Child: Care, Health and Development,* 24, 145–156.

Widdowson, E. M. (1951): Mental contentment and physical growth. *Lancet,* 1, 1316–1318.

World Health Organization (1983): *Measuring change in nutritional status.* Genf (Word Health Organisation).

Wyatt, D. T., M. D. Simms und S. M. Horwitz (1997): Widespread growth retardation and variable growth recovery in foster children in the first year after initial placement. *Archives of Pediatrics & Adolescent Medicine,* 151, 813–816.

JARÓSLAV ŠTURMA

Deprivationsstudien in der ehemaligen Tschechoslowakei und ihre Folgen für die Familienpolitik

Einleitung: Kinder ohne Zuwendung und das Problem der Deprivation

Die Erkenntnis, daß Kinder ohne Liebe ihrer Eltern (vor allem der Mutter) physisch und psychisch leiden und manchmal sogar verkümmern, ist in der Menschheitsgeschichte tief verankert, und ein Handeln nach dieser Erkenntnis gehört zu den archetypischen Verhaltensweisen des Menschen. Notizen darüber findet man bereits in alten Chroniken. So lesen wir es beim Chronisten Salimbeni aus Parma schon im 13. Jahrhundert. Es ging damals um den Versuch, durch Manipulation der Lebensbedingungen von Säuglingen herauszufinden, welche Sprache die ursprüngliche, natürliche Sprache ist, die ein Kind lernt, wenn es sprachlos aufgezogen wird: ob Lateinisch als Sprache der Kirche und der Gelehrten oder Aramäisch als Sprache Jesu Christi oder eine andere Sprache. Kaiser Friedrich II. von Hohenstaufen hat mit dem gleichen Ziel neugeborene Kinder ihren Mütter wegnehmen lassen und sie Pflegerinnen anvertraut – allerdings mit dem strengen Befehl, sie sorgfältig zu betreuen, ohne mit ihnen zu reden und ohne zärtliche und liebevolle Zuwendung. Seine wissenschaftliche Neugier wurde nicht befriedigt: Alle Kinder starben, weil sie – wie der Chronist schreibt – nicht ohne liebevollen Zuspruch und freundlichen Gesichtsausdruck ihrer Betreuerinnen leben konnten. René Spitz (1945) zitiert in seinem berühmten Aufsatz über Hospitalismus Eindrücke eines Bischofs aus dem Jahr 1760: »Im Findelhaus wird ein Kind traurig, und viele gehen durch ihre Traurigkeit zugrunde.«

In Märchen findet man viele Geschichten mit einem traurigen Schicksal von Kindern ohne Liebe. In neuerer Zeit gibt es Versuche, gesellschaftliche Probleme und geschichtliche Ereignisse mit psychischen Leiden in Zusammenhang zu bringen, z.B. im tschechischen Buch des Neuropathologen František Koukolík und der Kinderpsychiaterin Jana Drtilová mit dem Titel *Deprivanty* (Deprivierte).

Man muß eingestehen, daß Deprivierte bisweilen die Weltgeschichte beeinflußt haben. So ermordete beispielsweise der Anarchist Luigi Luccheni 1898 die österreichische Kaiserin Elisabeth (»Sisi«). Seine Mutter brachte ihn frühzeitig in ein Waisenhaus, und erst später vermittelte sie ihn an Pflegeeltern. Der Jüngling, der eigentlich niemanden als Vertrauensperson auf der Welt hatte, irrte von einem Land ins andere. Eine ähnlich unglückliche Kindheit hatte übrigens Lee H. Oswald, der Mörder von John F. Kennedy. Seine früheste Kindheit verbrachte er in einem Waisenhaus.

Heute wissen wir, daß dieses komplizierte Phänomen tragender Beziehungen zwischen Menschen bzw. deren Mangel ein wissenschaftliches und gesellschaftliches Problem darstellt. Empirische Forschungen wurden von Charlotte Bühler und ihren Mitarbeiterinnen in Wien begonnen. Einige deutsche Forscher haben diesen Forschungszweig nach ihrer Emigration aus Nazi-Deutschland in den USA weiterentwickelt, z. B. René Spitz und von ihm unabhängig andere Forscher wie W. Goldfarb. Diese »Forschungsetappe« erreichte mit dem ersten großen Werk von John Bowlby ihren Höhepunkt. Seit Erscheinen seiner »klassischen« Studie »Maternal care and mental health« (Bowlby, 1951) sind inzwischen mehr als 50 Jahre vergangen.

Kindererziehung in der Tschechoslowakei

In der sozialistischen Tschechoslowakei herrschte vor allem in den 50er und 60er Jahren eine rigide Doktrin. Sie stellte das kollektive Menschenbild über das Individuum und gab die Erziehung der Kinder in die Verantwortung des Staates. Damit schwächte der sozialistische Staat bewußt den Einfluß der Familie auf die Kinder. Besonders in der Anfangszeit, nachdem die Kommunisten die Macht übernommen hatten, übte der Staat mit der Begründung, es gehe um die berufliche Gleichberechtigung der Frau, ökonomischen und ideologischen Druck auf die Mütter aus, möglichst rasch nach der Geburt des Kindes wieder arbeiten zu gehen. Sie wurden veranlaßt, ihre Kinder in die Pflege staatlicher Kindereinrichtungen mit Ganztagsbetreuung – anfangs auch mit Wochen- oder sogar Dauerbetreuung – zu geben. Es wurde argumentiert, Eltern wären in der Erziehung und in der Fürsorge für ihre Kinder Laien und besäßen keine hinreichende Kompetenz, während in einer Kinderkrippe fachlich geschultes Personal für die Kinder sorgen würde. Sogar gegen das Stillen – eine unersetzliche Funktion der Mutter – fand man Argumente, und für eine künstliche Flaschenernährung der Kinder.

Mit den Folgen dieser »Experimente« setzen wir uns bis heute auseinander. Inzwischen sind die Kinder, die auf diese Weise erzogen wurden, nämlich selbst Eltern oder Großeltern, und prägen mit ihren in der Erziehung erworbenen Haltungen die jetzige Generation. Es geht um die transgenerationale Weitergabe negativer Erfahrungen (Šturma, 2001).

In dieser Situation nahmen Josef Langmeier (geb. 1920) und Zdeněk Matějček (geb. 1922) ihre Tätigkeit im psychologischen Dienst der Kinderpsychiatrie und der Sozialpädiatrie auf. Zu ihren Aufgaben gehörte es, die Entwicklung der in den Säuglingsanstalten und Kinderheimen untergebrachten Kinder zu beobachten und zu beurteilen. Pflegefamilien wurden seit 1952 nicht mehr eingerichtet, und auch die Adoption wurde erst später systematisch unterstützt. Fast alle Kinder, die nicht in ihren Familien leben konnten, wurden in den 50er und 60er Jahren in Kinderheimen betreut und erzogen. Die Heime waren nach dem Alter der Kinder differenziert. Es gab Heime für Säuglinge, andere für Kleinkinder bis zum Ende des dritten Lebensjahrs, wieder andere für Vorschulkinder bis zum Ende des 6. Lebensjahrs und noch andere für Schulkinder. Insgesamt gab es im Jahre 1967 in der Tschechoslowakei – einem Land mit etwa 15 Millionen Einwohnern – fast 17 000 Kinder in 320 Heimen. Aufgrund dieser Art der Organisation erlebten alle Kinder mit einem langen Heimschicksal zwangsläufig in ihren ersten sechs Lebensjahren viermal eine Änderung ihrer sozialen sowie materiellen Umwelt. Unter solchen Bedingungen waren feste emotionale Bindungen an Erzieher praktisch ausgeschlossen.

Materiell waren die Anstalten gut ausgestattet. Das Personal war recht gut ausgebildet. Es herrschte eine straffe Organisation mit einheitlicher Methodik der Erziehungsarbeit, einheitlicher Ausbildung der Mitarbeiter und Typisierung der inneren Ausstattung. Im gesamten Erziehungskonzept herrschte weitgehende Uniformität. Dieses System bestand ohne nennenswerte Änderungen fast 15 Jahre lang. Es erhielt damit den Charakter eines »natürlichen Experiments«, das sich aus ethischen Gründen andernorts kein Forscher hätte erlauben dürfen. Erst im Laufe von Jahren kam es schrittweise zu organisatorischen Änderungen. Dieses kinderfreundliche Umdenken ist den alarmierenden Ergebnissen der Beobachtungen der beiden Psychologen Langmeier und Matějček zu verdanken.

Die Arbeit von Matějček und Langmeier

In einer ersten Studie beobachtete Matějček (1974) zwischen den Jahren 1954 und 1969 in regelmäßigen Abständen von vier Monaten in einem mittelböhmischen Kinderheim Kinder im Alter zwischen ein und drei Jahren. Das Heim war klein, mit einer häuslichen Atmosphäre, die Erziehung und die Pflege der Kinder waren hier eher überdurchschnittlich. Die geistige Entwicklung der Kinder wurde in den einzelnen Etappen mit der Gesell-Skala, einem Entwicklungstest, bewertet. Darüber hinaus wurden weitere Entwicklungskriterien geprüft. Nach dem dritten Jahr, als einige Kinder in Adoptionsfamilien kamen, einige in die eigenen Familien zurückkehrten oder weiterhin im Heim lebten, waren die Untersuchungen weniger regelmäßig. Im Schulalter wurde jedoch über jedes Kind regelmäßig ein detaillierter Bericht angefertigt.

Von den ursprünglich 181 Kindern, die in dieser Zeit in dem Heim lebten, konnte man die ganzen Jahre hindurch systematisch 160 Kinder beobachten; wir haben es hier also mit einer Längsschnittstudie zu tun. Bei der summarischen Wiedergabe der Ergebnisse verzichte ich im Rahmen dieses Beitrags auf detaillierte Informationen über genetische Faktoren und den familiären Hintergrund der Kinder.

Zusammenfassung der wesentlichen Ergebnisse

Ich konzentriere meine Aufmerksamkeit auf die psychische Entwicklung der Kinder und möchte die wesentlichen Ergebnisse der umfangreichen Untersuchungen von Matějček und Langmeier thesenartig wiedergeben.

- 160 Anstaltskinder wurden in den ersten beiden Lebensjahren psychologisch begleitet. Sie blieben in ihrer Entwicklung zurück. Die Retardierung betraf am wenigsten die Motorik und machte sich vorrangig in der Verzögerung der sozialen Entwicklung und hier wiederum der Sprachentwicklung bemerkbar. Die meisten Kinder sprachen bis zum 21. Lebensmonat höchstens einzelne Wörter.
- 107 Anstaltskinder, die in der zweiten Hälfte des dritten Lebensjahrs untersucht wurden, hatten zwar in der Motorik und sozialen Anpassung Fortschritte zu verzeichnen, ihre Sprachentwicklung erwies sich aber weiterhin als erheblich verzögert. Ähnliche Befunde hat auch Hellbrügge mit Hilfe der *Münchener Funktionellen Entwicklungsdiagnostik* bei deprivierten Kleinkindern erhoben.
- Die weitere Beobachtung der Heimkinder bis in die Vorschulzeit zeigte, daß eine anfangs »leicht unterdurchschnittliche« Intelligenzbewertung mit dem Terman-Merrill-Test bis zur Einschulung meist ausgeglichen war. Diese Kinder erschienen jetzt als »normal und altersgerecht« intelligent. War dagegen im 21. Lebensmonat die Intelligenz mittelgradig oder gar schwer gemindert, blieb ein solcher Entwicklungsschub aus. Ein Entwicklungsrückstand von mehr als acht

Monaten muß nach diesen Erfahrungen als ernstes Risiko einer dauerhaften geistigen Behinderung gelten.

- Markante Unterschiede zwischen den Geschlechtern waren in diesen Untersuchungen nicht auszumachen. Mädchen überwogen zwar bei den Kindern mit einer guten Motorik, im sozialen Verhalten und in der Sprache. Unter den stark retardierten Kindern wurde aber stets das gleiche Verhältnis von Jungen und Mädchen gefunden.
- Eine neue Erkenntnis ergab sich aus den Untersuchungen von Langmeier und Matějček in den frühen 60er und 70er Jahren, die sich als bahnbrechend und allgemein für die Beurteilung des Deprivationssyndroms gültig erweisen sollte. Die in den Längsschnittuntersuchungen über Jahre beobachteten und getesteten Kinder ließen keine einheitliche Einschätzung und Bewertung ihrer Entwicklung zu. Im Gegenteil: Die Entwicklung unterschied sich nicht nur hinsichtlich motorischer, geistiger, sprachlicher und sozialer Fähigkeiten, sondern vollzog sich individuell sehr verschieden. Jedes Kind reagierte auf das eintönige, uniforme, wenig anregende Heimmilieu anders, teilweise mit Resignation, teilweise mit gehemmter Aktivität oder Passivität, teils aber auch mit überschießender Aktivität und Umtriebigkeit. Hieraus ist der Schluß zu ziehen, daß das Deprivationssyndrom kein einheitliches »soziales Krankheitsbild« (Soziose) ist, sondern daß es sich um ein buntes Bild mit ganz verschiedenen Verhaltensmustern der Kinder handelt. Die beiden Autoren haben aus der Fülle der individuell unterschiedlichen Verhaltensmuster fünf Persönlichkeitstypen deprivierter Kinder herausgearbeitet, die Matějček in einem Kapitel ihres gemeinsamen Buchs ausführlich erläutert (Langmeier & Matějček, 1977).
- Alle diese Erkenntnisse, die bereits in den 50er und 60er Jahren gewonnen und in der ersten Auflage der Monografie über die psychische Deprivation in tschechischer Sprache (1963) publiziert wurden, trugen dazu bei, daß das Familiengesetz in der Tschechoslowakei 1963 geändert wurde. Die Familie nahm, entgegen der herrschenden Ideologie, wieder den ersten Platz in der gesellschaftlichen Rangordnung ein, sozusagen als die »Institution«, die eine optimale und harmonische Entwicklung der Kinder garantiert. In diesem Zusammenhang ist Marie Damborská zu nennen – langjährige Leiterin des Säuglingheims in Luhacovice –, die mit ihren Arbeiten wesentlich zu diesem Wandel beitrug. Es dauerte jedoch noch lange, bis diese Erkenntnisse Eingang in die Alltagspraxis fanden. Erst Anfang der 70er Jahre gelang es Dunovský, Matějček und anderen, den Anstoß zum Gesetz zur Kinderbetreuung in Pflegefamilien zu geben. Ein solches

Gesetz war ca. 20 Jahre zuvor aufgehoben worden. Dem ging in der Tschechoslowakei eine vorübergehende Entspannung des gesellschaftspolitischen Klimas um das Jahr 1968 voraus. So gelang es auch, das erste SOS-Kinderdorf zu errichten, das sogar den Sozialismus nach der sowjetischen Okkupation überlebte.

Wünschenswerte positive Merkmale des Familienlebens

Matějček wies nicht nur auf die negativen Folgen der Vernachlässigung der Familie und der Heimerziehung als Familienersatz hin. Es gelang ihm auch glänzend, wünschenswerte positive Merkmale des Familienlebens zu charakterisieren, durch die sich eine Familien- von einer Kollektiverziehung unterscheidet. Ich möchte diese Merkmale am Schluß meines Beitrages zusammenfassend beschreiben.

1. Die Familie ist durch die gegenseitige Befriedigung grundlegender psychischer Bedürfnisse gekennzeichnet, deren Erfüllung für eine harmonische Entwicklung des Kindes und für die persönliche Reife der Eltern notwendig ist. Eltern und Kinder brauchen einander und ergänzen sich gegenseitig. Voraussetzung dieser Gegenseitigkeit ist die Akzeptanz des Kindes durch die Eltern, die es als Teil ihrer persönlichen Identität ansehen und sich persönlich für sein Schicksal engagieren. Liebevollen Eltern liegt ihr Kind bei Tag und Nacht am Herzen, professionellen Betreuern in einer Kindereinrichtung besonders während ihrer Dienstzeit.
2. Ein weiteres Charakteristikum der Familie ist die Tiefe und Beständigkeit emotionaler Bindungen zwischen Kind und Eltern. Diese Bindungen sind in einer kollektiven Erziehung unerreichbar. Die heutige Familie ist mehr als früher auf emotionale Beziehungen angewiesen, die schön, aber zugleich leicht verletzbar sind. Das Kind hat für verantwortungsbewußte Eltern eine einzigartige Bedeutung, die man in anderen Beziehungen nicht erlebt und die in einer Kindereinrichtung nicht zu erreichen ist.
3. Während Erzieher und Kind für eine vorübergehende Zeit und an einem umschriebenen Ort miteinander verbunden sind, wächst die Beziehung zwischen Eltern und Kind natürlich und langfristig – ähnlich einem Baum. Mit einem Baum vergleichbar, bekommt die Eltern-Kind-Beziehung »Wurzeln«, d. h. den Bezug zu einer gemeinsamen Vergangenheit, aus der die Gegenwart gewoben ist und aus der sich das Kind – mit der Sicherheit einer Familie im Rücken – hoffnungsvoll der Zukunft zuwendet. Es gibt hier die Kontinuität einer langfri-

stigen gemeinsamen Koexistenz, die Verbindung, Teilhabe aneinander und gegenseitige Bereicherung begründet. Diese Koexistenz geht über die unmittelbare Raum- und Zeitgrenze hinaus und enthält einen »Vorgeschmack der Ewigkeit«. Selbst materialistisch denkende Eltern haben die Hoffnung, daß sie in ihren Kindern weiterleben werden. Diese sind – wie Khalil Gibran sagt – Pfeile oder Boten, die wir in die Zukunft entsenden.

4. Die tiefe gegenseitige Bindung zwischen den Menschen in einer Familie bedeutet auch, daß sich die Privatbereiche von Erziehenden bzw. Eltern und Kindern, die in einem Kinderheim strikt voneinander getrennt sind, gegenseitig durchdringen. Während sich der Erzieher von Berufs wegen dem Kind nur teil- und zeitweise »ausliefert«, gehört das Miteinander-Teilen des Lebens zur Existenz einer Familie. In einem Kinderheim herrscht demgegenüber eine Tagesordnung und häufig eine hierarchische Struktur der Beziehungen, die den Tagesablauf regelt.
5. Deswegen ist auch das Lernen in einer Familie viel komplexer und ganzheitlicher als außerhalb der Familie. Ständig werden bewußt und unbewußt Informationen weitergegeben und ausgetauscht sowie Fertigkeiten und Bewältigungsstrategien vorgelebt. Die Familie ist eine Stelle, die aus der Sicht des heranwachsenden Kindes – zumindest in den ersten Lebensjahren – mit seiner Übernahme von Haltungen, Urteilen und moralischen Normen praktisch nicht zu ersetzen ist. Es gibt Bereiche, in denen man außerhalb der Familie kaum zufriedenstellend gebildet werden kann. Dies betrifft z.B. die Sexualerziehung, die Erziehung zu einer verantwortungsbewußten Partnerschaft, zu Ehe und Elternschaft, die Aneignung der Männer- und Frauenrolle und die Bildung der Geschlechtsidentität.
6. Die Stärke einer Kollektiverziehung besteht in der fachlichen Qualität bei Nutzung einer erzieherischen Technologie, die sich auf wissenschaftlich-pädagogische Erkenntnisse stützt. Eine Idealvorstellung wäre eine Art Computer, der Belohnungen und Strafen mit dem Ziel präzise abwägt, den »optimalen« Menschen zu formen. Das Leben ist jedoch nicht einfach programmierbar und voraussehbar. Zur Realität gehört die Fähigkeit, sich dem Unerwarteten, Ungeplanten anzupassen, sich bei Problemen und besonders auch bei eigenem Versagen den Rat vertrauter Personen zu holen, Konflikte friedlich lösen zu lernen, zu verzeihen und neu zu beginnen, und zwar aus Liebe. Ein Kind soll mit dem Gefühl leben, so, wie es ist, akzeptiert und geliebt zu werden. Liebe ist mehr als eine »erzieherische Technik.« Vielleicht ist sie in ihren Äußerungen

manchmal nicht logisch, sie ist jedoch erfinderisch, schöpferisch und einfühlsam. Es ist also kein Wunder, daß eine funktionsfähige Familie zu den bedeutendsten Schutzfaktoren zählt, die für die komplexe Resilienz eines Kindes verantwortlich sind.

Am Schluß meiner Ausführungen möchte ich noch eine ganz persönliche Bemerkung machen. Als ich diesen Vortrag vorbereitet habe, durchlebte Herr Professor Matějček den abschließenden Kampf gegen eine unheilbare Krankheit. Meine Besuche bei ihm beeindruckten mich immer wieder aufs neue. Er trug die Schmerzen und die Schwierigkeiten der Krankheit mit bewundernswerter Tapferkeit und strahlte dabei eine Weisheit auf seine Umgebung aus, die alle ermutigte. Er beauftragte mich, jeden einzelnen, den er kannte, ganz persönlich zu grüßen. Er befand sich in der liebevollen Pflege seiner Frau und seiner Familie. Die Qualität des familiären Umfelds spielt eine bedeutende Rolle, nicht nur bei der Geburt eines Kindes, sondern auch in den Momenten, wenn sich das Leben seinem Ende nähert.

Literatur

Bowlby, J. (1951): Maternal care and mental health. In: WHO (Hrsg.): *Bulletin of the Word Health Organisation. Monograph Series No. 3.* Genf, S. 355–534. Dt.: *Mütterliche Zuwendung und geistige Gesundheit.* München: Kindler 1973.

Koukolík, F. und J. Drtilová (2001): Život s deprivanty, Prag (Galen).

Langmeier, J. & Z. Matějček (1977): *Psychische Deprivation im Kindesalter – Kinder ohne Liebe.* München/Wien/Baltimore (Urban & Schwarzenberg).

Matějček, Z. (1974): Die langfristige Beobachtung der Entwicklung von Kleinkindern in Heimen in der CSSR. In: Biermann, G. (Hrsg.): *Jahrbuch der Psychohygiene.* Bd. 2. München/Basel (E. Reinhardt), S. 170–187.

Spitz, R. A. (1945): Hospitalism: An inquiry into the genesis of psychiatric conditions in early childhood. *Psychoanalytic Study of the Child,* 1, 53–74. Dt.: Hospitalismus, I., II. In: Bittner, G. und E.Schmid-Cords (Hrsg.): *Erziehung in früher Kindheit.* München (Piper) 1971, S. 77–103.

Šturma, J. (2001): Erfahrungen aus der Kollektiverziehung. *Pediatrics and Related Topics,* 40, 481–487.

ZDENĚK MATĚJČEK*

Ehemalige Heimkinder in Adoption und Familienpflege

Erfahrungen aus der Tschechischen Republik

Mein Beitrag ähnelt einem Theaterstück in drei Akten, mit einem Intermezzo und einem kurzen Epilog. Den Prolog trug schon Dr. Sturma in seinem Beitrag vor. Gleich zu Anfang dieses Vortrags möchte ich eine These aufstellen, die am Ende wieder auftaucht. Sie lautet: *Die psychische Deprivation bietet kein einheitliches (mehr oder weniger ungünstiges) Bild der Entwicklung der kindlichen Persönlichkeit. Das Resultat entsteht als Ergebnis der Interaktion einer völlig individuellen, originellen, einmaligen Persönlichkeit des Kindes mit seiner Umgebung, in der seine psychischen Bedürfnisse nicht im notwendigen Maße und in der richtigen Entwicklungsperiode befriedigt wurden.* – Und nun:

Der erste Akt – 60er Jahre des vergangenen Jahrhunderts Typen der deprivierten Persönlichkeit des Kindes und die Indikation für eine Adoption

Die klassischen Studien über die psychische Deprivation (R. A. Spitz, W. Goldfarb, J. Bowlby u. a.) aus den 40er und 50er Jahren wiesen häufig darauf hin, daß Kinder, die in einer stimulans- und besonders gefühlsarmen Umgebung aufwuchsen, bestimmte spezifische Abweichungen in ihrer intellektuellen und charakterlichen Entwicklung aufwiesen. Die Prognose dieser Abweichungen galt als ungünstig. Man war der Meinung, daß praktisch alle Kinder, die dem Einfluß dieser ungünstigen Umgebung ausgesetzt waren, geschädigt würden und daß diese

* Der folgende Beitrag wurde von Prof. Zdeněk Matějček als Vortrag für die Konferenz »Kinder ohne Bindung. Deprivation, Adoption und Psychotherapie« vorbereitet, wobei er wußte, daß er bald sterben werde; er verstarb wenige Tage vor der Konferenz. Der Beitrag wurde von seiner langjährigen Mitarbeiterin, Frau Dipl.-Psych. Jana Christ, übersetzt und bei der Konferenz verlesen. Wir veröffentlichen diesen Beitrag in unveränderter Vortragsform. (Die Herausgeber)

Schädigung eine einheitliche Wirkung hätte. Häufig sprach man daher vom *Deprivationssyndrom*. Neuere Studien aus den 50er und 60er Jahren zeigten jedoch, daß die Folgen der Deprivation bei weitem nicht so einheitlich sind, wie man angenommen hatte, und daß Maßnahmen für eine Besserung nicht nur möglich, sondern auch erfolgreich seien, wenn man damit rechtzeitig und mit Rücksicht auf den individuellen Charakter eines jeden Falles anfängt. Es zeigt sich, daß viele Kinder das Heimmilieu ohne bemerkbare Entwicklungsabweichungen vertragen und daß diejenigen, bei denen Abweichungen auftreten, in neuen Lebenssituationen (wie z.B. Adoption) wie auch bei verschiedenen therapeutischen Bemühungen sehr unterschiedlich reagieren.

Aus diesen Beobachtungen kann man schließen, daß Kinder sich unter einheitlichen Deprivationsbedingungen individuell entwickeln. Trotzdem kann man jedoch bei einem detaillierten Vergleich der Entwicklung einzelner Kinder unter Heimbedingungen bestimmte auffallende Züge erkennen, die dem Verhalten der deprivierten Kinder gemeinsam sind. Man spricht deswegen also nicht mehr von einem Deprivationssyndrom, sondern versucht, einzelne *Verhaltenstypen* zu finden, die eine Wechselwirkung bestimmter Persönlichkeitsmerkmale des Kindes mit typischen Charakteristika seiner Lebensumgebung erkennen lassen.

Ich möchte an dieser Stelle versuchen, aufgrund theoretischer Überlegungen sowie meiner praktischen Erfahrungen individuelle Deprivationstypen abzuleiten und aufzuzeigen, in welchem Maße die Indikation zu einer Adoption gegeben ist, wo Gefahr droht, eventuell welche korrigierenden Maßnahmen ergriffen werden können.

1. *Der relativ gut angepaßte Typ*: Es handelt sich um Kinder, die sich unter den Heimbedingungen relativ gut entwickeln. Sie weisen weder Abweichungen noch Auffälligkeiten auf – oder besser gesagt, wir konnten bisher keine deutlicheren Störungen feststellen. Für eine Adoption ist dieser Typ selbstverständlich indiziert. Dies ist jedoch nicht ohne Gefahr.

   Es ist zu berücksichtigen, daß die gute Anpassung dieser Kinder vorerst die relativ einfachen Heimbedingungen betrifft und daß gar nicht sicher ist, wie sie unter anspruchsvolleren Bedingungen reagieren werden. Im Heim haben sie sich an die Situation des sogenannten »multiple mothering«, d.h. der wechselnden Pflege durch das zahlreiche Personal, gewöhnt. Sind sie plötzlich in der Adoptivfamilie vor einen Ansturm der Emotionen gestellt, werden sie dadurch leicht aus der Fassung gebracht, wehren sich manchmal, womit sie auch bei

ihren Adoptiveltern Unsicherheit hervorrufen. Dadurch kommt es leicht zu Störungen der anfänglichen Beziehung.
Ein 8jähriger Junge kam aus dem Heim in eine gute, vorbereitete Familie. Der Junge zeigte sich im Heim sehr gut angepaßt, und es schien, daß für das Gelingen dieser Beziehung gute Bedingungen bestanden. Ein Jahr später traf ich ihn jedoch in demselben Heim wieder. Auf meine Fragen hat er die ganze Situation einfach und zugleich sehr treffend erklärt. »Sie wollten mit mir schmusen, aber ich wollte nicht.«
Zu Beginn des Zusammenlebens des Kindes mit seinen Adoptiveltern ist daher zu einer gewissen Zurückhaltung, Geduld und Vorsicht zu raten.

2. *Der hypoaktive, gehemmte, regressive Typ:* Es handelt sich um den klassischen Typ der deprivierten Persönlichkeit, besonders gut durch R. A. Spitz beschrieben. Die Retardierung der Mentalentwicklung und die insgesamt niedrigere Aktivität, hauptsächlich auf dem sozialen Gebiet, zeichnen ihn aus.
Die Indikation für eine Adoption ist fraglich, und man muß mit äußerster Vorsicht vorgehen. Ein solches Kind ist in der Regel nicht zu einer entsprechenden emotionalen Resonanz fähig. Eine spezifische emotionale Bindung an erwachsene Personen ist nicht zustande gekommen. Handelt es sich um ein Kind im dritten Lebensjahr oder noch älter, ist zu fürchten, daß die dazu geeignete Zeit vorbei ist. Es ist also sehr unsicher, ob es einer Adoptivfamilie jene Befriedigung bieten kann, die eine Voraussetzung für Rückkopplungen zur weiteren Stimulierung seiner Entwicklung darstellt. Die Unsicherheit wird noch dadurch erhöht, daß diese Kinder als besonders ruhig, brav, ausgeglichen erscheinen und häufig auch körperlich gut entwickelt, rundlich sind und ein zufriedenes Lächeln zeigen.
Ich bin der Meinung, daß ein solches Kind nicht ohne vorherige Rehabilitation, die wahrscheinlich in einer besonders ausgewählten therapeutischen Familie durchzuführen wäre, in eine Adoptivfamilie übergeben werden sollte. Und um dem unnötigen Wechsel von einer Familie in die andere vorzubeugen, halten wir im Psychiatrischen Zentrum Prag es für günstiger, für diese Kinder eher eine Pflegefamilie als die Adoption anzustreben.

3. *Der Typ der sozialen Hyperaktivität:* Ein depriviertes Kind, dessen Bedürfnis der emotionalen Beziehung zur mütterlichen Person in der frühen Kindheit unbefriedigt geblieben ist, gibt letztendlich seine Bemühungen, den festen Kontakt

zu einer bestimmten, »seiner« Person zu knüpfen, auf und bemüht sich weiterhin eher um die Menge gewonnener Kontakte statt um ihre Qualität. Das Kind knüpft also spontan Kontakte zu seiner Umgebung und ist häufig in dieser Hinsicht sogar überdurchschnittlich aktiv. Solcher Kontakt bleibt jedoch nur oberflächlich, undifferenziert, vertieft sich nicht weiter. Wir charakterisieren ein solches Kind als Zuschauer in einem interessanten Abenteuerfilm, der sich vor seinen Augen abwickelt, an dessen Handlung es aber nicht aktiv beteiligt ist.

Auch für Kinder dieses Typs ist die Adoption mit Unsicherheiten verbunden. Sie wirken nämlich durch ihre ungehemmte Spontaneität, ihr soziales Interesse und ihre Aktivität sehr anziehend. Sie laufen in jedermanns offene Arme – scheinbar sofort den neuen emotionalen Bedingungen angepaßt. Nicht selten kommt es dazu, daß sie ihre zukünftigen Adoptiveltern selber auswählen und für sich gewinnen. (Aus der Heimkindergruppe löst sich eins heraus, hält sich an einer ins Heim kommenden Frau fest und erklärt mit naiv kindlicher Entschiedenheit: »Du bist meine Mama!?«) Nicht selten aber auch zeigt sich nach einiger Zeit die Oberflächlichkeit des emotionalen Engagements dieses Kindes, das mehr als andere dem Augenblick lebt und sich in der Intimität der familiären Beziehungen nicht heimisch fühlen kann. Dadurch können sowohl Adoptiveltern, die die Tiefe, Dauerhaftigkeit und Vorbehaltlosigkeit der emotionalen Beziehung suchen, wie auch solche, die am meisten den intellektuellen Erfolg des Kindes schätzen, enttäuscht sein. Häufig zeigt sich nämlich, daß diese Kinder sich gerade wegen ihres übertriebenen sozialen Interesses nur wenig objektiven Tätigkeiten widmen, daß sie auf niedrigem Niveau spielen und schlecht lernen, auch wenn sonst ihre Intelligenz durchschnittlich oder gar überdurchschnittlich ist.

Eine Adoptivfamilie muß für diese Kinder besonders sorgfältig ausgewählt und mit ihrer Aufgabe bekannt gemacht werden, etwa als würde man sie auf ein defektes Kind vorbereiten. In besonders ausgeprägten Fällen halten wir ebenfalls die Erziehung durch eine Pflegefamilie für besser geeignet als die Adoption.

4. *Der Typ der sozialen Provokation:* Das Bedürfnis einer spezifischen emotionalen Beziehung wurde bei diesem Kindertyp ebenfalls nicht befriedigt, das Kind verbleibt jedoch im Zustand der erhöhten emotionalen Spannung, und zwar im Sinne eines unbefriedigten Bedürfnisses. Es erzwingt immer wieder gewaltsam die Aufmerksamkeit seiner Umgebung, provoziert, gilt als ein kleiner Bösewicht. Es kann durch die Worte »Wenn es nicht gestreichelt wird, so erzwingt es

wenigstens eine Ohrfeige« charakterisiert werden. Im Heimmilieu fallen diese Kinder durch ihre Aggressivität und Wutausbrüche auf, sie werden von Erziehern für unbeherrschbar gehalten und werden nicht geliebt. Hat jedoch solch ein Kind einen Erzieher außerhalb der Gruppe nur für sich, verhält es sich in der Regel wie »ausgewechselt« – es ist nicht wiederzuerkennen, es zeigt sich ruhig, anhänglich, lernbereit. Erzieher bringen ihre Beobachtungen häufig durch die Worte »Diesem Kind tut eine Gruppe nicht gut« zum Ausdruck.

Erfahrungen zeigen, daß die Indikation für eine Adoption in solchen Fällen keinesfalls schlecht ist. Lebt ein Kind wegen eines Mangels an emotionaler Befriedigung im Zustand der erhöhten Spannung, besteht die Hoffnung, daß es sich gut anpaßt und ausgeglichen wird, wenn es endlich die Gelegenheit zu einer emotionalen Verankerung bekommt. Es braucht nämlich eine feste Lebensumgebung mit denselben Erziehungspersonen, die es auf Dauer voll akzeptieren. Wir sind schon häufig zu Zeugen einer solchen fast wundersamen Wendung im Verhalten dieser Kinder nach ihrer Übernahme in eine Adoptivfamilie geworden.

Auch in diesen Fällen ist es jedoch nötig, die Adoptivfamilie mit besonderer Sorgfalt auszuwählen, sie gründlich auf mögliche Reaktionen des Kindes vorzubereiten und diese neue Beziehung nach Bedarf durch Erziehungsratschläge und Tips, wenigstens in der ersten Zeit ihres Zusammenlebens, zu unterstützen.

5. *Der Typ der Ersatzbefriedigung emotionaler Bedürfnisse:* Er erscheint seltener in einer stark ausgeprägten Form. Diese Kinder haben ihre Aktivität aus dem Gebiet der sozialen Bedürfnisse in einen anderen Bereich verlagert, in welchem ihre Befriedigung leichter zu erreichen ist. Es kommt zu verfrühten sexuellen Aktivitäten, ungebremster Nahrungsaufnahme, übertriebener Ich-Konzentration, aber auch Aggressivität, Tierquälerei, Drangsalieren anderer Kinder u. ä.
   Diese Kinder kommen nur nach einer vorausgehenden Rehabilitation für eine Adoption in Frage, d.h. wenn es gelingt, ihre Aktivität zurück in die richtige Bahn zu lenken. Die falsche Ausrichtung ihrer Ersatzbefriedigung muß therapeutisch überwunden werden. Dies ist aber weder leicht noch schnell zu erreichen, so daß wir eine besonders ausgewählte therapeutisch wirkende Pflegefamilie für besser geeignet halten als die Adoption.

Jeder hier beschriebene Typ ist allerdings nur eine Art Abstraktion. Was wirklich existiert, sind nur individuelle Varianten, die sich dem jeweiligen Typ mehr oder weniger nähern. Die Erfahrung zeigt, daß manche Kinder die Formen ihres Verhaltens mit dem Alter und eventuell dem Wechsel von einem Heim in ein anderes ändern. Dies bezeugt aufs neue, daß die Adoptionspraxis konsequent auf die Individualität des Kindes eingehen muß, so wie es übrigens auch der Tradition und dem Sinn der klinischen Psychologie entspricht. Das Schema, das ich hier anwende, kann dabei als Orientierung in bezug auf die Indikation für die Adoption älterer Heimkinder bloß eine Hilfestellung sein und sollte weiter zu konkreteren, gezielteren Überlegungen bei jedem Einzelfall führen.

Intermezzo

Im Jahr 1984 habe ich im *British Journal of Developmental Psychology* (18, S. 225–234) einen Artikel von M. Rutter und D. Quinton gelesen: »Long-term follow-up of women institutionalized in childhood«. Ein bemerkenswerter Beitrag zur Erforschung dessen, was wir heute die *Resilienz* nennen.

Damals hat die Tatsache meine Aufmerksamkeit erregt, daß bei einer Reihe dieser Frauen auch die Schule einen der vorderen Plätze unter den »protektiven« Faktoren eingenommen hat. Die Persönlichkeit des Lehrers, der dem betreffenden Mädchen die Gelegenheit gab, sich vor den anderen auf irgendeine Art und Weise auszuzeichnen, zeigte sich als ein wichtiger Faktor. Diese Tatsache wurde auch von mehreren von uns erforschten Männern und Frauen als die *Rettung des Lebens* bezeichnet – und ich bin der Meinung, daß solch eine Bezeichnung völlig den Tatsachen entspricht.

Zweiter Akt

Rutter und Quinton waren die Inspiration. Sie untersuchten 50 Frauen, die über längere Zeit ihrer Kindheit in Kinderheimen erzogen wurden. Wir hatten 30 Männer und 30 Frauen, d. h. zusammen 60 Personen, die praktisch nur in Kinderheimen aufgewachsen waren – seit ihrer Geburt oder spätestens seit ihrem dritten Lebensjahr, bis ins Erwachsenenalter. Wir hatten ihre Entwicklung über die ganze Zeit begleitet. Alle wurden im Alter von 12 bis14 Jahren während eines vierzehntägigen Aufenthaltes in der Kinderklinik medizinisch und psychologisch gründlich untersucht. Zur Zeit einer erneuten Untersuchung Mitte der 90er Jahre näherten sie sich ihrem 40. Geburtstag (Durchschnittsalter 37,4 Jahre).

Es gab viele Befunde, ich möchte hier jedoch einen davon besonders herausheben, der – wie mir scheint – den Weg zu einem tieferen Verständnis des Problems der Deprivation andeutet. Diese Menschen wurden praktisch während ihrer gesamten Kindheit weitestgehend uniformen Deprivationsbedingungen ausgesetzt. Die Frage lautet, ob man bei ihnen noch immer die verschiedenen Deprivationstypen, wie wir sie im ersten Akt besprochen haben, unterscheiden kann. Die Antwort lautet »Ja«. Von allen in Frage kommenden Unterscheidungskriterien erwiesen sich am Ende die gesamte soziale Adaptation der erforschten Personen und ihre Fähigkeit der sozialen Kommunikation als am effektivsten.

Zwei Menschen sind inzwischen gestorben, zwei sind verschollen – fünf leben zur Zeit in Heimen. Diese haben zwar eine niedrigere Intelligenz, absolvierten jedoch die Sonderschule, so daß zu erwarten war, daß sie eine gewisse soziale Selbständigkeit erreichen würden. In der Realität sind sie heute jedoch völlig abhängige Schützlinge der Heime für Sozialpflege. Was ihren Charakter, ihre Arbeitseinstellung und ihr Verhalten betrifft, fällt ihre Beurteilung durch das Pflegpersonal der Heime zu ihren Ungunsten aus. Es gibt Beschwerden über ihren Egoismus, die Unfähigkeit zur Zusammenarbeit (diese Charakteristik bitte ich besonders zu beachten!), häufige Stimmungsschwankungen, Trotz, Verschlossenheit und Eigenbrötlertum – mit der Bemerkung, daß sich dieser Zustand allmählich verschlechtert.

Wir nehmen an, daß es sich hier um die logische Fortsetzung dessen handelt, was früher als der *gehemmte Typ* bezeichnet wurde. Die psychische Deprivation kommt hier sekundär zu der primären (wenn auch nur relativ leichten) mentalen Retardierung und einem nichtkommunikativen Charakter hinzu. Diese Kombination schränkt dann weiterhin das praktische Ausschöpfen vorhandener intellektueller Fähigkeiten ein und verursacht eine noch tiefere soziale Isolation. Die intellektuelle und die soziale Verschlechterung setzen sich offensichtlich im Erwachsenenalter fort.

Eine weitere Untergruppe besteht aus 14 Personen, die die Zusammenarbeit ablehnten, und zwar entweder von Anfang an oder nach den ersten Kontakten. Es ist trotzdem gelungen, die notwendigen Informationen sowohl aus ihrer Umgebung als auch aus den früheren Etappen unserer Forschung zusammenzutragen. Diese Gruppe unterscheidet sich von der ersten *gehemmten* Untergruppe sehr deutlich. In keinem einzigen Fall wurde hier eine niedrigere Intelligenz festgestellt – ihr Intelligenzdurchschnitt entspricht dem Durchschnitt der ganzen Gruppe. Bis auf eine Ausnahme handelt es sich jedoch um gesellschaftlich isolierte Einzelgänger. Sie versagen in der Ehe und in partnerschaftlichen Beziehungen, sind überwiegend ledig oder geschieden, wechseln häufig den Beruf und den Aufenthaltsort, sind unstetig, haben oft Konflikte mit den gesellschaftlichen Normen (Diebstähle, Prostitution, Rowdytum). Nur eine Frau lebt in der Ehe und erzieht ihre Kinder – sie wehrt jedoch soziale Kontakte ab. Kinder von zwei Frauen wurden ihren Müttern wegen Vernachlässigung der Erziehung weggenommen und wachsen bei den Vätern auf.

Die Ablehnung der Zusammenarbeit durch diese Personen erklären wir uns durch eine gestörte Entwicklung ihrer Identität, d.h. die Ablehnung durch andere, mit anderen Worten: durch die eigene Unfähigkeit, sich anderen Menschen positiv zu nähern. Ihre eingeschränkte Fähigkeit der sozialen Kommunikation, zusammen mit den andern Charakteristika, entspricht am ehesten dem Typ der *sozialen Provokation* der Gesellschaft – als aktive Abwehr gegen andere Kinder in der Kindheit und gegen andere Menschen im Erwachsenenalter.

Es bleibt noch die größte Untergruppe von 37 Personen (64% der ganzen Gruppe), die mit uns relativ gut zusammengearbeitet haben. Man kann sie für die positive Auswahl halten. Sie erreichten im Durchschnitt eine höhere Bildung und eine bessere Beschäftigung als die anderen, wobei sie im Vergleich mit der üblichen gesellschaftlichen Norm deutlich unter dem Durchschnitt liegen. 90% von ihnen sind im Beruf zufrieden, 70% haben eine eigene Wohnung oder sogar ein eigenes Haus – bei einem Drittel von ihnen gibt es jedoch einen Eintrag im Strafregister.

Wir können diese Untergruppe noch weiter unterteilen. 26 Personen (d.h. zwei Drittel dieser positiven Auswahl und 46% aus der ganzen Gruppe) leben in einer Ehe oder einer dauerhaften partnerschaftlichen Beziehung, die Ehen dauern 15–22 Jahre und werden von den meisten dieser Personen für sehr oder wenigstens durchschnittlich glücklich gehalten. Ihre Kinder wachsen in allen Fällen zu Hause auf. Über ihre Ehepartner und über ihre Kinder können sie sachlich und mit Engagement erzählen, ihre emotionale Reife scheint nicht eingeschränkt zu sein.

Wir können diese Gruppe von Personen, die tatsächlich eine eigene Familie gegründet haben, mit einiger Vorsicht als Personen mit einer guten Portion *Resilienz* bezeichnen. Sie erlitten in der Deprivationssituation relativ wenig Blessuren, einer drohenden Gefahr konnten sie trotzen oder ihr erfolgreich ausweichen, und ihre Mängel haben sie im späteren Leben derart ausgeglichen, daß sie heute als gesellschaftlich mehr oder weniger »unauffällig« erscheinen. Wir sehen in ihnen eher die Fortsetzung des ehemaligen *normoaktiven oder relativ gut angepaßten Typus.*

(Schon damals, in den 60er Jahren, haben wir versucht, die positive Aktivität seitens des Kindes zum Ausdruck zu bringen.)

Es gibt schließlich noch eine Gruppe von 11 Personen, die sich von der obengenannten (resilienten) Gruppe praktisch nicht unterscheidet – bis auf die Ausnahme in den zwischenmenschlichen Beziehungen, die sich auch heute auf einem niedrigeren Niveau bewegen. Sie blieben ledig, ohne eine länger dauernde Beziehung, oder wurden nach einer kurzen erfolglosen Ehe geschieden. Sie können nicht emotional »landen«, haben keine festen Freunde, und ihre häufigste Antwort auf die Frage, wen sie auf der Welt am liebsten haben, lautet: »Niemanden!«. Auf die Frage, »wer sie am liebsten hat«, antworten sie noch häufiger: »Niemand!« Sie geben meistens an, schon mehrere Male verliebt gewesen zu sein, nun aber Angst vor einer erneuten Enttäuschung zu haben – die Hauptursache ihrer Liebes-Mißerfolge suchen sie jedoch immer auf der Seite des Partners.

Wir sehen in dieser Gruppe also am ehesten die Fortsetzung des Typs der *sozialen (zerstreuten, oberflächlichen) Hyperaktivität.* Sie sind weder zur eigenen emotionalen Aktivität noch zu einer entsprechenden Antwort auf die Aktivität anderer fähig. Sie können weder Freunde noch einen Partner des anderen Geschlechts für sich gewinnen. Es ist bezeichnend, daß diese Kategorie sehr viel häufiger von Männern als von Frauen belegt wird.

Der dritte Akt

Dieser dritte Akt soll nur kurz unterstreichen, was in den vorigen Akten angedeutet wurde: In den Jahren 1999 bis 2001 haben wir eine umfangreiche Untersuchung einer Gruppe von heute schon erwachsenen Personen (Durchschnittsalter 33 Jahre) durchgeführt, deren Schicksal in der frühen Kindheit der erforschten Gruppe der Heimkinder praktisch glich, jedoch mit dem Unterschied, daß diese Kinder nach einiger Zeit in die Familienpflege gewechselt sind. Die Untersuchung suchte vor allem die sogenannten »resilienten Faktoren«, von denen man annimmt, daß sie trotz ungünstiger Lebensbedingungen den betroffenen Kindern später eine angemessene, befriedigende Adaptation in der Gesellschaft ermöglichen.

Die individuelle Familienpflege wurde im Jahre 1950 in der kommunistischen Tschechoslowakei aus ideologischen Gründen aufgelöst – jedoch unter dem Druck der Befunde über die psychische Deprivation und der nachfolgenden familienorientierten Bewegung im Jahre 1974 wieder erneuert. Zur Zeit unserer

Nachuntersuchung existierte sie in zwei Formen – die individuelle Form, in der die Pflegepersonen aus einem Ehepaar, d.h. Mann und Frau, bestehen und die SOS-Kinderdörfer, in denen als Pflegeperson die Mutter allein steht.

Die untersuchte Gruppe bestand aus 116 Personen aus SOS-Kinderdörfern (im folgenden nur kurz: SOS) und aus 93 Personen aus der Individualfamilienpflege (im folgenden nur IFP). Männer und Frauen waren zu gleichen Teilen vertreten. Über die erforschten Personen wurde eine ganze Reihe unabhängiger Daten (z.B. aus dem Strafregister) erhoben. Für jede Person wurde ein sogenannter »Score« der sozialen Adaptation ausgerechnet, der die Anwesenheit günstiger und die Abwesenheit ungünstiger Umstände festhält (z.B.: sie wurde nicht strafrechtlich verfolgt, ist nicht geschieden, ist nicht arbeitslos, hat eine Wohnung usw.). Den höchsten Summenwert, d.h. 6–8 Punkte, erreichten 75 Personen aus den SOS-Kinderdörfern und 61 Personen aus der individuellen Familienpflege, somit praktisch genau derselbe Prozentanteil in beiden Gruppen (64,6% SOS und 65,6% IFP), d.h. zwei Drittel. Diese Personen bilden nun die engere Auswahl. Die Zahl der Frauen ist hier nur unbedeutend höher als die der Männer. Die Untersuchung wurde mit Hilfe von Fragebogenmethoden, Bewertungsskalen u.a. durchgeführt.

Zum Vergleich: Die gleiche Untersuchung haben wir mit einer Gruppe von 45 Personen aus Kinderheimen durchgeführt, die im Erwachsenenalter nicht zu Insassen der Einrichtungen der sozialen Fürsorge wurden und über die zuverlässige Daten zu gewinnen waren. Den Summenwert von 6–8 Punkten – was eine wenigstens akzeptable Adaptation bedeutet – erreichten nur 15 Personen, d.h. nicht mehr als 33% der Gruppe (4 Männer und 11 Frauen), also lediglich ein Drittel. Dieser Befund sagt uns u.a., daß allein die Unterbringung des Kindes in der Familienpflege im Vergleich mit dem langfristigen Aufenthalt im Kinderheim eine resiliente Funktion hat.

Aber zurück zu unserer Auswahl von Personen aus der individuellen Familienpflege. Wir haben eine Rekonstruktion des Lebenslaufs jedes einzelnen aufgrund wiederholter, in der Regel in dessen Haushalt geführter Gespräche vorgenommen – mit 63 Personen, davon mit 33 aus SOS-Kinderdörfern und 30 aus der IFP, mit einer gleichen Zahl von Männern und Frauen.

Und unsere Ergebnisse?

Befunde gab es wiederum sehr viele. Versuchen wir einige davon auszuwählen und einige zusammenzufassen. Wie man sieht, kommt von außen ein resilientes Angebot, vom Kind dann eine resiliente Nachfrage – Angebot und Nachfrage sollten also zusammentreffen!

Als erstes in der zeitlichen Reihenfolge kommt von den äußeren Faktoren *die Akzeptanz des Kindes durch die Pflegefamilie* – mit der Betonung auf der psychischen, mehr oder weniger bedingungslosen Annahme. Unmittelbar damit *im weiteren Leben* zusammenhängt *die Stütze in Gestalt der Personen der Pflegeeltern.* Als leitende (bedeutendste, entscheidende) Person ihres Lebens führen die in SOS-Dörfern aufgewachsenen Männer zu 93% und die in Pflegefamilien aufgewachsenen Männer zu 83% ihre jeweilige Pflegemutter an – die Frauen etwas weniger häufig (78% SOS und 39% IFP). Die eigenen biologischen Eltern werden nur im Einzelfall genannt (insgesamt dreimal) – und jemand aus der Zeit im Kinderheim überhaupt nicht. Diese Kinder reden ihre Pflegeeltern auch im Erwachsenenalter völlig selbstverständlich und ohne zu zögern mit *Mutti, Mami, Papa, Vati* an und sprechen von ihnen als von den *Eltern.* Die eigenen Kinder bezeichnen sie ebenso selbstverständlich als deren *Enkelkinder.* Bewußt (und um so mehr unbewußt) übernehmen sie die Erziehungspraktiken ihrer Pflegeeltern und können sie meistens auch treffend charakterisieren. Die Pflegeeltern bleiben weiterhin ihre ersten Ratgeber und Begleiter.

Diesen folgen unmittelbar, was ihre Bedeutung und die resiliente Funktion betrifft, die *Geschwister,* gleich, ob eigene Geschwister oder Kinder der Pflegeeltern. Unsere erfolgreichen Zöglinge von Pflegefamilien nehmen diese einfach als eigene Geschwister an und fühlen sich durch sie genauso angenommen. (Ein IFP-Mann: »Ich habe sie alle für meine Brüder und Schwestern, für meine Familie gehalten.«)

Ein weiterer positiver Faktor in der zeitlichen Reihenfolge stellt die *Schule* dar. In unserem Fall ist es jedoch nicht die Person des Lehrers (siehe den im Intermezzo und im 2. Akt zitierten Aufsatz von Rutter & Quinton,1984), sondern es sind vor allem geringere Ansprüche und Ambitionen der Pflegeeltern (im Unterschied zu Adoptiveltern). Ein Bericht aus einer SOS-Familie gibt diese Tatsache zutreffend wieder: *Bei allen Geschwistern Sch. kann man gewisse Ähnlichkeiten beobachten. Sie beginnen ihre Schullaufbahn in der Grundschule. Hier treten jedoch sehr früh Probleme auf. Man sieht den Kampf der Pflegemutter um das Verbleiben der Kinder in der Grundschule, die meisten von ihnen wechseln später trotzdem in die Lernbehindertenschule. Diese absolvieren sie ohne Probleme, setzen mit einer Lehre fort, die sie ebenfalls erfolgreich absolvieren. Danach finden sie sich sehr gut in ihren Berufen zurecht, in denen sie geschätzt werden.*

Es folgt ein Faktor, den wir als *Verliebtsein, Liebe, Ehe* bezeichnet haben. In der Bewertung durch die von uns Befragten selbst übertrifft er nun im Rückblick auch *die Annahme durch die Pflegefamilie* an Bedeutung. Dabei ist es immer die jetzige Ehe, die als glücklich, zufrieden, Befriedigung und Lebenssicherheit bringend bezeichnet wird, und zwar in einigen Fällen im Kontrast zu einer vorangegangenen mißglückten Ehe. Bei weitem nicht allen gelingt es jedoch, eine gute Ehe zu erreichen. Den entscheidenden Faktor stellt der Ehepartner dar – und, was besonders bemerkenswert ist, mit ihm auch seine ganze ursprüngliche Familie. Dieser Umstand wiederholt sich in den Lebensläufen unübersehbar. Ein verheirateter Mann und eine glückliche Ehefrau finden so einen Familienrückhalt, Großeltern für ihre Kinder, neue differenzierte Beziehungen – und infolge davon auch eine neue Lebenssicherheit. Man kann allerdings annehmen, daß diese resilienten Menschen durch ihre positiven Erfahrungen in der Orientierungsfamilie, d. h. in der SOS- oder IFP-Familie, darauf nun vorbereitet wurden. (Bericht über eine SOS-Frau: *Die Befragte absolvierte die Sonderschule, genauso wie auch ihr Mann. Er war ihre erste Liebe, später heirateten sie. Die Eltern ihres Mannes sind ihr und ihrer Familie die wichtigste Stütze. Die Familie macht einen besonders friedlichen, fröhlichen Eindruck, läßt einen festen Zusammenhalt spüren.*)

Es gibt noch eine ganze Reihe weiterer Faktoren – etwa *die Geburt der eigenen Kinder und die Bewährung der eigenen Zeugungsfähigkeit* (als ein wesentlicher Anteil der Identität der erwachsenen Frau sowie des Mannes), aber auch *wichtige Begegnungen im Leben* oder *der persönliche Glaube oder die Zugehörigkeit zur religiösen Gemeinschaft.*

Doch wenden wir das Blatt und schauen wir es von der Seite des Kindes an. Wie wird der heutige, relativ erfolgreiche Absolvent der Familienpflege charakterisiert? All das, was bisher beschrieben wurde, wurde mehr oder weniger allen angeboten – jedoch nur manche waren in der Lage, in diesem »Rettungsboot« Platz zu finden.

Beim Durchlesen der ausgefüllten Fragebogen und vor allem beim Anhören der Tonbänder mit aufgezeichneten Lebensgeschichten kann man sich des Eindrucks nicht erwehren, daß die resiliente Person durch ihre Persönlichkeit (ihre persönliche Ausstattung) dem Angebot, das die soziale Umgebung – in unserem Fall eine Pflegefamilie – bietet, entgegenkommt. Zu nennen sind Charaktereigenschaften, die heutzutage unter dem Namen *Big Five* gut bekannt sind, d. h. Zuverlässigkeit, Neugier, Extroversion, Nicht-Neurotizismus oder emotionale Stabilität und Freundlichkeit, zu denen manche (und denen würden wir zustimmen) noch Spiritualität hinzuzählen, d. h. die Fähigkeit, sich über den täglichen Lebenshorizont zu erheben und ein bestimmtes, verbindliches höheres Gesetz anzunehmen.

Dies hängt zweifellos ebenfalls mit der »persönlichen« sowie der »interpersonalen Intelligenz« nach Howard Gardner zusammen – die jedoch allein nicht reichen würde.

Es handelt sich offensichtlich um einen Komplex von Charakterzügen, der verschiedene Varianten, aber einen gemeinsamen Nenner hat, nämlich die Fähigkeit, eine sympathisierende Aufmerksamkeit der sozialen Umgebung auf sich zu ziehen und aus dem stimulierenden Angebot, das hier real existiert, das Maximum zu gewinnen. (Erinnern wir uns an unseren Typ der in Heimen gut angepaßten Kinder.) Vonnöten ist ein gewisses Maß an eigener Initiative und gezielter Aktivität, und zwar einer unbewußten, aufrichtigen und arglosen. Sie darf nicht an Berechnung grenzen, nicht zudringlich und unterwürfig sein – dann wäre sie eher abstoßend und unannehmbar.

Manchmal können das die von uns Befragten auch ausdrücken. Ein IFP-Mann formuliert es so: »*Es ist auch ein Stück eigener Initiative drin – wenn ich das rückwirkend betrachte, geht es um die Unterstellung einer Ordnung, ein gewisses Entgegenkommen!*« Eine SOS-Frau erzählt, wie hart sie an sich selber gearbeitet hat, so daß sie von Kindern des ganzen SOS-Dorfes, nicht nur von ihrer SOS-Mutter, in Schutz genommen wurde. Bei den Männern halten wir häufiger fest, daß sie einen gewissen Ehrgeiz, die Besten zu sein, entwickelt hatten, so daß sie trotz aller Probleme beim Lernen gut angenommen wurden. Auch der Satz »An die Mami habe ich mich schnell gewöhnt« wiederholt sich öfter, was ebenfalls von einer bestimmten entgegenkommenden Initiative des Kindes selbst spricht.

Epilog

Die psychische Deprivation bietet kein einheitliches Bild – es handelt sich nicht um das Syndrom einer Krankheit. Sie ist ein Faktor, der immer in der Interaktion mit der Persönlichkeit des betroffenen Kindes auftritt, wobei die schützenden, protektiven, resilienten Elemente in dieser Persönlichkeit im größeren oder kleineren Maße vorhanden sind. Sie sind wahrscheinlich primär genetisch gegeben und werden unter normalen Umständen durch die Erziehung des Kindes in einer gut funktionierenden Familie gestärkt, kultiviert und trainiert. So erklärt sich ein vielseitiges Bild der Reaktionen einzelner Menschen auf die psychische Deprivation. Dieses Schlußbild versuchten wir durch eine Unterteilung in verschiedene Typen der deprivierten Persönlichkeit etwas zu vereinfachen.

Die psychische Deprivation kann nicht das auflösen, zerstören oder auslöschen, was genetisch gegeben wurde, sie unterdrückt, schwächt, hemmt das, was die Erziehung vollzieht – die Deprivation hindert jene protektiven resilienten Kräfte, ihre Funktion anzunehmen und sie genügend zu entwickeln.

Da die psychische Deprivation kein einheitliches Bild bietet, kann man auch kein einheitliches Ergebnis der Hilfs- oder Stützmaßnahmen erwarten. In der Lebensumgebung – vom Kinderheim bis zur Adoption und der individuellen Familienpflege – existiert immer ein gewisses (kleineres oder größeres und qualitativ unterschiedliches) latentes Angebot zur Hilfe, die sowohl das Kind als auch später der Erwachsene durch sein eigenes »entgegenkommendes« Verhalten aktivieren kann. Dieses Angebot kann allerdings gelenkt und zielbewußt und dadurch viel effektiver ausfallen, wenn wir die psychische Deprivation verstehen und wenn wir über ihre Verarbeitung durch das Kind und anschließend durch den Erwachsenen Bescheid wissen. Das heißt, dieses Angebot muß so ausfallen, daß es von einem Kind (gegebenenfalls später vom Erwachsenen) angenommen werden kann und keinen Widerstand oder eine Abwehrhaltung hervorruft.

Die Schlußfolgerung kann, meiner Meinung nach, optimistisch ausfallen. Das, was bisher von seiten eines Amtes mehr oder weniger spontan geschieht – d.h. daß ein depriviertes Kind einfach in die Adoption oder in die Pflegefamilie übergeben wird –, kann bewußter, aufgeklärter, gezielter und verantwortungsbewußter getan werden. Übrigens geschieht es häufig ja auch in dieser Weise – siehe unsere resilienten Absolventen der Familienpflege. Dies ist allerdings nicht das Resultat professioneller Kurse, Diplome oder akademischer Bildung der zukünftigen Eltern oder Pflegeeltern – es ist eine Angelegenheit der Angemessenheit der Persönlichkeit des Kindes und seiner neuen Erzieher und ihres gegenseitigen aktiven »Entgegenkommens«. Und das ist das Leben selbst in seiner ganzen Vielfalt und Schönheit – Wissenschaft also nur zum Teil, im Grunde ist es ja Kunst: eine schöpferische Kunst. Und daß es nicht genug solcher schöpferischen Künstler gäbe? Oh doch – man muß sie nur suchen und erziehen.

MIRI KEREN

Wie soll man ein Kleinkind diagnostizieren, das in einem Waisenhaus gelebt hat?

Einleitung

Die Schwierigkeit der Diagnosestellung bei Säuglingen, die unter emotionaler Deprivation, dem Fehlen einer Bindungsperson, grob unfeinfühliger Behandlung (wenn nicht sogar Mißhandlung) und einem Mangel an Stimulation gelitten haben, wird anhand eines klinischen Falls gezeigt. Wie wir sehen werden, besteht das diagnostische Dilemma in der Wahl zwischen der Diagnose einer Posttraumatischen Belastungsstörung (PTBS) beim Säugling, Reaktiver Bindungsstörung, tiefgreifenden Entwicklungsstörungen und noch dazu zwischen konstitutioneller geistiger Behinderung oder einer milieubedingten Entwicklungsverzögerung durch Deprivation. Gemeinsamer Nenner dieser Diagnosen ist die langfristige, wenn nicht sogar lebenslange Auswirkung auf die Fähigkeiten des Kindes sowie auf seine Familie. Wie bei jeder signifikanten Behinderung wird ihre Auswirkung auf die Eltern-Kind-Beziehung häufig selbst ein Faktor für die Verschlechterung oder Verbesserung des Zustands des Kindes. Unsere Rolle als Krankenhausärzte besteht nicht nur im Stellen der Diagnose bzw. der Differentialdiagnose, sondern auch darin, die Fälle zu entdecken, in denen ein großes Risiko besteht, daß sich die Eltern-Kind-Beziehung negativ entwickelt und so der klinische Zustand des Kindes verschlechtert wird. Eine Adoption nach dem ersten Lebenshalbjahr stellt eine solche Situation mit hohem Risiko dar, wie ich hier im folgenden zeigen möchte.

Fallbeschreibung

Ein Mädchen im Alter von 1 Jahr und 7 Monaten – ich nenne es T. – wurde von seiner Adoptivmutter zur »allgemeinen Beratung« gebracht, nachdem es zwei Monate zuvor in Bulgarien adoptiert worden war. Die Adoptivmutter, 45 Jahre alt, war als Sozialarbeiterin tätig; sie konsultierte uns, nachdem eine Freundin ihr empfohlen hatte, sich Rat zu holen, weil »adoptierte Kinder oft Probleme haben«.

T. wurde infolge der unerwünschten Schwangerschaft eines 18jährigen Mädchens geboren und wurde im Alter von einer Woche ins Waisenhaus gegeben. Zur Zeit der Adoption (im Alter von 17 Monaten) wirkte sie apathisch, teilnahmslos, und während des Flugs nach Israel schrie sie die meiste Zeit. Die Mutter erlebte diese Episode als sehr traumatischen Beginn. Während der ersten Wochen daheim schlief T. die meiste Zeit, nahm keinen Augenkontakt auf, zeigte kaum einen Gefühlsausdruck oder eine Veränderung in ihren Affekten, erschrak beim geringsten Sinnesreiz, zog sich bei jeder Berührung zurück, wollte am liebsten allein einschlafen, die Decke über den Kopf gezogen. Sie aß nicht von selbst und schluckte kaum feste Nahrung hinunter.

Die Mutter fühlte sich getäuscht und war bestürzt. Intuitiv spürte sie T.s anomales Bindungsverhalten, denn sie sagte: »T.s Verhalten ist genau das Gegenteil von dem, was man erwartet: Soweit ich weiß, möchten Säuglinge am liebsten in den Armen ihrer Eltern einschlafen. Ich habe noch nie gehört, daß ein Baby sich am liebsten unter einer Decke versteckt…«. Sie konnte sich nicht erinnern, von der Adoptionsagentur einen Hinweis bekommen zu haben, daß sie mit solch ungewöhnlichem Verhalten zu rechnen habe, und langsam entwickelte sich in ihr das Gefühl, getäuscht worden zu sein. Trotzdem war man beeindruckt, wenn man die Interaktion zwischen T. und ihrer Mutter beobachtete, insbesondere von der großen intuitiven elterlichen Kompetenz, die die Mutter zeigte. Zum Beispiel gab sie bei T.s kleinen Leistungen gewöhnlich durch eine spezielle Lautäußerung Beifall, den das Kind sehr gerne mochte, wie sie bemerkt hatte. Sie wog das Kind hin und her, wenn sie es im Arm hielt (anstatt T. selbst schaukeln zu lassen). Im Gegensatz dazu war der Freund der Mutter durch T.s Verhalten erschreckt und zog sich zurück. T. fürchtete sich auch extrem vor ihm, und so begann man, sich gegenseitig zu meiden. Übrigens war er am Adoptionsvorgang nicht beteiligt, damals war er gerade mit der Scheidung von seiner ersten Frau beschäftigt.

T.s klinischer Zustand im Alter von 19 Monaten: T. – schwarzäugig, mit kurzem schwarzem Haar – sah wild aus und wirkte klein für ihr Alter. Sie stellte keinen Augenkontakt her, erforschte das Zimmer, ohne zu spielen, sprach nicht, sondern gab nur Kehllaute von sich. Sie schien nichts zu verstehen, wenn die Mutter sie direkt ansprach. Ihr Affektausdruck war absolut minimal und kaum moduliert. Wenn sie frustriert oder ängstlich war, schlug sie sich an den Kopf. Im Alter von 21 Monaten wurde sie mit dem Bayley-Entwicklungstest untersucht, und die Leistung entsprach der eines 8 Monate alten Kindes.

Damals umfaßten die differentialdiagnostischen Überlegungen folgende Diagnosen: Reaktive Bindungsstörung, schwerwiegende frühe Posttraumatische Belastungsstörung, Autismus, eventuell eine Komorbidität aller drei Krankheitsbilder.

Hinzu kamen die Diagnosen einer Entwicklungsverzögerung aufgrund von Deprivation und einer möglichen geistige Behinderung.

In der Tat entsprach T.s klinischer Zustand den Kriterien für Autismus (Beeinträchtigung in sozialen Interaktionen und im Austausch mit anderen, Beeinträchtigung in der Kommunikation und eingeschränkte/wiederholende Interessen und/oder Verhaltensweisen), aber auch den Kriterien für eine reaktive Bindungsstörung mit undifferenziertem Bindungsverhalten, da sie keine Pflegeperson bevorzugte und Fremden gegenüber die normalerweise erwartete ängstliche Vorsicht vermissen ließ. Sie konnte auch weglaufen, ohne sich bei ihrer Pflegeperson in irgendeiner Weise durch Blickkontakt rückzuversichern. Manchmal fiel auch ein sehr wechselnder Affektausdruck auf. Wir dachten auch an eine Posttraumatische Belastungsstörung beim Säugling, die durch eine schwerwiegende psychische Entwicklungsstörung gekennzeichnet und die aus den überwältigenden frühen Deprivationserfahrungen entstanden ist.

Unter Berücksichtigung dieser Differentialdiagnosen legten wir einen vielschichtigen therapeutischen Ansatz fest mit dem Ziel, jede mögliche Diagnose durch unsere therapeutischen Interventionen positiv zu beeinflussen:

- Das Ziel einer dyadischen Eltern-Kind-Therapie bestand darin, sich über T.s bizarres Verhalten Gedanken zu machen, und zwar im Hinblick auf vermutete frühere negative Erfahrungen im Waisenhaus. Dies sollte wiederum auch der Mutter und ihrem Lebensgefährten dabei helfen, weniger durch T.s ungewöhnliche Verhaltensweisen erschreckt zu sein und sie nicht als »verrückt oder geistig behindert« anzusehen.
- Die Mutter sollte beim Aufbau einer sicheren Bindung unterstützt werden, indem sie die Möglichkeit erhielt, zu Hause zu bleiben. Tatsächlich fragte die Mutter bei der zweiten Untersuchung, was ich davon hielte, T. in Tagespflege zu geben, damit sie wieder zur Arbeit gehen könne. Es kam ihr nicht in den Sinn, daß die Tagespflege T. an das Waisenhaus erinnern würde. Die Mutter sah mich ungläubig an und fragte: »Glauben Sie wirklich, daß sie sich dort ›daran‹ erinnert?« Dies war die erste Gelegenheit, mit ihr über das Bild einer Posttraumatischen Belastungsstörung beim Säugling zu sprechen und darüber, wie sehr es notwendig sei, sich dessen bewußt zu sein, daß T. durch bestimmte Zeichen in

der Gegenwart an ihre schlimme Vergangenheit erinnert werden könnte. Dann fragte sie: »Was glauben Sie, wie lange muß ich bei ihr zu Hause bleiben?« Meine Antwort gab ihr erneut zu denken: »Ungefähr ein Jahr«, sagte ich. Instinktiv fühlte die Mutter, daß meine Antwort ein Hinweis darauf war, für wie schlecht ich den klinischen Zustand von T. hielt, und sagte nur »Oh je!«. Ein Jahr später konnte sie mir sagen, wie schockiert und erschrocken sie damals war und wie sie gleichzeitig erkannte, daß ich mit meiner Einschätzung recht hatte.

- Zusätzliche Therapien (wie etwa Beschäftigungstherapie und Sprachtherapie) förderten bei T. die Entwicklung ihrer motorischen, sozialen und kommunikativen Fähigkeiten. Es war eine schwere Aufgabe, die verschiedenen Fachärzte, einschließlich des Kinderneurologen, davon zu überzeugen, daß T.s klinischer Zustand nicht vollkommen mit der Diagnose »Autismus« erklärt werden konnte.

Nach acht Monaten Eltern-Kind-Therapie zeigte T. erste Ansätze zu einem beobachtbaren Bindungsverhalten, z. B. eine spezifische Vorliebe für ihre Adoptivmutter und das Suchen nach Trost bei ihr. Sie hatte ihr Explorationsverhalten erweitert, obwohl sie immer noch nicht altersadäquat spielte. T. zeigte kein Interesse an Gleichaltrigen, sprach nicht und stellte keinen Augenkontakt her. Sie schlug sich auch noch selbst, wenn sie auch nur leicht frustriert war.

Zu dieser Zeit kam T. in den Kindergarten. Durch einen außergewöhnlichen Zufall (»Ein bißchen Glück bei meinem vielen Pech«, kommentierte die Mutter später) stammte die Lehrerin aus Bulgarien und war selbst Adoptivmutter. Dies mag ihre ungewöhnliche Bindung zu T. erklären. Sie war die erste Person, die hörte, wie T. »Nein« sagte – denn T. sagte es auf bulgarisch! Für die Mutter war das der endgültige Beweis dafür, daß es präverbale Erinnerungen gibt. Dieser therapeutische Moment war ein Wendepunkt im Prozeß des Nachdenkens über T.: Ab jetzt machten ihre Verhaltensweisen »Sinn« für die Mutter und ihren Freund. Dessen Engagement im Umgang mit dem Kind wuchs allmählich, was wiederum für die Mutter die Pflege von T. etwas erleichterte.

Ein Jahr und 8 Monate nach Behandlungsbeginn – sie war nun 3 Jahre und 3 Monate alt – konnte bei T. in folgenden Bereichen eine weitere, wenn auch nur partielle Verbesserung festgestellt werden: Sie zeigte Trennungsangst von der Mutter, sie war einverstanden, alleine beim Freund der Mutter zu bleiben, sie stellte in Interaktionen Augenkontakt her, es entwickelte sich eine gemeinsame, miteinander geteilte Aufmerksamkeit auf etwas Drittes, etwa ein Spielzeug, und eine Form der sozialen Bezogenheit. Sie sah glücklicher aus und wirkte weniger auf der Hut und weniger vorsichtig, spielte einfache Imitationsspiele, wurde »sauber« und schlief und aß altersgemäß. Aber immer noch sprach sie nicht und hielt sich von Kindern fern.

Angesichts dieser Veränderungen hielten wir es für erforderlich, unsere Diagnosen zu überdenken: Den Kriterien für eine reaktive Bindungsstörung mit undifferenziertem Bindungsverhalten entsprach sie nicht mehr, allerdings waren eine schwere Verzögerung in der Sprachentwicklung und eine Beeinträchtigung des Umgangs mit Gleichaltrigen immer noch vorhanden, obwohl sich miteinander geteilte Aufmerksamkeit, Augenkontakt und soziale Bezogenheit entwickelt hatten und die Diagnose einer tiefgreifenden Entwicklungsstörung im Kontext einer Posttraumatischen Belastungsstörung im Säuglingsalter weniger angemessen erscheinen ließen.

Wenn dem so war, blieben uns drei Möglichkeiten: langfristige Folgeerscheinungen einer Posttraumatischen Belastungsstörung beim Säugling, eine genetisch bedingte geistige Behinderung oder eine Kombination beider Diagnosen.

Die Behandlung wurde kontinuierlich fortgesetzt. Im Alter von 5 Jahren konnten bei T. folgende wichtige Verbesserungen festgestellt werden: eine eindeutige, bevorzugte Bindung an ihre Adoptiveltern, differenzierte Beziehungen zu ihren Therapeuten, kein selbstverletzendes Sich-Schlagen mehr, erste Anzeichen für einfaches symbolisches Spiel (»Warum ist die Puppe traurig? Puppe hat Zahnweh«), die Teilnahme an allen Aktivitäten im Kindergarten (jedoch mit Schwierigkeiten bei Übergängen von zu Hause zum Kindergarten und umgekehrt), eine wahrnehmbare psychische Strukturentwicklung (sagt: »Ich will nicht!«), Interesse am eigenen Körper und an Unterschieden zwischen den Geschlechtern, der Erwerb eines Übergangsobjekts (sie bevorzugte einen Teddybär).

Die hauptsächlichen Beeinträchtigungen von T. liegen heute in ihrer verzögerten Sprachentwicklung, zusammen mit einer gering ausgeprägten Fähigkeit zur emotionalen Selbstregulation, einer geringen Aufmerksamkeitsspanne und gestörten Beziehungen zu Gleichaltrigen. T. sucht die Gesellschaft von Kindern, weiß aber nicht, wie sie mit ihnen spielen soll, und schreit lauthals, wenn sie frustriert ist.

T.s Spieltherapie wurde vor kurzem als Einzeltherapie fortgeführt, und wir ziehen die zusätzliche Gabe von Medikamenten in Betracht, um ihr bei der Affektsteuerung zu helfen. Sie ist jetzt das letzte Jahr im Kindergarten, und wahrscheinlich wird sie – zur Enttäuschung ihrer Eltern – eine Beschulung in einer Sonderschule benötigen.

Falldiskussion

Im wesentlichen bedeutet das Aufwachsen in einem Waisenhaus während der ersten Lebensjahre eine Belastung durch traumatische Erfahrungen, das Fehlen von Bindungspersonen und eine durchgängige Entwicklungsdeprivation. Wie uns Prof. Rutter mit seiner Längsschnittstudie bei rumänischen Adoptivkindern gezeigt hat (vgl. seinen Beitrag in diesem Band), gibt es bei einer kleinen, aber doch signifikanten Minderheit von adoptierten Säuglingen gravierende Verhaltensstörungen, die sehr schwierig zu diagnostizieren sind. Komorbide Diagnosen von Posttraumatischer Belastungsstörung, reaktiver Bindungsstörung mit undifferenziertem Bindungsverhalten und Autismus könnten relevanter sein als jede einzelne Diagnose für sich. Außergewöhnliche negative Lebenserfahrungen im Säuglingsalter scheinen zu einer »Mischung« von Symptomen zu führen, die aus verschiedenen diagnostischen Krankheitseinheiten stammen. Das Ergebnis kann auf die Dauer eine atypische Anhäufung von langanhaltenden Beeinträchtigungen sein, die aufgrund der jeweils unterschiedlichen Konstitution und Resilienz vermutlich von Kind zu Kind verschieden sind.

Der vorgestellte Fall verdeutlicht nicht nur die Komplexität des klinischen Bildes, wie es sich bei solchen traumatisierten und deprivierten Säuglingen zeigt, sondern auch die Beständigkeit mancher Symptome über viele Jahre hinweg (wenn nicht sogar lebenslang), trotz der fortwährenden Behandlung mit mehreren therapeutischen Ansätzen und Methoden. Dieses Fallbeispiel soll auch verdeutlichen, wie wesentlich eine langfristige psychologische Begleitung der Eltern in einer solchen Situation ist, die für die elterliche Fürsorge eine riesige Herausforderung darstellt – eine Herausforderung, die so groß ist, daß manche Adoptiveltern daran scheitern, obwohl sie sich das Kind so sehr gewünscht haben. T.s Mutter wagte erst ungefähr zwei Jahren nach Beginn der Behandlung, mir zu sagen, wie nahe daran sie war, das Kind an die Adoptionsbehörde zurückzugeben, wie böse sie auf sich selbst war und auf die Behörde. Unserer Erfahrung nach tendieren Adoptiveltern und Adoptionsbehörden zu der Auffassung, daß »das Kind zu klein war, um sich zu erinnern und zu verstehen, was es in seinen ersten Lebensmonaten im Heim erlebt hat«. Damit können sie die Auswirkungen der Waisenhauserfahrung auf die Entwicklung ihres Kindes verleugnen oder zumindest herunterspielen. Die Illusion, daß »Liebe ausreichen wird«, ist am häufigsten anzutreffen. Sehen sich die Eltern dann mit Verzögerungen und Verhaltensauffälligkeiten konfrontiert, dann reagieren sie oft sehr negativ mit Ungläubigkeit, Ängstlichkeit, Ärger und Niedergeschlagenheit. Adoptierte Kinder sind nicht anders als leibliche Kinder, Adoptiveltern sind nicht anders als leibliche Eltern – das ist eine Aussage, die man sehr oft hört, doch die Wirklichkeit von Adoptiveltern kann häufig doch entgegen dieser Behauptung sehr viel anders aus sehen

Fazit

Die psychiatrische Diagnosestellung bei Säuglingen bzw. Kleinkindern, die nach einem Aufenthalt im Waisenhaus adoptiert werden, ist oftmals eine schwierige Aufgabe, weil die Einwirkung sehr früher und schwerwiegender Schädigungen auf die emotionale, soziale und kognitive Entwicklung des Säuglings so tiefgreifend ist, daß bestimmte unterschiedliche diagnostische Kategorien nicht das ganze klinische Bild erfassen. Wenn man sich das vor Augen hält, sollte die therapeutische Begleitung für Säugling und Eltern so früh wie möglich nach der Adoption einsetzen, sie sollte auch viele verschiedene therapeutische Disziplinen umfassen und über einen langen Zeitraum begleitend für das Adoptivkind und seine Adoptiveltern geplant und durchgeführt werden, damit sich das Kind langfristig in seinen sozialen, kognitiven und emotionalen Fähigkeiten entwickeln kann.

Literatur

Koening, K., E. Rubin, A. Klin und F. Volkmar (2000): Autism and the pervasive developmental disorders. In: Zeanah (2000), S. 298–310.

Scheeringa, M. S. und T. J. Gaensbauer (2000): Posttraumatic stress disorder. In: Zeanah (2000), S. 369–381.

Scheeringa, M. S. und C. H. Zeannah (1995): Symptom expression and trauma variables in children under 48 months of age. *Infant Mental Health Journal,* 16, 259–270.

Zeanah, C. H. (Hrsg.) (2000): *Handbook of infant mental health* (2. Aufl.). New York (Guilford).

Zeanah, C. H. und N. W. Boris (2000): Disturbances and disorders of attachment in early childhood. In: Zeanah (2000), S. 353–368.

ANGIE HART

Die alltäglichen kleinen Wunder

Bindungsorientierte Therapie zur Förderung der psychischen Widerstandsfähigkeit (Resilienz) von Pflege- und Adoptivkindern

Einleitung

Ich arbeite als praktizierende Forscherin einer stark frequentierten Klinik für Kinder- und Jugendpsychiatrie innerhalb des *National Health Service,* des Staatlichen Gesundheitssystems, in England. Dieser Aufsatz zeigt ein wenig von dem, was meine Kollegen und ich in der täglichen Praxis zu tun versuchen, um für Pflege- und Adoptivkindern eine Art »Bindungszauber« zu erreichen.

Bekanntlich bezeichnet A. Masten (2001) die Widerstandsfähigkeit (Resilienz) von Kindern als ein »alltägliches kleines Wunder«. Viele Forscher haben allerdings das Vertrauen in die Erklärungskraft von Resilienz als Konzept verloren. Manche behaupten, dieser Ansatz sei nichtssagend und überflüssig. Vom Verstand her habe ich für solche Ansichten Verständnis. Und doch scheinen mir dieses Konzept und die vorhandene Forschungsliteratur dabei zu helfen, als Praktikerin erfolgreicher zu arbeiten und zu Hause eine bessere Adoptivmutter zu sein. Den Schwerpunkt neu auf Resilienz zu legen, kann oft Sozialarbeitern, Lehrern und auch anderen Personen im Alltag helfen, die innerhalb der fein gesponnenen Netzwerke für Pflege- und Adoptivkinder arbeiten.

Ich sehe Resilienz als Gesamtheit psychosozialer Gewohnheiten an, die bessere Ergebnisse als erhofft zeigen. Sie gibt uns einen Bezugspunkt, mit dessen Hilfe wir weitermachen, wenn unsere Arbeit mit Pflege- und Adoptivkindern sehr schwer wird. Wir vergessen nie, daß wir als Therapeuten und Eltern immer explizit und zielgerichtet in das Leben von Kindern eingreifen können. Diskussionen über Bindungsverhalten und das Funktionieren der selbstreflexiven psychischen Funktion wurden von Fonagy und anderen stark mit den grundlegenden wissenschaftlichen Erkenntnissen zur Resilienz in Verbindung gebracht, meines Wissens nach aber nicht speziell mit Mastens Idee der »alltäglichen kleinen Wunder«. Mein Beitrag tut es. In der Praxis arbeiten wir oft mit »Bindungszaubersprüchen« und mischen »alltägliche« Zaubertränke zusammen. Manchmal helfen sie, manchmal nicht.

In meiner eigenen Praxis und zu Hause versuche ich in der Regel das zu tun, was nach den bisher angesammelten wissenschaftlichen Ergebnissen das Beste ist. Das bringt uns aber nur bis zu einem gewissen Punkt und nicht weiter: Um effektiv zu sein, muß ich auch kreativ sein. Mit Hilfe von Praxisbeispielen zeige ich, wie ich die grundlegenden wissenschaftlichen Erkenntnisse über Adoption und Pflege für meine Alltagspraxis nutzbar mache. Ich zeige die Arten von »Bindungszaubersprüchen«, die ich anwende, und wie meine eigene besondere therapeutische Logik sowohl auf wissenschaftlichen Erkenntnissen als auch auf meiner praktischen Erfahrung aufbaut.

Es folgt ein Auszug aus der »Autobiographie« meines 12jährigen Adoptivsohns Edward Street Hartfield. Er mußte sie einmal als Hausaufgabe schreiben. Edward war sehr erpicht darauf, daß ich seine Autobiographie hier benutze; er weiß viel darüber, was ich sagen will und wie ich seine Arbeit verwende. Ich wollte seine Idee aufgreifen, ihm aber sowohl einen fiktiven Namen als auch eine fiktive Autobiographie geben, um seine Anonymität zu wahren, aber Edward ist stolz auf die »alltäglichen kleinen Wunder«, die er in seinem Leben vollbracht hat, und möchte, daß ich sie mit dem Leser teile (vgl. Masten, 2001). Wir wissen, daß es jungen Leuten wie ihm wirklich helfen kann, sich gut zu fühlen, wenn wir ihre Ideen übernehmen (Ramon, 2003; Hart et al., im Druck). Es verleiht den Menschen explizit ein Forum, anstatt sie zu anonymen Teilnehmern an der Forschung zu machen, die den Forschern zu öffentlicher Anerkennung verhilft, aber nicht den »Informanten« selbst. Edward möchte für das, was er in seinem Leben erreicht hat, Anerkennung; darin unterscheidet er sich nicht von den meisten anderen Leuten. Wir müssen Kindern wie Edward mehr Gelegenheit geben, an ihrer Geschichte mit Würde teilzuhaben. Erstens, weil sie ein Forum haben sollen, wenn sie es wollen, zweitens, weil es für sie therapeutisch wirkt, und drittens, weil wir vom Zuhören etwas lernen können.

Edwards Autobiographie

Kapitel eins: Ein harter Anfang – Edwards frühe Jahre

Ich kam am 20. Juli in einem Londoner Krankenhaus zur Welt, es war ein schöner sonniger Tag, als Edward Street, blondes Haar und blaue Augen, auf die Welt kam. Er war ein liebenswürdiger Sonnenschein.

Leider waren meine Mama und mein Papa sehr arm. Sie ließen uns links liegen, und mein Papa hat viele schlechte Dinge getan, von denen ich weiß, die ich hier aber nicht angeben werde. Und sie haben mich nicht ordentlich gefüttert. Den ganzen Tag saß ich in einem dreckigen Kinderwagen.

Aber wenigstens hatte ich einen lieben großen Bruder und Betreuer. Dann kam am 14. September 1994 meine Schwester zur Welt. Wir waren zu viele, auf die unsere Eltern aufpassen mußten. Die Sozialarbeiter haben uns weggenommen. Meine Schwester kam ins Krankenhaus.

Mein Bruder und ich waren 5 Wochen bei Pflegefamilien, leider kamen wir in getrennte Familien. Gerade als ich fortkam, starb mein Pflegevater an einer schrecklichen Krankheit, genannt »motor neurons«. Ich war wieder daheim mit Bruder und Schwester. Wurde von meiner Mama adoptiert. Habe meine richtige und meine Pflegemutter gesehen. Lebte danach immer glücklich und zufrieden.

Es war ein besonderer Tag, als wir eine richtige Familie wurden und ich im Gericht die Perücke des Richters anprobieren durfte. Lieber Leser, wie du siehst, hatte ich ein hartes Leben, aber jetzt ist es gut. Im nächsten Kapitel erfährst du etwas über meine Hobbys.

Kapitel zwei: Ein sportlicher Junge – Edwards Hobbys und Interessen

Edward spielt gern mit seiner Schwester Fußball im Garten. Besonders gerne spielt er Kopfball, und er liebt es, Bälle zu schießen. Meine Tante glaubt, daß ich ein guter Fußballer sein werde, wenn ich hart trainiere. Ich spiele auch gern Tennis, ich bin sehr gut, glaube ich. Zum 11. Geburtstag habe ich auch eine Cricket-»Ausstattung« bekommen. Ich hab sie von meinen Großeltern gekriegt, mein Opa spielt sehr gut. Wenn ich 12 werde, spiele ich gegen ihn und schaue mal, ob ich ihn fangen oder rausschießen kann.

Ich bin auch ein Basketball-Fan, da bin ich nicht so gut, aber ich tu mein Bestes. Ich war im Schulteam bei Fußball und Cricket, wir haben beide Spiele verloren. Ich hoffe, daß ich im nächsten Fußball- oder Cricketteam nächstes Jahr mitspielen darf. Ich koche und lese auch gern, ich habe zwei Bücher gelesen: Harry Potter und eins mit dem Titel »Cool«. Ich habe zum Tee auch Kartoffeln mit Käse im Ofen überbacken.

Ich gehe auch zu »Woodcraftfolk« [etwa: »Menschen überleben in freier Natur«]. Sie sind ein bißchen wie Pfadfinder. Die Leute von Woodcraftfolk reden über Frieden, nicht Krieg. Sie machen viele lustige Spiele. Im nächsten Kapitel erfahrt Ihr etwas über meine Schulen (Street Hartfield, 2004).

In dieser Art geht Edwards Autobiographie weiter, und er beschreibt seine Schulerfahrungen sowie seine Erwartungen an die Zukunft. Wir wissen nicht, was in möglichen weiteren Kapiteln folgt, wenn er jemals welche schreibt – es ist unwahrscheinlich, außer er bekommt es als Hausaufgabe auf. Sicherlich hat er den Dingen einen positiven Anstrich gegeben. Wird seine Erzählung so weitergehen? Oder wird der Zauber gebrochen, und sein Leben wendet sich zum Schlechteren? Ich kenne eine Reihe Pflege- und Adoptivkinder im Teenageralter, von denen viele wirklich darum gekämpft haben, eine Familie zu haben. Die Erforschung der Ergebnisse auf diesem Gebiet – bei aus der Fremdbetreuung adoptieren Kindern – bewahrt uns vor Selbstzufriedenheit (Rushton & Dance, 2004). Es gibt keinen Zweifel: Das Leben in einer Ersatzfamilie ist oft zerbrechlich.

Adoptiv- und Pflegeeltern wenden viel Energie auf, um positive Familienskripte zu entwickeln und aufrechtzuerhalten. Wie Edwards Autobiographie zeigt, tun Kinder das auch, was jedoch oft übersehen wird. In bezug auf Pflege und Adoption gibt es einen großen Schatz an Wissen – formell und informell –, wie jungen Leuten und ihren Ersatz- oder Pflegeeltern geholfen werden kann, ein erfüllteres Leben zu führen. Solche Vorstellungen beziehen sich oft auf die Besprechung von Symptombehandlung, Trauma, Bindungsstörungen und ähnlichem. Der Kernpunkt all dieser Aktivitäten ist, den Leuten bei der Suche nach dem besseren Leben behilflich zu sein. Barry Luckock und ich geben in einem Buch über Adoptionsunterstützung und Therapie, das wir zusammen geschrieben haben (Hart & Luckock, 2004), eine Übersicht über diese Debatten.

Trotz all dieses Wissens haben wir aber keine Kenntnis davon, was genau bei einzelnen Kindern und Familien den Unterschied ausmacht. Diesem Beitrag liegen also einige Fragen und Probleme der Handlungsforschung zugrunde. Welche Art »alltäglicher kleiner Wunder« können Praktiker bewirken, um Kindern wie Edward (wie er mit 2 Jahren war) so weit zu helfen, daß er in der Lage ist, mit 12 Jahren eine solche Biographie zu schreiben? Was ist mit Kindern, die niemals eine sichere Basis hatten? Am wichtigsten ist für uns Praktiker, die wir mit Teilwissen arbeiten, was wem hilft, und in welchem Zusammenhang, und wie wir unser Wissen anwenden, um zu entscheiden, welchen Zauber wir jetzt gerade zu nutzen versuchen.

Autoethnographie

Mein Beitrag ist eine Art »Autoethnographie«. Die Inspiration dazu stammt von meiner klassischen Ausbildung in der »Sozialanthropologie des anderen« (Hart, 1998) und vom Schreiben von Ethnographie oder, wie Clifford Geertz (1988) es ausdrückt, einer »dichten Beschreibung«.

Mit »Autoethnographie« meine ich eine genaue Reflexion über das, was Ethnographen die »Lebenswelt« (Dahlberg et al., 2001) nennen. Wenn ich Daten meiner Lebenswelt analysiere, werde ich stark von den anthropologischen Regeln abweichen. Mein Beitrag kann als eine Art ethnographische Reflexion verstanden werden, aber indem er in einem soziologischen Verständnis des Begriffs »Praxis« verortet ist, lädt er zu einem analytischen Fokus ein, der viel umfassender ist, als sich nur auf den Arbeitsplatz »Praxis« zu konzentrieren (Morgan, 1999).

Meine Autoethnographie legt größte Sorgfalt auf eine aufmerksame Detailbetrachtung, damit verständlich wird, was ich in meiner Beziehung zu Pflege- und Adoptivkindern tue und warum ich glaube, es so tun zu sollen. In den Sozialwissenschaften gab es umfassende Kritik an der Reflexion: Sie galt entweder als unwissenschaftlicher Narzißmus oder als herablassender Ausdruck des Triumphs über den Unwissenden, vom privilegierten Standpunkt eines Wissenden aus, der sich selbst als solcher konstruiert hat. Ich stimme May (2004) zu, der behauptet, daß Reflexion nicht ein Werkzeug ist, um Wissenschaft zu untergraben oder zu schwächen, sondern eines, das dank seines Beitrags zu einer Realpolitik wissenschaftlicher Beweisführung im Dienste erkenntnistheoretischer Gewinne für eine realistischere Wissenschaft sorgt. Bei unserem Engagement für Pflege- und Adoptivkinder steht natürlich viel mehr als Erkenntnistheorie auf dem Spiel.

Dieser Beitrag ist so aufgebaut, daß ich zunächst etwas über meine Beziehung zu einigen der Kinder schreibe, mit denen ich arbeite. Anschließend stelle ich das Konzept der psychischen Widerstandsfähigkeit (Resilienz) vor, indem ich einen kurzen geschichtlichen Überblick über einige Schlüsseldiskussionen gebe und darstelle, in welchem Zusammenhang sie zu meiner Arbeit mit Kindern stehen. Dann komme ich in meiner Diskussion zu den Kernaussagen, indem ich die »Zaubersprüche« betrachte, die mit Bindungsthemen zu tun haben, wobei ich das, was ich darüber schreibe, wieder auf meine praktische Tätigkeit beziehe.

Mein Beitrag ist eine Betrachtung darüber, was in der Literatur als »klinische Entscheidungsfindung« bekannt ist (Taylor & White, 2000; White & Stancombe, 2003). Ich spreche lieber von »praktischer Entscheidungsfindung«. Mein Vorbehalt ist hier, daß die »Mobilisierung« einer »klinischen Autorität« zwar manchmal für den Dienst am Patienten von strategischem Vorteil sein kann. Trotzdem bringt mich der Ausdruck »klinisch« implizit dazu, eine biomedizinische Autorität anzunehmen, die zu haben ich allgemein unaufrichtig und wenig hilfreich finde. Man sollte sich besser vor Augen halten, daß die psychotherapeutische Praxis mit Pflege- und Adoptivkindern ein Konglomerat von Kunst, Wissenschaft,

Organisationskultur, Finanzkraft, politischen Leitlinien und Psychodynamik ist: ein sehr ernsthaftes und sorgfältiges Lebensexperiment.

Im folgenden Abschnitt berichte ich etwas über meine Praxis am Arbeitsplatz und dann über meine Beziehung zu vier bestimmten Kindern.

Zum Hintergrund meiner Arbeit

Zwei Tage pro Woche arbeite ich als praktizierende Forscherin in einer Einrichtung des Gesundheitswesens für Kinder- und Jugendpsychiatrie innerhalb des Staatlichen Gesundheitssystems in England. Die Übernahme dieser Aufgabe ist Teil einer offiziellen Zusammenarbeit, die meine Kollegen und ich zwischen der Universität von Brighton und dem *South Downs Health NHS Trust* etabliert haben. 15 Vollzeitkräfte arbeiten pro Jahr mit ca. 1000 Kindern und den Erwachsenen, die in ihrem Leben eine Rolle spielen (Eltern/Pfleger, Lehrer, Sozialarbeiter usw.). Verglichen mit anderen kinder- und jugendpsychiatrischen Einrichtungen des englischen Gesundheitswesens sind wir unterfinanziert, und doch ist unsere Leistung in den Schlüsselbereichen hoch (Glover et al., 2002). Die Überweisungen kommen hauptsächlich von Allgemeinärzten, Sozialarbeitern, Lehrern und Mitarbeitern der Gesundheitsdienste. Manche Eltern kommen von selbst mit ihren Kindern. Unser Dienst arbeitet vor allem für Kinder mit schwerwiegenden psychischen Problemen, die Hilfe von seiten verschiedener Disziplinen brauchen. Die Praktiker kommen aus den Bereichen Familientherapie, Kunst- und Spieltherapie, Psychiatrie, Sozialarbeit, kognitive Verhaltenstherapie, psychologische Beratung und Vorschulerziehung. Erfahrenes Verwaltungspersonal und Sekretärinnen erleichtern unser Bestreben, eine klientenzentrierte Arbeit zu leisten, obwohl wir es mit einer komplexen multidisziplinären Arbeit unter Einbeziehung verschiedener Institutionen zu tun haben. Solch ein grundlegender Beitrag für Gesundheitsdienste, der – wie auch der unsrige – gleichsam »hinter der Bühne« stattfindet, bleibt in den veröffentlichten Praxisberichten häufig verborgen (Pringle, 1989; Henwood & Hart, 2003).

Unsere Gruppe praktizierender Spezialisten für Pflege- und Adoptivkinder trifft sich einmal im Monat, um Fälle aufzuteilen und die Praxis weiterzuentwickeln. Die Gruppe umfaßt Kinderpsychotherapeuten, Kunsttherapeuten, Psychiater, Familientherapeuten, Berater und eine Fachkrankenschwester. Unsere derzeitigen Möglichkeiten bzw. Ressourcen sind so, daß wir den jungen Leuten, auch wenn das Datenmaterial anderes als geboten erscheinen läßt, nur selten mehr als eine Stunde pro Woche an Therapie anbieten können. Mit Erwachsenen im »Netzwerk« der jungen Leute wird ebenfalls viel gearbeitet. Daten von Prüfberichten bestätigen, daß unsere Arbeit in Pflege und Adoption mindestens doppelt so ressourcenintensiv ist wie die »normale« Arbeit von Gesundheitsdiensten in der Kinder- und Jugendpsychiatrie. Trotzdem beschränken die derzeitigen Ressourcen unsere Möglichkeit, sehr effektiv zu arbeiten, und dies nicht nur hinsichtlich Pflege und Adoption (Dep. for Education and Skills and Health, 2004). Diese Punkte sind wichtig, denn eine gute Praxis hängt oft ebensosehr mit Ressourcen wie mit wissenschaftlicher Evidenz zusammen.

In unsere Gruppe von Spezialisten bringe ich meinen beruflichen Hintergrund in psychotherapeutischer Beratung und mein Wissen über Gesundheits- und Sozialforschung ein. Sozialanthropologie und Philosophie sind die akademischen Disziplinen, in denen ich ausgebildet bin. Als Adoptivmutter habe auch ich die Dienstleistungen des kinder- und jugendpsychiatrischen Dienstes in Anspruch genommen (drei Geschwister, adoptiert nach einer Zeit der Pflegebetreuung), und daß ich selbst beim kinder- und jugendpsychiatrischen Dienst beschäftigt bin, hat teilweise mit der zunehmenden Einbindung der Nutzer in die britischen Gesundheits- und Sozialdienste zu tun (Charles, 1993).

Die vier Kinder, über die ich sprechen werde – Mike, James, Belinda und Lucy –, haben mich über unsere Spezialistengruppe kennengelernt (siehe Kasten 1). Natürlich heißen sie in Wirklichkeit anders, und ich habe viele Details über sie geändert, so daß sie fiktive Charaktere sind und nicht wirklich existieren. Dennoch werden ihre Geschichten denjenigen, die mit Pflege und Adoption zu tun haben, sehr bekannt vorkommen.

Welche Art von alltäglichen kleinen Wundern versuche ich nun bei Mike, James, Belinda und Lucy zu vollbringen? Wie gehe ich mit den Erwartungen derjenigen um, die die Kinder zu uns zur Behandlung überweisen, sowie mit den Erwartungen der jungen Leute, von denen keiner von sich aus eine therapeutische Behandlung aufgesucht hat? Ich werde darauf zurückkommen, nachdem ich zwei wichtige Diskussionspunkte skizziert und zu Mike, James, Belinda und Lucy in Beziehung gesetzt habe. Der erste Punkt betrifft das Konzept der psychischen Widerstandsfähigkeit oder Resilienz, der zweite ihre Mechanismen: was sie sind und wie sie wirken.

Resilienz als alltägliches kleines Wunder

Nach Mastens Definition bezieht sich psychische Widerstandsfähigkeit bzw. Resilienz auf Phänomene, bei denen Menschen trotz ernsthafter Bedrohung zu einer guten Form von Anpassung oder Entwicklung kommen (vgl. Masten, 2001, S. 228). Wenige würden bestreiten, daß Edward, Mike, James, Belinda und Lucy ernsthafte Bedrohungen dieser Art zu bestehen hatten oder haben. Meine Diskussion der Resilienz und die Praxis, auf die ich sie beziehe, steht also völlig im Kontext von Bedingungen, die für die Entwicklung ungünstig sind und ihr schaden: von sozialer Ausgrenzung, Benachteiligung in bezug auf Gesundheit und Bildung, Vernachlässigung und Mißhandlung.

Mehr als 20 Jahre lang, seit Ende der 70er Jahre, hatte die Forschung über psychische Widerstandsfähigkeit scheinbar die psychoanalytischen oder psychiatrischen defizitbezogenen Modelle der Kindesentwicklung in Frage gestellt. Diese deterministische, Schicksal und Hoffnungslosigkeit in den Mittelpunkt stellende Art der Betrachtung ödipaler Konflikte und/oder Pathologie wurde hinweggefegt. Und doch haben manche dieser Diskussionen über Resilienz in gewissem Sinne jene Geschichten bestärkt, deren Motto ist: »Pech gehabt«. Denn ein Teil der Studien ließ vermuten, daß Resilienz ein Lotteriespiel ist; ein Kind hatte bei der Geburt entweder die Glückszahl, oder es hatte sie nicht. Hatte das einzelne Kind dann keine »Glücksnummer«, so war es sein individuelles Pech. Ich nenne diese Studien »pessimistische Forschung über Resilienz«.

Die pessimistische Resilienzforschung – Studien wie die von Werner und Mitarbeitern (1971) über die Kinder der Hawaii-Insel Kauai oder von Buggie (1995) über Kinder aus sozialen Randgebieten amerikanischer Großstädte – rückte den Gedanken ins Blickfeld, daß Resilienz möglich ist: Einige Kinder – einschließlich derer mit ödipalen Problemen – kommen aus ihrer Situation heraus und entwickeln sich besser, als sogar Optimisten unter uns gehofft hätten. Das sind also gute Nachrichten: Und doch kamen zugleich auch die schlechten. Manche der Schlüsselindikatoren für Resilienz wurden als wichtige Variablen identifiziert, wie Intelligenz, fröhliches Naturell und gutes Aussehen (Patterson & Blum, 1996; Smith & Prior, 1995; Tschann et al., 1996; Werner, 1986). Diese sind schwer zu erwerben, trotz Omega-3-Fettsäuren im Fischöl und Schönheitsoperationen. Kinder werden entweder damit geboren oder eben nicht.

Nach der pessimistischen »Rechnung« bringt uns Resilienz, betrachtet als potentielles Mittel für Veränderung bei einzelnen Kindern, nicht sehr weit. Die

Kasten 1: Vier Kinder in einer chronischen Krise

Mike ist 7 Jahre alt und mit seinen drei leiblichen Schwestern in Pflege untergebracht. Ihre Mutter Jane ist heroinabhängig und hat während Mikes Kindheit ungefähr ein Jahr im Gefängnis verbracht – zwei Gefängnisaufenthalte über je 6 Monate. Mike erlebte zu Hause wiederholt Gewalt, sein leiblicher Vater lebte nicht in der Familie, und er hatte einen Stiefvater, der ebenfalls die Familie verließ. Es ist geplant, daß Mike letztlich zu seiner leiblichen Mutter zurückkehren soll, dafür gibt es aber noch kein festes Datum. Seine Sozialarbeiterin hat auf dem Überweisungsformular für unsere Einrichtung notiert, sie brauche als Hilfe für ihn eine »Spieltherapie«. Drei Wochen vorher hatte sie Mike notfallmäßig zu einer Vorstellung zu einem unserer Psychiater gebracht. In seinem Pflegeheim war er »nicht mehr kontrollierbar« geworden, und sein Sozialarbeiter sowie sein Betreuer waren verzweifelt gewesen. Obwohl Mike erst zwei Wochen zur Schule ging, wurde er gegenüber anderen Kindern und Lehrern gewalttätig, und er war nicht beschulbar.

Der 17jährige James hatte ungefähr 60 Wechsel im Betreuungssystem erlebt. Er wurde über seine Pflegemutter an uns überwiesen, bei der er seit 2 Jahren lebte. Sie wollte, daß wir ihr dabei helfen sollten, seine Wut zu kontrollieren. Als mich James zum erstenmal besuchte, war er sehr zornig. Er sagte, er wolle den Mann umbringen, den er im Alter von 6 Jahren beobachtet hatte, wie er seinen kleinen Bruder sexuell mißbrauchte. In unseren Sitzungen wurde viel über Alpträume, Pistolen und Rache gesprochen. Er wurde während der Therapie einmal für fünf Tage von seiner Sonderschule ausgeschlossen. Abgesehen von diesem Ausschluß gibt er sich jetzt sehr viel Mühe in der Schule.

Belinda ist 10 Jahre alt und lebt jetzt in einem Pflegeheim – der zwölften »Station« in diesem Jahr –, 40 Meilen von unserer Klinik entfernt. In der Klinik kennt man sie fast schon ihr ganzes Leben lang. Belinda lebte bis zum Alter von 3 Jahren bei ihrer Mutter Louise und wurde dann zusammen mit ihren zwei Halbschwestern nach schwerer emotionaler und körperlicher Mißhandlung durch den Ehemann ihrer Mutter aus der Familie herausgenommen. Nach zwei Jahren in Fremdpflege kam Belinda zu ihrer Mutter zurück, die in der Zwischenzeit mit einem anderen Mann zusammengezogen war. Nach einem Jahr lehnte ihre

Mutter sie massiv ab, so daß sie erneut aus ihrer Familie herausgenommen wurde, während Louise ihre beiden Schwestern bei sich behielt. Belinda war seitdem in einem Pflegeheim. Zu einer psychiatrischen Notfallbehandlung wegen dissoziativer Symptome wurde sie zuletzt von ihrem derzeitigen Betreuer im Pflegeheim und ihrem Sozialarbeiter vorgestellt. Deren Sorgen betrafen hauptsächlich die Beobachtung, daß sie sich »wie jemand anderes benimmt (manchmal nannte sie sich John), schwere Depressionen, Selbstverletzung, unkontrollierbares Verhalten in der Schule und im Pflegeheim sowie ständige Vergeßlichkeit«. Als sie zu uns kam, war sie gerade von ihrer Schule ausgeschlossen worden, wo sie während der Schulstunden durchgehend durch einen Schulbegleiter betreut wurde.

Lucy ist 14 Jahre alt und ebenso zornig wie Belinda. Sie wurden von ihrer Sozialarbeiterin zur Therapie »überwiesen«, die der Meinung war, eine Therapie würde ihr einen Raum eröffnen, um über ihr Leben nachzudenken und sich besser zu verstehen. Sie ist diesen Monat in ihrer fünften Pflegefamilie aufgenommen worden. In der Therapie bei mir versucht sie jetzt, auch mich dazu zu bringen, sie abzulehnen und zurückzuweisen. Sie stößt die Stühle in meinem Zimmer um, beschimpft mich und wirft ihr Handy an die Wand. Dreimal wurde Lucy von der Polizei mit Gewalt in ihren verschiedenen Pflegefamilien festgehalten. Als ich sie letztes Mal sah, rannte sie ihrer Pflegemutter auf der Straße hinterher und schrie: »Gib mir Zigarettengeld, du Schlampe!« Ihre frühe Geschichte ist nicht recht klar – auch für Lucy selbst nicht –, aber wir wissen, daß Lucy schreckliche körperliche und sexuelle Gewalt und Vernachlässigung erfahren hat sowie selbst Menschen und Tieren verletzt hat. Seit sie vier ist, hat sie Brände gelegt. Von jeder der vier Schulen, die sie besuchte, wurde sie ausgeschlossen. Sogar die Sonderschule für Kinder mit schweren Verhaltensauffälligkeiten schloß sie für mehrere Tage aus, und sie können sie sowieso nur acht Stunden wöchentlich unterrichten. Lucy hat drei Geschwister, und ich arbeite mit zweien von ihnen direkt zusammen.

Hoffnung für den 7jährigen Mike schwindet rapide. Er steht bereits auf der Liste für besondere Hilfen, kann kaum seinen Namen buchstabieren, und in seinem Sprachvermögen liegt er mindestens zwei Jahre hinter dem nationalen Durchschnitt zurück. Mike kommt mir vor, als koche er vor Wut – »fröhlich« ist nicht gerade die richtige Beschreibung für ihn. Und wenn er dann ganz dicht bei mir steht und mit einem Plastikdolch gefährlich nahe vor meinen Augen herumfuchtelt, sehe ich seine Gesichtszüge ganz genau. Im Vergleich zu anderen Kindern sieht er merkwürdig aus. Bei den anderen jungen Leuten, mit denen ich arbeite, sieht es nicht besser aus. Ist es zu spät für alle diese Teenager, ausgenommen Lucy, die hübsch ist und keine Lernprobleme hat?

Wenn man viel von dieser Literatur über Reslilienz für bare Münze nimmt: was konnten wir Praktiker, die das Leben für Kinder wie Mike, James, Belinda und Lucy verbessern wollen, dann überhaupt tun? Die Antwort lautete: nicht sehr viel. Dafür gab es zwei Gründe: einer ist die verbreitete Schlußfolgerung, daß resiliente Kinder als solche geboren und nicht zu solchen gemacht werden, nach dem Motto: Wenn du es nicht hast, kriegst du es auch nicht. Der andere ist subtiler. Er lautet, daß die Anwendung der Theorien und der Forschungsergebnisse über Resilienz in der Praxis immer hinter der akademischen Arbeit hinterhergehinkt ist. Folglich gab es nicht viele Rollenbilder, die uns genau zeigten, wie wir die wissenschaftlichen Ergebnisse anwenden sollten. Die Literatur zur Resilienz sagte herzlich wenig darüber, wie wir es in der Tat fertigbringen sollen, daß Kinder wie Lucy nicht mehr mit Stühlen herumwerfen, sich wieder in der Schule engagieren, höflicher mit ihren Pflegeeltern reden und sich brav hinsetzen, um eine Autobiographie zu schreiben, wie es Edward getan hat.

Aus der Sicht des Praktikers wurde die Forschung interessanter, als die Forderung lauter wurde, der Forscher solle genauer hinsehen, hinter die »Blackbox«. Für Rutter (1999) stellt die Resilienz keinen individuellen Wesenszug oder eine Charaktereigenschaft dar; für ihn involviert psychische Widerstandsfähigkeit eine Reihe von Prozessen, die ganz unterschiedliche Mechanismen zusammenführen. Fonagy und Mitarbeiter paraphrasieren Rutter (1990), geben dem Ganzen aber eine etwas andere Richtung oder Tendenz, indem sie Resilienz bei Kindern weder als eine angeborene noch als eine während der Entwicklung erworbene Eigenschaft betrachten. Nach ihrer Einschätzung ist sie vielmehr ein Hinweis auf einen Prozeß, der ein komplexes soziales System zu einem bestimmten Zeitpunkt charakterisiert (vgl. Fonagy et al., 1994, S. 233).

Mit dem Aufkommen der Perspektive von einem prozeßhaften Geschehen rückte das Konzept von den resilienten Kindern in den Hintergrund. Rein aus pragmatischen Gründen war das Verschwinden dieses Konzepts vielleicht vorschnell gewesen; es würde aber zu weit führen, dies hier ausführlich zu diskutieren. Für mich als Praktikerin ist Resilienz jedenfalls sowohl ein Indikatior für ein prozeßhaftes Geschehen als auch eine Konstellation von individuellen Eigenschaften. Wie können wir, kurz zusammengefaßt, in der Praxis einen mir bekannten 15jährigen Jungen ohne das Konzept der Resilienz beschreiben, der abends kleine Kunstwerke aus Papier faltet, statt dessen aber auch genausogut zündeln könnte, wenn seine Widerstandsfähigkeit auch erworben und nicht angeboren war? Ich nenne ihn weiterhin *resilient*, aber ich verwende den Ausdruck im Wissen, daß es nicht nur individuelle Eigenschaften sind, die ihn dazu machen, sondern komplexe Synergien aus verschiedenen Aktivitäten, Stärken und Tendenzen. Diese Synergien schließen oft das ein, was ich als eine besondere Form der psychischen Widerstandsfähigkeit betrachte, die das Kind durch seine Interaktion mit explizit externen Veränderungskräften erwirbt.

Mastens (2001) Arbeit über Resilienz, die auf den Arbeiten anderer Forscher wie Rutter aufbaut, verdient, hier diskutiert zu werden. Auch für sie – wie für Rutter – ist Resilienz ein von anderem herleitbares, kontextabhängiges Konstrukt. Sie betont, daß die große Überraschung, die man in der Forschung zur Resilienz erlebt, die Alltäglichkeit des Phänomens ist. Psychische Widerstandsfähigkeit scheint ein allgemeines Phänomen zu sein, das sich in den meisten Fällen aus der Aktivität grundlegender menschlicher Anpassungssysteme ergibt. Resilienz, so Masten, entwickele sich nicht aus seltenen und besonderen Fähigkeiten, sondern aus ganz alltäglichen kleinen Wundern der menschlichen Ressourcen in Gedanken, Gehirnen und Körpern von Kindern, in ihren Familien und ihren Beziehungen sowie in ihren Gemeinschaften (vgl. Masten, 2001, S. 235).

Wenn so der Schwerpunkt auf soziale Kräfte gelegt wird, wird Therapeuten, Lehrern, Sozialarbeitern und anderen Praktikern ein möglicher Weg aufgezeigt. Akademiker konnten Erfahrungen darin sammeln, die umfassenden Bereiche zu identifizieren, in denen zur Förderung der psychischen Widerstandsfähigkeit eine Entwicklung erforderlich war, wie etwa sichere Bindungsbeziehungen (Cadell et al., 2001; Hawley & DeHaan, 1996; Fonagy et al., 1994), Bildung (Tiet et al., 1998; Doll & Zucker, 2004) und die persönliche Fähigkeit, Situationen gewachsen zu sein bzw. sie zu bewältigen (Buckner et al., 2003; Cicchetti & Rogosh, 1997; Cowan et al., 1997). Therapeutisches Handeln, so auch Rutter, muß sich auf Schritte konzentrieren, die man unternehmen kann, um das Vorkommen negativer Kettenreaktionen zu verringern. Ein Schutz kann auch darin bestehen, positive Kettenreaktionen zu fördern, auch diese müssen bei der therapeutischen Planung beachtet werden (Rutter, 1990). So bestand die Aufgabe dann darin, die für Kinder wie Mike, James, Belinda und Lucy notwendigen Mechanismen zu finden, damit sie ein besseres Leben haben würden. Dann konnten wir »auf die Bühne treten«, unsere Zauberstäbe schwingen und ein paar alltägliche Wunder herbeizaubern.

Resilienz in Aktion

Der Bereich der Sozialarbeit macht sich bei der Schaffung von Praxiswissen über die Förderung der Resilienz verdient, sie hat sich aber nicht wirklich auf konzeptuelle und theoretische Fragen eingelassen (Gilligan, 2001; Bostock, 2004; Lambert, 2001). Anderswo haben die Fragen, was Mechanismen an sich sind und was Mechanismen der *Resilienz* sind, zwei große Debatten in unterschiedlichen Disziplinen ausgelöst. Die erste Debatte hat in der Soziologie über das stattgefunden, was man genauer als *generative* Mechanismen bezeichnet (siehe hierzu den Überblick bei Carter & New, 2004); die zweite Debatte über Mechanismen der Resilienz gab es in der Entwicklungspsychologie (Luthar et al., 2000). Carter und News sehen generative Mechanismen als erkennbare Punkte, an denen eine Struktur zu Handeln führt, indem sie nämlich die Handlungen von Personen einschränkt, ermöglicht und generell motiviert, und zwar auf eine Weise, die bestimmte Tendenzen entstehen läßt (Carter & News, 2004).

Manche haben im Hinblick auf die Mechanismen der Resilienz argumentiert, der Ausdruck *Resilienz* sei eine wenig hilfreiche begriffliche Tautologie (Luthar et al., 2000). Andere wie Fonagy und Mitarbeiter (1994), die das Konzept recht nützlich fanden, sind trotzdem ziemlich pessimistisch hinsichtlich unserer Fähigkeit, zu wissen, was in spezifischen Zusammenhängen am besten zu tun ist. Nach Durchsicht der Literatur über psychische Widerstandsfähigkeit stellen sie die Frage, was wir praktisch gewonnen haben, wenn wir zuverlässige Merkmale, von denen sich auf Resilienz schließen läßt, identifiziert haben, und sie antworten: nicht viel. Wir wissen nicht, so Fonagy, welche dieser Attribute möglicherweise Ziele unserer Intervention sein können. Um empirische Ergebnisse für die praktische Anwendung umzusetzen, brauchten wir angemessene theoretische Modelle, um die praktische Anwendung zu regeln (Fonagy et al., 1994). Selbst eingefleischte Optimisten wie Masten (2001, S. 230) kommen zu dem Schluß, in der

Resilienzforschung werde wenig untersucht, wie die »Aktivposten« – Risiken und Schutzfaktoren – in diesen Modellen zur Widerstandsfähigkeit einander im Laufe der Zeit gegenseitig beeinflussen können.

Trotz dieser Schwierigkeiten haben Pragmatiker die Anwendung der Resilienzforschung in der Praxis vorangetrieben. Folglich haben sich über die Jahre verschiedene Faktoren, Modelle und Konzepte entwickelt, wieso einzelne Kinder als resilient gelten. Viel wurde über die Identifizierung der Arten von Mechanismen oder Eigenschaften diskutiert, die zumindest als wichtig betrachtet werden. Wichtig bei der Debatte war, daß Wissenschaftler wie Praktiker die Risikofaktoren für die Resilienz von Kindern identifizierten und dann ihre Schutzfaktoren förderten (Gilgun et al., 1999; Masten et al., 1988; Masten, 2001; Garmezy & Masten, 1984).

Verweilen wir noch einen Moment bei den Bedenken von Fonagy und Mitarbeitern (1994). Selbst wenn wir Merkmale von Resilienz identifizieren und sie in erwünschte »Aktivposten« wandeln können: Woher wissen wir, welches Merkmal oder welche Kombination von Merkmalen bzw. Eigenschaften wir gerade am besten anstreben sollten? Woher wissen wir außerdem, welche Mechanismen wir anwenden müssen, um eine nachhaltige Verbesserung der Entwicklungsfähigkeiten zu erzielen? Letzteres ist sicherlich der Test, um zu entscheiden, ob ein Mechanismus schließlich als resilient gelten kann oder nicht. Die Antwort auf die Fragen lautet, daß wir es nicht sicher wissen. Wir können aber aufgrund der verfügbaren Belege begründete Vermutungen anstellen.

Im folgenden werde ich mich auf Überlegungen zur Entscheidungsfindung in bezug auf Resilienz speziell im Hinblick auf Bindung konzentrieren. Obwohl ich den Standpunkt von Fonagy et al. (1994) zu den Schwierigkeiten der Einschätzung von Eigenschaften bzw. Merkmalen teile, so würden doch wenige bestreiten, daß Mechanismen zur Förderung sicherer Bindungen in spezifischen Zusammenhängen zumindest einen Teil der Aufgabe umfassen, die beim Aufbau der Resilienz zu erfüllen ist. Auch für Fonagy und Mitarbeiter (1994) ist eine Verbesserung der sicheren Bindung durch Entwicklung der selbstreflexiven psychischen Funktionen zur Förderung der Resilienz erforderlich. Es falle auf, so schreiben sie, daß resiliente Kinder sicher gebunden seien, so daß die Entwicklung einer sicheren Bindung indirekt an der Entwicklung der Widerstandsfähigkeit beteiligt sei (vgl. Fonagy et al., 1994, S. 235).

Im folgenden möchte ich für Mike, James, Belinda und Lucy beschreiben, wie sich ihre Fähigkeiten für die Entwicklung einer sicheren Bindung steigern ließen. Dadurch sollte teilweise auch ihre psychische Widerstandsfähigkeit gefördert werden. Ich möchte zeigen, wie ich bei Mike, James, Belinda und Lucy mein Wissen anwandte, um zu versuchen, bestimmte alltägliche Wunder für ihre Bindungsentwicklung zu erreichen.

Therapeutische Methoden

Während Pflege und Adoption und ihre Nachteile weitgehend in der therapeutischen Praxis und Forschung im allgemeinen bekannt sind, gibt es sehr wenige Ergebnisse oder Befunde zu Pflege und Adoption im Hinblick auf die konkrete Frage, welche Therapiemethoden im Einzelfall am besten helfen könnten. Der vorliegende Abschnitt umfaßt einige meiner Hauptgedanken zu relevanten Diskussionen, die meine Praxis betreffen. Eine in jüngerer Zeit durchgeführte Untersuchung zeigt, daß verläßliche Forschungsergebnisse dringend gebraucht werden (Rushton & Dance, 2002), besonders im Hinblick auf Familien mit ernsten Schwierigkeiten auf seiten der Kinder sowie der Eltern. Ein Vorschlag lautet, daß bestehende und nachweislich effektive Methoden angepaßt und im Rahmen der Adoption angewendet werden sollen (Barth & Miller, 2000).

Viele konventionelle Therapiemethoden – egal, ob im Rahmen einer Einzel- oder Familientherapie – wurden sowohl durch wissenschaftliche Untersuchungen als auch durch praktische Erfahrungen mit der Betreuung von Kindern durch Pflege- und Adoptiveltern in Frage gestellt. Wenden wir uns zuerst der Frage der Praxis zu. Manche der Kinder in unserer Einrichtung entziehen sich den Konventionen des psychotherapeutischen Engagements, wo die psychologische Fähigkeit zur Empathie – sich in die Gedanken, Gefühle und Handlungsabsichten der Kinder einzufühlen – eine notwendige Bedingung für den Aufbau einer therapeutischen Bindungsbeziehung darstellt, ebenso die Fähigkeit der Kinder, die Regeln der Klinik zu befolgen. James und ich z. B. führen unsere Therapie außerhalb der psychodynamischen Regeln durch und sitzen auf einer Parkbank, er raucht pausenlos, während er redet. Die Therapieräume des Staatlichen Gesundheitssystems haben eine haltende und schutzgebende Funktion, aber wir müssen alle Patienten hinausschicken, die mit einer brennenden Zigarette in der Hand hereinkommen. James, der seit dem Alter von sieben Jahren nikotinabhängig ist, bestand darauf, daß er ohne Zigarette einfach nicht über die Schwierigkeiten in seinem Leben reden könne. Mehrmals vorher war er zur Therapie überwiesen worden, aber seine Nikotinabhängigkeit stand ihm immer im Wege. Therapeuten, die eher mit einem Modell der Resilienz arbeiten als mit dem konventionellen psychodynamischen Modell, fördern die Entwicklung einer sicheren therapeutischen Bindungsbeziehung eher auf eine pragmatische Art und Weise. Wir dürfen nicht länger in unseren Therapiezimmern sitzen und darauf warten, bis die bedürftigsten und gefährdetsten Kinder zu uns kommen. Wir müssen zu ihnen gehen, weil sie diejenigen sind, die wahrscheinlich die düsterste Zukunft vor sich haben (Dep. for Education and Skills and Health, 2004).

Normalerweise würde der Familientherapeut zur ersten Sitzung alle Familienmitglieder einladen und versuchen, die Familiendynamik schnell herauszuarbeiten. Wenn aber die Eltern in den Sitzungen vor ihren Kindern ein Verhalten zeigen, daß die Kinder erschreckt und für diese einen zusätzlichen Streß bedeutet, ist dies für den therapeutischen Prozeß wenig hilfreich – das gilt für Pflege- und Adoptivfamilien wie auch für gewöhnliche Familien (Hart et al., 2002). Eine weitere Problematik: Indem die verschiedenen Helfer innerhalb der Bindungsnetzwerke von Kindern, die bei Pflegeeltern leben oder die aus öffentlichen Heimen adoptiert wurden, – Helfer, die mit einer übergroßen Zahl von Behörden und Fachstellen konfrontiert sind, die mit diesen Kindern befaßt sind – bestimmen wollen, wer zu den therapeutischen Sitzungen eigeladen werden soll oder muß, üben sie auf unsere Beratungskapazität einen erheblichen Druck aus. Sie behindern gleichfalls unsere Fähigkeit, die Netzwerke zu koordinieren, trotz effektiver administrativer Unterstützung. Natürlich stellen sie auch eine große Anforderung an unsere Fähigkeiten, jenen Kindern eine positive Erfahrung zu ermöglichen, die wortwörtlich »Hand in Hand« mit vielen Menschen und den damit verbundenen komplexen Beziehungen zu uns kommen. Wenn ich z. B. an die Beteiligung von Mike und Belinda in der Therapie denke, so wünsche ich mir für sie etwas Besseres, als den explosiven und schmerzlichen Dynamiken Erwachsener – ob Laie oder Fachmann – ausgesetzt zu sein.

Wenn wir nun das rein Pragmatische verlassen und uns der Frage des Belegmaterials zuwenden, so stellen wir fest, daß dieses oft theoretisch oder anekdotisch ist und nicht vergleichsweise empirisch. Ich will kurz einige komplexe und kontroverse Diskussionen zusammenfassen, die ich an anderer Stelle im Detail untersucht habe (Hart & Luckock, 2004):

- Die klassische Einzelpsychotherapie beim Kind, isoliert von der Arbeit mit Erwachsenen im Netzwerk, wird zunehmend vermieden, was ich als gute Praxis ansehen würde (Dozier, 2003; Hughes, 1997, 2003; Levy & Orlans, 1998). Es gibt im Adoptions- und Pflegewesen in dieser Frage einen Mangel an vergleichenden

Belegen, obwohl Praxisberichte zunehmend überzeugende bindungsgestützte Theorien dazu entwickeln, warum die klassische Einzelpsychotherapie am besten vermieden wird. Darüber hinaus zeigt die allgemeine Grundlagenforschung in der Kinder- und Jugendpsychiatrie, daß ein Isolieren von Kindern und die Arbeit mit ihnen – ohne das aktive Einbeziehen ihrer Eltern in die Therapie – weniger effektiv zu sein scheint als andere Arbeitsweisen (Weiss et al., 2000; van de Weil et al., 2002). Natürlich setzt sich die Praxis oft gegen Belege oder Beweise durch. Der Kinderpsychotherapeut Rustin (2004) behauptet, daß eine Indikation für eine individuelle Psychotherapie nur dann gegeben sei, wenn sich gleichzeitig irgend jemand außerhalb des Therapiezimmers für das Kind verantwortlich fühle und an seiner Entwicklung liebevollen Anteil nehme. Weiter unten werde ich mich mit der Frage befassen, was Therapeuten tun können, wenn kein sozial unterstützender und hilfsbereiter Erwachsener für das Kind zur Verfügung steht, dem die Entwicklung des Kindes ein Anliegen ist. Ich vertrete eine Ansicht, die der von Rustin entgegengesetzt ist. Eine Einzeltherapie (jedoch nicht tiefenpsychoanalytischer Art) ist indiziert, wenn sich niemand so richtig für das Kind verantwortlich fühlt. In diesen Fällen ist eine Bindung einmal in der Woche zu einem Therapeuten, der auch als »Anwalt« die Interessen des Kindes gegenüber Behörden und anderen Stellen vertreten kann, besser als gar nichts, obwohl das in einer wohlhabenden modernen Demokratie eigentlich eine Schande ist. In diese Kategorie fällt auch meine Arbeit mit Lucy, und ich sollte hinzufügen, daß – wenn die Systeme funktionierten, wie sie sollten – sich gegenwärtig ein Sozialarbeiter für die Entwicklung von Lucy viel mehr verantwortlich fühlen würde als ich.

- Da substantielle Forschungsdaten fehlen, sollten sogenannte »Haltetherapien«, bei denen ein Kind von starken Erwachsenen festgehalten und in Decken eingewickelt wird oder etwa gegen seinen Willen zu Körperkontakt gezwungen wird, aus ethischen Gründen in Frage gestellt werden. Außerdem gibt es wissenschaftliche Untersuchungen, die zeigen, daß Therapiemethoden, die weniger übergriffig sind, weitgehend positiv sind und ethisch ohne Bedenken eingesetzt werden können (Hart & Luckock, 2004). Trotzdem werden sich angesichts der Vielzahl der Fälle und der Standards des NSF (The National Service Framework for Children, Young People and Maternity Services), wodurch auf die Einrichtungen für Kinder- und Jugendpsychiatrie zunehmend Druck ausgeübt wird, die meisten Einrichtungen in Großbritannien diese intensiven Therapien zugunsten ausgegrenzter Jugendlicher zumindest kurzfristig nicht leisten können, es sei denn, der wissenschaftliche Nachweis zugunsten dieser Therapien für die Jugendlichen wäre überwältigend.

- Es gibt zunehmend wissenschaftliche Hinweise im Pflege- und Adoptionswesen, die die Wirksamkeit von elternzentrierten Interventionen aufzeigen, bei denen die Therapeuten indirekt mit den Kindern mit Hilfe von anderen Erwachsener arbeiten, indem in der Art einer dyadischen Arbeit Erwachsene und Kinder gemeinsam im Therapiezimmer sind (Hart & Luckock, 2004; Scott, 2002; van IJzendoorn et al., 1995). Eine Methode der bindungsorientierten Therapie, bei der die Eltern als Co-Therapeuten in die Behandlung mit einbezogen werden und die ich zusammen mit Helen Thomas zu entwickeln begonnen habe, ist von der Bindungstheorie und der umfassenderen Forschung auf diesem Gebiet beeinflußt (Hart & Thomas, 2000).

Alltägliche kleine Wunder zur Förderung »hoffnungsvoller Bindungen«

Im Leben von keinem der vier genannten Kinder gab es eine auch nur annähernd gute primäre Bindungsperson, lediglich bescheidene und isolierte »Inseln« positiver Bindungserfahrungen in Form von Beziehungen zu Lehrern, Pflegern, Therapeuten und Sozialarbeitern. Jedenfalls schien mir die Reise dieser Kinder durch die öffentlichen Heime mit der großen Anzahl von verschiedenen Betreuern und Pflegern ihre Bindungsprobleme eher verschlimmert als verbessert zu haben. Anders als bei Edward gab es bei ihnen nach den frühen Erfahrungen von Vernachlässigung keine konstant verfügbare Person in ihrem Leben, die Jahr für Jahr die Etiketten in ihre Schuluniformen genäht, ihr Haar nach Läusen durchkämmt, ihre Geburtstagsparty organisiert und für sie einen Geburtstagskuchen gebacken hätte. Mike wurde von seinem Sozialarbeiter zur »Spieltherapie« überwiesen, denn er brauchte zur Entwicklung einer positiven Bindungserfahrung eindeutig die alleinige Aufmerksamkeit durch einen Therapeuten. Ich erfuhr, daß Mike innerhalb eines Jahres drei verschiedene Sozialarbeiter hatte, die für ihn zuständig waren, und zweimal seinen Pflegeplatz wechseln mußte. Es war auch noch unklar, ob er zu seiner leiblichen Mutter zurückkehren würde. Es war besser, auf irgendeine bereits vorhandene einzelne »Insel« von Bindungserfahrungen aufzubauen, als mich als neue und exklusive Bindungsperson einzuführen.

Es lohnt sich, auf »Bindungsinseln« aufzubauen. Die Forschung zur Resilienz bestätigt, daß sie Gold wert sind (Bostock, 2004). Sie bestätigt auch manche Kritik, die Feministinnen und Sozialanthropologen gegenüber Bowlby und Winnicott sowie gegenüber anderen äußerten (Tizard, 1991; Burman, 1994). Es ist nicht alles verloren, weil Mike, Lucy und Belinda keine psychologisch sensiblen leiblichen Mütter hatten, die ihre selbstreflexive Funktion gefördert haben. Es ist auch nicht alles verloren, weil sie nicht Beziehungen zu anderen Betreuern über viele Jahre aufrechterhalten konnten. So hatte etwa James erst jetzt, seit 2 Jahren, eine konstante Betreuungsperson, nachdem er innerhalb von neun Jahren 60mal einen Wechsel seiner Pflegperson erlebt hatte. Seine Geschichte zeigt uns, daß es, selbst zu einem Zeitpunkt, an dem die meisten von uns es längst aufgegeben hätten, noch möglich ist, an eine solche Entwicklung zu glauben und eine gewisse Stabilität zu erreichen.

Das Gerüst hoffnungsvoller Bindungen

Manche Kinder lösen sich sehr erfolgreich von leiblichen Eltern, die sie mißbrauchen und vernachlässigen, und gehen ihren eigenen Weg, indem sie sich außerhalb des Heims andere Erwachsene als Bezugspersonen suchen. Psychisch widerstandsfähige (resiliente) junge Leute sind anscheinend in der Lage, sich selbst in ein gesünderes Umfeld zu begeben und so für sich Möglichkeiten zu schaffen, die ihnen zum Erfolg verhelfen, oder sie nehmen die Chance wahr, sich mit sozial engagierten Menschen, die sie unterstützen, auf eine Bindung einzulassen und so für sich eine Nische zu finden (vgl. Masten, 2001, S. 233). Andere junge Erwachsene können für sich selbst eine positive Entscheidung treffen, um eine bedeutungsvolle Beziehung aufzubauen, etwa mit einem interessierten Jugendarbeiter oder einem engagierten Lehrer – das kann ihrer Entwicklung eine ganz andere Wendung geben (Bostock, 2004). Ich nenne das »hoffnungsvolle Bindungen« und möchte dadurch vermitteln, daß es sich um ein dynamisches Konzept handelt, in dem Veränderungen und Wachstum möglich sind. Niemand würde dabei behaupten wollen, daß diese Bindungen wirklich ausreichend gut genug sind, und niemand würde solche Bindungsbeziehungen als die einzigen für seine eigenen Kinder wollen. Aber in einem nicht idealen Kontext sind sie dennoch etwas wert, und sie sind besonders wertvoll, weil sie den Kindern aufgrund der neuen Beziehungserfahrungen eine Möglichkeit geben, emotionale Strukturen aufzubauen. Sowohl Belinda als auch James haben solche hoffnungsvollen Bindungen. Bei Belinda ist es ihr Sozialarbeiter Darren. Nach der Therapiestunde möchte sie Darren besuchen und ihm das Neuste mitteilen. Es ist von Vorteil, daß sich Darrens Büro auf der anderen Straßenseite befindet. Zu den Mitgliedern des Vermittlungsteams – Jugendarbeiter, die Pflegeeltern helfen, daß sie sich mit den Jugendlichen anfreunden und Zeit mit ihnen verbringen können – haben Belinda und James ebenfalls hoffnungsvolle Bindungsbeziehungen aufgebaut. In meiner Arbeit mit diesen jungen Leuten nehme ich ihre hoffnungsvollen Bindungen ernst und helfe, sie zu fördern und am Leben zu erhalten. Hierzu gibt es verschiedene Möglichkeiten:

- Ich schätze diese hoffnungsvollen zusätzlichen Bindungsbeziehungen sehr und sehe in ihnen ein Netz von potentiellen Wahlverwandschaften, wie Weston (1991) in einem anderen Zusammenhang vorschlug.
- Ich beziehe diese Bindungspersonen in die Therapie mit ein und bespreche in der Therapie mit den Jugendlichen ihre hoffnungsvollen Bindungen, manche Bindungspersonen könnten sogar in Co-Therapie mit mir arbeiten.
- Ich unternehme mit den Jugendlichen gleichsam Ausflüge zu anderen »Bindungsinseln«, indem ich regelmäßige Treffen mit hoffnungsvollen Bindungspersonen organisiere, um die Arbeit zu koordinieren und den Sinn dafür zu fördern, daß wir alle ein Team um den Jugendlichen bzw. das Kind sind.
- Ich baue um den einzelnen Jugendlichen eine Gruppe von Erwachsenen auf, die sich um den Jugendlichen sorgen und sich gegenseitig austauschen. Dies wirkt sehr unterstützend und gibt den Jugendlichen einen Halt.

Es ist leicht, solche Punkte in Zusammenhang mit ziemlich unproblematischen, hoffnungsvollen Bindungen aufzuzählen. Was tun wir Therapeuten aber bei negativen Beziehungen, wenn die Leute, die sich um die Jugendlichen kümmern, nicht die besten Absichten haben? Nennen wir solche Beziehungen (scheinbar) »hoffnungslose« Bindungen im Leben dieser jungen Leute. Ignorieren wir sie und hoffen, daß sie von selbst verschwinden? Diskutieren wir sie mit den jungen Leuten, mit denen wir zusammenarbeiten, und hoffen wir, daß sie Licht am Ende des Tunnels sehen werden? Oder versuchen wir sie zu rehabilitieren und sie in unsere Gruppe von hilfreichen Erwachsenen aufzunehmen?

Hoffnungslose Bindungen

Wer mit Pflege- und Adoptivkindern arbeitet, für den ist der Umgang dieser Kinder mit Leuten, die schädliche Bindungsstile haben und mit denen die Kinder Beziehungserfahrungen machen, die ihnen schaden, eine fundamentale Frage in der Praxis. Wenden wir uns zuerst dem Problem negativer Beziehungen zwischen den Pflege- und Adoptivkindern und Gleichaltrigen zu. Ihr schädlicher Einfluß ist umfassend dokumentiert (Rutter et al., 1998; O'Donnell et al., 2002). Die soziologische Literatur weist darauf hin, wie wichtig es für junge Leute ist, mit positiven Gemeinschaftsbeziehungen groß zu werden (Morrow, 2001). Die Forschung zur Resilienz unterstreicht immer wieder, wie sehr es notwendig ist, jungen Leuten zu helfen, daß sie sozial erwünschte Beziehungen zu Gleichaltrigen aufbauen können, sie bringt aber wenig konkrete Hinweise dazu, wie das tatsächlich erreicht werden könnte (Rutter, 1999). Wenn ich darüber nachdenke, welche äußeren Einflüsse bei Lucy zur Förderung ihrer Resilienz beitragen könnten, so muß ich erst noch eine zündende Idee finden, die mir dabei hilft, sie in der Kirche oder einer Pfadfindergruppe für Mädchen unterzubringen. Von der regulären Schule ausgeschlossen und nur acht Stunden pro Woche in einem alternativen Bildungsangebot unterrichtet, verbringt sie einen Großteil des Tages mit Trinken von Alkohol, Ladendiebstählen, Sex im Tausch gegen Zigaretten und Prügeleien mit anderen jungen Leuten, die wie sie selbst von der Schule ausgeschlossen wurden. Wie Masten (2001) es ausdrückt, hat sie ihre »Nische« gefunden – allerdings ist diese nicht gut für sie. Die Systeme, in die sie hineinging, um ihr Leben zu verbessern, arbeiteten schließlich gegen sie. Es gibt für sie kaum ein soziales »Kapital«, das sie aus dem Kontakt mit den anderen jungen Leuten für sich gewinnen könnte, die sie traf und die im gleichen Chaos wie sie leben. Alltägliche kleine Wunder haben ihre Schattenseiten, und Lucy hat sie gefunden.

Beim Versuch, bei den jungen Leuten, mit denen ich arbeite, hoffnungsvolle Bindungen zu Gleichaltrigen zu stärken, kann ich keine großen Erfolge verbuchen. Bei meinen eigenen Adoptivkindern ist es mir weit besser gelungen, obwohl ich ihnen gegenüber ja keine berufliche Autorität besitze. Im Gegensatz zu meiner Arbeit mit den Heimkindern konnte ich bei meinen eigenen Kindern den Aufbau von Resilienz weit mehr beeinflussen und innerhalb der Systeme, in die ihr Leben eingebettet ist, besondere Strukturen oder Mechanismen entwickeln. Für Unterricht in positiver Umgebung mit gesunden Gleichaltrigen zu sorgen, ist, im Hinblick auf die Resilienz eines Kindes, eine solche Struktur bzw. ein generativer Mechanismus von fundamentaler Wichtigkeit. Wir wissen sehr wohl, daß es im allgemeinen kontraproduktiv ist, wenn man junge Leute über längere Zeit mit hoffnungslosen Bindungen mit Gleichaltrigen konfrontiert. Und doch ist es »die Behandlung der Wahl«, wie sie von den meisten Behörden angeordnet wird, einschließlich meiner eigenen (siehe hierzu auch Hopkins, 2004). Zurück zu Lucy, Mike, Belinda und James: Ihre »hoffnungslosen« Beziehungen zu Gleichaltrigen sind nur ein Teilbereich innerhalb des komplexen Versuchs, Interventionen zu Gunsten ihrer psychischen Widerstandsfähigkeit zu erreichen.

Aus der Forschung wissen wir sehr gut, daß die kulturelle Zusammengehörigkeit mit der Herkunftsfamilie bei Adoptiv- und Pflegekindern nur sehr schwer verschwindet, wenn überhaupt, selbst bei schwer mißhandelten oder vernachlässigten Kindern (Fratter et al., 1991; Grotevant & McRoy, 1998; Wrobel et al., 2003; Neil & Young, 2003; Neil, 2002 a, b, 2003). Jedes der vier Kinder, mit denen ich arbeite – und das gilt auch für meine eigenen Adoptivkinder –, möchte nicht nur, im Sinne von Margaret Rustin (1999), die vielen verschiedene Familien, die für es während seines bisherigen Lebens von Bedeutung waren, in Gedanken präsent haben, sondern es möchte mit diesen Familien auch in der Praxis Kontakt haben. Ob wir wollen oder nicht: Für mindestens drei von ihnen – Lucy, Belinda und Mike – ist die Herkunftsfamilie der wichtigste Referenzpunkt. Wie gehe ich therapeutisch damit um?

Arbeit mit leiblichen Eltern

Die Diskussion über die Vorteile unterschiedlicher Arten therapeutischer Techniken nimmt in der Literatur über Pflege und Adoption einen immer größeren Stellenwert ein. Diese Literatur bietet allerdings wenig Hinweise, wenn wir uns fragen, welche Rolle die leiblichen Eltern möglicherweise direkt in der Therapie ihrer Kinder spielen können. Manche Autoren behaupten sogar, daß die Kontinuität von Beziehungen und die Verbindungen mit der Ursprungsfamilie den Kindern helfen würden, sich in Ersatzfamilien einzuleben, und daß durch dieses Netzwerk die persönliche Identität der Kinder und ihr Sinn für Familienzugehörigkeit gestärkt werde (Grotevant & McRoy, 1998; Wrobel et al., 2003; Neil, 2002 a, b, 2003).

Die tatsächlichen Inhalte und die Bedeutung eines solchen kontinuierlichen »Kontakts« der Kinder mit ihrer Ursprungsfamilie – ebenso die Frage, wie dieser Kontakt im Dienste der Therapie stehen und durchgeführt werden könnte – spielen jedoch in den Debatten nur eine geringe Rolle. Eine wichtige Ausnahme bildet das Buch *Trauma, Attachment and Family Permanence* (Trauma, Bindung und Beständigkeit in Familien, 2003) von Archer und Burnell, das auf ihre Arbeit bei *Family Futures* beruht, einer privaten Agentur für Adoptionsvermittlungen in Großbritannien. Es ist ungewöhnlich, daß sie sich sogar ausdrücklich auf einen Kontakt zwischen den Adoptivkindern und ihren leiblichen Eltern konzentrieren, der aus therapeutischen Gründen stattfinden soll. Sie sprechen sich allerdings sehr deutlich für eine Ablösung der Adoptivkinder von ihren leiblichen Eltern aus. Ihre Befürwortung des Kontakts und die Einbeziehung von z.B. leiblichen Eltern sogar in die direkte therapeutische Arbeit mit ihrem Kind hat allerdings zum Hautpziel, dem Kind bei seinem langen Abschied von seiner Ursprungsfamilie behilflich zu sein (vgl. Archer & Burnell, 2003, S. 206). Grundsätzlich glauben Archer und Burnell nämlich, daß in der Mehrheit der aktuellen Adoptionen ein direkter Kontakt zwischen dem Kind und seiner Ursprungsfamilie eine Belastung und erneute Traumatisierung darstelle, weil das Kind durch die Begegnung mit vielen alten schmerzlichen Erfahrungen in Berührung komme (vgl. ebd., S. 204).

Diese Position von Archer und Burnell, wie sie in ihrem Buch beschrieben ist, halte ich persönlich für zu absolut. Die Forschung unterstützt eine so kategorische Behauptung nicht, so daß es hierüber viele konträre Diskussionen gibt (vgl. Hart & Luckock, 2004). In meiner praktischen Arbeit habe ich die Erfahrung gemacht, daß es einige Kinder gibt, bei denen die theoretische Überlegung, die leiblichen Eltern in die Therapie einzubeziehen, in der Praxis auch zum Erfolg geführt hat. Belinda ist solch ein Fall, und ich werde unsere therapeutische Arbeit detaillierter darstellen.

Arbeit mit beruflicher und struktureller Ambivalenz

Als ich Belinda zum ersten Mal traf, hatte sie rein theoretisch Kontakt mit ihren leiblichen Verwandten, insbesondere ihrer Mutter. Dies war sogar in einem Bericht über sie schriftlich festgehalten worden. Das schien aber nicht hilfreich für sie zu sein, da diese Kontakte in der Praxis willkürlich und zufällig stattfanden, chaotisch abliefen und Belinda dabei emotional nicht unterstützt und gehalten war. Die Art des Kontakts – die Strukturlosigkeit, in der er stattfand – und die Erzählungen über ihre Beziehung, sowohl von Belinda als auch von ihrer leiblichen Mutter Louise, trugen nach meiner Einschätzung zu ihren psychischen Problemen bei. Als ich Belinda zum erstenmal traf, hatte sie ihre Mutter fünf Monate lang nicht mehr gesehen, und beim letzten Mal ließ der Sozialarbeiter Louise und Belinda spüren, daß irgendein direkter Kontakt zwischen ihnen nicht mehr zu vertreten sei. Meine Meinung hierzu war allerdings, daß ein direkter Kontakt tatsächlich therapeutisch von Bedeutung sein könnte, daß man ihm aber keine echte Chance gegeben hatte. Dafür gab es viele Gründe, wie etwa die Strukturen und Oranisationsformen der heutigen Sozialdienste im modernen Großbritannien. Dazu gehörte auch, daß Belindas leibliche Mutter ihrerseits nicht die Unterstützung erhalten hatte, die sie gebraucht hätte, um der Beziehung eine Chance zu geben.

Das hat mich nicht überrascht. Traditionell sind leibliche Eltern in Großbritannien in einer sehr benachteiligten Position. Bis vor kurzem verschwanden sie weitgehend von der Bildfläche, wenn die Kinder erst einmal adoptiert oder langfristig in Pflege gegeben worden waren. Dafür sorgten Sozialarbeiter und andere Praktiker bei den Behörden. Sie wurden höchstens als »Briefkasten« wieder herangezogen oder noch seltener für einen jährlichen Kontaktbesuch. Man versuchte kaum herauszufinden, welche Art von Erzählungen über die Geschichte der Ursprungsfamilie und ihre Riten die Kinder und ihre leiblichen Eltern brauchten und welche Verantwortung die Fachleute übernehmen sollten, um die alten Riten in der Praxis lebendig zu erhalten. Weiterhin wurde leiblichen Eltern traditionell kein Recht auf Unterstützung oder Therapie für sich selber zugestanden. Das Gesetz zur Adoption von Kindern aus dem Jahre 2002 hat dies nun geändert. Leibliche Eltern haben jetzt ein Recht auf ihren eigenen Sozialarbeiter. Ich hoffe, daß dies in der Art, wie die Beziehungen zwischen den leiblichen Eltern und ihren Kindern erfaßt und gehandhabt werden, zu Veränderungen führen wird.

Wenn man in der Therapie daran arbeitet, die Entwicklung von hoffnungsvollen Bindungen zu fördern, stellen diese verwandtschaftlichen Beziehungen die Therapeuten, die die psychische Widerstandsfähigkeit der Kindern stärken wollen, vor ein Problem. Trotzdem gibt die Forschung zur Resilienz, im Gegensatz zu Archers und Burnells Annahmen, einige Hinweise, daß diese »hoffnungslosen Bindungen« – an die Kinder mißbrauchende oder vernachlässigende leibliche Eltern – sich verändern und zu einer hoffnungsvollen Bindung werden können. Der wichtigste »Zauberspruch« für eine solche Wende zielt darauf, die leiblichen Eltern eine persönliche Verantwortung für ihr Handeln übernehmen zu lassen und ihnen zu helfen, eine realistischere Sicht von der Beziehung zu ihren Kindern zu haben. Wenn es die Eltern, die ihre Kinder mißbraucht und vernachlässigt haben, schaffen, mit therapeutischer Hilfe mit ihren Kindern über das zu sprechen, was sie ihnen angetan haben, kann dies hilfreich sein, um die Resilienz dieser Kinder zu fördern (Focht-Birkerts & Beardslee, 2000; Herrenkohl et al., 1994). Wenn man die therapeutische Aufgabe in Angriff nimmt, leiblichen Eltern zu helfen, daß sie ihre eigene Rolle verstehen, die zu den Schwierigkeiten ihrer Kinder beiträgt oder beigetragen hat, so kann sich dies positiv auf die psychische Gesundheit der Kinder auswirken. Gut vorbereitete externe Interventionen können viel dazu beitragen, die Interaktionen zwischen Kindern und ihren leiblichen Eltern zu verbessern, selbst wenn die psychischen Schwierigkeiten der Kinder kausal mit den Problemen der Eltern zusammenhängen (Scott, 2002). Obwohl die Forschungsergebnisse hier auf der Arbeit mit leiblichen Eltern beruhen, die mit ihren Kindern in einer Familie zusammenleben, können sie vermutlich auch auf Eltern übertragen werden, deren Kindern außerhalb der Familie untergebracht sind.

Diese theoretischen Überlegungen und die empirischen Forschungsergebnisse hatte ich vor Augen, als ich mich dafür entschied, mit Belinda und ihrer Mutter zusammen eine Therapie in Angriff zu nehmen. Diese Therapie wurde nicht von mir alleine, sondern in Zusammenarbeit mit Belindas Sozialarbeiter, ihrem Psychiater und meinem Supervisor durchgeführt. Bei der ersten Untersuchung zögerte Belinda, zur Einzeltherapie zu kommen. Sie berichtet mir von ihren negativen Erfahrungen mit einer früheren Einzelpsychotherapie – sie hatte insgesamt an fünf Sitzungen teilgenommen –, Erfahrungen, die für sie der Grund waren, warum sie sich zunächst weigerte, an einer Einzeltherapie bei mir teilzunehmen. Sie war aber sehr erpicht darauf, ihre Mutter zu treffen. In diesem Sinne war ihre Mutter Louise quasi der »Pförtner« am Tor der Therapie, und sie wies Belinda den Weg hinein.

Bei der Planung der Therapiestrategie mit Belinda war mir bewußt, daß viele Jugendliche in der Nähe von Mitgliedern ihrer Ursprungsfamilie oder sogar bei ihnen wohnen, obwohl die Beziehungen zu den Familienmitgliedern, so auch bei Belinda, sehr problematisch sind. Meine Interventionen zur Stärkung der Rersilienz waren Teil einer pragmatischen, zukunftsorientierten therapeutischen Strategie. Psychotherapie, aber auch sportliche Aktivitäten – wie etwa außerhalb der Klinik ins Schwimmbad gehen oder Basketball spielen, wenn die Therapie für Belinda zu intensiv wurde – fanden über einen Zeitraum von mehr als einem Jahr wöchentlich statt, und die Therapie ist bis heute noch nicht abgeschlossen. Dabei ist es das Ziel der Therapie, sowohl Belinda als auch ihrer Mutter zu helfen, eine realistischere und tragfähigere Beziehung zu entwickeln. Weiterhin soll die Therapie Belinda dabei helfen, zu verstehen – und darüber nachzudenken –, wie es dazu gekommen ist, daß ihre Mutter sie aus der Familie verstieß, und sie soll Louise als Co-Therapeutin für die Arbeit mit Belinda gewinnen (Hart & Thomas, 2000). Diese Art der psychotherapeutischen Arbeit mit Belinda und in ähnlicher Weise auch mit Mike scheint nun neue Wege zu beschreiten, da sie das Potential erkundet, leibliche Eltern – traditionell die am wenigsten dafür in Frage kommenden Personen im Umfeld der Jugendlichen – in der Rolle von Co-Therapeuten einzusetzen. Gemeinsame Therapiesitzungen mit Belinda und ihrer Mutter wurden durch wechselseitige Briefe zwischen den beiden ergänzt, durch Treffen mit anderen am hilfreichen Netzwerk Beteiligten, durch Schulbesuche sowie schriftliche Aufzeichnungen von Hilfeplänen. Äußerst wichtig war, daß ich die Ressourcen einer Einrichtung aus Freiwilligen in Anspruch nahm, um Janice als engagierte Helferin bei der Arbeit mit Louise zu gewinnen. Janice und ich entwickelten gemeinsame Therapieziele, und auf diese Weise stützte ihre Arbeit meine unmittelbare Therapie mit Belinda und ihrer Mutter und später mit ihrer Großmutter und Halbschwester. Solche Ressourcen sind für leibliche Eltern selten verfügbar, obwohl sie nach der Adoptionsgesetzgebung in Großbritannien zumindest das Recht auf einen eigenen Sozialarbeiter hätten.

Die Arbeit mit Belindas Mutter als Co-Therapeutin ging über den strengen Fokus auf Bindungsthemen hinaus. Sie half dabei, Belindas persönliche Bewältigungsstrategien zu verbessern. Belinda fand es sehr schwer, Probleme zu lösen und sich vorzustellen, was andere über ihre Handlungen denken könnten. Obwohl die Beziehung zwischen Belinda und ihrer Mutter sehr kompliziert und mit vielen Schwierigkeiten verbunden war, hatte Louise dennoch sicherlich eine gewisse positive Autorität ihr gegenüber, und unter diesem Gesichtspunkt war sie daher eine wichtige Verbündete bei der Therapie ihrer Tochter. Gleichsam als ein »Nebenprodukt« ihrer Arbeit als Co-Therapeutin von Belinda erlebte sie selbst eine Verbesserung ihrer eigenen Wahrnehmung von Selbstwirksamkeit. Die Mutter berichtete, daß sich ihr Umgang mit Belindas Schwester ebenfalls verbessert hatte, seit sie an der Therapie mit Belinda teilgenommen hatte. Sie hatte meine Ausgestaltung des Rollenbildes mit nach Hause genommen.

Die praktische Anwendung der Forschungsergebnisse über Resilienz legt es nahe, daß eine verbesserte Selbstwirksamkeit ein natürliches »Nebenprodukt« einer besseren Beziehung zwischen Mutter und Tochter sein könnte. Die Konstellation von Problemen bei Belinda erforderte zudem eine detailliertere und direktere Intervention. Forschungsergebnisse weisen darauf hin, daß eine psychotherapeutische Behandlung ohne eine Fokusbildung weniger effektiv ist als eine fokussierte (Hart & Luckock, 2004). Belinda mußte genau verstehen, wie und warum sie sich bei anderen Menschen in ihrem Umfeld so unbeliebt machte, und sie mußte Strategien für alternative Handlungen entwickeln. Zu diesem Zweck zog ich Erkenntnisse aus der Theorie des sozialen Lernens heran, die ich im Kontext von Beziehungen anwandte. Ein Beispiel hierfür aus einer Therapiestunde ist die Einbeziehung von Belindas Mutter im Rollenspiel, um auszuprobieren, wie sie anders hätte handeln können, anstatt sich im Pflegeheim zur Mahlzeit nur kurz mit an den Tisch zu setzen. Louise konnte ihr sehr konkret helfen, indem sie ihr andere Verhaltensweisen aufzeigte. Auf diese Weise konnte sie besser verstehen, wie ihr Verhalten auf andere wirkte, und konnte im Rollenspiel alternative Möglichkeiten für die Zukunft ausprobieren.

Ich möchte hier nicht den Eindruck erwecken, daß die Förderung einer hoffnungsvollen Bindung zwischen Belinda und ihrer Mutter einfach war. Bei der Einbeziehung von leiblichen Eltern als Co-Therapeuten gibt es auch Risiken, die ich nicht bagatellisieren will, wobei ich hier aber nicht näher auf sie eingehen kann. Dennoch scheint es sich, im nachhinein gesehen, gelohnt zu haben, diese Risiken auf sich genommen zu haben.

Schlußfolgerung

In meinem Beitrag habe ich die Theorien und die empirische Forschung der Entwicklungspsychologen und Soziologen herangezogen, um einige Mechanismen der Resilienz von Adoptivkindern zu erforschen, wie sie in meiner therapeutischen Praxis zur Förderung dieser Widerstandsfähigkeit angewandt werden. Trotz einiger Schwierigkeiten und Differenzen in der Forschung habe ich versucht, Ergebnisse aus der Forschungsdiskussion in meiner klinischen Praxis für die Kinder und ihre leiblichen Eltern sowie die Pflege- und Adoptiveltern hilfreich anzuwenden (zur Diskussion vgl. Gorell Barnes, 1999). Manchmal wird die Arbeit mit diesen Kindern und ihren Familien zu einer Fusion aus Kunst, Wissenschaft, Organisationskultur und Therapiepraxis. Ich empfehle, daß sich Therapeuten in ihrer Arbeit besonders auf Resilienz fördende Interventionen konzentrieren, weil sie auf diese Weise ihren Klienten Möglichkeiten zu einer besseren psychischen Funktionsfähigkeit eröffnen können.

Indem ich eine »Autoethnographie« schrieb, zeigte ich den Weg auf, wie ich »Bindungszaubersprüche« anwende, um durch alltägliche kleine Wunder die Resilienz der Kinder zu fördern. Hinter jedem Zauberspruch stehen häufig sehr komplizierte Rezepturen, aber der erfolgreiche Aufbau der psychischen Widerstandsfähigkeit des jeweiligen Kindes steht ganz im Mittelpunkt. Der Schlüssel zum Erfolg liegt darin, hoffnungsvolle Bindungserfahrungen zu fördern, für eine Kontinuität stützender Beziehungen zu sorgen sowie therapeutische Entscheidungen zu treffen, die zwar kreativ sind, aber dennoch auf Forschungsergebnisse aufbauen.

Bei meinen Entscheidungen, in der Arbeit mit diesen Jugendlichen die eine oder die andere Vorgehensweisen zu wählen, muß ich berücksichtigen, daß ihr

Netzwerk von Beziehungen noch sehr verletzlich und erst im Aufbau ist. Ich versuche mich hierbei auf wissenschaftliche Erkenntnisse zu stützen, aber auch diese sind nicht absolut gültig. Schlußendlich denke ich, daß die alltäglichen kleinen Wunder genau wie bei Edward doch nicht so alltäglich sind.

Dank

Ganz allgemein danke ich meinen Kollegen an den Universitäten von Brighton und Sussex und jenen in der Praxisgruppe bei den *Child and Adolescent Mental Health Services,* South Downs Health NHS Trust, für die Diskussionen mit mir über Unterstützungsmöglichkeiten und therapeutische Zugänge zu Kindern in Pflege- und Adoptionsverhältnissen. Ich möchte hier meine Kinder Michael, Edward und Becky Street Hartfield ebenso erwähnen wie Alison Field. Ich schätze sehr die Unterstützung in der Verwaltungsarbeit durch Molly Booth und Vicky Blackwell, ebenso die Hilfe von Carol Jackson bei der Erstellung von Berichten. Caroline New hat sich geduldig mit mir ausgetauscht. Mein herzlicher Dank gilt auch drei Menschen, die mir sehr geholfen haben, meine Ideen und damit auch meine praktische Arbeit zu entwickeln: Helen Thomas, Barry Luckock und Derek Blincow. Jeder einzelne hat mir hilfreiche Kommentare zu diesem Beitrag gegeben. Möglicherweise noch vorhandene Unklarheiten gehen einzig auf mein Konto.

Literatur

Archer, C. und A. Burnell (Hrsg.) (2003): *Trauma, attachment and family permanence: Fear can stop you loving.* London (Kingsley).

Barth, R. P. und J. M. Miller (2000): Building effective post-adoption services: What is the empirical foundation? *Family Relations,* 49, 447–455.

Bostock, R. (2004): *Promoting resilience in fostered children and young people.* London (Social Care Institute for Excellence).

Buckner, J. C., E. Mezzacappa und W. R. Beardslee (2003): Characteristics of resilient youths living in poverty: The role of self-regulatory processes. *Development and Psychopathology,* 15, 139–162.

Buggie, S. E. (1995): Superkids of the ghetto. *Contemporary Psychology,* 40, 1164–1165.

Burman, E. (1994): *Deconstructing developmental psychology.* London (Routledge).

Byrne, D. (2004): Complex and contingent causation – the implications of complex realism for quantitative modelling: The case for housing and health. In: Carter & New (2004), S. 50–66.

Cadell, S., J. Karabanow und M. Sanchez (2001): Community, empowerment and resilience: Paths to wellness. *Canadian Journal of Community Mental Health,* 20, 21–35.

Carter, B. und C. New (Hrsg.) (2004): *Making realism work: Realist social theory and empirical research.* Abingdon (Routledge).

Charles, C. D. S. (1993): Lay participation in health care decision making: A conceptual framework. *Journal of Health Policies,* 18, 881–903.

Cicchetti, D. und F. Rogosh (1997): The role of self-organisation in the promotion of resilience in maltreated children. *Development and Psychopathology,* 9, 797–815.

Cowan, E. L., P. A. Wyman, W. C. Work, J. Y. Kim, D. B. Fagen und K. B. Magnus (1997): Follow-up study of young stress-affected and stress-resilient urban children. *Development and Psychopathology,* 9, 565–577.

Dahlberg, K., N. Drew und M. Nyström (2001): *Reflective lifeworld research.* Lund (Studentlitteratur).

Department for Education and Skills und Department of Health (2004): *National service framework for children, young people and maternity services.* London.

Doll, B. und S. Zucker (2004): *Resilient classrooms: Creating healthy environments for learning.* New York (Guilford Press).

Dozier, M. (2003): Attachment based treatment for vulnerable children. *Attachment and Human Development,* 5, 253–257.

Focht-Birkerts, L. und W. Beardslee (2000): A child experience of parental depression: Encouraging relational resilience in families with affective illness. *Family Process,* 39, 417–434.

Fonagy, P. S., H. M. Steele, A. Higgitt und M. Target (1994): The Emanuel Miller Memorial Lecture 1992: The theory and practice of resilience. *Journal of Child Psychology and Psychiatry,* 35, 231–257.

Fratter, J., J. Rowe, D. Sapsford und J. Thoburn (1991): *Permanent family placement: A decade of experience.* London (BAAF).

Garmezy, N.und A. Masten (1984): The study of stress and competence in chidlren: A building block for developmental psychopathology. *Child Development,* 55, 97–111.

Geertz, C. (1988): *Works and lives: The anthropologist as author.* Stanford, Cal (Stanford University Press).

Gilgun, J. F., S. Keskinen, D. J. Marti, K. Rice (1999): Clinical applications of the CASPARS Instruments: Boys who act out sexually. *Families in Society,* 80, 629–635.

Gilligan, R. (2001): *Promoting resilience: A resource guide on working with children in the care system.* London (BAAF).

Glover, G., R. Dean, C. Hartley und B. Foster (2002): *National child and adolescent mental health service mapping exercise.* London (Department of Health and University of Durham).

Gorell Barnes, G. (1999): Commentary. Operationalizing the uncertain: Some clinical reflections. *Journal of Family Therapy,* 21, 145–153.

Grotevant, H. D. und R. G. McRoy (1998): *Openness in adoption: Exploring family connections.* Thousand Oaks, CA (Sage).

Hart, A. (1998): *Buying and selling power: Anthropological reflections on prostitution in Spain.* Boulder, Col (Westview Press, Harper Collins).

Hart, A. und B. Luckock (2004): *Developing adoption support and therapy: New approaches for practice.* London (Jessica Kingsley).

Hart, A. und H. Thomas (2000): Controversial attachments: The indirect treatment of fostered and adopted children via parent co-therapy. *Attachment & Human Development,* 2, 306–327.

Hart, A., B. Luckock und C. Gerhardt (2002): *The Attachment project in context: Developing therapeutic and social support services for adoptive and long-term foster families in Brighton and Hove, a research-based evaluation.* (A report commissioned by Brighton and Hove Council and South Downs Health NHS Trust and funded by the Department of Health.) Brighton (Faculty of Health, University of Brighton).

Hart, A., A. Saunders und H. Thomas (im Druck): Attuning practice: Findings from a user-led study of child and adolescent mental health services. *Epidemiologia e Psichiatria Sociale.*

Hawley, D. und L. DeHaan (1996): Toward a definition of family resilience: Integrating life-span and family perspectives. *Family Process,* 35, 283–298.

Henwood, F. und A. Hart (2003): Articulating gender in the context of ICTs in health care: The case of electronic patient records in the maternity services. *Invited contribution to Critical Social Policy, Special Issue on ICTs and Social Welfare,* 23, 249–267.

Herrenkohl, E., R. Herrenkohl und B. Egolf (1994): Resilient early school age children from maltreating homes: Outcomes in late adolescence. *American Journal of Orthopsychiatry,* 64, 301–309.

Hopkins, G. (2004): The risk factor: Boarding pass. *Community Care,* 46–47.

Hughes, D. A. (1997): *Facilitating developmental attachment: The road to emotional recovery and behavioral change in foster and adopted children.* Northvale, New Jersey & London (Jason Aronson).

Hughes, D. (2003): Psychological interventions for the spectrum of attachment disorders and intrafamilial trauma. *Attachment and Human Development,* 5, 271–277.

Lambert, C. (2001): *Promoting resilience in looked-after children* (University of East Anglia, Social Work Monographs).

Lawson, T. (1997): *Economics and reality.* London (Routledge).

Levy, T. und M. Orlans (1998): *Attachment, trauma and healing.* Washington DC (Child Welfare League of America, Inc).

Luthar, S. S., D. Cicchetti und B. Becker (2000): Research on resilience: Response to commentaries. *Child Development,* 71, 573–575.

Masten, A. S. (2001): Ordinary magic: Resilience processes in development. *American Psychologist,* 56, 227–238.

Masten, A., N. Germezy, A. Tellegen und et al. (1988): Competence and stress in school children: The moderating effects of individual and family qualities. *Journal of Child Psychology and Psychiatry,* 29, 745–764.

May, T. (2004): Reflexivity and social science: A contradiction in terms? In: Carter & New (2004), S. 24–42

Morgan, D. (1999): Risk and family practices: Accounting for change and fluidity in family life. In: Silva, E. und C. Smart (Hrsg.) *The new family.* London (Sage), S. 13–30.

Morrow, V. (2001): *Networks and neighbourhoods: Children's and young people's perspectives.* London (Health Development Agency).

Neil, B. und J. Young (2003): The University of East Anglia »Contact after Adoption Project« (unveröffentlichtes Paper). Forschungssymposium: *Contact for children in permanent family placement: The research evidence debated,* Nuffield Foundation, London.

Neil, E. (2002 a): Contact after adoption: The role of agencies in making and supporting plans. *Adoption & Fostering,* 26, 25–38.

Neil, E. (2002 b): Managing face-to-face contact for young adopted children. In: Argent, H. (Hrsg.): *Staying connected: Managing contact in adoption.* London (British Association for Adoption and Fostering), S. 9–25.

Neil, E. (2003): Accepting the reality of adoption: Birth relatives' experiences of face-to-face contact. *Adoption & Fostering,* 27, 32–43.

O'Donnell, D., M. Schwab-Stove und A. Muyeed (2002): Multidimensional resilience in urban children exposed to community violence. *Child Development,* 73, 1265–1282.

Patterson, J. und R. Blum (1996): Risk and resilience among children and youth with disabilities. *Archives of Pediatric and Adolescent Medicine,* 150, 692–698.

Pringle, R. (1989): *Secretaries talk: Sexuality, power and work.* London (Verso).

Ramon, S. (Hrsg.) (2003): *Users researching health and social care: An empowering agenda?* Birmingham (Venture Press).

Rushton, A. und C. Dance (2002): *Adoption support services for families in difficulties: A literature review and UK survey.* London (BAAF).

Rushton, A. und C. Dance (2004): The outcomes of late-placed adoption: The adolescent years. *Adoption & Fostering,* 28–42.

Rustin, M. (1999): The training of child psychotherapists at the Tavistock Clinic: Philosophy and practice. *Psychoanalytic Inquiry,* 19, 125–141.

Rustin, M. (2004): What follows family breakdown? Assessing children who have experienced deprivation, trauma and multiple loss. In: Rustin, M. und E. Quagliata (Hrsg.): *Assessment in child psychotherapy.* London (Karnac), S. 74–94.

Rutter, M. (1990): Psychosocial resilience and protective mechanisms. In: Rolf, J. S. M., D. Cicchetti, K. Nuechterlein und S. Weintraub (Hrsg.): *Risk and protective factors in the development of psychopathology.* Cambridge, UK (Cambridge University Press), S. 181–214.

Rutter, M. (1999): Resilience concepts and findings: Implications for family therapy. *Journal of Family Therapy,* 21, 119–144.
Rutter, M., H. Giller und A. Hagell (1998): *Antisocial behaviour by young people.* New York (Cambridge University Press).
Scott, S. (2002): Parent training programmes. In: Rutter, M. und E. Taylor (Hrsg.): *Child and adolescent psychiatry.* Oxford (Blackwell Science), S. 949–967.
Smith, J. und M. Prior (1995): Temperament and stress resilience in school age children: A within families study. *Journal of the American Academy of Child and Adolescent Psychiatry,* 34, 168–179.
Street Hartfield, E. (2004): *My Story.* Brighton (unveröffentlichtes Manuskript).
Taylor, C. und S. White (2000): *Practising reflexivity in health and welfare: Making knowledge.* Buckingham (Open University Press).
Tiet, Q., H. Bird und M. Davies (1998): Adverse life events and resilience. *Journal of the American Academy of Child and Adolescent Psychiatry,* 37, 1191–1200.
Tizard, B. (1991): Employed mothers and the care of young children. In: Tizard, B., A. Wollett und E. Lloyd (Hrsg.): *Motherhood, meanings, practices and ideologies.* London (Sage), S. 178–194.
Tschann, R., P. Kaiser, M. Chesney und A. Alkon (1996): Resilience and vulnerability among preschool children: Family functioning, temperament and behaviour problems. *Journal of the American Academy of Child and Adolescent Psychiatry,* 35, 184–192.
Van de Weil, N., W. Matthys, P. C. Cohen-Kettenis und H. van Engeland (2002): Effective treatments of school-aged conduct disordered children: Recommendations for changing clinical and research practices. *European Child and Adolescent Psychiatry,* 11, 79–84.
Van IJzendoorn, M. H., F. Juffer und M. G. C. Duyvesteyn (1995): Breaking the intergenerational cycle of insecure attachment: A review of the effects of attachment-based interventions on maternal sensitivity and infant security. *Journal of Child Psychology & Psychiatry,* 36, 225–248.
Weiss, B., T. Catron und V. Harris (2000): A 2-year follow-up of the effectiveness of traditional child psychotherapy. *Journal of Consulting and Clinical Psychology,* 68, 1094–1101.
Werner, E. (1986): Resilient offspring of alcoholics: A longitudinal study from birth to age 18. *Journal of Studies in Alcohol,* 47, 34–40.
Werner, E. E., J. M. Bierman und F. E. French (1971): *The children of Kauai. A longitudinal study from the prenatal period to adulthood.* Honolulu (University of Hawaii Press).
Weston, K. (1991): *Families we choose: Lesbians, gays, kinship.* New York/Oxford (Columbia University Press).
White, S. und J. Stancombe (2003): *Clinical judgement in the health and welfare professions.* Maidenhead (Open University Press).
Wrobel, G., H. D. Grotevant, J. Berge, T. Mendenhall und R. McRoy (2003): Contact in adoption: The experience of adoptive families in the USA. *Adoption & Fostering,* 27, 57–67.

KARL HEINZ BRISCH

Adoption aus der Perspektive der Bindungstheorie und Therapie

Einleitung

Die Bindungstheorie stellt einen wissenschaftlich fundierten Rahmen dar, um wesentliche Aspekte im Kontext von Pflegekindschaft und Adoption zu verstehen und kindgerechte, bindungsorientierte Entscheidungen im Konfliktfall zu finden.

Der englische Psychiater und Psychoanalytiker John Bowlby begründete in den 50er Jahren die Bindungstheorie (Bowlby, 1958). Diese besagt, daß der Säugling im Laufe des ersten Lebensjahres auf der Grundlage eines biologisch angelegten Verhaltenssystems eine starke emotionale Bindung zu einer Hauptbezugsperson entwickelt. Das Bindungsverhalten drückt sich insbesondere darin aus, daß der Säugling nach der Bindungsperson sucht, daß er weint, ihr nachläuft, sich an ihr festklammert, und wird durch Trennung von der Bindungsperson sowie durch äußere oder innere Bedrohung und Gefahr aktiviert. Ist die Hauptbindungsperson nicht erreichbar, so können statt ihrer ersatzweise auch andere sekundäre Bezugspersonen aufgesucht werden, wie etwa der Vater, die Großmutter, die Tagesmutter. Für das unselbständige menschliche Neugeborene und Kleinkind ist die Schutzfunktion durch eine Bezugsperson von lebenserhaltender Bedeutung. Die Pflegeperson bietet als zuverlässige Bindungsperson in Gefahrensituationen einen »sicheren Hafen«. Dorthin kann sich der menschliche Säugling retten und Schutz und Hilfe erwarten (Bowlby, 1975, 1976, 1983). Das Bindungssystem, das sich im ersten Lebensjahr entwickelt, bleibt während des gesamten Lebens aktiv. Deshalb suchen auch Erwachsene in Gefahrensituationen die Nähe zu anderen Personen auf, von denen sie sich Hilfe und Unterstützung erwarten (Brisch, 1999; Parkes et al., 1991).

Werden diese Bedürfnisse befriedigt, so wird das Bindungssystem beruhigt, und es kann als Ergänzung zum Bindungssystem das System der »Exploration« aktiviert werden. Ein Säugling, der sich sicher und geborgen fühlt, kann z. B. von der Mutter als »sicherem Hafen« aus seine Umwelt erforschen. Droht ihm dort aber Gefahr, kann er jederzeit auf seine Mutter als »sichere emotionale Basis« zurückgreifen. Ohne sichere emotionale Bindung ist keine offene uneingeschränkte Exploration möglich.

Bindungsforschung: Konzept der Feinfühligkeit

Durch intensive entwicklungspsychologische Forschungsarbeiten und Längsschnittstudien konnten verschiedene Konzepte der Bindungstheorie empirisch validiert werden (für einen umfassenderen Überblick siehe Spangler & Zimmermann, 1995; Brisch, 1999; Brisch et al., 2002; Grossmann & Grossmann, 2003). Hier soll das Konzept der Feinfühligkeit näher dargestellt werden.

Als Mitarbeiterin von John Bowlby untersuchte Mary Ainsworth die Bedeutung des feinfühligen Pflegeverhaltens der Bindungsperson (Ainsworth, 1977). Sie fand heraus, daß Säuglinge sich an diejenige Pflegeperson binden, die ihre Bedürfnisse in einer feinfühligen Weise beantworten. Letzteres bedeutet, daß die Pflegeperson die Signale des Säuglings richtig wahrnimmt und sie ohne Verzerrungen durch eigene Bedürfnisse und Wünsche auch richtig interpretiert. Weiterhin muß die Pflegeperson die Bedürfnisse angemessen und prompt – entsprechend dem jeweiligen Alter des Säuglings – beantworten. Je älter der Säugling wird, um so länger können auch die Zeiten sein, die ihm bis zur Bedürfnisbefriedigung zugemutet werden.

Der Sensibilität der Mutter für die Signale ihres Säuglings sowie ihrer emotionalen Verfügbarkeit entspricht eine intrapsychische Repräsentation, die von George und Solomon (1989, 1999) auch als »internal model of caregiving« bezeichnet wird. Wenn Mütter in Interviews über ihr potentielles Verhalten in bindungsrelevanten Situationen befragt werden, so schildern sie – abhängig von ihrer eigenen Bindungshaltung –, wie sie in solchen Situationen voraussichtlich gegenüber ihrem Kind reagieren würden. In der täglichen Pflege- und Spielerfahrung einer Mutter mit ihrem Kind werden aber auch Erinnerungen und Gefühle aus der eigenen Kindheit der Mutter und den Bindungserfahrungen mit den eigenen Eltern wachgerufen. Die damit verbundenen angenehmen sowie emotional belastenden Gefühle und Bilder können durch Projektionen die Feinfühligkeit und das Verhalten gegenüber dem eigenen Kind bereichern oder auch erheblich behindern. Im schlimmsten Fall werden wiedererlebte Erinnerungen – etwa eine Mißbrauchs- oder eine Verlassenheitserfahrung – mit dem eigenen Kind wiederholt (Fraiberg et al., 1980; Lieberman & Pawl, 1993).

Forschungen aus jüngerer Zeit haben das Konzept der elterlichen Feinfühligkeit in der Interaktion mit dem Säugling um die Bedeutung der Sprache ergänzt sowie auch auf den Einfluß von Rhythmus und Zeit in der Interaktion aufmerksam gemacht. Die Ergebnisse von Jaffe et al. (2001) weisen darauf hin, daß ein mittleres Maß an rhythmischer Koordination in der zeitlichen Abfolge von Interaktionen zwischen Mutter und Säugling für eine sichere Bindungsentwicklung besonders förderlich ist. Bemerkenswert ist, daß das Ziel nicht eine perfekt synchrone Kommunikation ist, die sich offensichtlich auf die sichere emotionale Entwicklung weniger entwicklungsfördernd auswirkt. Im Gegenteil könnten sich wahrgenommene und korrigierte Mißverständnisse geradezu beziehungsfördernd auf die Bindungsentwicklung auswirken, sofern sie nicht so ausgeprägt sind, daß die Interaktion vollständig abbricht oder auseinanderdriftet.

Analysen der sprachlichen Interaktion zwischen Mutter und Säugling konnten eine sichere Bindungsentwicklung des Kindes vorhersagen, wenn die Mutter aufgrund ihrer Empathie in der Lage war, die affektiven Zustände ihres Säuglings angemessen zu verbalisieren (Meins, 1997). Diese Ergebnisse sind bemerkenswert, weil sie darauf hinweisen, wie die Säuglinge nicht nur auf einer *Verhaltensebene in der konkreten Pflege* die Feinfühligkeit ihrer Bezugspersonen wahrnehmen und sich an diese sicher binden, sondern sich auch durch die *empathische Verbalisation* von Affektzuständen verstanden fühlen, auch wenn sie entwicklungsbedingt den deklarativen Inhalt der Worte der Mutter noch gar nicht verstehen können. Es muß also mehr um die Aufnahme von prosodischen Inhalten (etwa Tonfall, Melodie, Rhythmus, Lautstärke) in der Sprache der Mutter gehen, Inhalte, die den inneren und äußeren Zustand des Säuglings erfassen und diesem widerspiegeln, so daß er sich feinfühlig verstanden fühlt. In diesem Zusammenhang weisen die Forschungsergebnisse von Fonagy et al. (1991; Steele et al., 1991) darauf hin, daß eine sichere Bindungsentwicklung auch die Fähigkeit des Säuglings zu einer selbstreflexiven mentalen Funktion fördert. Diese Fähigkeit ermöglicht dem Kind in zunehmendem Ausmaß, in einer empathischen Weise über sich, andere und die Welt nachzudenken und alledem nachzuspüren. Darin könnte nach Fonagy ein wesentlicher Vorteil einer sicheren Bindung liegen.

Bindungsqualität des Kindes

Werden die Bedürfnisse des Säuglings in dieser von Ainsworth geforderten feinfühligen Art und Weise von einer Pflegeperson beantwortet, so besteht eine relativ große Wahrscheinlichkeit, daß der Säugling zu dieser Person im Laufe des ersten Lebensjahres eine *sichere Bindung* (Typ B) entwickelt. Dies bedeutet, daß er diese spezifische Person bei Bedrohung und Gefahr als »sicheren Hort« und mit der Erwartung von Schutz und Geborgenheit aufsuchen wird.

Wird die Pflegeperson eher mit Zurückweisung auf seine Bindungsbedürfnisse reagieren, so besteht eine höhere Wahrscheinlichkeit, daß der Säugling sich an diese Pflegeperson mit einer *unsicher-vermeidenden* Bindungshaltung (Typ A) bindet. Ein *unsicher-vermeidend* gebundenes Kind wird etwa nach einer Trennungserfahrung die Bindungsperson eher meiden oder nur wenig von seinen Bindungsbedürfnissen äußern. Es hat sich an die Verhaltensbereitschaften seiner Bindungsperson angepaßt: Nähewünsche werden vom Säugling erst gar nicht wirklich intensiv geäußert, da er ja weiß, daß sie von seiner Bindungsperson auch nicht entsprechend intensiv mit Bindungsverhalten im Sinne von *Nähe, Schutz und Geborgenheit gewähren* beantwortet werden. Dies führt aber zu einer größeren inneren Streßbelastung des Säuglings, die an erhöhten Werten für das Hormon Cortisol gemessen werden kann (Spangler & Schieche, 1998). Allerdings reagieren solche unsicher-vermeidend gebundenen Kinder bei extremer Aktivierung ihres Bindungssystems, wie etwa durch einen schweren Unfall, indem sie ihre Bindungsvermeidung aufgeben und sich hilfe- und schutzsuchend an ihre Mütter wenden. Auch die Mütter können in diesen Situationen großer Bedrohung und Angst ihre Reserviertheit aufgeben und ihre Säuglinge schützen.

Das Beispiel soll verdeutlichen, daß bei solchen »vermeidenden« Mutter-Kind-Paaren die »Schwelle« für Bindungsverhalten sowohl bei den Kindern als auch bei ihren Müttern höher liegt als bei Mutter-Kind-Paaren, die auf einer sicheren Bindungsbasis interagieren.

Werden die Signale manchmal zuverlässig und feinfühlig, ein anderes Mal aber eher mit Zurückweisung und Ablehnung beantwortet, so entwickelt sich eine *unsicher-ambivalente* Bindungsqualität (Typ C) zur Bindungsperson, z. B. zur Mutter. Diese Säuglinge mit einer *unsicher-ambivalenten* Bindung reagieren auf eine Trennung von ihrer Hauptbindungsperson mit einer intensiven Aktivierung ihres Bindungssystems, indem sie lautstark weinen und sich intensiv an die Bindungsperson klammern. Nach einer kurzen Trennung – wenn diese überhaupt gelingt – und der baldigen Rückkehr der Mutter sind sie für längere Zeit kaum zu beruhigen und können zum neugierigen Erkundungsspiel in einer ausgeglichenen emotionalen Verfassung fast nicht mehr zurückkehren. Während sie sich einerseits an die Mutter klammern, zeigen sie andererseits aber auch aggressives Verhalten. Wenn sie etwa bei der Mutter auf dem Arm sind, strampeln sie und treten mit den Füßchen nach der Mutter, während sie gleichzeitig mit ihren Ärmchen klammern und Nähe suchen. Dieses Verhalten wird als Ausdruck ihrer Bindungsambivalenz interpretiert.

Erst später, nach den beschriebenen Mustern, wurde noch ein weiteres Bindungsmuster gefunden, das als *desorganisiertes und desorientiertes* Muster (Typ D) bezeichnet wurde (Main & Solomon, 1986). Eine solche desorganisierte Bindung, wie sie bereits bei 12 Monate alten Säuglingen beobachtet werden kann (Main & Hesse, 1990), ist insbesondere durch motorische Sequenzen von stereotypen Verhaltensweisen gekennzeichnet. Oder aber die Kinder halten im Ablauf ihrer Bewegungen inne und erstarren für die Dauer von einigen Sekunden, ein Verhalten, das auch als »Einfrieren« bezeichnet wird. Dieses Erstarren in Form von tranceartigen Zuständen erinnert an dissoziative Phänomene.

Nach einer Trennung von der Mutter laufen manche desorganisierten Kinder bei der Wiederbegegnung mit der Mutter auf diese zu, halten auf halbem Weg inne, drehen sich plötzlich um, laufen von der Mutter weg und »oszillieren« so in ihrem motorischen Verhalten »vor und zurück«. Bei wieder anderen zeigen sich vorwiegend nonverbal deutliche Zeichen von Angst und Erregung, wenn sie mit ihrer Bindungsperson wieder zusammenkommen (Main & Hesse, 1990).

Die Aktivierung von einander emotional widersprechenden Bindungserfahrungen könnte sich in den desorientierten Bindungsverhaltensweisen des Kindes widerspiegeln und Ausdruck eines desorganisierten »inneren Arbeitsmodells« der Bindung zur spezifischen Bindungsperson sein (Main & Solomon, 1986). Die Mutter wurde für dieses Kind dann nicht nur zu einem sicheren emotionalen Hafen, sondern auch manchmal zu einer Quelle der Angst und Bedrohung, weil sie sich etwa in Bindungssituationen aggressiv und damit ängstigend bzw. auch selbst sehr ängstlich gegenüber ihrem Kind verhielt (Schuengel et al., 1999; Hesse & Main, 2002). Ein solches ängstliches Verhalten der Mutter kommt in ihrer Gestik und Mimik zum Ausdruck. Es könnte vom Kind in der Interaktion registriert werden und wiederum sein Verhalten gegenüber der Mutter beeinflussen.

Vorteile einer sicheren Bindung

Aus vielen Längsschnittstudien ist bekannt, daß ein sicheres Bindungsmuster ein Schutzfaktor für die weitere kindliche Entwicklung ist (Werner, 2000; Werner & Smith, 2001; Grossmann, 2003; Grossmann & Grossmann, 2004; Grossmann et al., 2005). Sicher gebundene Kinder reagieren mit einer größeren psychischen Widerstandskraft (»resilience«, Resilienz) auf emotionale Belastungen, wie etwa eine Scheidung der Eltern. Eine unsichere Bindungsentwicklung dagegen ist ein Risikofaktor, so daß bei Belastungen leichter ein psychischer Zusammenbruch droht oder Konflikte in einer Beziehung weniger sozial kompetent geklärt werden.

So zeigen etwa Kinder mit unsicheren Bindungsmustern schon im Kindergartenalter in Konfliktsituationen weniger pro-soziale Verhaltensweisen und eher aggressive Interpretationen des Verhaltens ihrer Spielkameraden (Suess et al., 1992). Im Jugendalter sind sie eher isoliert, haben weniger Freundschaftsbeziehungen und schätzen Beziehungen insgesamt als weniger bedeutungsvoll für ihr Leben ein (Becker-Stoll, 2002; Zimmermann et al., 1997).

Ursachen von Bindungsstörungen

Wenn pathogene Erfahrungen des Kindes – wie Deprivation, Mißhandlung, Verlust, Gewalt – nur vorübergehend oder phasenweise auftreten, können sie häufig mit desorganisiertem Bindungsverhalten assoziiert sein. Sind sie dagegen *das* vorherrschende frühe Interaktionsmuster mit den Bindungspersonen und wurden die pathogenen Bindungserfahrungen über mehrere Jahre gemacht, können hieraus Bindungsstörungen resultieren. Selbst nach Milieuwechsel, etwa durch Unterbringung in einer Pflegefamilie, und unter besseren emotionalen familiären Bedingungen können diese Störungen weiter bestehenbleiben und eine hohe Belastung für die neue Eltern-Kind-Beziehung darstellen (Steele et al., 2002; Rutter & ERA Study Team, 1998). Bindungsstörungen lassen oftmals wegen der extremen Verzerrungen in der Art des Verhaltens die verborgenen Bindungsbedürfnisse der Kinder nicht mehr erkennen und können sich im schlimmsten Fall zu überdauernden psychopathologischen Mustern einer schweren Persönlichkeitsstörung verfestigen (Brisch & Hellbrügge, 2003).

Die längsschnittlichen Untersuchungen über die emotionale Entwicklung von Säuglingen und Vorschulkindern, die unter den Bedingungen schwerer früher Deprivation in rumänischen Heimen aufgewachsen waren und dann von englischen und kanadischen Familien adoptiert wurden, sind für das Verständnis der Entwicklung von Bindungsstörungen von großer Bedeutung. Diese Kinder litten teilweise auch Jahre nach der Adoption noch an den Symptomen von ausgeprägten reaktiven Bindungsstörungen mit zusätzlichen Störungen der Aufmerksamkeit und mit Überaktivität (ADHD). Weiterhin zeigten sie solche Verhaltensstörungen, die Symptomen aus dem autistischen Erkrankungsspektrum ähnelten (Rutter et al., 1999, 2001). Obwohl sich bei 20% der Kinder im weiteren Entwicklungsverlauf eine Tendenz zur emotionalen Normalisierung zeigte, fand sich insgesamt eine hohe Stabilität für die pathologische Symptomatik der ADHD, und zwar auch unter den emotional günstigeren Adoptionsbedingungen (O'Connor et al., 1999). Je länger die Erfahrung der frühen Deprivation unter Heimbedingungen gewesen war, desto ausgeprägter waren die Symptome der ADHD. Es bestand ein signifikanter Zusammenhang zwischen der Ausprägung der ADHD-Symptomatik und den Symptomen einer Bindungsstörung. Die gefundenen Effekte konnten nicht durch schlechte Ernährung, niedriges Geburtsgewicht oder kognitive Defizite der Kinder erklärt werden (Kreppner et al., 2001). Diesen Befunden entspricht auch die klinische Erfahrung, daß Kinder mit Bindungsstörungen extreme traumatische Erfahrungen in Bindungsbeziehungen durchgemacht haben.

Diagnose der Bindungsstörungen

In der klinisch psychotherapeutischen Arbeit sehen wir Kinder und auch Jugendliche, die ausgeprägte Störungsvarianten in ihrem Bindungsverhalten aufweisen, die als Psychopathologie diagnostiziert werden. Zwei extreme Formen der reaktiven Bindungsstörung können auch nach der *Internationalen Klassifikation psychischer Störungen* (ICD-10; Dilling et al., 1991) klassifiziert und diagnostiziert werden: eine Form mit Hemmung (F 94.1) und eine mit Enthemmung (F 94.2) des Bindungsverhaltens. Nur bei Bindungsstörungen – als einzige Ausnahme – werden im ICD-10 Ursachen für die Entstehung der Störung angegeben. Ausdrücklich werden Erfahrungen im Zusammenhang mit schwerer Deprivation, Mißbrauch und Mißhandlung als unmittelbarer Grund für die Entwicklung von psychopathologischen Symptomen einer Bindungsstörung aufgeführt. Eine Bindungsstörung mit Symptomen einer »Enthemmung« mit indifferentem Pseudo-Bindungsverhalten gegenüber unbekannten Personen wird als Folge von vielfach wechselnden Betreuungssystemen in den ersten Lebensjahren gesehen. Auch Gedeih- und Wachstumsstörungen als Ausdruck einer schweren psychosomatischen Erkrankung können nach ICD-10 in diesem Zusammenhang gefunden werden, die hier aber nicht als ein eigenständiger Typus einer Bindungsstörung klassifiziert werden.

Eine Bindungsstörung sollte – wegen der in diesem Alter bekannten »Fremdenangst«, einer entwicklungsbedingten Durchgangsphase – allerdings nicht vor dem 8. Lebensmonat diagnostiziert werden. Die psychopathologischen Auffälligkeiten sollten mindestens über einen Zeitraum von 6 Monaten und in verschiedenen Beziehungssystemen beobachtet worden sein, um von einer Bindungsstörung sprechen zu können.

Nach O'Connor & Zeanah (2003 a, b) gibt es seit jüngerer Zeit eine breite Diskussion über die methodischen Möglichkeiten und Schwierigkeiten der Diagnostik von Bindungsstörungen und der Erfassung von zusätzlichen Typologien oder Kategorien, die über die jetzigen Möglichkeiten der ICD-10-Diagnostik hinausgehen. Da Bindungsstörungen als Folge von frühen traumatischen Erfahrungen des Kindes auftreten können – besonders wenn diese in der Beziehung zu Bindungspersonen erlebt wurden –, könnten sie auch als eine spezifische Form der Posttraumatischen Belastungsstörung angesehen werden, die nach Traumaerfahrungen in psychopathologischen Auffälligkeiten zum Ausdruck kommt, wenn das Bindungssystem in bindungsrelevanten Kontexten aktiviert wird (zur Diagnosestellung siehe auch den Beitrag von Keren in diesem Band; Brisch, 2003; Brisch & Hellbrügge, 2003).

Weitere, in den internationalen Klassifikationssystemen bisher nicht erfaßte Formen von Bindungsstörungen können sich nach Brisch (1999, 2002 b) klinisch dadurch äußern, daß Kinder *kein Bindungsverhalten (Typ I)* zeigen. Auch in Bedrohungssituationen wenden sie sich an keine Bezugsperson, in Trennungssituationen zeigen sie keinen Trennungsprotest. Eine andere Form ist durch *undifferenziertes Bindungsverhalten (Typ II a)* gekennzeichnet (vgl. auch die Diagnose »Bindungsstörung mit Enthemmung« im ICD-10). Solche Kinder zeigen eine soziale Promiskuität: Sie verhalten sich undifferenziert freundlich gegenüber allen Personen, denen sie begegnen, gerade auch gegenüber fremden Menschen. Sie suchen in Streßsituationen zwar Trost, ohne aber eine bestimmte Bindungsperson zu bevorzugen. Jeder, der sich in ihrer Nähe befindet, kann sie auf den Arm nehmen und trösten, auch eine absolut fremde Person. Andere Kinder neigen zu einem deutlichen *Unfallrisikoverhalten (Typ II b)*: In Gefahrensituationen suchen sie nicht eine sichernde Bindungsperson auf, sondern begeben sich vielmehr durch zusätzliches Risikoverhalten in unfallträchtige Situationen. Auf diese Weise mobilisieren sie das Fürsorgeverhalten etwa ihrer Eltern, die nur angesichts der massiven Unfallbedrohung oder realen Verletzung ihres Kindes adäquates Bindungsverhalten zeigen.

Eine weitere Form der Bindungsstörung drückt sich durch *übermäßiges Klammern (Typ III)* aus. Diese Kinder sind, obwohl schon im Vorschulalter, nur in absoluter, fast körperlicher Nähe zu ihrer Bezugs- und Bindungsperson wirklich ruhig und zufrieden. Sie sind aber damit in ihrem freien Spiel und in ihrer

Erkundung der Umgebung entsprechend eingeschränkt, weil sie immer auf die Anwesenheit der Bindungsperson angewiesen sind. Sie wirken insgesamt sehr ängstlich und können sich kaum von ihrer Bindungsperson trennen, so daß sie in der Regel keinen Kindergarten besuchen bzw. außerhalb des familiären Rahmens nicht bei anderen Kindern spielen können. Sie haben somit selten Freunde und wachsen von Gleichaltrigen sozial isoliert auf. Unvermeidlichen Trennungen setzen sie massiven Widerstand entgegen und reagieren mit größtem Streß und panikartigem Verhalten.

Andere Kinder wiederum sind im Beisein ihrer Bindungsperson übermäßig angepaßt und in ihrem Bindungsverhalten *gehemmt (Typ IV)* (vgl. auch die Diagnose »Bindungsstörung mit Hemmung« im ICD-10). Sie reagieren in *Abwesenheit* der Bezugsperson weniger ängstlich als in deren Gegenwart und können ihre Umwelt in der Obhut von fremden Personen besser erkunden als in Anwesenheit ihrer vertrauten Bindungs- und Bezugsperson. Auf diese Art und Weise reagieren besonders Kinder etwa nach körperlicher Mißhandlung und bei Erziehungsstilen mit körperlicher Gewaltanwendung oder -androhung.

Bei einer weiteren Art der Bindungsstörung verhalten sich Kinder oft *aggressiv (Typ IV)* und versuchen, hierdurch eine Bindungsbeziehung herzustellen oder aufrechtzuerhalten. Solche Kinder haben zwar eine mehr oder weniger bevorzugte Bindungsperson, aber sowohl mit dieser als auch mit anderen Menschen nehmen sie über aggressive Interaktionsformen sowohl körperlicher als auch verbaler Art Kontakt auf. Dies führt dann in der Regel zur Zurückweisung, da ihr versteckter Bindungswunsch nicht gesehen wird. Auf diese Weise entsteht schnell ein Teufelskreis, durch den die zugrundeliegenden emotionalen Bedürfnisse nach Nähe und Sicherheit nicht erkannt werden.

Manchmal ist die Bindungsstörung dadurch gekennzeichnet, daß es zu einer *Rollenumkehr (Typ VI)* kommt. Solche Kinder müssen dann für ihre Eltern, die z.B. körperlich erkrankt sind oder an Depressionen – mit Suizidabsichten und Ängsten – leiden, als sichere Basis dienen. Diese Kinder können ihre Eltern nicht als »Hort der Sicherheit« benutzen, vielmehr müssen sie selbst diesen die notwendige emotionale Sicherheit geben. Dies hat zur Folge, daß die Ablösungsentwicklung der Kinder gehemmt und verzögert wird und eine große emotionale Verunsicherung besteht: Diese Kinder wenden sich etwa in Gefahrensituationen, in denen sie sich befinden, und in psychischer Not nicht an ihre Bindungsperson, da sie von dieser keine Hilfe erwarten können, weil sie mit sich und ihren eigenen Bedürfnissen ganz beschäftigt ist und den Kindern vielmehr noch Anlaß zur Sorge gibt.

Im Rahmen von Bindungsstörungen kann es auch zur Ausbildung von psychosomatischen Störungen kommen, etwa mit Schrei-, Schlaf- und Eßproblemen im Säuglingsalter, oder auch zu ausgeprägten psychosomatischen Reaktionen im Kleinkindalter, wie etwa zur psychogenen Wachstumsretardierung bei emotionaler Deprivation oder zu multiplen somatoformen Störungen *(Typ VII)* (Brisch, 2002a).

Bindung und Trauma

Forschungsergebnisse weisen darauf hin, daß es einen Zusammenhang zwischen desorganisierten Bindungsmustern der Kinder und ungelösten Traumata der Eltern gibt (Lyons-Ruth & Jacobvitz, 1999). Solche Eltern haben in der eigenen Kindheit Vernachlässigung, Mißbrauch und Mißhandlung erlebt. Sie mußten Verluste wichtiger Bezugspersonen verkraften oder erlitten andere schwere Traumata. Das Verhalten des eigenen Kindes, etwa das Schreien eines Säuglings, »triggert« das einst erlebte Trauma, da es etwa an das eigene Weinen und den eigenen Schmerz erinnert. Dadurch können bei der Mutter oder dem Vater dissoziative oder auch traumaspezifische und das Kind ängstigende Verhaltensweisen ausgelöst werden (Lyons-Ruth et al., 1999; Liotti, 1992; Brisch & Hellbrügge, 2003). Dies könnte auch erklären, warum Eltern, deren Kinder in der Kinderklinik aus den verschiedensten Krankheitsgründen stationär zur somatischen Diagnostik und Behandlung aufgenommen worden waren und die selbst Traumata erlebt hatten, häufiger Kinder mit Bindungsstörungen und Verhaltensstörungen hatten als eine Vergleichsgruppe von Kindern, die nicht stationär pädiatrisch behandelt wurden (Kügel et al., 2003; Kroesen et al., 2003).

In einer prospektiven Längsschnittstudie konnten Brisch et al. (2003a) zeigen, daß Frühgeborene, die neurologisch erkrankt sind, signifikant häufiger eine unsichere Bindung an ihre Mutter entwickeln als neurologisch gesund entwickelte Frühgeborene, ganz unabhängig von der mütterlichen Bindungsrepräsentation. Dieses Ergebnis – die unsichere Bindung – fand sich nicht mehr, wenn die Eltern an einer psychotherapeutischen Intervention teilgenommen hatten. Für die Bindungsentwicklung von Kindern mit besonderen somatischen Risiken, wie etwa Frühgeborene oder pädiatrisch erkrankte Kinder, oder für Kinder mit Traumaerfahrungen könnten außer der elterlichen Bindungsrepräsentation auch die elterlichen Bewältigungsfähigkeiten und die von Eltern bzw. Bezugspersonen erfahrene soziale Unterstützung von Bedeutung sein (siehe auch Brisch et al., 2003a).

Die Situation des Kindes könnte sich also so darstellen, daß es dieselbe Person, die es etwa durch sein Verhalten oder seine Erkrankung ängstigt, gleichzeitig als Trostspender braucht. Die Bindungsperson steht ihm aber emotional nicht ausreichend konstant zur Verfügung, da die Eltern, etwa wegen der Erkrankung des Kindes, mit ihren eigenen Ängsten und Bewältigungsversuchen beschäftigt sind. Von hierher gesehen, wird das rasch wechselnde, desorganisierte Annäherungs- und Vermeidungsverhalten der Kinder mit desorganisierter Bindung gut nachvollziehbar (Lyons-Ruth, 1996).

Eine Metaanalyse aus 80 Studien mit 6282 Eltern-Kind-Dyaden und 1285 Kindern, die als *desorganisiert gebunden* klassifiziert worden waren, führte zu folgenden Ergebnissen (van IJzendoorn et al., 1999): In nichtklinischen Stichproben beträgt der Anteil an Kindern mit desorganisiertem Bindungsmuster 15%, wobei er in niedrigeren sozialen Schichten je nach Meßinstrument zwischen 25 und 34% variiert. In klinischen Stichproben zeigen Kinder mit neurologischen Auffälligkeiten zu 35% desorganisierte Bindungsmuster und Kinder von alkohol- oder drogenabhängigen Müttern zu 43%. Die meisten desorganisiert gebundenen Kinder, nämlich 48%–77%, hatten mißhandelnde Eltern. Faktoren wie Konstitution und Temperament oder das Geschlecht hatten keinen signifikanten Einfluß auf die Entwicklung eines desorganisierten Bindungsmusters.

Der stärkste Prädiktor für eine desorganisierte Bindung ist die Kindesmißhandlung (siehe auch Lyons-Ruth & Block, 1996). Am zweitstärksten wirkten sich erlebte Traumata der Eltern auf die Entwicklung desorganisierter Bindung des Kindes aus. Traumatisierungen und damit einhergehendes dissoziatives, ängstigendes Verhalten der Erziehungsperson beeinflussen die Entwicklung einer desorganisierten Bindung mehr als Scheidung der Eltern oder Depression (Lyons-Ruth & Jacobvitz, 1999; Lyons-Ruth et al., 1986, 1990). Als Folge desorganisierter Bindung fanden sich bei diesen Kindern – im Vergleich zu Kindern mit einer sicheren Bindung – signifikant häufiger dissoziative Symptome und externalisierende Verhaltensstörungen (Lyons-Ruth, 1996; Putnam, 1993; Green & Goldwyn, 2002).

Es gibt Studien, die einen Zusammenhang zwischen frühen Verhaltensproblemen – besonders bei Jungen – und unsicher-desorganisierter Bindung feststellen konnten (Lyons-Ruth et al., 1993; Speltz et al., 1999). Es wurde eine Verbindung zwischen ungelösten Traumata der Eltern bzw. desorganisierten Bindungsmustern der Kinder *und* aggressiven Verhaltensproblemen und Defiziten sprachlicher Fertigkeiten bei diesen Kindern gefunden (Lyons-Ruth, 1996; Dieter et al.,

2005). Wenn traumatische Erfahrungen der Eltern und/oder der Kinder Prädiktoren für die Entwicklung einer desorganisierten Bindung sind und desorganisierte Bindung wiederum ein Prädiktor für externalisierende Verhaltensstörungen ist – wozu Aufmerksamkeits- und Hyperaktivitätsstörungen gehören –, liegt die Hypothese nahe, daß Traumata des Kindes oder der Eltern in einem Zusammenhang mit der Entstehung der Aufmerksamkeitsdefizit-/Hyperaktivitätsstörung (ADHD) stehen könnten. Dieser Zusammenhang wurde allerdings bisher nicht ausreichend untersucht. Das Bindungsmuster fungiert möglicherweise als vermittelnde Variable, wobei man annehmen kann, daß desorganisierte Bindung ein Vulnerabilitätsfaktor und sichere Bindung ein Schutzfaktor ist (Brisch, 2003; Kreppner et al., 2001).

Im Tierversuch mit Ratten führten Unterschiede in der Fürsorge der Mutter bei den Jungtieren zu Unterschieden im Verhalten und in der endokrinen Antwort auf Streß. Fürsorgliche Rattenmütter hatten weniger ängstlichen Nachwuchs, bei dem in Streßsituationen die Reaktionen der hormonellen Regulation zwischen Hypothalamus, Hyophyse und Nebennierenrinde (HPA-Achse) angemessener waren. Zudem zeigte sich der gut umsorgte weibliche Rattennachwuchs seinen eigenen Jungen gegenüber ebenfalls fürsorglich. Die Studie zeigte, daß die Art der Aufzucht und nicht die Abstammung das spätere Fürsorgeverhalten der weiblichen Ratte und die Streßregulation determiniert. Die Effekte blieben über drei Generationen hinweg nachweisbar (Francis et al., 1999).

Es wurde beobachtet, daß eine »Behandlung« (kurzes Streicheln der Tiere) das Fürsorgeverhalten der weniger fürsorglichen Rattenmütter positiv beeinflußte (Meaney et al., 1990). Sogar die molekulargenetischen Strukturen der behandelten Nachkommen haben sich während der Behandlung so stark verändert, daß sie von denen der nicht behandelten Nachkommen der stark fürsorglichen Rattenmütter nicht mehr signifikant zu unterscheiden waren (Francis et al., 1999). Die Autoren interpretieren diese Ergebnisse in dem Sinne, daß das Fürsorgeverhalten sowie die Streßregulation durch einen Interaktionseffekt aus genetischer Vulnerabilität und unterschiedlicher Fürsorge (*Umweltfaktor*) auf die nächste Generation vererbt werden.

Bisherige Studien bei Menschen zeigen auch, daß frühe Erfahrungen der weiblichen Säuglinge mit ihren Müttern einen großen Einfluß auf ihr späteres Fürsorgeverhalten gegenüber dem eigenen Nachwuchs haben. Offenbar besteht ein psychobiologischer Mechanismus, in dem intergenerationell das Fürsorgeverhalten und die Feinfühligkeit der Mutter auf die Töchter übertragen werden (Silverman

& Lieberman, 1999; Fleming et al., 1999). Den Schlußfolgerungen von Francis et al. (1999) parallele Ergebnisse, nämlich eine veränderte Streßregulation, die an veränderten Werten für das Streßhormon Cortisol gemessen werden konnte, fand sich auch bei den Kindern aus rumänischen Kinderheimen, die extreme frühe Deprivationserfahrungen gemacht hatten (Gunnar et al., 2001).

Die Interaktion zwischen *nature* und *nurture* findet auf der Bindungsebene statt (Lehtonen, 1994), wobei die primäre Bindungsperson als psychobiologischer Regulator bzw. Dysregulator der Hormone des Kindes wirkt, welche die direkte Gentranskription steuern. Der Cortisolspiegel im Gehirn des Säuglings – Cortisol ist für die Reaktion und die Regulation von erlebtem Streß verantwortlich – wird durch die Mutter-Kind-Interaktion signifikant beeinflußt (Schore, 1997; Meaney et al., 1988). Aus alledem geht hervor, daß Neurotransmitterstörungen nicht angeboren sein müssen, sondern durch psychologische Variablen auf die frühe Entwicklung beeinflußt werden können (vgl. auch Braun, 1996; Braun et al., 2000).

Der Einfluß von traumatischen Erfahrungen auf Funktion und Struktur des Gehirns

Forschungsergebnisse der vergangenen Jahre öffnen die Tür zu einem Denken, welches das Erleben eines seelischen Traumas mit der Entwicklung von Struktur und Funktion des menschlichen Gehirns verknüpft. Teicher (2000) kam in seinen Studien an der *Harvard Medical School* zu neuen Forschungsergebnissen: Opfer von Mißbrauch und Vernachlässigung in der Kindheit wiesen im Erwachsenenalter im Vergleich mit nicht mißbrauchten Kontrollprobanden strukturelle Veränderungen mit Volumenverminderungen im Hippocampus, dem Corpus Callosum und der Amygdala auf.

Perry et al. (1995; Perry, 2001) stellten bei der Schilderung ihrer Untersuchungen dar, wie sich das Gehirn in Abhängigkeit davon entwickelt, welche Regionen angeregt werden: Das wachsende Gehirn besonders des Säuglings organisiert und internalisiert neue Informationen derart, daß neue Informationen bestimmte Strukturen des Gehirns stimulieren und diese dadurch eine stärkere Vernetzung und Verschaltung erlangen, weil sie durch Reize von außen angeregt werden zu funktionieren. Wenn aber ein Kind – etwa bei einer traumatischen Erfahrung – einer sehr streßvollen Situation ausgesetzt ist und dabei mit Informationen überfordert wird, die es wegen der Übererregung nicht verarbeiten kann, kann es um so eher zur Bildung von neuropsychiatrischen Symptomen kommen, wie wir sie bei einer posttraumatischen Belastungsstörung (posttraumatic stress disorder, PTSD) kennen. Der momentane Zustand der neuronalen Aktivierung und der humoralen Streßreaktion kann als Anpassung an die überfordernden traumatischen Situationen persistieren und zu einer Fehlanpassung führen. Als Folge kann das Individuum auf spezifische Erfordernisse der sozialen Umwelt nicht adäquat reagieren. Im sich entwickelnden Gehirn hängen die noch undifferenzierten neuronalen Systeme von Schlüsselreizen der Umwelt und der Mikroumwelt ab (etwa von Neurotransmittern und Neurohormonen, zu denen auch das Cortisol und das neuronale Wachstumshormon zählen), um sich von ihren undifferenzierten, unreifen Formen zu ihren vorgesehenen Funktionen entwickeln zu können. Das Fehlen dieser kritischen Schlüsselreize oder eine Störung innerhalb dieser sensiblen Phasen kann zu anormalen neuronalen Teilungen und Synapsenentwicklungen führen. Nach Perry et al. (1995) ist die Wirkung früher kindlicher Interaktionserfahrungen in einem Entwicklungsmodell dadurch zu erklären, daß die Ausformung neuronaler und organischer Hirnstrukturen jeweils von ihrer Stimulation und somit von ihrem Gebrauch abhängig ist (vgl. auch Hüther, 1996, 1998, 1999; Liu et al., 1997; Meaney et al., 1988, 1990; Spitzer, 2000).

Ein ähnlicher Einfluß – insbesondere auf die Reifung der orbito-frontalen Hirnregion, die für die Steuerung, Integration und Modulation von Affekten zuständig ist – kann auch für andere traumatische Erfahrungen im Kindesalter während der Reifungszeit des kindlichen Gehirns angenommen werden (Schore, 1996, 1997, 2001 a, b). Erfahrungen von Mißhandlung bzw. Trauma in der frühen Kindheit verändern auch sehr stark die Entwicklung der rechten nonverbalen Gehirnhälfte, die für verschiedene Aspekte von Bindung und Affektregulation verantwortlich ist (Schore, 2001 a).

Bindung, Pflegekindschaft und Adoption

Das Bindungsbedürfnis des Säuglings ist *ein* starkes motivationales Entwicklungssystem im Kontext mit anderen motivationalen Systemen. Dabei ist die Bindungsentwicklung im Bezug zu einer Bindungsperson nicht durch die genetische Verwandtschaft bedingt. Dies macht es möglich, daß sich ein Säugling über einen längeren Entwicklungsprozeß an Personen binden kann, die ihm zunächst vollkommen fremd sind, wie etwa Pflege- oder Adoptiveltern. Die sichere Bindungsentwicklung ist für das körperlich und seelisch gesunde Kind grundsätzlich mit jeder Person möglich, die feinfühlig die Signale des Kindes erkennt, diese richtig interpretiert und angemessen und prompt darauf reagiert, sich in die Innenwelt des Kindes empathisch hineinversetzt und durch dialogischen Blickkontakt, Sprache und Berührung eine Bindungsbeziehung aufbaut. Dies ist der Hintergrund, warum soziale und emotionale Elternschaft für Pflege- und Adoptiveltern möglich wird. Genauso können auch Mitarbeiter und Mitarbeiterinnen in Heimen sichere Bindungspersonen für Kinder werden, wenn sie diese über einen längeren Zeitraum unter den obengenannten Bedingungen begleiten.

Oftmals haben allerdings Kinder, für die Pflege- oder Adoptiveltern gesucht werden, bereits vielfältige traumatische Erfahrungen durchlebt, wie mehrfache Trennungs- und Verlusterlebnisse, schwerwiegende Vernachlässigung oder auch körperliche, emotionale und sexuelle Gewalt. Sind die potentiellen Bindungspersonen, etwa die Eltern, diejenigen, die den Kindern diese traumatischen Erlebnisse zugefügt haben, hat dies häufig die Entwicklung von Bindungsstörungen zur Folge. Werden für solche Kinder Pflege- und Adoptiveltern gesucht, gestaltet sich die Entwicklung einer neuen, potentiell heilenden Bindungsbeziehung zwischen ihnen und den neuen Bindungspersonen oftmals sehr schwierig, da diese Kinder mit den verschiedenen Mustern von Bindungsstörungen mit ihren potentiellen neuen Bindungspersonen Kontakt aufnehmen. Leiden sie an einer Bindungsstörung mit promiskuitivem, indifferentem Bindungsverhalten, so machen sie es den Pflege- und Adoptiveltern anfangs leicht, da sie freudestrahlend auf diese zukommen, sogar Körperkontakt suchen, sich problemlos auf den Arm nehmen lassen und sogar schmusen, als ob die neuen – gänzlich fremden – Pflege- und Adoptiveltern schon immer ihre besten – sicheren – Bindungspersonen gewesen wären. Ein solches bindungsgestörtes Verhalten entspricht aber nur einer Pseudobindung und nicht einer echten, tiefgehenden emotionalen Bindungsbeziehung, denn bei einer gesunden, sicheren Bindungsentwicklung hätte man bei ersten Begegnungen des Kindes mit den Pflege- und Adoptiveltern höchstens eine reservierte Begrüßung, aber nicht »Schmusen« und Körperkontakt erwartet.

Nach einer anfänglich ruhigen Phase im Zusammenleben mit den Pflege- und Adoptiveltern treten beim Kind typischerweise oftmals mit einiger zeitlicher Verzögerung erste Schwierigkeiten und Symptome auf – wie etwa aggressive, dissoziale Verhaltensweisen, Ablehnung der Pflege- und Adoptiveltern –, wenn die tieferliegenden traumatischen Erfahrungen inszeniert werden. Hierbei ist es für die Pflege- und Adoptiveltern schwer zu verstehen, daß diese Inszenierungen – in denen sie sich wie Akteure in einem ihnen nicht bekannten Theaterstück vorkommen – bereits ein Vertrauensbeweis sind und ihnen anzeigen, daß ein Kind mit einer indifferenten Bindungsstörung beginnt, sich nun spezifischer mit seinen Pflege- und Adoptiveltern in einen Prozeß der Bindungsentwicklung zu begeben, in dessen Verlauf eine sichere Bindung an sie entstehen kann. Auch ein selektives, spezifisches Nähesuchen zu den Pflege- und Adoptiveltern und ein »Fremdeln« mit Scheu und Angst gegenüber anderen Personen, die das Kind nicht kennt, wäre im Laufe der Entwicklung hin zu einer *spezifischen* Bindung an die Pflege- oder Adoptiveltern ein wünschenswertes Verhalten (siehe auch Fallbericht in Brisch, 1999, S. 152–161).

Am Anfang, wenn ein Kind in die Pflege- und Adoptivfamilie aufgenommen wird, sind oft die äußere Sicherheit für das Kind und die Beendigung von Lebensbedingungen entscheidend, die so traumatisierend waren, daß das Jugendamt und das Familiengericht einen weiteren Verbleib etwa in der Ursprungsfamilie nicht mehr erlauben konnten, da die Entwicklung des Kindes massiv gefährdet war. Oberstes Ziel sollte es dann – mit der Herstellung äußerer Sicherheit durch die Aufnahme in die Pflege- und Adoptivfamilie – sein, weitere Trennungserfahrungen für das Kind zu vermeiden, denn jede weitere Trennung könnte an frühere traumatische Trennungserlebnisse des Kindes rühren und alle damit verbundenen Gefühle von panischer Angst, Einsamkeit und Trauer erneut aktivieren.

Daß ein Kind erst von Behörden in Obhut genommen und dann in eine Kurzzeitpflege gegeben wird, danach von diesen Fürsorgepersonen für die weitere Aufnahme in eine Langzeitpflege wieder getrennt wird, macht unter bindungsdynamischen Gesichtspunkten keinen Sinn; dem Kind wird nämlich in einer extrem vulnerablen Phase eine erneute Trennung zugemutet – bei oft nur kurzen Eingewöhnungszeiten–, so daß, wenn so vorgegangen wird, leicht ein weiteres Trennungstrauma für das Kind bewirkt wird. Je stabiler und sicherer die emotionalen und sozialen Rahmenbedingungen in der Pflege- oder Adoptionsfamilie sind, je weiter die neue Familie von den »Tätern« räumlich getrennt ist, um so emotional entlastender ist dies für das Kind, da auf diese Weise gute Voraussetzungen für eine Beruhigung des aktivierten Bindungssystems gegeben sind. So hat das Kind eine Chance, mit den Pflege- und Adoptiveltern neue Erfahrungen von Bindungssicherheit zu machen, da – im besten Falle – für das Kind räumliche, körperliche, soziale und emotionale Sicherheit gegeben ist. Ein Heilungsprozeß von Bindungsstörungen benötigt aber Zeit und erfordert Kontinuität in der Beziehung mit den neuen Pflege- und Adoptiveltern, die für das Kind emotional verfügbar sein müssen.

Eine Hilfestellung ist aber in gleichem Maße auch für die leiblichen Eltern notwendig, bei denen sich durch die Inobhutnahme ihrer Kinder oft eine eigene, ähnliche Erfahrung aus ihrer Kindheit wie ein alter Film vor ihren Augen abspult. Für die Verarbeitung der Inobhutnahme ihrer Kinder und der aktivierten alten schmerzlichen eigenen Erlebnisse benötigen Eltern eine psychosoziale oder sogar psychotherapeutische Betreuung (siehe hierzu auch den Beitrag von Hart in diesem Buch).

Im Zusammenleben können die Bindungsstörungen der Kinder, die sich teilweise in sehr bizarren Verhaltensweisen zeigen, auch alte traumatische Erfahrungen der Pflege- und Adoptiveltern selbst in deren Erinnerung wachrufen, so daß dadurch die Beziehung zum Pflegekind erheblich belastet wird. Wenn die Pflege- und Adoptiveltern, in Erinnerung an eigene alte Verletzungen, von Gefühlen wie Angst und Panik überschwemmt werden, können sie selbst dem Kind nicht mehr hilfreich sein. In der Regel ist daher eine Hilfestellung für die Pflege- und Adoptiveltern sowie für das Kind dringend notwendig. Diese sollte zunächst einmal in einer kontinuierlichen Supervision für die Pflegeeltern bestehen, damit diese alltägliche Belastungen im Zusammenleben mit dem Kind besprechen und ein psychodynamisches Verständnis dafür entwickeln können, welche Erfahrungen und Verletzungen – die es noch nicht mit Worten beschreiben kann – das Kind mit ihnen inszeniert.

Um das Kind möglichst angstfrei zu begleiten, benötigen die Pflege- und Adoptiveltern also selbst »Sicherheit«, wozu eine kontinuierliche Supervision verhelfen kann. Wenn alte traumatische Erfahrungen bei den Pflegeeltern aufbrechen, brauchen sie rasch eine eigene traumazentrierte Psychotherapie, damit sie diese eigenen aktivierten Erfahrungen nicht mit denen des Kindes vermischen. Hierdurch könnte eine unheilvolle Verstrickung entstehen, die wiederum zu einem Abbruch des Pflege- oder Adoptivverhältnisses führen könnte.

Mit diesen Überlegungen soll keinesfalls gesagt sein, daß nur Menschen ohne jegliche traumatische Vorerfahrungen Pflege- oder Adoptiveltern werden sollten oder könnten; gerade wegen eigener Traumaerfahrungen – manchmal waren die zukünftigen Pflege- oder Adoptiveltern selbst auch einmal Pflege- oder Adoptivkind – sind Eltern bereit, sich für fremde, bindungsgestörte Kinder zu engagieren. Aber die Wunden aus der eigenen Kindheit sollten bei den Pflege- und Adoptiveltern so weit »vernarbt« sein, daß sie mit einer erhöhten Sensibilität auf die Nöte und Verletzungen der Kinder reagieren können. Die eigenen Wunden der Eltern sollten nicht auch wieder zu »bluten« beginnen, wenn die bindungsgestörten

Kinder über ihre traumatischen Verletzungen sprechen wollen oder diese in Szene setzen und die Pflege- und Adoptiveltern dabei zu Mitakteuren machen. Manchmal werden in diesen Inszenierungen auch Persönlichkeitsanteile von Tätern – mit denen sich das Kind in seinem psychischen Überlebenskampf identifiziert hat und die es schließlich verinnerlicht und wie eigene Persönlichkeitsanteile betrachtet hat – auf die Pflege- und Adoptiveltern projiziert; diese sollen sich dann wie die ehemaligen »Täter« verhalten. Im schlimmsten Fall wird der vom Kind ausgeübte psychische Druck so groß, daß die Pflege- und Adoptiveltern tatsächlich zu erneuten »Tätern« werden und daß es auf einer neuen »Bühne« zu einer Reinszenierung des von den Kindern erlebten Leids kommt, jetzt allerdings mit den Pflege- und Adoptiveltern als unfreiwilligen Akteuren.

Bindungsgestörte traumatisierte Kinder benötigen in der Regel eine zusätzliche psychotherapeutische Hilfestellung, um die erlittenen Traumata gut verarbeiten zu können. Immer mehr Kinder- und Jugendlichen-Psychotherapeuten sind zusätzlich auch in Traumapsychotherapie ausgebildet und können entsprechende Therapieangebote machen, die gerade auch diesen Kindern bei ihrer Verarbeitung des Erlebten helfen können. Ohne eine zusätzliche Therapie besteht die Gefahr, daß die Bilder von den erlittenen Traumata dissoziiert und die damit verbundenen Affekte abgespalten werden. Oder die Kinder reagieren in Belastungssituationen, die etwa mit Trennungen zu tun haben, mit Körpersymptomen wie Kopfschmerzen, Bauschmerzen, Schlafstörungen, Eßstörungen, weil sie noch keine anderen Möglichkeiten haben, mit den nicht erträglichen Affekten von Angst und Panik, Wut, Schuld und Scham umzugehen. Diese Affekte, insbesondere Wut und Selbsthaß, können auch – in Form von selbstverletzendem Verhalten und Suizidhandlungen – gegen die eigene Person gerichtet werden. Eine medikamentöse Behandlung mit Psychopharmaka kann in solchen Situationen nur eine Notfallbehandlung sein; langfristig müssen die hinter diesem Verhalten liegenden traumatischen Erfahrungen verarbeitet werden, wenn eine wirkliche Heilung im Sinne einer Trauerarbeit und Integration gewährleistet und dadurch eine integrierte Persönlichkeitsentwicklung des Kindes oder des Jugendlichen erreicht werden soll.

Störung im Heilungsprozeß

Fehlt die rechtliche Sicherheit für die Pflegeeltern oder fehlt auch eine nötige Supervision, so erhöht dies die Angst der Eltern, und diese können sich nicht mit einer entspannten, emotional verfügbaren inneren Haltung auf das Kind einlassen. Wenn ständig die Rückführung des Pflegekindes und seine Herausnahme aus der neuen Familie drohen, so kann dies dazu führen, daß sich die Pflegeeltern in der Auseinandersetzung mit den Behörden in eine Überidentifikation mit dem Kind geradezu »verstricken« und es zu einem Kampf um das Kind kommt, oder die Pflegeeltern distanzieren sich emotional, um sich nicht so intensiv auf das Pflegekind einzulassen, damit der Trennungsprozeß bei einer Rückführung leichter gelingen möge. Beide Entwicklungen sind für das Pflegekind und seinen Heilungsprozeß nicht hilfreich, vielmehr ist das Pflegekind als traumatisiertes Kind mehr denn je auf emotional engagierte und verfügbare Pflegeeltern angewiesen, um sich bei diesen sicher fühlen und erste neue – heilende – Bindungserfahrungen von emotionaler Sicherheit machen zu können.

Die Heilung einer Bindungsstörung des Kindes kann gestört werden, wenn das Kind weiterhin Angst haben muß. Dies kann möglich sein, wenn Drohungen das Kind belasten, nach denen es bald wieder zu den Menschen oder in die Umgebung zurückgeführt werden soll, in der es in Angst und Schrecken lebte, traumatische Erfahrungen machte und eine Bindungsstörung entwickelte. Ähnlich wirken erzwungene Besuchskontakte oder ein Umgangsrecht der leiblichen Eltern mit ihrem Kind, wenn diese Eltern gleichzeitig ihrem Kind Gewalt angetan haben und somit die Quelle von Angst waren. Immer noch zwingen Gerichtsbeschlüsse Kinder – trotz ihrer erlebbaren oder von ihnen ausgesprochenen Angst – zu Besuchskontakten, bei denen sie durch eine fremde Person an einen für sie fremden Ort begleitet werden. Wenn diese Kontakte die Angst des Kindes vergrößern, was unter diesen Umständen gut nachvollziehbar ist, sind sie nicht »zum Wohle des Kindes« und helfen ihm nicht, seine Bindungsstörung zu heilen. Im Gegenteil werden die pathologischen Bindungsstörungsmuster mit jedem »Täter«-Kontakt erneut aktiviert. Wird der Kontakt des Kindes zu den leiblichen Eltern, die etwa über gewaltsame oder sexuelle Übergriffe und/oder Vernachlässigung gegenüber ihrem Kind in der Vergangenheit berichtet haben, aufrechterhalten, indem den Eltern durch Gerichtsbeschluß ein Umgangs- und Besuchsrecht zugestanden wird – oft mit der Begründung, es möge »die Bindung des Kindes zu den leiblichen Eltern erhalten bleiben« –, so wird eine pathologische Beziehungssituation rechtlich festgeschrieben. Dadurch wird eine Bindungsstörung des Kindes im besten Falle aufrechterhalten, im schlimmsten Falle aber noch vergrößert. Eine Bindung zu leiblichen Eltern, die nach eigenen Angaben zu »Tätern« geworden sind, ist keine gesunde, sichere Bindung, vielmehr hat das Kind in dieser Beziehung eine Bindungsstörung entwickelt, die eine schwerwiegende Form der frühen Psychopathologie ist und die gravierende Störungen in der Entwicklung des Kindes zur Folge hat. Grundsätzlich gilt in der Traumapsychotherapie der Grundsatz, daß Heilung beim Opfer nur erfolgen kann, wenn es eine Trennung von »Täter« oder auch Tatverdächtigem und Opfer gibt. Die regelmäßige, erzwungene Wiederbegegnung des Kindes mit dem oder den »Tätern« oder Tatverdächtigen ist eine ständige Retraumatisierungserfahrung für das Kind, besonders wenn etwa die leiblichen Eltern sowohl »Täter« als auch potentielle Bindungspersonen des Kindes waren.

Ob eine Rückführung des Kindes aus der Pflegefamilie in die Ursprungsfamilie sinnvoll ist, aus der es wegen Traumatisierung etwa durch seine leiblichen Eltern herausgenommen wurde, ist unter bindungsdynamischen Gesichtspunkten sehr genau zu überlegen. Wenn die leiblichen Eltern etwa ihrem Kind gegenüber nach eigenen Aussagen gewalttätig geworden waren, sich aber aus eigener Motivation und aufgrund von Leidensdruck einer langfristigen Psychotherapie unterzogen haben, es hierdurch zu einer meßbaren Veränderung der »Täterpsychopathologie« gekommen ist und sich somit bei ihnen eine psychische Heilung entwickeln konnte, kann an eine Rückführung gedacht werden. Diese benötigt eine langfristige Vorbereitung und kann nicht gegen den Willen des Kindes erfolgen, weil damit – durch eine gegen seinen Willen erzwungene Trennung von den Pflegeeltern, die ihm als sichere emotionale Basis verlorengingen – eine erneute Traumatisierung erfolgen würde.

Wenn das Kind selbst einen Kontakt zu seinen leiblichen Eltern wünscht und für es körperliche, soziale und emotionale Sicherheit gegeben zu sein scheinen, wenn sich die leiblichen Eltern durch eine Psychotherapie positiv verändert haben, dann kann eine erste Wiederbegegnung stattfinden. Werden unter diesen Bedingungen durch solche vorbereiteten und geplanten Kontakte mit den leiblichen Eltern keine alten bindungsgestörten Verhaltensweisen beim Kind reaktiviert, können in sensibler Absprache mit allen Beteiligten weitere Kontakte geplant werden, die zu einer neuen Entwicklung von Bindung zwischen dem Kind und seinen leiblichen Eltern führen werden. Dies setzt voraus, daß sich die Eltern feinfühlig verhalten und daß sie für die Bedürfnisse des Kindes emotional verfügbar sind. In diesem Falle sind die Pflegeeltern die primären sicheren Bindungspersonen, und die leiblichen Eltern könnten zu sekundären, im allerbesten, idealen Fall auch sicheren Bindungspersonen werden.

Das Bindungssystem ist und bleibt ein grundsätzlich offenes System mit der potentiellen Möglichkeit, daß andere Personen, mit denen das Kind auf seinem

Lebensweg intensiven Kontakt hat, auch zu weiteren sekundären Bindungspersonen werden. Dies könnten unter günstigen Umständen auch die leiblichen Eltern sein, von denen das Kind ursprünglich wegen Traumatisierung weggenommen und vor denen es in Sicherheit gebracht wurde.

Therapie von traumatischen Erfahrungen am Beispiel Frühgeburt

Die Frühgeburt – besonders eines sehr kleinen Frühgeborenen mit einem sehr niedrigen Geburtsgewicht – bedeutet eine traumatische Erfahrung, und zwar für das Frühgeborene wie für seine Eltern. Oftmals müssen die Frühgeborenen für die Dauer von vielen Wochen im Inkubator gepflegt werden. Dabei erleben sie viele Schmerzreize, auf Abwehrsignale kann vom Pflegepersonal oft nicht feinfühlig eingegangen werden, um das Leben des Kindes zu retten, und die Inkubatorumgebung kann sowohl zur Über- als auch zur Unterstimulation des Frühgeborenen führen. Der Bindungsaufbau zur Mutter ist trotz heute häufiger Haut-zu-Haut-Pflege (»Känguruh-Pflege«) (Ludington-Hoe & Golant, 1994) nicht mit dem Kontakt zwischen einem gesunden Säugling und seiner Mutter in häuslicher Umgebung vergleichbar. Die Eltern, besonders die Mütter, sind durch das abrupte Ende der Schwangerschaft, oft mit eigener gesundheitlicher Gefährdung, geschockt, haben Angst und Panik, ihr Kind zu verlieren, das etwa reanimiert wurde und beatmet im Inkubator gepflegt wird. Dies ist eine typische Situation, bei der es sowohl von seiten des Frühgeborenen als auch von seiten der Eltern aufgrund traumatischer Erfahrungen zu unsicheren Bindungsentwicklungen und sogar zu Bindungsstörungen kommen könnte.

Im Rahmen einer Studie (Brisch et al., 2003a; Brisch et al. im Druck) konnte eine solche Entwicklung durch eine präventive, unmittelbar nach der Geburt beginnende psychotherapeutische Unterstützung der Eltern verhindert werden. Die Eltern nahmen sowohl an einer gruppentherapeutisch geleiteten Elterngruppe als auch an einer traumazentrierten Einzeltherapie teil. Weiterhin wurden sie durch einen Hausbesuch nach der Entlassung des Kindes aus der Klinik und durch videogestütztes Interaktionstraining angeleitet, die Signale ihres Kindes besser zu verstehen. Die beobachteten Effekte wurden in einer randomisierten prospektiven Längsschnittstudie (Brisch et al. 2003a) überprüft. Hierbei zeigte sich, daß Mütter, die aufgrund von traumatischen Vorerfahrungen – die durch die Frühgeburt wieder in Erinnerung kamen – ihr Kind etwa ablehnten oder sich im Gegenteil vor panischer Verlustangst gar nicht mehr von ihm trennen konnten, von der psychotherapeutischen Intervention sehr profitierten. Sie hatten – im Vergleich zu solchen Eltern, die in einer Kontrollgruppe waren und keine spezifische Hilfestellung erhielten – eine signifikant höhere Chance, trotz der Frühgeburt und aller traumatischen Belastungsfaktoren auf seiten des Kindes und der Eltern eine sichere Bindungsentwicklung bei ihren Kindern auf den Weg zu bringen.

Dieses Beispiel soll ermutigen, bei traumatischen Erfahrungen von Eltern und Kindern an eine psychotherapeutische Unterstützung zu denken und diese auch frühzeitig, kontinuierlich und intensiv in Anspruch zu nehmen. So bestehen die besten Chancen, die Entwicklung einer chronischen posttraumatischen Belastungsstörung zu vermeiden.

Therapie von Bindungsstörungen

Wenn Kinder vielfältige traumatische Erfahrungen durchlitten haben, so heißt das nicht, daß sie deswegen für den Rest ihres Lebens eine schwerwiegende Bindungsstörung behalten müßten. Sollten sich bei der diagnostischen Untersuchung von Pflege- und Adoptivkindern Bindungsstörungen zeigen, ist ernsthaft – und frühzeitig – die Möglichkeit einer Kinderpsychotherapie ins Auge zu fassen; Pflege- und Adoptiveltern können für bindungsgestörte Kinder keine Psychotherapeuten sein, sie können im besten Fall für einen sicheren emotionalen und sozialen Hintergrund sorgen (Brisch & Lehmkuhl, 2003), auf dessen Basis eine Kinderpsychotherapie stattfinden kann. Eine intensive psychodynamisch orientierte begleitende Beratung der Pflege- und Adoptiveltern ist regelhaft Teil einer Kinderpsychotherapie. Dies ist auch dringend notwendig, damit die Dynamik in der Therapie und die Dynamik im realen Lebensraum des Kindes gemeinsam von Therapeut sowie Pflege- und Adoptiveltern besprochen und integriert werden kann.

In der psychotherapeutischen Arbeit muß der Kindertherapeut oder Pädagoge in seinem Verhalten gegenüber dem Kind als verläßliche psychische und physische Basis fungieren können, so daß sich trotz der Bindungsstörung des Kindes ein sicheres Arbeitsbündnis entwickeln kann. Der Therapeut und Pädagoge ermöglicht ein Spielverhalten, das dem Kind Ansätze bietet, seine erlebten Bindungsbeziehungen im Symbolspiel darzustellen. Im Spiel auftauchende bindungsrelevante Themen werden vom Therapeuten und Pädagogen aufgegriffen, der verbal oder durch teilnehmende Spielinteraktion fördert, daß sie Ausdruck finden. Durch neue sichere Bindungserlebnisse ermöglicht der Therapeut und

Pädagoge, daß das Kind sich von alten destruktiv unsicheren Bindungsmustern lösen und eine sichere Bindungsqualität entwickeln kann (Brisch & Lehmkuhl, 2003). Gleichzeitig muß eine psychotherapeutische Arbeit mit den Pflegeeltern stattfinden, damit diese Sicherheit und Unterstützung finden, um die in ihnen ausgelösten Gefühle zu verarbeiten und die in der Gegenübertragung wahrgenommenen emotionalen Anteile des Kindes in einem geschützten therapeutischen Rahmen verstehen und in ihren Umgang mit dem Pflegekind fruchtbar einbringen zu können. Dann besteht gute Hoffnung, daß sie nicht – wie oben beschrieben – zu Mitakteuren in einem Drama werden, bei dem das Kind die Regie führt (vgl. auch Nienstedt & Westermann, 1998).

Bindungsstörungen bei traumatisierten Risikogruppen erfordern eine bindungsorientierte therapeutische Herangehensweise und stellen für die Therapeuten eine besondere Herausforderung dar. Der Therapeut und Pädagoge muß sich darüber im klaren sein, daß ein Kind in der Spielsituation auch an ihn bindungsrelevante Erwartungen hat. Das Kind sucht auch zum Therapeuten und Pädagogen – wie zu einer sicheren Bindungsperson – eine hoffnungsvolle sichere Basis, von der aus es sein Spiel und die damit verbundenen Erkundungen starten kann. Werden diese Bedürfnisse von den psychotherapeutischen und pädagogischen Bindungspersonen nicht feinfühlig beantwortet oder sogar abgewiesen, so kann sich das Spiel als eine Wiederholungssituation von früher erlebten Traumatisierungen gestalten, wodurch die Psychopathologie des Kindes verstärkt wird. Aus diesem Grunde ist es von großer Bedeutung, daß auch Pädagogen und Therapeuten die normalen Varianten der Bindungsmuster und die Zusammenhänge zwischen Bindungs- und Erkundungssystem kennen, da sie dann in der Spielsituation hierauf adäquater eingehen können und sich selbst als die zentrale sichere Basis verstehen, von der aus eine emotionale Entwicklung der Kinder gelingen kann.

Fallbeispiel

Die 4jährige M. (Name geändert) wurde durch Zufall von Hausbewohnern in der Nachbarwohnung eines Miethochhauses entdeckt, weil sie stundenlang weinte und jammerte und weil auf das Klingeln der besorgten Nachbarn niemand die Haustür öffnete. Die Nachbarn riefen die Polizei, da sie den Verdacht hatten, daß die Eltern nicht zu Hause wären. Als die Haustür auch nicht auf das Klingeln der Polizei hin geöffnet wurde, drangen die Polizisten gewaltsam in die Wohnung ein, weil man vermutete, das weinende Kind könnte unversorgt und unbeaufsichtigt sein. Sie fanden die 4jährige alleine in der Wohnung in ihrem Kinderbett vor. Sie befand sich in einem sehr verwahrlosten Zustand, weshalb die Beamten das kleine Mädchen in die Klinik brachten, damit es körperlich und psychologisch untersucht werden sollte.

Die körperliche Entwicklung des Mädchens war stark verzögert. Die motorische und sprachliche Entwicklung entsprach der eines 2jährigen Kindes, wobei sich aber keine schwerwiegenderen körperlichen Erkrankungen fanden. Die psychische Entwicklung war noch ausgeprägter verzögert, und M. fiel durch die für extreme Vernachlässigung typischen Verhaltensstörungen auf. Die meiste Zeit des Tages wollte sie in ihrem Bettchen liegen, auf Ansprache und Kontakt mit dem Untersucher reagierte sie mit ängstlichem Weinen, biß sich in die Hand oder schaukelte mit ihrem Kopf oder dem ganzen Körper hin und her, schlug absichtlich mit dem Kopf an die Gitterstäbe des Bettchens und verletzte sich selbst. Das Mädchen sprach, sofern es überhaupt spontan Laute äußerte, nur wenige Worte und Zweiwortsätze. Symbolisches Spiel und eine soziale Interaktion, wie man sie für gesunde 4jährige Kinder erwarten würde, waren nicht einmal ansatzweise vorhanden.

Die Eltern waren in jener Nacht, als M. mehr durch Zufall und dank der Initiative der Nachbarn gefunden worden war, ausgegangen und hatten geglaubt, ihre Tochter schlafe fest. Die Familie war dem Jugendamt bekannt, und wegen der Entwicklungsverzögerung bei M. mußten sich die Eltern in regelmäßigen Abständen melden und Termine bei der Frühförderung wahrnehmen, die – wie sich später herausstellte – aber nur unregelmäßig oder gar nicht oder nur auf Druck des Jugendamtes eingehalten worden waren.

Nach der klinischen Abklärung wurde M. wegen der schwerwiegenden Entwicklungsverzögerung aufgrund ausgeprägter emotionaler Vernachlässigung zunächst zur Kurzzeitpflege in eine Pflegefamilie gegeben, damit sie durch einen längeren Klinikaufenthalt nicht noch zusätzlich Schaden erleiden sollte; denn die Bedingungen in einer Klinik fördern Symptome von Deprivation eher, als daß sie sie verhindern würden, weil nämlich eine konstante emotionale Ansprache durch eine Bezugsperson in der Regel nicht möglich ist. Es war daher um so auffälliger, daß das Kind – noch in der Klinik – nach 14 Tagen begann, jeden freundlich anzulächeln, der zu ihm ans Bettchen kam, und auch von jedem auf den Arm genommen werden wollte und Körperkontakt suchte. Dieses Verhalten ist bei deprivierten Kindern ein relativ typisches Zeichen für eine Bindungsstörung mit undifferenziertem, promiskuitivem Bindungsverhalten. Es darf nicht mit einem sicheren Bindungsverhalten verwechselt werden, das immer sehr selektiv ist, bei Bevorzugung einer spezifischen Bindungsperson und einer kritischen Zurückhaltung bis Angst vor Fremden.

Zunächst war geplant, daß M. nach einer viermonatigen Kurzzeitpflege wieder zu den Eltern zurückkehren sollte. Voraussetzung war, daß die Eltern an Gesprächen teilnehmen sollten, die zum Ziel hatten, ihre Erziehungs- und Pflegekompetenz zu stärken und sie auch in der Spielinteraktion mit ihrem Kind anzuleiten. Die angebotenen Termine wurden von den Eltern zwar verläßlich wahrgenommen, hierbei wurde aber deutlich, daß beiden Elternteilen – weil sie selbst von ihren Eltern vernachlässigt worden waren und körperliche und sexuelle Gewalt erfahren hatten – die Fähigkeit zur Einfühlung in die körperlichen und seelischen Bedürfnisse von M. nicht so einfach durch eine allgemeine Elternschulung zu vermitteln war. Im entspannten Zustand der Lernsituation konnten sie sehr gut nachvollziehen, was ein Kind benötigt, sobald sie aber in einer Besuchssituation mit M. zusammen waren und diese zu weinen begann, weil sie wegen eines Mißgeschicks frustriert war, reagierten die Eltern mit übermäßiger Zurückweisung und Strenge, die der Situation nicht angemessen waren. In Gesprächen wurde deutlich, daß solche Situationen viele Erinnerungen an die eigene Kindheit und erlebte Gewalt aufkommen ließen und die Eltern damit in ihren Möglichkeiten, auf die Bedürfnisse ihrer Tochter angemessen zu reagieren und auch notwendige Grenzen zu setzen, überfordert waren. Sie schwankten zwischen zwei Verhaltensweisen: zum einen verwöhnten sie ihre Tochter übermäßig mit Süßigkeiten und boten ihr ständig neue Spielsachen an; auf der andern Seite aber reagierten sie mit Zurückweisung und Ablehnung oder auch Ignorieren, wenn ihre Tochter etwa hingefallen war und Trost bei ihnen suchte. Sie war nach diesen Treffen mit ihren leiblichen Eltern jeweils verstört, schlief bei den Pflegeeltern wieder unruhig und zeigte wieder mehr apathische Phasen und selbstverletzendes Verhalten, indem sie ihren Kopf wieder, wie im Krankenhaus und in den ersten Wochen nach der Aufnahme in die Pflegefamilie, gegen das Bettgestell schlug und sich selbst in die Hand biß.

Aus diesem Grunde wurde den leiblichen Eltern jeweils eine individuelle traumazentrierte Psychotherapie angeboten, damit beide für sich in der Lage sein sollten, die Verletzungen aus der eigenen Kindheit zu verarbeiten. Für die Eltern bestand aber weiterhin die Möglichkeit, ihre Tochter bei den Pflegeeltern zu besuchen und dort mit ihr und gemeinsam mit den Pflegeeltern zu spielen; sie konnten diese auch als Modell für eine gelungene kindzentrierte Interaktion erleben, so daß auch hierüber ein Lernprozeß stattfinden konnte.

Aus der ursprünglich geplanten Kurzzeitpflege wurde auf diese Weise eine Langzeitpflege. Ein zunächst geplanter Wechsel aus der Familie für die Kurzzeitpflege in eine neue Familie, die die Langzeitpflege übernehmen sollte, wurde nach Zustimmung aller Beteiligten nicht vorgenommen. Es hatte sich rasch abgezeichnet, daß die Pflegebetreuung von M. über einen längeren Zeitraum notwendig werden würde. Die Beziehung, die sich bereits zwischen dem Mädchen und den feinfühligen Pflegeeltern zu entwickeln begann, sollte erhalten bleiben und nicht aus rein organisatorischen und verwaltungstechnischen Gründen unterbrochen werden. Oft entsteht aus diesem Anlaß eine erneute Traumatisierung, wenn das Kind durch den Übergang von der Kurzzeit- in die Langzeitpflege ein zusätzliches Trennungserlebnis verkraften muß. Ein solcher Verlust der Pflegeeltern – vielleicht erstmals verläßliche und schützende Bindungspersonen – wird von bindungsgestörten Kindern als besonders belastend erlebt. Eine Trennung, die während der Phase des beginnenden Beziehungsaufbaus und der vorsichtigen Entwicklung einer Bindung stattfindet, wirkt sich viel traumatischer aus, als wenn sich ein Kind trennen muß, das bereits eine sichere Bindungsentwicklung erfahren und verinnerlicht hat.

M. freute sich jetzt regelmäßig auf die Besuche ihrer Eltern, und diese konnten – bei zunehmender psychischer Entlastung durch die Psychotherapie – die Begegnungen mit ihrer Tochter entspannter und auch kindgerechter gestalten. Dies war eine sehr bewegende Zeit, da die Eltern realisierten, daß sie ihrer Tochter jetzt etwas an feinfühliger Beziehung anbieten konnten, was sie selbst als Kind nie erlebt, aber immer sehr vermißt hatten.

Nach ca. 18 Monaten wurden die Besuchskontakte bei den Pflegeeltern zeitlich ausgedehnt, und die Eltern verbrachten auch Stunden alleine mit der Tochter, etwa beim Spiel im Garten der Pflegeeltern, dann aber auch bei gemeinsamen Ausflügen. Hierauf reagierte M. sehr positiv, und es kam zu einer emotionalen Intensivierung ihrer Bindungsbeziehung mit den leiblichen Eltern, während sie aber gleichzeitig die Bindung zu ihren Pflegeeltern als »sicherem Hafen« aufrechterhielt. In Phasen von Krankheit wollte sie zu den Pflegeeltern und nicht zu den leiblichen Eltern, so daß deutlich wurde, daß die Pflegeeltern die primären Bindungspersonen waren. Schließlich konnte M. auch stundenweise, dann tageweise und auch erstmals über Nacht in einer neuen Wohnung mit neuem Kinderzimmer bei ihren leiblichen Eltern bleiben. Dies war zwar sehr aufregend für sie – ihre

Stimmung war eine Mischung aus Neugier und ängstlicher Anspannung –, aber mehr im Hinblick auf die Frage, ob sie die Übernachtung ohne zu großes Heimweh gut überstehen würde; dies gelang ihr und den leiblichen Eltern gut, ohne daß M. in ihre alten Verhaltensweisen wie Schaukeln und Selbstverletzung zurückgefallen wäre. Die erste gelungene Übernachtung erfüllte sie mit Stolz und intensivierte die Beziehung zu ihren leiblichen Eltern.

Ab diesem Zeitpunkt wurde klar, daß konkret an eine Rückführung gedacht werden konnte. Diese wurde als Übergangsphase für einen Zeitraum von 6 Monaten geplant, in dem die leiblichen Eltern zunehmend mehr Funktionen der Pflegeeltern übernahmen: Sie brachten M. etwa zum Kindergarten und holten sie von dort ab, sie begleiteten ihre Tochter zu Freizeitaktivitäten wie Kinderturnen oder zu Arztbesuchen. Die leiblichen Eltern wurden nach unserer Einschätzung sekundäre sichere Bindungspersonen für M., aber bei Arztbesuchen hätte sie nach wie vor lieber die Pflegeeltern bei sich gehabt.

Die Planung der Rückführung versetzte alle Beteiligten in eine größere emotionale Spannung. M. betonte immer wieder, daß sie bei ihren Pflegeeltern bleiben wolle und ihre leiblichen Eltern besuchen wolle, wann immer sie könne, sie wünschte sich, »alle Eltern« haben zu dürfen – und meinte hiermit sowohl die Pflege- als auch die leiblichen Eltern –, und wollte sich nicht entscheiden oder trennen müssen. Nachdem das Mädchen bei seinen leiblichen Eltern mehrere Wochenenden mit Übernachtung verbracht hatte und sich offensichtlich in beiden Familien wohlfühlte, wurde die gemeinsame Zeit mit den leiblichen Eltern ausgedehnt. Hierdurch wurden die leiblichen Eltern aber offensichtlich so sehr belastet, und sie gerieten auch durch die Aussicht einer Rückführung – obwohl dies ihrem Wunsch entsprach – unter so starken emotionalen Druck, daß sie erneut vermehrt miteinander stritten und der Vater schließlich wieder über das ganze Wochenende die Wohnung verließ, ohne daß sein Aufenthaltsort bekannt war. Die leibliche Mutter fühlte sich zunehmend überfordert, alleine, verzweifelt. Schließlich berichtete sie unter Tränen, daß sie für »eine kurze Zeit« wiederum die Wohnung verlassen und die Tochter alleine zurückgelassen hatte, um nachts an verschiedenen Orten nach ihrem Partner zu suchen. Die Angst und Panik, die sie selbst bei der Vorstellung erlebte, von ihrem Partner verlassen zu werden, war stärker als der Wunsch, ihre Tochter bei sich zu haben, und die Einfühlung in die Not des allein zurückgelassenen Mädchens. Trotz intensiver Bemühungen von allen Seiten brach der leibliche Vater schließlich die therapeutischen Gespräche ab und wollte sich von seiner Frau trennen, um »ein neues Leben anzufangen«. Ab diesem Zeitpunkt wurde klar, daß eine Rückführung keine wirklich mögliche Option war, daß sie vielmehr die Entwicklung von M. gefährdet hätte und es für sie relativ rasch wieder zu erneuten traumatischen Situationen hätte kommen können, wenn die leiblichen Eltern ganz alleine und umfassend für ihre Pflege zuständig gewesen wären. Das Mädchen reagierte auf diese Erlebnisse wieder mit Einschlafängsten und nächtlichen Alpträumen, aus denen es schweißgebadet aufwachte, worauf es nach seinen Pflegeeltern rief, um sich bei diesen zu versichern, daß es nicht alleine war.

Es wurde daher beschlossen, daß M. weiter bei den Pflegeeltern leben sollte, daß aber auch, wie schon zuvor, eine Form des Besuchskontakts ermöglicht werden sollte, allerdings jeweils unter Berücksichtigung der aktuellen psychischen Situation des Mädchens und der emotionalen und sozialen Möglichkeiten der leiblichen Eltern. Alle Beteiligten schienen durch eine solche Lösung entlastet und sehr erleichtert zu sein.

Die Pflegeeltern standen den leiblichen Eltern weiterhin für Fragen – etwa im Hinblick auf das emotionale Verhältnis zu ihrem Kind – zur Verfügung und waren auch eine sichere Basis für M., solange sie für diese im Hintergrund real erreichbar waren. Die Pflegeeltern übernahmen auch teilweise eine Art »Großelternfunktion« für die leiblichen Eltern, so daß diese auch für sich selbst mit den Pflegeeltern nochmals eine Erfahrung machen konnten, die sie als Kind nicht erlebt hatten und die als »Beelterung der Eltern« bezeichnet werden könnte.

Die Pflegeeltern tauschten sich regelmäßig mit anderen Pflegeeltern aus. Diese Gruppe wurde wie eine Supervisionsgruppe gemeinsam von einer Psychologin und einem Pädagogen geleitet und ermöglichte den Pflegeeltern, über ihre Ängste und Verunsicherungen zu sprechen und in der Gruppe hierfür auch Verständnis und Unterstützung zu finden, so daß sie sich mit diesen Problemen nicht alleine fühlen mußten. Dies ermöglichte ihnen auch, mit M.s leiblichen Eltern weiterhin in einem positiven Kontakt zu bleiben und ihre Pflegetochter auch gelegentlich als »Ferienkind« für einen Tag zu den leiblichen Eltern zu geben. So konnte das Kind sowohl die positiven Erfahrungen mit seinen Pflegeeltern als auch die neuen positiven Erfahrungen mit seinen leiblichen Eltern für sich und seine Entwicklung nutzen. Die leiblichen Eltern kehrten in eine psychotherapeutische Beratung zurück, in der sie sich bei Bedarf Hilfe holten; es hatte sich aber gezeigt, daß eine solche Form der psychotherapeutischen Betreuung angesichts der schwerwiegenden Verletzungen, die sie während ihrer eigenen Kindheit erlitten hatten, zwar hilfreich sein konnte, daß es aber Jahre benötigen würde, die Lebenssituation der leiblichen Eltern zu stabilisieren. Die Beratung reichte offensichtlich nicht aus, um die leiblichen Eltern soweit in ihrer Entwicklung zu fördern, daß sie M. wieder zu sich nehmen und kontinuierlich betreuen konnten. Durch die alleinige Verantwortung für das Kind wurden mehr Druck und Spannung und eigene Ängste der leiblichen Eltern aktiviert, als sie für sich aushalten und integrieren konnten, ohne diese Gefühle auf M. zu übertragen.

Wäre das Mädchen trotz der Warnsignale, die darauf hinwiesen, daß die emotionalen und sozialen Rahmenbedingungen bei den leiblichen Eltern noch nicht ausreichend stabil waren, zu diesen zurückgekehrt, so hätte die Gefahr bestanden, daß es innerhalb von wenigen Wochen oder Monaten erneut zu schwerwiegenden Situationen von Vernachlässigung oder mangelnder Fürsorge gekommen wäre und M. erneut aus ihrer Ursprungsfamilie hätte herausgenommen werden müssen. Nicht selten scheitern frühzeitige und unter Zeitdruck geplante und realisierte Rückführungen aus ähnlichen Gründen, so daß es durch den »Versuch einer Rückführung« zu erneuten Trennungserfahrungen für die Kinder und im schlimmsten Fall zu erneuten traumatischen Erlebnissen in der Ursprungsfamilie kommen kann. Eine erneute Herausnahme und manchmal sogar eine erneute Fremdunterbringung – gelegentlich auch bei einer anderen, neuen Pflegefamilie oder in einem Heim – bedeuten für die Kinder eine erneute Traumatisierung und führen nicht zur Beruhigung des Bindungssystems, sondern fördern die Entwicklung von Bindungsstörungen. Bei all diesen Entscheidungen sollten das »Wohl des Kindes« und seine gesunde körperliche und sozial-emotionale Entwicklung im Vordergrund stehen und eindeutig Priorität vor den »Elternrechten« auf Besuch, Umgang und etwaige Rückführung haben.

Die Bindungstheorie und ihr Ansatz, der sich darum bemüht, das Verhalten des Kindes, seine Wünsche und Ängste aus bindungsdynamischer Sicht zu verstehen, könnten, wie im geschilderten Beispiel, bei anstehenden Entscheidungen hilfreich sein.

Prävention von Trauma, Bindungsstörung und Fremdplazierung

Es wäre wünschenswert, daß Kinder in der Beziehung mit ihren leiblichen Eltern keine traumatischen Erfahrungen machten und daß es nicht mehr nötig wäre, Kinder aus ihren Ursprungsfamilien herauszunehmen. Viele Eltern, die ihre Kinder traumatisieren, haben selbst in unterschiedlichem Ausmaß schwerwiegende Formen von Gewalt erlebt und haben sich geschworen, ihren Kindern nie anzutun, was sie selbst schmerzlich erlebt haben. Die Realität zeigt aber, daß unverarbeitete Traumaerfahrungen der Eltern mit den eigenen Kindern reinszeniert und auf diese Weise von Generation zu Generation weitergegeben werden. Die Kinder selbst können traumatische Erfahrungen bei ihren Eltern »triggern« und die Eltern auf diese Weise etwa dazu bringen, erneut – entgegen besseren bewußten Vorsätzen – gewalttätig zu werden.

Aus diesem Grund haben wir mit einem Präventionsprojekt *SAFE – Sichere Ausbildung für Eltern* – begonnen, das Eltern ab der 20. Schwangerschaftswoche und bis zum Ende des ersten Lebensjahres ihres Kindes in Gruppen begleitet. Ziel dieser Gruppen ist es, daß die Eltern unterstützt werden und lernen sollen, eine sichere Bindungsentwicklung ihres Kindes zu fördern. Weiterhin werden Eltern mit traumatischen Vorerfahrungen einzelpsychotherapeutisch betreut, damit sie ihre schmerzlichen Erfahrungen verarbeiten können und diese nicht an ihre Kinder weitergeben. Somit ist SAFE ein Projekt zur Förderung einer sicheren Bindungsentwicklung von Kindern und zur Vorbeugung gegen deren Traumatisierungen.

Ausblick

Die Bindungstheorie ist sehr gut geeignet, um den Aufbau von gesunden Bindungsbeziehungen zu erklären und zu beschreiben. Gleichzeitig kann aber auch die Entwicklung von Bindungsstörungen diagnostiziert und als Folge von traumatischen Erfahrungen in Bindungsbeziehungen, wie etwa mit leiblichen Eltern, erklärt werden.

Die Traumatisierung eines Kindes durch Bindungspersonen bedeutet immer eine Gefährdung des Kindeswohls, so daß die Herausnahme eines Kindes aus einem solchen Lebenskontext und seine Versorgung durch Pflege- und Adoptiveltern immer eine Maßnahme zum Schutz des Kindes darstellt, die ihm, entsprechend der Bindungstheorie, in der Regel neue äußere sowie emotionale Sicherheit gibt. Es wäre wünschenswert, daß es für alle Beteiligten – einschließlich der Familienrichter und -richterinnen – zur verbindlichen theoretischen Richtschnur würde, alle Maßnahmen im Kontext von Inobhutnahme, Pflege und Adoption sowie Besuchskontakte, Rückführung und Psychotherapie des Kindes eindeutig unter bindungsdynamischen Gesichtspunkten zu sehen und durchzuführen; eine solche Richtschnur könnte, auf dem Boden fundierter entwicklungspsychologischer Forschung, für alle Maßnahmen und Entscheidungen zum Wohle des Kindes eine eindeutige Orientierung sein.

In diesem Beitrag wurde das Entwicklungsrecht des Kindes auf eine sichere emotionale Bindung und damit auf eine gesunde körperliche und emotionale Entwicklung dann höher bewertet als das Recht der leiblichen Eltern auf Kontakt mit ihrem Kind, wenn die Wahrnehmung dieses Elternrechts der Entwicklung des Kindes schadet. Kinder als die eindeutig Schwächsten haben ein primäres und übergeordnetes Recht auf Schutz sowie auf einen »sicheren emotionalen Hafen« durch Bindungspersonen, damit sie sich gesund entwickeln können.

Literatur

Ainsworth, M. D. S. (1977): Feinfühligkeit versus Unempfindlichkeit gegenüber Signalen des Babys. In: Grossmann, K. E. (Hrsg.): *Entwicklung der Lernfähigkeit in der sozialen Umwelt.* München (Kindler), S. 98–107. Auch in: Grossmann & Grossmann (2003), S. 414–421.

Becker-Stoll, F. (2002): Bindung und Psychopathologie im Jugendalter. In: Strauß, B., A. Buchheim und H. Kächele (Hrsg.): *Klinische Bindungsforschung.* Stuttgart, New York (Schattauer), S. 196–213.

Bowlby, J. (1958): Über das Wesen der Mutter-Kind-Bindung. *Psyche*, 13, 415–456.

Bowlby, J. (1975): *Bindung. Eine Analyse der Mutter-Kind-Beziehung.* München (Kindler).

Bowlby, J. (1976): *Trennung. Psychische Schäden als Folge der Trennung von Mutter und Kind.* München (Kindler).

Bowlby, J. (1983): *Verlust, Trauer und Depression.* Frankfurt (Fischer).

Braun, K. (1996): Synaptische Reorganisation bei frühkindlichen Erfahrungs- und Lernprozessen: Relevanz für die Entstehung psychischer Erkrankungen. *Zeitschrift für Klinische Psychologie, Psychiatrie und Psychotherapie,* 44, 253–266.

Braun, K., E. Lange, M. Metzger und G. Poeggel (2000): Maternal separation followed by early social isolation affects the development of monoaminergic fiber systems in the medial prefrontal cortex of Octodon degus. *Neuroscience*, 95, 309–318.

Brisch, K. H. (1999): *Bindungsstörungen. Von der Bindungstheorie zur Therapie.* 6. Auflage 2005, Stuttgart (Klett-Cotta).

Brisch, K. H. (2002a): Bindungsorientierte psychosomatisch-psychotherapeutische Behandlung von somatoformen Störungen. In: Lehmkuhl, U. (Hrsg.): *»Seelische Krankheit im Kindes- und Jugendalter – Wege zur Heilung«.* 27. Kongreß der Deutschen Gesellschaft für Kinder- und Jugendpsychiatrie und Psychotherapie, Berlin. Göttingen (Vandenhoeck & Ruprecht), S. 33.

Brisch, K. H. (2002b): Klassifikation und klinische Merkmale von Bindungsstörungen. *Monatsschrift für Kinderheilkunde,* 150, 140–148.

Brisch, K. H. (2003): Bindungsstörungen und Trauma. Grundlagen für eine gesunde Bindungsentwicklung. In: Brisch & Hellbrügge (2003), S. 105–135.

Brisch, K. H. und T. Hellbrügge (Hrsg.) (2003): *Bindung und Trauma. Risiken und Schutzfaktoren für die Entwicklung von Kindern.* Stuttgart (Klett-Cotta).

Brisch, K. H. und U. Lehmkuhl (2003): Störungsspezifische Diagnostik und Psychotherapie von Bindungsstörungen. In: Lehmkuhl (2003), S. 19.

Brisch, K. H., K. E. Grossmann, K. Grossmann und L. Köhler (Hrsg.) (2002): *Bindung und seelische Entwicklungswege. Grundlagen, Prävention, klinische Praxis.* Stuttgart (Klett-Cotta).

Brisch, K. H., D. Bechinger, S. Betzler und H. Heinemann (2003 a): Early preventive attachment-oriented psychotherapeutic intervention program with parents of a very low birthweight premature infant: Results of attachment and neurological development. *Attachment & Human Development,* 5, 120–135.

Brisch, K. H., D. Munz, K. Bemmerer-Mayer, R. Terinde, R. Kreienberg und H. Kächele (2003 b): Coping styles of pregnant women after prenatal ultrasound screening for fetal malformation. *Journal of Psychosomatic Research,* 55, 91–97.

Brisch, K. H., H. Heinemann, S. Betzler und D. Bechinger (im Druck): Maternal attachment representations and quality of infant attachment in very low birthweight premature infants: Results of an early intervention program. *Infant Mental Health Journal.*

Cassidy, J. und P. R. Shaver (Hrsg.) (1999): *Handbook of attachment. Theory, research and clinical applications.* New York, London (Guilford).

Dieter, S., M. Walter und K. H. Brisch (2005): Sprache und Bindungsentwicklung im frühen Kindesalter. *Logos Interdisziplinär,* 13, 170–179.

Dilling, H., W. Mombour und M. H. Schmidt (1991): *Internationale Klassifikation psychischer Störungen. ICD-10,* Kapitel V (F): *Klinisch-diagnostische Leitlinien.* Bern, Göttingen, Toronto (Verlag Hans Huber).

Fleming, A. S., D. H. O'Day und G. W. Kraemer (1999): Neurobiology of mother-infant interactions: Experience and central nervous system plasticity across development and generations. *Neuroscience and Biobehavioral Reviews,* 23, 673–685.

Fonagy, P., M. Steele, H. Steele, G. S. Moran und A. C. Higgitt (1991): The capacity for understanding mental states: The reflective self in parent and child and its significance for security of attachment. *Infant Mental Health Journal,* 12, 201–218.

Fraiberg, S., E. Adelson und V. Shapiro (1980): Ghosts in the nursey. A psychoanalytic approach to the problems of impaired infant-mother relationship. In: Fraiberg, S. (Hrsg.) *Clinical studies in infant mental health.* New York (Basic Books), S. 164–196.

Francis, D., J. Diorio, D. Liu und M. J. Meaney (1999): Nongenomic transmission across generations of maternal behavior and stress responses in the rat. *Science,* 1155–1158.

George, C. und J. Solomon (1989): Internal working models of caregiving and security of attachment at age six. *Infant Mental Health Journal,* 10, 222–237.

George, C. und J. Solomon (1999): Attachment and caregiving: The caregiving behavioral system. In: Cassidy & Shaver (1999), S. 649–670.

Green, J. und R. Goldwyn (2002): Annotation: Attachment disorganisation and psychopathology: New findings in attachment research and their potential implications for developmental psychopathology in childhood. *Journal of Child Psychology and Psychiatry,* 43, 835–846.

Grossmann, K. E. (2003): Emmy Werner: Engagement für ein Lebenswerk zum Verständnis menschlicher Entwicklungen über den Lebenslauf. In: Brisch & Hellbrügge (2003), S. 15–33.

Grossmann, K. E. und K. Grossmann (Hrsg.) (2003): *Bindung und menschliche Entwicklung. John Bowlby, Mary Ainsworth und die Grundlagen der Bindungstheorie.* Stuttgart (Klett-Cotta).

Grossmann, K. und K. E. Grossmann (2004): *Bindung – das Gefüge psychischer Sicherheit.* Stuttgart (Klett-Cotta).

Grossmann, K., K. E. Grossmann und E. Waters (Hrsg.) (2005): *Attachment from infancy to adulthood: The major longitudinal studies.* New York (Guilford).

Gunnar, M. R., S. J. Morison, K. Chisholm und M. Schuder (2001): Salivary cortisol levels in children adopted from Romanian orphanages. *Development and Psychopathology,* 13, 611–628.

Hesse, E. und M. Main (2002): Desorganisiertes Bindungsverhalten bei Kleinkindern, Kindern und Erwachsenen – Zusammenbruch von Strategien des Verhaltens und der Aufmerksamkeit. In: Brisch et al. (2002), S. 219–248.

Hüther, G. (1996): The central adaptation syndrom: Psychosocial stress as a trigger for adaptive modifications of brain structure and brain function. *Progress in Neurobiology,* 48, 569–612.

Hüther, G. (1998): Stress and the adaptive self-organization of neuronal connectivity during early childhood. *International Journal of Developmental Neuroscience,* 16, 297–306.

Hüther, G. (1999): Streß und die Selbstorganisation verhaltenssteuernder neuronaler Netzwerke. *Bildung und Erziehung,* 52, 273–289. Sonderdruck.

Jaffe, J., B. Beebe, S. Feldstein, C. L. Crown und M. D. Jasnow (2001): *Rhythms of dialogue in infancy: Coordinated timing in development.* (Monographs of the Society for Research in Child Development: 66, No. 2, hrsg. von Overton) W. F. Boston, Oxford (Blackwell).

Kreppner, J. M., T. G. O'Connor, M. Rutter and the English and Romanian Adoptees (ERA) Study Team (2001): Can inattention/overactivity be an institutional deprivation syndrome? *Journal of Abnormal Child Psychology,* 29, 513–528.

Kroesen, S., C. Kügel, D. Thaler, S. Wörle und K. H. Brisch (2003): Traumaerfahrungen und posttraumatische Belastungen bei Kindern in stationärer pädiatrischer Behandlung. In: Lehmkuhl (2003), S. 35.

Kügel, C., S. Kroesen, D. Thaler, S. Wörle und K. H. Brisch (2003): Bindungsstörungen bei Kindern in stationärer pädiatrischer Behandlung. In: Lehmkuhl (2003), S. 35.

Lehmkuhl, U. (Hrsg.) (2003): *Therapie in der Kinder- und Jugendpsychiatrie: Von den Therapieschulen zu störungsspezifischen Behandlungen.* Göttingen (Vandenhoeck & Ruprecht).

Lehtonen, J. (1994): From dualism to psychobiological interaction. A comment on the study by Tenari and his co-workers. *The British Journal of Psychiatry*, 164, 27–28.

Lieberman, A. F., J. H. Pawl (1993): Infant-parent psychotherapy. In: Zeanah, C. H. (Hrsg.): *Handbook of infant mental health*. New York, London (Guilford), S. 427–442.

Liotti, G. (1992): Disorganized/disoriented attachment in the etiology of the dissociative disorders. *Dissociation*, 4, 196–204.

Liu, D., J. Diorio, B. Tannenbaum, C. Caldji, D. Francis, A. Freedman, S. Sharma, D. Pearson, P. M. Plotsky und M. J. Meaney (1997): Maternal carc, hippocampal glucocorticoid receptors, and hypothalamic-pituitary-adrenal responses to stress. *Science*, 1659–1662.

Ludington-Hoe, S., M. und S. K. Golant (1994): *Liebe geht durch die Haut. Eltern helfen ihrem frühgeborenen Baby durch die Känguruh-Methode*. München (Kösel).

Lyons-Ruth, K. (1996): Attachment relationships among children with aggressive behavior problems: The role of disorganized early attachment patterns. *Journal of Consulting and Clinical Psychology*, 64, 64–73.

Lyons-Ruth, K. und D. Block (1996): The disturbed caregiving system: Relations among childhood trauma, maternal caregiving, and infant affect and attachment. *Infant Mental Health Journal*, 17, 257–275.

Lyons-Ruth, K. und D. Jacobvitz (1999): Attachment disorganization: Unresolved loss, relational violence, and lapses in behavioral and attentional strategies. In: Cassidy & Shaver (1999), S. 520–554.

Lyons-Ruth, K., D. Zoll, D. Connell und H. Grunebaum (1986): The depressed mother and her one-year-old infant: Environmental context, mother-infant interaction and attachment and infant development. In: Tronick, E. und T. Field (Hrsg.): *Maternal depression and infant disturbances. New directions for child development*. San Francisco, CA (Jossey-Bass), S. 61–82.

Lyons-Ruth, K., D. B. Connell und H. U. Grunebaum (1990): Infants at social risk: Maternal depression and family support services as mediators of infant development and security of attachment. *Child Development*, 85–98.

Lyons-Ruth, K., L. Alpern und B. Repacholi (1993): Disorganized infant attachment classification and maternal psychosocial problems as predictors of hostile-aggressive behavior in the preschool classroom. *Child Development*, 64, 572–585.

Lyons-Ruth, K., E. Bronfman und E. Parsons (1999): Frightened, frightening, and atypical maternal behavior and disorganized infant attachment strategies. In: Vondra, J. und D. Barnett (Hrsg.): *Atypical patterns of infant attachment: Theory, research, and current directions*. Monographs of the Society for Research in Child Development. Chicago (University of Chicago Press), S. 67–96.

Main, M. und E. Hesse (1990): The insecure disorganized/disoriented attachment pattern in infancy: Precursors and sequelae. In: Greenberg, M., D. Cicchetti und E. M. Cummings (Hrsg.): *Attachment during the preschool years: Theory, research, and intervention*. Chicago (University of Chicago Press), S. 161–182.

Main, M. und J. Solomon (1986): Discovery of an insecure-disorganized/disoriented attachment pattern: Procedures, findings and implications for the classification of behavior. In: Brazelton, T. B. und M. W. Yogman (Hrsg.): *Affective development in infancy.* Norwood (Ablex), S. 95–124.

Meaney, M., D. Aitken, C. v. Berkel, S. Bhatnagar und R. Sapolsky (1988): Effect of neonatal handling on age-related impairments associated with the hippocampus. *Science,* 766–768.

Meaney, M. J., D. H. Aitken, S. Bhatnagar, S. R. Bodnoff, J. B. Mitchell und A. Sarrieau (1990): Neonatal handling and the development of the adrenocortical response to stress. In: Gunzenhauser, N. (Hrsg.): *Advances in touch: New implications in human development.* Skillman, NJ (Johnson & Johnson Consumer Products), S. 11–23.

Meins, E. (1997): Security of attachment and maternal tutoring strategies: Interaction within the zone of proximal development. *British Journal of Developmental Psychology,* 15, 129–144.

Nienstedt, M. und A. Westermann (Hrsg.) (1998): *Pflegekinder. Psychologische Beiträge zur Sozialisation von Kindern in Ersatzfamilien.* Münster (Juventa).

O'Connor, T. G. und C. H. Zeanah (2003 a): Attachment disorders: Assessment strategies and treatment approaches. *Attachment & Human Development,* 5, 223–244.

O'Connor, T. G. und C. H. Zeanah (2003 b): Current perspectives on attachment disorders: Rejoinder and synthesis. *Attachment & Human Development,* 5, 321–326.

O'Connor, T. G., D. Bredenkamp und M. Rutter (1999): Attachment disturbances and disorders in children exposed to early severe deprivation. *Infant Mental Health Journal,* 20, 10–29.

Parkes, C. M., J. Stevenson-Hinde und P. Marris (Hrsg.) (1991): *Attachment across the life cycle.* London, New York (Tavistock).

Perry, B. D. (2001): The neurodevelopmental impact of violence in childhood. In: Schetky, D. und E. Benedek (Hrsg.): *Textbook of child and adolescent forensic psychiatry.* Washington, D. C. (American Psychiatric Press), S. 221–238.

Perry, B. D., A. R. Pollard, T. L. Blakley, W. L. Baker und D. Wigilante (1995): Childhood trauma, the neurobiology of adaptation and use dependant development of the brain: How states become traits. *Infant Mental Health Journal,* 16, 271–291.

Putnam, F. W. (1993): Dissociative disorders in children: Behavioral profiles and problems. *Child Abuse and Neglect,* 17, 39–45.

Rutter, M. und the English and Romanian Adoptees (ERA) Study Team (1998): Developmental catch-up, and deficit, following adoption after severe global early privation. *Journal of Child Psychology and Psychiatry,* 39, 465–476.

Rutter, M., L. Andersen-Wood, C. Beckett, D. Bredenkamp, J. Castle, C. Groothues, J. Kreppner, L. Keaveney, C. Lord, T. G. O'Connor und ERA Study Team (1999): Quasi-autistic patterns following severe early global privation. *Journal of Child Psychology and Psychiatry,* 40, 537–549.

Rutter, M., J. M. Kreppner, T. G. O'Connor und ERA Study Team (2001): Specificity and heterogeneity in children's responses to profound institutional privation. *British Journal of Psychiatry,* 179, 97–103.

Schore, A. N. (1996): The experience-dependent maturation of regulatory system in the orbital prefrontal cortex and the origin of developmental psychopathology. *Development and Psychopathology,* 59–87.

Schore, A. N. (1997): Early organization of the nonliniar right brain and development of a predisposition to psychiatric disorders. *Development and Psychopatholgy,* 9, 595–631.

Schore, A. N. (2001 a): The effects of early relational trauma on right brain development, affect regulation, and infant mental health. *Infant Mental Health Journal,* 22, 201–269.

Schore, A. N. (2001 b): Effects of secure attachment relationship on right brain development, affect regulation, and infant mental health. *Infant Mental Health Journal,* 22, 7–66.

Schuengel, C., M. H. van IJzendoorn, M. J. Bakermans-Kranenburg und M. Blom (1999): Attachment and loss: Frightening maternal behavior linking unresolved loss and disorganized infant attachment. *Journal of Consulting and Clinical Psychology,* 67, 54–63.

Silverman, R. C. und A. F. Lieberman (1999): Negative maternal attributions, projective identification, and the intergenerational transmission of violent relational patterns. *Psychoanalytic Dialogues,* 9, 161–186.

Spangler, G. und M. Schieche (1998): Emotional and adrenocortical responses of infants to the strange situation: The differential function of emotional expression. *International Journal of Behavioral Development,* 22, 681–706.

Spangler, G. und P. Zimmermann (Hrsg.) (1995): *Die Bindungstheorie. Grundlagen, Forschung und Anwendung.* Stuttgart (Klett-Cotta).

Speltz, M., M. DeKlyen und M. T. Greenberg (1999): Attachment in boys with early onset conduct problems. *Developmental Psychopathology,* 269–285.

Spitzer, M. (2000): Das hast du von der Mutter – aber nicht geerbt. Nichtgenetische Weitergabe von Charaktereigenschaften über mehrere Generationen im Tierexperiment. *Nervenheilkunde,* 19, 48–87.

Steele, M., G. S. Moran, H. Steele und A. C. Higgitt (1991): The capacity for understanding mental states: The reflective self in parent and child and its significance for security of attachment. *Infant Mental Health Journal,* 13, 200–216.

Steele, M., J. Hodges, J. Kaniuk, K. Henderson, S. Hillman und P. Bennett (2002): Weitererzählungen von Geschichten als Methode zur Erfassung der inneren Welt des Kindes – Implikationen für die Adoption. In: Brisch et al. (2002), S. 339–352.

Suess, G. J., K. E. Grossmann und L. A. Sroufe (1992): Effects of infant attachment to mother and father on quality of adaptation in preschool: From dyadic to individual organization of self. *International Journal of Behavioral Development,* 15, 43–65.

Teicher, M. H. (2000): Wounds that time won't heal: The neurobiology of child abuse. *Cerebrum,* 4, 50–67.

van IJzendoorn, M. H., C. Schuengel und M. J. Bakermans-Kranenburg (1999): Disorganized attachment in early childhood: Meta-analysis of precursors, concomitants and sequelae. *Development and Psychopathology,* 11, 225–249.

Werner, E. E. (2000): Protective factors and individual resilience. In: Shonkoff, J. P. und S. J. Meisels (Hrsg.): *Handbook of early childhood intervention.* 2. Aufl. Cambridge (Cambridge Press), S. 115–132.

Werner, E. E. und R. S. Smith (2001): *Journeys from childhood to midlife – Risk, resilience, and recovery.* Ithaca, New York (Cornell University Press).

Zimmermann, P., E. Fremmer-Bombik, G. Spangler und K. E. Grossmann (1997): Attachment in adolescence: A longitudinal perspective. In: Koops, W., J. B. Hoeksma und D. C. van den Boom (Hrsg.): *Development of interaction and attachment: Traditional and non-traditional approaches.* Amsterdam (North-Holland), S. 281–292.

LUDWIG SALGO

Das Wohl des Kindes unter den Aspekten gesetzlicher Einflüsse

Kinderrechte rücken in den Blickpunkt – unterschiedliche Bilder von »Kindheit«

Dieser Beitrag berichtet aus juristischer Sicht von sehr widersprüchlichen Entwicklungstendenzen. Die Reaktionen und Antworten des Rechts auf die Herausforderungen, die sich aus Deprivationserfahrungen von Kindern ergeben – nach wie vor gibt es »Kinder ohne Bindung« –, fallen sehr unterschiedlich aus. Insofern ist das Recht ein Spiegelbild der Gesellschaft. Auf den ersten Blick könnte man bei der Betrachtung der Rechtsentwicklung vieler Länder den Eindruck gewinnen, daß das Recht am Ende des »Jahrhunderts des Kindes« weit stärker und differenzierter als je zuvor Kinder wahrnimmt.

Noch niemals zuvor wurde und wird soviel über »Kinderrechte« geredet und publiziert, wie seit den 80er Jahren des vergangenen Jahrhunderts. Schon wurde von einer »Inflation der Kinderrechte« gesprochen (vgl. Thèry, 1994). Im November 2004 jährte sich die Verabschiedung der *UN-Konvention über die Rechte des Kindes* (12. 11. 1989) durch die Generalversammlung der Vereinten Nationen zum 15. Male. Am Ende des vielbeschworenen »Jahrhunderts des Kindes« stand die Verabschiedung dieses wichtigen völkerrechtlichen Dokuments, welches sicherlich an manchen Stellen verbesserungswürdig ist, welches aber in relativ kurzer Zeit nachweisbare Verbesserungen der rechtlichen Situation der Kinder in vielen Ländern erbracht hat (Salgo, 1999). Ich sage bewußt: der *rechtlichen* Situation. Ob sich damit inzwischen auch die *tatsächliche* Lebenssituation der Kinder im weltweiten Maßstab verbessert hat, ist eine völlig andere Frage. Es stimmt einen nachdenklich, daß wir in zahlreichen relativ reichen Ländern mit einer wachsenden Kinderarmut konfrontiert sind.

Die Herausforderungen an das Recht, ein *kindgerechtes Konzept von Kindheit in allen Rechtsgebieten,* in Theorie und Praxis, zum Ausgangspunkt aller Überlegungen zu machen, könnten nicht größer sein. Für ein Begreifen von Kindheit wie für die Konstruktion und Anwendung des im Recht unausweichlichen Begriffs des Kindeswohls ist eine interdisziplinäre Herangehensweise unabdingbar. In der wechselvollen Geschichte des Rechts begegnen wir den unterschiedlichsten Arten der Behandlung von Kindern: Mal werden Kinder wie Sachen oder Tiere behandelt, mal wird kein Unterschied zwischen Kindern und Erwachsenen gemacht. Erst die Moderne bildet die Konstrukte von Kindheit und Jugend heraus. Endlich könnte es nunmehr gelingen, Kinder als Kinder jenseits der Erwachsenen-Kind-Dichotomie zu sehen. Wenn auch nirgends die Forderungen der »Kiddy Libers«, der »Befreier der Kinder« – wie sich Gruppierungen Ende der 60er Jahre des vergangenen Jahrhunderts selbst bezeichneten –, in ihrer Radikalität umgesetzt wurden, so haben sie doch deutliche Spuren hinterlassen. Mit ihrer Forderung nach einer unterschiedslosen Behandlung von Erwachsenen und Kindern in allen Lebensfeldern schütten sie sprichwörtlich das Kind mit dem Bade aus und vergessen oder verleugnen die Geschichte der Kindheit, in der es zahlreiche Beispiele einer grauenvollen Gleichbehandlung von Kindern mit Erwachsenen gibt, etwa auf dem Gebiet des Straf- oder Arbeitsrechts. Wie alle Radikalen, so begegneten auch diese »Befreier der Kinder« in ihren Herkunftsländern unbedingt veränderungsbedürftigen Zuständen, die mit den Etiketten »paternalistisch«, »vormundschaftlich«, »überbehütend« skizziert werden können. Die *UN-Konvention über die Rechte des Kindes* von 1989 greift einerseits an zahlreichen Stellen Forderungen der Kinderrechtsbewegung auf. Allein schon durch ihre Existenz, aber auch an zahlreichen Stellen im Text zeigt sie indes deutlich auf, daß ein eigenständiges kindschaftsrechtliches Denken notwendig ist, um dem Status *Kindheit* gerecht zu werden.

Wie das Recht vieler Staaten – aber auch das internationale Recht (wie Völkerrecht) – Kinder behandelt, ist nicht frei von historischen Besonderheiten. Zu zahlreich sind im 20. Jahrhundert die grausamen Erfahrungen von unsäglichen Einmischungen, Instrumentalisierungen in und von Familien bzw. Eltern-Kind-Beziehungen. Die »Schatten der Vergangenheit« sind, gewollt oder ungewollt, allgegenwärtig, sie wirken in vielen Ländern lange nach. Und es läßt sich sogar der Nachweis führen, daß in Deutschland die Kinderschutzpolitik und -praxis wegen der Nichtbefassung mit der eigenen Vergangenheit in den ersten Jahrzehnten der Bundesrepublik geradezu paralysiert waren.

Probleme des Kinderschutzes im Recht – Schutz des Kindes und/oder der Familie?

Daß der Schutz der hochsensiblen Eltern-Kind-Beziehung notwendig bleibt, ist nicht zuletzt das Ergebnis dieser Erfahrungen, aber auch der Erkenntnis der Humanwissenschaften. Zugleich kann sich hinter diesem notwendigen Schutzschild Grausames ereignen, was nicht oder zu spät den zum Schutze des Kindes berufenen Organen bekannt wird. So befindet sich jegliche staatliche Kinderschutzpolitik in dem quälenden Dilemma des *Zu früh, Zu spät, Zuviel oder Zuwenig* (Goldstein et al., 1979). Sollen und müssen Kinder nicht zugleich einerseits als Mitglieder einer Familiengemeinschaft, andererseits als Individuen, als selbständige Rechtssubjekte gedacht und behandelt werden?! Diesem Charakteristikum von Kindheit kann doch nur mit einem Sowohl-als-auch entsprochen werden: Anerkennung der Schutzbedürftigkeit im *Horizontalen* und *Vertikalen*, d.h. der Schutz des Kindes kann sowohl dem Staat als auch den Eltern gegenüber notwendig werden. Andererseits darf das Recht das Kind nicht nur als Schutzobjekt sehen, sondern muß zugleich dem Streben des Kindes nach Selbständigkeit gerecht werden. »The child is a person and not an object of concern« (Butler-Sloss, 1987).

Das Recht als relativ statisches Regelungsinstrumentarium tut sich mit seinem dynamischen Regelungsgegenstand »Kind« schwer. Zum *common sense* unter der überwiegenden Mehrzahl der Familienrechtler zählt in Deutschland die Begrifflichkeit vom Elternrecht als ein fremdnütziges Recht:[1] »Einem fremdnützigen Recht, das dem Kind den Weg zur selbstverantwortlichen Persönlichkeit zeigen und ebnen soll, ist kraft der ihm immanenten Teleologie die Tendenz zur allmählichen Verflüchtigung eigen« (Gernhuber & Coester-Waltjen, 1994, § 57 VII, 7, S. 886) – ein nicht unbedingt neuer Gedanke: John Locke (1632–1704) bemerkt in seinen »Zwei Abhandlungen über die Regierung«: »Der erste Teil der väterlichen Gewalt oder besser Pflicht, die Erziehung, gehört also dem Vater derart, daß sie zu einem bestimmten Zeitpunkt endet. Ist die Erziehungsarbeit erledigt, hört dieser Teil der Gewalt von selbst auf« (Locke, 1977, § 69, S. 242).

Die Rechtsordnung muß folglich bestrebt sein, der Schutzbedürftigkeit des Kindes und der der Familie bzw. der Eltern-Kind-Beziehung als Ganzes wie auch der Notwendigkeit der allmählichen Verselbständigung des Kindes gerecht zu werden. Mit diesem »Sowohl-als-auch« tun sich Rechtspolitik und Rechtsanwendung sehr schwer. Es handelt sich um ein Spannungsverhältnis, um eine heikle Balance, die sich etwa im deutschen Recht, aber auch in der *UN-Konvention über die Rechte des Kindes* nachweisen läßt. Das »allmähliche Sterben des elterlichen Züchtigungsrechts« (Salgo, 2001) in zahlreichen Rechtsordnungen mag als Beispiel dienen. Ob sich die »gewaltfreie Erziehung« in dem Ausmaß und mit der Geschwindigkeit durchsetzt, wie uns manche weismachen wollen, mag bezweifelt werden, dennoch zeichnet sich eine neue Ethik der Eltern-Kind-Beziehung am Horizont ab.

Zum Auftrag der Jugendämter

Unter dem Druck von Strafverfahren gegen Mitarbeiterinnen und Mitarbeiter in Jugendämtern sieht sich der Gesetzgeber in der Bundesrepublik zur *Konkretisierung des Schutzauftrages des Jugendamtes bei Anhaltspunkten für eine Kindeswohlgefährdung* verpflichtet.[2] In jüngster Zeit erst stand die Frage der zivilrechtlichen Haftung von Jugendamtsmitarbeitern bei einem in einer Pflegefamilie schwerstens vernachlässigten Kind im Zentrum einer BGH-Entscheidung.[3] Manche Jugendämter haben ihren Schutzauftrag verkannt oder gar nicht wahrgenommen – dies zeitigt Reaktionen des Straf- wie des Zivilrechts und auch der Rechtspolitik.

Dem zuständigen Referat im Bundesministerium für Familie, Senioren, Frauen und Jugend (BMFSFJ) scheint es mit den Empfehlungen des Deutschen Städtetages (2003) zur *Festlegung von Verfahrensstandards in den Jugendämtern bei akut schwerwiegender Gefährdung des Kindeswohls* (vgl. JAmt 2003, 226ff.) nicht mehr getan. Ohne eine eindeutigere gesetzliche Regelung an die Adresse der Akteure jugendamtlichen Handelns glaubt man nicht mehr auszukommen, um dem aus dem Grundgesetz abgeleiteten Schutzauftrag des Jugendamtes zugunsten von Kindern gerecht zu werden. So finden sich im Regierungsentwurf zum Tagesbetreuungsausbaugesetz (vgl. Anm. 2) bei Anhaltspunkten für eine Kindeswohlgefährdung auch gegenüber Personensorgeberechtigten Konkretisierungen des Schutzauftrags des Jugendamtes (§ 8a SGB VIII-E); zudem wird – bei akuter Gefährdung – eine Ermächtigung des Jugendamtes zur Inobhutnahme des Kindes auch bei Personensorgeberechtigten (§ 42 SGB VIII-E) ausgesprochen. Beim Gesetzgeber ist also die Botschaft angekommen, daß in den letzten Jahren der staatliche Schutzauftrag der Verfassung zugunsten von Kindern teilweise zu sehr in den Hintergrund geraten war. Dem soll mit den jüngsten Gesetzesänderungen begegnet werden (vgl. Meysen & Schindler, 2004).

Es wäre interessant, dem nachzugehen, weshalb immer wieder massive Leiderfahrungen von Kindern in Familien, in Pflegefamilien oder in Einrichtungen nicht erkannt worden sind, obwohl von der Verfassung berufene Organe des staatlichen Wächteramtes wie Jugendämter und/oder Gerichte eingeschaltet waren. Die Palette der möglichen Deutungsmuster für dieses Versagen ist breit: Die bereits erwähnten historischen Erblasten, Verdrängung, ideologische Scheuklappen, Ausbildungsdefizite und vieles andere mehr kommen als Ursachen für ein solches Versagen in Betracht.

Manchen wird meine nächste Hypothese überraschen: Möglicherweise haben auch eine verkürzte Rezeption und Fehldeutungen einer weitverbreiteten sogenannten »systemischen Sichtweise« die professionellen Akteure gegenüber der Wahrnehmung individuellen Leids von Kindern immunisiert?! Als Jurist wüßte ich nur zu gerne mehr über ein mögliches Spannungsverhältnis zwischen System- und Bindungstheorie.

Der Europäische Gerichtshof für Menschenrechte und die Menschenrechte für Kinder

Aus gegebenem Anlaß muß ich auf wenig erfreuliche Entwicklungen in der Rechtsprechung des *Europäischen Gerichtshofs für Menschenrechte* zu Pflegekindern, zu Adoptionen, zu Umgangs- und Sorgerecht bei Trennung und Scheidung aufmerksam machen. Bei diesem Gericht scheinen die Menschenrechte von Kindern nicht so hoch im Kurs zu stehen wie die von leiblichen Eltern. Die Wahrnehmung der Vulnerabilität von Kindern mit traumatischen Erfahrungen, die Berücksichtigung ihrer Bindungen und Persönlichkeitsrechte sowie die Anerkennung der Notwendigkeit einer Interessenvertretung der betroffenen Kinder sucht man in den Verfahren und in diesen Entscheidungen des Europäischen Gerichtshofs für Menschenrechte vergebens. Eine gründliche Auseinandersetzung mit dieser Rechtssprechung steht noch aus und würde den Rahmen eines Vortrags sprengen.

Die Schaffung dieses Gerichts nach dem Zweiten Weltkrieg war – als Reaktion der Mitgliedsstaaten des Europarates auf Willkür, Mißbrauch des Staatsapparats und Staatsterror in der ersten Hälfte des 20. Jahrhunderts – eine echte Errungenschaft. Zu wenig entwickelt scheint indessen bei diesem Gericht die Erkenntnis – jedenfalls in diesen jüngsten Entscheidungen im Gegensatz zu früheren Entscheidungen zum Kindesschutz[4] –, daß das Kind als empfindlichstes menschliches Wesen nicht nur des Schutzes vor möglichen staatlichen Übergriffen bedarf (vertikale Ebene); es benötigt vielmehr auch immer wieder Schutz auf der horizontalen

Ebene, also in der Eltern-Kind-Beziehung, weil eben jene, die zuförderst zu seinem Schutz berufen sind, nämlich die Eltern, aus unterschiedlichen Gründen versagen und zu einer Bedrohung für das Kind werden können.

Bemerkenswert ist freilich generell in der nationalen wie internationalen Sozialpolitik die geradezu zyklisch immer wieder auftauchende, jeweils anders begründete Renaissance eines Primats der biologischen Elternschaft, die aber genauso schnell wieder durch eine stärker auf die Belange des Kindes konzentrierte Politik zurückgenommen werden kann. Ein Spannungsverhältnis zwischen Elternrecht und Kindeswohl wird aber stets bleiben, weil die Gratwanderung zwischen *zu früh, zu spät, zu viel oder zu wenig* bei der Kinderschutzarbeit unvermeidbar ist. Das Bundesverfassungsgericht (BVerfG, ZfJ 2005, 70ff.) versucht eben gerade die rechtliche Bedeutung der Rechtsprechung des Europäischen Gerichtshofs für Menschenrechte für die innerstaatliche Rechtsordnung klarzustellen: Die Rechtsprechung dieses europäischen Gerichts ist nicht mehr, aber eben auch nicht weniger als eine Auslegungshilfe; die Europäische Erklärung der Menschenrechte hat gegenüber dem Grundgesetz lediglich die Bedeutung eines einfachen Gesetzes, das heißt: das Grundgesetz hat eindeutig den Vorrang. Das Bundesverfassungsgericht verlangt von den bundesrepublikanischen Fachgerichten nicht mehr aber auch nicht weniger als eine intensive Befassung und Auseinandersetzung mit den Erwägungen des Europäischen Gerichtshofs für Menschenrechte (vgl. Hoffmann, 2005) und gibt den Fachgerichten keine Entscheidungsergebnisse vor.

Elternschaft und Eltern-Kind-Beziehung werden hervorgehoben – aber stehen die Rechte des Kindes wirklich im Mittelpunkt?

Nach wie vor sind Inkonsistenz, Inkonsequenz, Unbeständigkeit, Ungleichzeitigkeit[5] und Widersprüchlichkeit die typischen Merkmale der rechtlichen Behandlung von Kindheit in zahlreichen nationalen und internationalen Rechtssystemen. Kinder werden im Kollektiven wie im Individuellen nur allzu gerne instrumentalisiert: Das geradezu inflationäre Gerede über Kinderrechte mag dies für die öffentliche Debatte belegen. Kinder verfügen über keinerlei Mittel, um auf nicht eingehaltene Politikerversprechen zu reagieren bzw. sich gegen das bei Politikern jeglicher Couleur verbreitete »Baby Kissing« zu wehren.

Für das Individuelle, also für die Mikroebene, mögen die Debatten und rechtspolitischen Entscheidungen über das richtige Sorgerechtsmodell nach Trennung und Scheidung, das »Recht des Kindes auf Umgang« anschauliche Belege sein –

oder auch die unheilvolle Diskussion um das *Parental Alienation Syndrom* (PAS), bei dem ein Elternteil dem anderen vorwirft, ihm das gemeinsame Kind bewußt vorzuenthalten und damit zu entfremden (zum wissenschaftlich nicht haltbaren »PAS«-Konzept vgl. Bruch, 2002, und Fegert, 2001 a, b; Dettenborn, 2001). Bei allen diesen Themen soll es um »die Rechte von Kindern« gehen. Bei genauerer Betrachtung wird man schnell merken, daß hier, trotz anders lautender Etikette, nicht die Kinder, sondern die Erwachsenen im Mittelpunkt stehen.

Die von Familiensoziologen für das 19. Jahrhundert konstatierte »Aufwärmung« der Eltern-Kind-Beziehung scheint noch lange nicht den Höhepunkt erreicht zu haben. Überforderungen, Überfrachtungen, uneinlösbare Erwartungen und Hoffnungen in emotionaler Hinsicht lassen sich auch an den Sorgerechtsreformen des letzten Jahrzehnts des 20. Jahrhundert festmachen. Nachdem in der »Risikogesellschaft« fast alles fragwürdig geworden ist, alte Sicherheiten und traditionelle Bezugsgrößen dahin sind, jedenfalls für viele Menschen einen Bedeutungsverlust erfahren haben, erhofft man sich alles, jedenfalls zuviel, von der einzig für unerschütterlich gehaltenen Eltern-Kind-Beziehung. »Parenthood is for life« (Margaret Thatcher); dieses Zitat belegt solche Trends. Elternschaft, vor allem die biologische Elternschaft, wird als die zentrale existentielle Beziehung, als »natürlich« betrachtet, obwohl heute so wenig wie nie zuvor von »natürlicher Elternschaft« gesprochen werden kann. Es gibt geradezu Heilserwartungen im Hinblick auf die Eltern-Kind-Beziehung. Daraus erklärt sich zum Teil die Emotionalität sowie die Schärfe, mit welcher ideologisch hoch aufgeladene Auseinandersetzungen im Einzelfall geführt werden.

Nicht anders verläuft der öffentliche Diskurs, aber auch die rechtspolitische Auseinandersetzung zu diesen Fragen. Zuweilen erinnert das Ganze an Glaubenskriege. Trotz Heilsversprechungen ist die Ideallösung eines Sorgerechtsmodells oder eines Umgangsmodells bei Trennung und Scheidung entgegen anderslautenden Bekundungen und gegenteiligen Beteuerungen nirgends gefunden (vgl. hierzu bes. Kostka, 2004). Die Sehnsucht nach Zauberformeln, nach Magie, nach der goldenen Regel ist erklärlich, aber unerfüllbar. Realistische Bilder von der Nachscheidungsfamilie, realistische Einschätzungen zur Veränderbarkeit der Lebensumstände von Kindern in gefährdenden Familienverhältnissen (Salgo, 2003; Kindler et al., 2004) sollten die Diskussion bestimmen und nicht utopische Wünsche.

Eine merkwürdige *political correctness,* die es sogar verbietet, Dinge beim Namen zu nennen, scheint sich über das Land ausgebreitet zu haben. Wenn ich etwa in Fachgesprächen mit Kollegen unterschiedlicher Disziplin den Begriff »Multiproblemfamilie« als Kürzel verwende, werde ich umgehend von einigen korrigiert: Von einer »Multiproblemfamilie« dürfe nicht mehr gesprochen werden, vielmehr sei es angesichts einer ressourcen-orientierten Sichtweise einzig und allein korrekt und zulässig, von der »mehrfach belasteten Familie zu sprechen«. Im übrigen sind das die gleichen Kollegen, in deren Einschätzungen und Empfehlungen sich in fast jedem Satz das Adjektiv »systemisch« und die Forderung nach Beachtung der »Rechte des Kindes« finden läßt.

Würden die »Rechte der Kinder« im Mittelpunkt stehen, so würden diese kollektiven Debatten einen anderen Verlauf nehmen, und die individuellen Konfliktlösungen sähen vollkommen anders aus. Beispiele: Die Fortgeltung gemeinsamer Elternsorge nach einer Scheidung, das »Recht des Kindes auf Umgang« und erst recht die unheilvolle PAS-Diskussion haben die Situation der Kinder in solchen Konstellationen nicht zu verbessern vermocht, teilweise sind die betroffenen Kinder stärkeren Belastungen ausgesetzt als zuvor (Salgo, 2002).

Solche stark eltern- und erwachsenenzentrierte Diskussionen haben sogar häufig den Blick auf die Kinder verstellt. Die fatale Wirkung von häuslicher Gewalt auf die Kinder z.B. bei Umgangskonflikten wurde lange Zeit in vielen Ländern marginalisiert und etwa mit dem oft nicht einmal stimmigen Hinweis verleugnet, die Gewalt habe sich ja schließlich nicht gegen das Kind, sondern »nur« gegen den anderen Elternteil gerichtet. Ideologische Verblendungen bis in die Reihen der Richterschaft – selbst höherer Instanzen –, nach dem expliziten oder unausgesprochenen Motto der alles überragenden Bedeutung von Sorgerecht und Umgang, haben sogar zu Todesfällen unter den betroffenen Kindern geführt, obwohl in den Verfahren zuvor deutliche Hinweise auf eine mögliche Gewalteskalation vorlagen. Leider verfüge ich über zu viele Belege für die Verkennung realer Lebensgefahren von Kindern durch Gerichte und Behörden.

Gerichtsentscheidungen gegen das Kindeswohl – zwei Beispiele

Es gibt ideologische Verblendungen bis in die Reihen der Richterschaft selbst höherer Instanzen: Zwei Beispiele aus der jüngeren bundesrepublikanischen Gerichtspraxis mögen dieses Verdikt belegen. Ob es sich um bloße »Ausreißer« handelt, die ausnahmsweise einmal vorkommen – und überall vorkommen können –, oder um Entscheidungen, die für gewisse, durchaus verbreitete Trends stehen, diese Frage ließe sich nur mit Hilfe einer soliden Rechtstatsachenforschung beantworten, über die wir in Deutschland aber kaum verfügen.

Der erste Fall: die Ausblendung von häuslicher Gewalt in einem Urteil

Als erstes Beispiel habe ich die Entscheidung des Bundesverfassungsgerichts (BVerfG) vom 18. Dezember 2003 gewählt (BVerfG, FamRZ 2004, 354 ff.). Hier geht es um die Voraussetzungen *gemeinsamer elterlicher Sorge für Kinder aus geschiedenen Ehen*:

Mit einer Verfassungsbeschwerde wandte sich eine Mutter gegen die Aufhebung der Sorgerechtsübertragung für ihr 1990 geborenes Kind aus ihrer geschiedenen Ehe durch das Brandenburgische Oberlandesgericht (OLG) – das Familiengericht (FamG) hatte die elterliche Sorge auf sie alleine übertragen. Die Mutter hatte beim Bundesverfassungsgericht Erfolg. Dieses hob den Beschluß des Brandenburgischen OLG auf, weil er die Mutter in ihrem Grundrecht aus Art. 6, Abs. 2, Satz 1 des Grundgesetzes verletze: »Pflege und Erziehung der Kinder sind das natürliche Recht der Eltern und die zuvörderst ihnen obliegende Pflicht«. Das BVerfG hat den Fall an einen anderen Familiensenat des OLG zurückverwiesen.

Zum Sachverhalt: Der mittlerweile von der Mutter geschiedene Ehemann ist im Juni 2002 rechtskräftig u. a. wegen Körperverletzung sowie versuchter Vergewaltigung der Kindesmutter zu einer Gesamtfreiheitsstrafe von 16 Monaten verurteilt worden, wobei die Strafvollstreckung zur Bewährung ausgesetzt wurde. Die Ehe wurde im Oktober 2002 auf Antrag der Ehefrau geschieden. Das Familiengericht übertrug ihr die alleinige elterliche Sorge für das bei ihr lebende Kind. Nach Ansicht des erstinstanzlich zuständigen Familiengerichts war es der Mutter nicht zumutbar, mit ihrem früheren Ehemann über Sorgerechtsfragen zu kommunizieren. Das OLG hob die Sorgerechtsregelung auf, ohne den zuvor gestellten Antrag der Mutter auf getrennte Anhörung – sie war zur mündlichen Verhandlung nicht erschienen – beschieden zu haben. Das OLG Brandenburg war der Ansicht, daß zwischen den Eltern offensichtlich Grundkonsens in den wesentlichen, das Kind betreffenden Fragen bestünde. Sie könnten zumindest schriftlich oder per E-Mail miteinander kommunizieren. Die Mutter habe ihren früheren Ehemann auch in finanziellen Fragen »kontaktiert«. Außerdem deutete das OLG Zweifel an der Erziehungsfähigkeit des nicht kooperationsfähigen Elternteils, also der Mutter, an. Mit ihrer Verfassungsbeschwerde rügt die Mutter insbesondere die Verletzung ihres grundrechtlich geschützten Elternrechts. – In den Gründen der Entscheidung des BVerfG heißt es:

»Nach der Rechtsprechung des Bundesverfassungsgerichts setzt die gemeinsame Ausübung der Elternverantwortung eine tragfähige soziale Beziehung zwischen den Eltern voraus, erfordert ein Mindestmaß an Übereinstimmung zwischen ihnen und hat sich nach dem Kindeswohl auszurichten. Insbesondere auch für den Fall, daß die Voraussetzungen für eine gemeinsame Wahrnehmung der Sorge fehlen, bedarf das Elternrecht der gesetzlichen Ausgestaltung. Dementsprechend sieht das Gesetz vor, daß einem Elternteil auf Antrag die elterliche Sorge allein zu übertragen ist, wenn zu erwarten ist, daß die Aufhebung der gemeinsamen Sorge und die Übertragung auf den Antragsteller dem Wohl des Kindes am besten entsprechen. Dabei ist der gemeinsamen Sorge gegenüber der alleinigen Sorge von Verfassungs wegen kein Vorrang einzuräumen. Genausowenig kann vermutet werden, daß die gemeinsame Sorge nach der Trennung der Eltern im Zweifel die für das Kind beste Form der Wahrnehmung elterlicher Verantwortung sei. Grundrechtsschutz erfolgt ferner durch die Gestaltung und Anwendung des Verfahrensrechts. Das Verfahren muß grundsätzlich geeignet sein, eine möglichst zuverlässige Grundlage für eine am Kindeswohl orientierte Entscheidung zu erlangen. Nach diesen Maßstäben verstößt die angegriffene Entscheidung gegen Art. 6, Abs. 2, Satz 1, GG. Das OLG hat zum einen verkannt, daß die Ausübung der gemeinsamen Sorge eine tragfähige soziale Beziehung der Eltern voraussetzt. Es hätte sich mit dieser Voraussetzung für die Ausübung der gemeinsamen Sorge eingehend befassen müssen. Der Mutter statt dessen den Kontakt mit ihrem früheren Ehemann in finanziellen Fragen vorzuhalten wirkt zumindest befremdlich. Denn dabei ging es um Schmerzensgeld wegen der begangenen Taten bzw. um Kindesunterhalt. Nicht nachvollziehbar ist zudem die weitere Erwägung, daß die Erziehungsfähigkeit der Mutter in Frage gestellt wäre, sollte sie aufgrund der Mißhandlungen ihre Fähigkeit, mit ihrem früheren Ehemann zu kommunizieren, eingebüßt haben. Zum anderen ist das vom OLG durchgeführte Verfahren nicht geeignet gewesen, eine möglichst zuverlässige Grundlage für eine am Kindeswohl orientierte Entscheidung zu erlangen. Das OLG hat nur den Vater persönlich angehört, obwohl zu einer persönlichen Anhörung der Mutter angesichts der besonderen Umstände des Falles Veranlassung bestanden hätte. Statt über ihren Antrag auf getrennte Anhörung zu entscheiden, hat sich das OLG die Verhängung von Ordnungsmitteln gegen die im Termin ausgebliebene Mutter vorbehalten und am Ende der Sitzung die mit der Verfassungsbeschwerde angegriffene Entscheidung verkündet.«

Nur gut, daß das Bundesverfassungsgericht die Ignoranz von Richtern, immerhin an einem Oberlandesgericht, korrigieren konnte. Es ließen sich ohne weiteres eine ganze Reihe von Gerichtsentscheidungen anführen, die im Kontext von Sorge- und Umgangsrecht häusliche Gewalt schlicht und einfach ausblenden.

Soweit es um »Bindungen« von Kindern geht, sei daran erinnert, daß der bundesrepublikanische Gesetzgeber mit der Kindschaftsrechtsreform von 1998 im Gesetzestext an entscheidender Stelle die Formulierung von den »Bindungen des Kindes, insbesondere an seine Eltern und Geschwister«, die als Sorgerechtskriterium seit dem Sorgerechtsgesetz von 1979 zu »berücksichtigen« waren, gestrichen hat. Statt dessen findet sich im geltenden Gesetzestext der Hinweis, daß einem Antrag auf Alleinsorge nur stattzugeben sei, soweit »zu erwarten ist, daß die Aufhebung der gemeinsamen Sorge und die Übertragung auf den Antragsteller dem Wohl des Kindes am besten entspricht«. Im Kontext der Kindesanhörung findet sich noch der Hinweis, daß das Kind anzuhören sei, »wenn die Neigungen, Bindungen oder der Wille des Kindes für die Entscheidung von Bedeutung sind« (§ 50b, Abs. 1 FGG [= Gesetz über die Angelegenheiten der freiwilligen Gerichtsbarkeit]). Immerhin bekräftigen die §§ 1626, Abs. 3, und § 1685 BGB in verallgemeinerter Form das Gewicht der persönlichen Bindung im Rahmen des Kindeswohls; aber – wie gesagt – nicht mehr an der m. E. zentralen Stelle der Sorgerechtsregelung bei Trennung bzw. Scheidung.

Der Vorreiter der schließlich erfolgreichen Attacke gegen den Bindungsbegriff im Gesetzestext war der Direktor des in München tätigen Staatsinstituts für Frühpädagogik, Professor Fthenakis (Fthenakis, 1985). Er hat sich im sogenannten Bindungsstreit mit seiner Auffassung gegen den Tübinger Kinder- und Jugendpsychiater Lempp (Lempp, 1984) durchgesetzt (vgl. Staudinger/Coester, 2004). In der regierungsamtlichen Begründung wird die Streichung der Kindesbindungen im Gesetzestext damit begründet, daß es sich um ein Kriterium unter mehreren handele, das im Rahmen des Kindeswohls ohnehin zu prüfen sei (BT-Drucksache 13/4899, S. 99). Wenn man die führenden Kommentare zum Familienrecht konsultiert, dann wird deutlich, daß bei der Auslegung und Anwendung des Kindeswohlbegriffs nach wie vor fast niemand – außer vielleicht Herr Professor Fthenakis – auf die Bindungen des Kindes als erstrangiges Kriterium verzichten kann. Man könnte beruhigt zur Tagesordnung übergehen. Aber das kann man überhaupt nicht, angesichts von Entwicklungstendenzen in der Rechtsprechung, die schlicht und einfach Bindungen von Kindern übergehen und sogar bereit sind, Kinder erheblichen Risiken auszusetzen.

Der zweite Fall: Kindeswohl versus Staatsräson

Die beschriebene Streichung des »Bindungsbegriffs« steht für Einstellungen und für ein Klima, auf deren Hintergrund erst Entscheidungen wie die nachfolgende – mein zweites Beispiel – möglich werden:

Im Jahre 1992 geborene Zwillinge, die seit dem Kleinkindalter mit ihrer allein sorgeberechtigten Mutter gelebt hatten, von dieser nach Ansicht des OLG »verantwortungsvoll« erzogen worden waren und gute schulische Leistungen gezeigt hatten, wurden nach Entzug der Personensorge der Mutter und nach Einsetzung eines Ergänzungspflegers – unter Androhung und Anwendung von Gewalt – im März 2004 von ihrer Mutter getrennt und in eine Einrichtung verbracht, wo sie sich bis Dezember 2004 befanden. Die Vorgehensweise des Ergänzungspflegers fand die volle Unterstützung der mit dem Fall befaßten Gerichte erster (AG Frankfurt am Main, Abt. Höchst, FamRZ 2004, 1595) und zweiter Instanz (OLG Frankfurt am Main, FamRZ 2002, 1585 und JAmt 2005, 366) sowie der eigens für die Wahrnehmung der Interessen der Kinder bestellten Verfahrenspflegerin.

Dieser massive Eingriff wurde mit einer hartnäckigen und grundlosen Ablehnung jeglicher Kontakte der Kinder mit dem in den USA lebenden und sich wiederholt in Deutschland aufhaltenden Vater begründet. Das OLG ordnete im Wege der einstweiligen Anordnung, obwohl von der Mutter Rechtsmittel eingelegt worden waren, die sofortige Herausgabe der Kinder an, auch wenn zu diesem Zeitpunkt keinerlei das Kindeswohl akut gefährdende Ereignisse vorlagen. Darüber hinaus ordnete das OLG die Zulässigkeit von Gewaltanwendung gegen die Mutter und die Kinder sowie den möglichen Einsatz von polizeilichen Vollzugsorganen bei der Vollstreckung an. Die Ergänzungspflegerin des Jugendamtes ließ die Zwillinge mit Unterstützung der Polizei in der Schule abholen und in ein Heim außerhalb ihres Wohnbezirks bringen, wo sie sich bis Dezember 2004 befanden und wo sie im Rahmen einer »Konfrontationstherapie« mehrfach ihrem Vater begegnen mußten. Zwar bestimmt die einschlägige Norm im Verfahrensrecht (§ 33, Abs. 2, Satz 2 FGG), daß »eine Gewaltanwendung gegen ein Kind … nicht zugelassen werden darf, wenn das Kind herausgegeben werden soll, um das Umgangsrecht auszuüben«. Das Gericht hat aber hier wohlweislich die Herausgabe nicht zur *Umgangsausübung,* sondern wegen *Gefährdung des Kindeswohls* angeordnet. So jedenfalls die formale Begründung; es ging aber um nichts anderes als den Umgang, der ermöglicht, ja erzwungen werden sollte. Somit handelt es sich um die Umgehung einer vom Gesetzgeber gezielt geschaffenen Verbotsnorm.

Es ist hier nicht möglich, einen solchen in vielerlei Hinsicht schwierigen Fall ausführlich zu diskutieren (vgl. Salgo, 2005). Es drängen sich Fragen aus der Perspektive der Thematik dieses Bandes auf: Was ist mit den Bindungen dieser Zwillinge zu ihrer Mutter? Daß sie zu ihrem Vater keine Bindungen zu haben scheinen, mag äußerst bedauerlich sein, daß sie durch die Trennung von ihrer Hauptbezugsperson jemals Bindungen zu ihrem Vater werden entwickeln können, erscheint mehr als fraglich. Offensichtlich sollte unter den Bedingungen einer Trennung von der Mutter eine Heranführung an den Vater erzwungen werden; dieser hochproblematische Versuch ist kläglich gescheitert.

Zu welchem Preis werden solche Versuche durchexerziert, mit welchen Erfolgschancen und auf wessen Kosten? Offensichtlich sollte die Mutter für ihr seit Jahren obstruktiv erscheinendes Verhalten abgestraft, ein Exempel statuiert werden. Das Familiengericht warf der Mutter auch »unverantwortliches staatsbürgerliches Verhalten« vor (wegen der Ablehnung jeglicher Kontakte der Kinder zum Vater). Das mag alles richtig sein, nur besteht m. E. die viel größere Gefahr, daß sich bei den Zwillingen diejenigen Erfahrungen mit den Organen des Staates einprägen werden, die zu ihrer gewaltsamen und zehn Monate andauernden Trennung von ihrer Mutter geführt haben, Erfahrungen, welche sich bei ihnen kaum als eine vertrauensbildende Maßnahme verfestigen dürften. Die hier von einem unabhängigen Gericht abverlangte äußerst schwierige Gesamtschau und Würdigung aller relevanten Gesichtspunkte wurde wohl aus Gründen der Staatsräson unterlassen – selbst der Präsident der Vereinigten Staaten soll zugunsten des Vaters, eines US-Bürgers, beim Bundeskanzler der Bundesrepublik anläßlich eines Staatsbesuchs interveniert haben – oder zu früh abgebrochen, um eine vom Gericht als wichtiger erachtete Umgangsentscheidung zugunsten des Vaters um jeden Preis durchzusetzen. Der Vollzug der »eigentlich richtigen« Entscheidung nach dem Motto: »Umgang ist wichtig und muß sein«, ist in diesem Fall mit erheblichen Risiken für die Kinder verbunden. Diese Risiken sind nach menschlichem Ermessen größer als die mit der gewaltsamen Durchsetzung des Umgangsrechts verbundenen Vorteile. Die Mutter mag gegen Gesetze von Recht und Moral verstoßen haben: Dürfen und sollten dafür ihre Kinder bestraft werden?

Auf der Grundlage der veröffentlichten Entscheidungsgründe komme ich zu der Einschätzung, daß hier eine Entscheidung getroffen und vollzogen wurde, die eklatant dem Wohle der Kinder widerspricht und mehrfach die Rechte des Kindes verletzt. Die *am wenigsten schädliche Alternative* (Goldstein et al., 1979) wäre in diesem Fall eine Regelung, wie sie zuerst von der Richterin getroffen worden war: vorläufige Aussetzung des Umgangsbeschlusses und regelmäßige Überprüfung der Situation. Der von Staat und Vater aufgebaute Zwangskontext erlaubt es den Zwillingen nicht, sich mit ihrem Vater zum gegebenen Zeitpunkt auseinanderzusetzen und sich allmählich ein eigenes Bild von ihm zu machen. Könnte und sollte nicht »ein Dad in den USA« für Kinder im Teenageralter zu einer wichtigen Lebenserfahrung werden dürfen? Daß ein gekränkter Vater hier nicht früher oder später, selbst oder mit anwaltlicher Beratung, diesen (Um-) Weg zu seinen Kindern findet, erscheint bedauerlich; daß die Organe des Staates nicht den Weg gefunden haben, der vom Verfassungsgrundsatz der Verhältnismäßigkeit der einzusetzenden Mittel bestimmt ist, und statt dessen einen Weg mit erheblichen Risiken eingeschlagen haben, stimmt sehr nachdenklich. Den Staat und seine Organe als Inhaber des Gewaltmonopols zeichnet nämlich unter Umständen auch ein Machtverzicht aus, was man vom einzelnen Bürger nicht unbedingt erwarten darf. Die Bindung der Kinder an ihre Mutter, ihr gesundes Großwerden bei dieser, ihre Anpassung, ihr Beziehungsnetz und ihre schulischen Leistungen sind Fakten. Die durch die Zwangsmaßnamen angestrebte Situation hingegen baut lediglich auf Hoffnungen.

Ein grundsätzlich vorrangiger familientherapeutischer Ansatz hat hier versagt; unter diesen Umständen kann und muß in diesem Einzelfall ausschließlich das Kindeswohl – und nicht etwa die Staatsräson (Staudinger/Coester, 2004) oder der Bestrafungswunsch gegenüber der Mutter – über *die am wenigsten schädliche Alternative* entscheiden. Auf der einen Seite in Justitias Waagschale liegen sehr wahrscheinlich schädliche Auswirkungen von über Monate hinweg aufrechterhaltenen Zwangsmaßnahmen an gesunden Kindern, auf der anderen Seite das Recht des Vaters auf Umgang mit seinen Kindern. Der Vater mag sich gekränkt fühlen, ihm als Erwachsenem ist dieser Zustand eher zuzumuten als den minderjährigen Kindern die erheblichen Risiken. Mit zwei Zitaten von anerkannten Scheidungsforscherinnen sei dieser Fall – übrigens: der Heimaufenthalt der Zwillinge hat etwa 100 000 Euro an aus dem kommunalen Haushalt aufzubringenden Kosten verursacht – abgeschlossen:

»Der Vater, dem es um die Liebe und Achtung seines Kindes zu tun ist, kann nicht damit rechnen, daß das Gericht kraft seiner Autorität eine Beziehung zwischen ihm und dem Kind herstellt« (Wallerstein et al., 2002, S. 318). – »Mangelnde Kontakte zum getrennt lebenden Vater sind nicht generell mit Belastungen seitens der Kinder verbunden ... ein verminderter Kontakt mag gerade in jenen Familien als hilfreicher Ausweg dienen, in denen die Eltern ihre Feindseligkeiten noch nicht überwunden haben« (Walper, 2003, S. 163).

Fazit: Bindungspsychologie und Gesellschaft, Bindungsforschung und Recht

Die beiden beschriebenen wie zahlreiche andere Fälle stehen für unerfreuliche Entwicklungstendenzen, die nicht isoliert betrachtet werden dürfen. Die Erkenntnisse von Psychoanalytikern und Bindungsforschern wie René A. Spitz und John Bowlby haben Eingang in der Sozialpolitik vieler Staaten gefunden, und ihre Wirkung ist nach wie vor anhaltend. Vor der Bindungsforschung steht dennoch weiterhin die gewaltige Aufgabe, ihre Ergebnisse aus der Grundlagenforschung auch für die Handlungsebenen von Behörden und Gerichten nachhaltig zugänglich und operationalisierbar zu machen. Es drängt sich, bei aller Zuversicht, immer wieder der Eindruck auf, daß die Erkenntnisse der Bindungsforschung bei den Akteuren zu wenig bekannt oder in Vergessenheit geraten sind. Manchmal entstand in den letzten Jahren sogar zunehmend der Eindruck, daß die langfristigen Folgen traumatischer Erfahrungen in der Kindheit in der behördlichen und gerichtlichen Praxis, aber auch bei Pflege- und Adoptiveltern zu wenig bekannt oder unterschätzt werden.

Auch hier wüßte ich nur zu gern, welche Bedeutung die Verbreitung einer »systemischen Sichtweise« für diese Entwicklungstendenz hat. Die Bindungsforschung müßte ihr Verhältnis zur Systemtheorie deutlich machen, um den zahllosen Fehldeutungen in der Praxis zu begegnen. Zusätzlich wird es in nächster Zeit auch darum gehen, neuere Erkenntnisse aus der Trauma-, Gehirn-, Streß- und Bindungsforschung einer breiteren Fachöffentlichkeit bekanntzumachen (Stiftung zum Wohl des Pflegekindes, 2005). Erst in jüngster Zeit ist es, auch mit Hilfe bildgebender Verfahren, möglich geworden, psycho-biologische Auswirkungen von Angst und Streß auf die Gehirnentwicklung von Kindern nachzuweisen. Möglicherweise ist eine solche Aussage noch zu gewagt, aber diese Entwicklung könnte manche komplexe, kostspielige und langwierige Verfahren zur Feststellung von Deprivationserfahrungen bei Kleinkindern verkürzen, zumindest aber absichern. In der Welt der Juristen, mit einer trotz allem noch immer skeptischen Einstellung gegenüber Erkenntnissen der Entwicklungspsychologie, könnten solche bildgebenden Verfahren Nachweise untermauern.

Dieser Aufsatz will einen Beitrag zum Thema des Bandes leisten, indem er über Entwicklungen aus der »Welt der Juristen« berichtet. Leider ist nicht nur über Erfreuliches zu berichten. Die Rechtsentwicklung auch zu Kindeswohlfragen findet in einer Welt voller Widersprüche und Ungleichzeitigkeiten statt. Das Recht ist sicherlich ein gutes Abbild, ein Indikator gesellschaftlicher Entwicklungen. Auf den ersten Blick zeigen sich auch und gerade beim historischen Vergleich erfreuliche Entwicklungen hinsichtlich der Wahrnehmung von Kindern als Subjekte. Wie langwierig der Weg zu einem eigenständigen kindschaftsrechtlichen Denken ist, dafür habe ich Beispiele zu geben versucht. Der Weg zu einer interdisziplinären Erschließung des Kindeswohlbegriffs ist mühsam, es gibt aber keinen anderen.

Anmerkungen

1 Das Elternrecht der Moderne ist ein in erster Linie dem Kinde dienendes Recht, also kein eigennütziges Recht, wie es früher viel stärker ausgeprägt war, als die Eltern etwa im Alter auf die Unterstützung durch ihre Kinder angewiesen waren.

2 Vgl. §§ 8a, 42, 72a des Gesetzes zum qualitätsorientierten und bedarfsgerechten Ausbau der Tagesbetreuung für Kinder (Tagesbetreuungsausbaugesetz – TAG) vom 13. August 2004, BR-Drucksache 568/04. Die genannten Vorschriften u.a. wurden abgetrennt und sind mit dem Kinder- und Jugendhilfeentwicklungsgesetz (KICK) seit dem 01. 10. 2005 in Kraft getreten und ins SGB VIII aufgenommen.

3 BGH, Urteil vom 21. Oktober 2004 – III ZR 254/03, FamRZ 2005, 93ff.

4 Vgl. etwa die Entscheidung des Europäischen Gerichtshofs für Menschenrechte in der Sache Z u. a. gegen das Königreich Großbritannien, Appl. Nr. 29392/95, abgedruckt und übersetzt in: Zentralblatt für Jugendrecht 2005, 156–167.

5 Ungleichzeitigkeit meint hier, daß sich gleichzeitig völlig widersprüchliche, miteinander unvereinbare Entwicklungen abzeichnen.

Literatur

Bruch, C. (2002): Parental Alienation Syndrom und Parental Alienation: Wie man sich in Sorgerechtsfällen irren kann. *Zeitschrift für das gesamte Familienrecht,* 1304–1315.

Dame Elizabeth Butler-Sloss (1987): *Report of the inquiry into child abuse in Cleveland.* London (Department of Health HMSO).

Dettenborn, H. (2001); *Kindeswille und Kindeswohl,* München (Ernst Reinhardt).

Fegert, J.M. (2001a): Parental Alienation oder Parental Accusation Syndrome? *Kindschaftsrechtliche Praxis,* 6–7 und 39–42.

Fegert, J.M. (Hrsg.) (2001b): *Begutachtung sexuell mißbrauchter Kinder. Fachliche Standards im juristischen Verfahren.* Neuwied (Luchterhand).

Fegert, J.M. und U.Ziegenhain (Hrsg.) (2003): *Hilfen für Alleinerziehende.* Weinheim (Beltz Votum).

Fthenakis, W.E. (1985): Zum Stellenwert der Bindungen des Kindes als sorgerechtsrelevantes Kriterium. *Zeitschrift für das gesamte Familienrecht,* 662–672.

Gernhuber, J. und D.Coester-Waltjen (1994): *Lehrbuch des Familienrechts.* München (C. H. Beck).

Goldstein, J., A. Freud und A. J. Solnit (1979): *Jenseits des Kindeswohls.* Frankfurt a. M. (Suhrkamp).

Hoffmann, P. (2005): Kann, darf oder muss man die Entscheidungen des Europäischen Gerichtshofs für Menschenrechte (EuGMR) zu Pflegekindern ignorieren? – Zur Ideologie in Gerichtsentscheidungen. *Zentralblatt für Jugendrecht,* 44–55.

Kindler, H., J. Salzgeber, J. Fichtner und A. Werner (2004): Familäre Gewalt und Umgang. *Zeitschrift für das gesamte Familienrecht,* 1241–1252.

Kostka, K. (2004): *Im Interesse des Kindes? Elterntrennung und Sorgerechtsmodelle in Deutschland, Großbritannien und den USA.* Frankfurt a. M. (Eigenverlag des Deutschen Vereins für öffentliche und private Fürsorge).

Lempp, R. (1984): Die Bindungen des Kindes und ihre Bedeutung für das Wohl des Kindes gemäß § 1671 BGB. *Zeitschrift für das gesamte Familienrecht,* 741–744.

Locke, J. (1977): *Zwei Abhandlungen über die Regierung.* Hrsg. von W. Euchner. Frankfurt a. M. (Suhrkamp).

Meysen, T. und G. Schindler (2004): Schutzauftrag bei Kindeswohlgefährdung: Hilfreiches Recht beim Helfen. *Das Jugendamt,* 449–466.

Salgo, L. (1999): 10 Jahre UN-Übereinkommen über die Rechte des Kindes – Auswirkungen am Beispiel von Art. 12. *Kindschaftsrechtliche Praxis,* 179–183.

Salgo, L. (2001): Vom langsamen Sterben der elterlichen Sorge. *RdJB,* 283ff.

Salgo, L. (2002): Möglichkeiten und Grenzen gesetzlicher Regelungen zur Milderung scheidungsbedingter Belastungen von Kindern. In: Land Oberösterreich (Hrsg.): *Kinder achten, beachten, begutachten.* Linz (Land Oberösterreich), S. 35–58.

Salgo, L. (2003): Häusliche Gewalt und Umgang. In: Fegert & Ziegenhain (2003), S. 108–124.

Salgo, L. (2005): Grenzen der Staatsintervention zur Durchsetzung des Umgangsrechts – Anmerkungen zur Entscheidungen des AG Frankfurt am Main, Abt. Höchst, FamRZ 2004, 1595, und des OLG Frankfurt am Main, FamRZ 2002, 1585. In: Hofer, S., D. Klippel und U. Walter (Hrsg.): *Perspektiven des Familienrechts. Festschrift für Dieter Schwab.* Bielefeld (Gieseking Verlag), S. 891–910.

Staudinger, J. v. (2004): *Kommentar zum Bürgerlichen Gesetzbuch,* 4. Buch, *Familienrecht.* Bearb. von M. Coester. Berlin (Sellier de Gruyter).

Stiftung zum Wohl des Pflegekindes (Hrsg.) (2005): *Traumatische Erfahrungen in der*

Kindheit – langfristige Folgen und Chancen der Verarbeitung in der Pflegefamilie. Idstein (Schulz-Kirchner).

Thèry, I. (1994): Neue Rechte des Kindes – das Wundermittel. In: Steindorff, C. (Hrsg.): *Vom Kindeswohl zu den Kindesrechten.* Neuwied (Luchterhand Verlag), S. 76–101.

Wallerstein, J. S., J. M. Lewis und S. Blakeslee (2002): *Scheidungsfolgen – Die Kinder tragen die Last.* Münster (Votum-Verlag).

Walper, S. (2003): Kontextmerkmale gelingender und misslingender Entwicklung von Kindern in Einelternfamilien. In: Fegert & Ziegenhain (2003), S.148–166.

Adressen der Autoren

Kim A. Bard, Ph. D., Director, Reader in Comparative Developmental Psychology, Centre for the Study of Emotion, University of Plymouth, Faculty of Science, 38 Farnhurst Road, Barnham PO22 0JN, Portsmouth PO1 2DY, United Kingdom. E-Mail: kim.bard@port.ac.uk.

Dr. med. habil. Karl-Heinz Brisch, OA Privatdozent, Klinikum der Universität München, Kinderklinik und Poliklinik im Dr. von Haunerschen Kinderspital – Innenstadt, Pädiatrische Psychosomatik und Psychotherapie, Pettenkoferstr. 8a, 80336 München. E-Mail: Karl-Heinz.Brisch@med.uni-muenchen.de.

Jana Christ, Dipl.-Psych., Saarbrückener Straße 87, 53117 Bonn, E-Mail: jana.christ@gmx.de. Für Prof. Zdeněk Matějček (†), Prague Psychiatric Center, Prague, Czech Republic.

Dr. Angie Hart, Institute of Nursing and Midwifery, University of Brighton, Mayfield House, Village Way, Falmer BN1 9PH, Brighton, East Sussex, United Kingdom. E-Mail: a.hart@brighton.ac.uk.

Prof. Dr. Dr. h. c. mult. Theodor Hellbrügge, Internationale Akademie für Entwicklungs-Rehabilitation, Heiglhofstraße 63/II, 81377 München.
Internet: www.theodor-hellbruegge-stiftung.de.

Dana E. Johnson, M. D. Ph. D., Professor Pediatrics, Director, Division of Neonatology, International Adoption Clinic, University of Minnesota, Mayo Mail Code 211, 420 Delaware Street SE, Minneapolis, MN 55455, USA.
E-Mail: johns008@umn.edu.

Dr. Miri Keren, Director of a Community Infant Mental Health Unit, Geha Mental Health Center, Tel-Aviv University, Sackler Medical School, Hakalanit Str. 19/7, 44280 Kfar Saba/Israel. E-Mail: ofkeren@internet-zahav.net.

Prof. Dr. med. Mechthild Papoušek, Kinderzentrum München, Heiglhofstr. 63, 81377 München. E-Mail: cry.kiz@lrz.uni-muenchen.de.

Prof. Dr. Sir Michael Rutter, Box Number P080, Social, Genetic and Developmental Psychiatry Centre, Institute of Psychiatry, De Crespigny Park, Denmark Hill, London SE5 8AF, United Kingdom. E-Mail: j.wickham@iop.kcl.ac.uk

Prof. Dr. jur. Ludwig Salgo, Fachbereich Rechtswissenschaften, Johann-Wolfgang-Goethe-Universität, Senckenberganlage 31, 60325 Frankfurt/Main.
E-Mail: salgo@jur.uni-frankfurt.de.

Stephen J. Suomi, Ph. D., Chief, Laboratory of Comparative Ethology, National Institute of Child Health and Human Development, 6507 Rockledge Drive, Suite 8030, MSC 7971, Bethesda, Maryland 20892–7971, USA.
E-Mail: ss148k@nih.gov, suomis@lce.nichd.nih.gov.

Dr. Jaróslav Šturma, Detské centrum Paprsek, Sestajovická 580/19, 19800 Praha 98/Ceská Republika.
E-Mail: jaroslav.sturma@worldonline.cz, jaroslav.sturma@tiscali.cz.

Bindung und Trauma

Risiken und Schutzfaktoren für die Entwicklung von Kindern

Herausgegeben von Karl Heinz Brisch und Theodor Hellbrügge

Mit Beiträgen von Anni Bergman, Marc H. Bornstein, Arne Hofmann, Klaus E. Grossmann, Gerald Hüther, Mechthild Papoušek, Peter Riedesser u. a.

272 Seiten, gebunden, ISBN 978-3-608-94061-9

Dieses Buch führt erstmals die bisher weitgehend unabhängig vorneinander operierenden Richtungen Bindungsforschung und Psychotraumatologie zusammen. Es wird dargestellt, wie Bindungsverhalten und -störungen mit traumatischen Trennungs- und Verlusterlebnissen zusammenhängen oder auch mit anderen traumatischen Erlebnissen wie körperlicher und emotionaler Misshandlung.

Bindung und menschliche Entwicklung

John Bowlby, Mary Ainsworth und die Grundlagen der Bindungstheorie

Herausgegeben von Klaus E. Grossmann und Karin Grossmann

Aus dem Englischen von Karin Grossmann, Klaus E. Grossmann, Rosi Mimler, Christine Sontag und Sabine Tschernich

443 Seiten, 14 Abbildungen, gebunden, ISBN 978-3-608-94321-4

Das Interesse an der Bindungstheorie und Bindungsforschung hat in jüngster Zeit rasant zugenommen. Man vergisst dabei leicht, dass der Vater der Bindungstherorie, der Psychoanalytiker Bowlby, von seiner Zunft viele Jahre weitgehend ignoriert wurde, weil er mit seinen Gedanken einige Grundannahmen Freuds in Frage stellte. Seine Schülerin Mary Ainsworth hat die bis heute zentralen, beobachtenden und experimentellen Grundlagenforschungen betrieben und gilt als die Entdeckerin der drei unterschiedlichen Bindungsmuster sowie der »sicheren Basis« als Grundlage der Entwicklung psychischer Sicherheit. Die Herausgeber haben die 16 wichtigsten Urtexte von Bowlby und Ainsworth zusammengestellt und durch einleitende Kommentare in den aktuellen bindungstheoretischen Zusammenhang gestellt.

Klett-Cotta